JN440643

내가 본 세계

글·사진 최형식

독일 편

내가 본 세계

글·사진 최형식

독일 편

저자소개

최형식

(崔亨植, 1940.1.12일 생, 대구)

1964년에 독일장학금을 받고 독일 칼스루헤공과대학교에서 유학한 후, 영국장학금을 받고 영국런던대학교 왕립공대 대학원에서 유학했다. 그 후 독일공과대학교에서 연구원, 충남대학교 공과대학 토목공학과의 조교수, 독일 건설회사와 컨설턴트회사에서 기사장 技師長 으로 30여 년간 근무했다.

중년기에 들어서 국제전문가 POE, Panel of Experts 로 세계은행 WB, 미주개발은행 IDB, 중미은행 CAB, 유럽개발기금 FED, 유럽투자은행 EIB, 프랑스국제협력은행 CCCE, 독일복구은행 KfW, 독일기술협력청 GTZ, 아시아개발은행 ADB, 아랍기금 AF, 쿠웨이트기금 KF, 사우디기금 SF, 아프리카개발은행 ADB 그리고 외국의 주요한 전력회사인 미국의 AES회사, 영국전력 NP, 독일전력 RWE 그리고 외국정부기관, 일본공영을 위시한 다수의 해외 컨설턴트회사와 외국건설회사를 자문하면서 100여 개국을 여행, 댐/발전소/인프라 프로젝트를 조사/설계/시공감리했다 최형식, 1991; 최형식, 1992; 최형식, 2002. 그리고 2001년부터 수단 카르툼대학교의 초빙교수로 장기간 아프리카의 젊은 기술자 양성에도 기여했다.

국제학술회의 회의집, 독일과 영국학술잡지, 한국토목학회지에 100여 편의 학술/일반기사를 발표했으며, 한국에서 4권의 학술서적을 저술했다.

저자의 말

저자가 이 책의 집필을 시작할 때 혼잣말monologue, soliloquy로 '80살이 넘은 나이에 책을 쓰다니…'라는 질문이 스스로 나왔다. 그러나 역사상으로 노령老齡에도 크게 활약한 문학가, 예술가, 조각가들의 사례를 보면,

미켈란젤로는 나이 80살에 바티칸의 교황 Sixtus 3세 성당을 건립했다.
괴테는 나이 83살에 파우스트Faust 2편을 집필했다.
빅터 위고는 나이 83살에 '세기의 전설'La Légende des siécles을 집필했다.
노벨문학상을 획득한 프랑소아 모리아크Mauriac는 나이 84살에 마지막 책을 집필했다.
티치아노Tiziano는 나이 86살에 그리스도의 책형磔刑을 그렸다.
그리스 철학가 소포클레스Sophocles는 나이 90살에 오이디푸스Oedipus를 집필했다.
독일 과학자 훔볼트는 나이 90세까지 열심히 다수의 책을 저술했다.

이런 사례를 감안勘案할 때 큰 용기가 생겨 50여 년 전을 회고하면서 이 책의 집필을 시작해 보기로 했다.

1960년대에 한국에서 학보병으로 군대에 입대해서 18개월 복무하고, 필수인 해외 유학생 시험을 쳐서 합격하고, 한국에서 독일공과대학교의 입학허가증Zulassung을 신청해서 받은 후, 1964년에 독일로 유학을 온지도 벌써 50여 년의 세월이 흘러갔다사진 1.

사진 1 독일로 유학온 1964년에 뮌스터슈바르츠아흐 분도수도원 성당 앞에서 촬영(왼쪽), 2014년에 독일 바드 함부르그 집에서 아내와 함께 50년 된 포도주로 유학 50주년을 기념(오른쪽)

10년이면 강산江山이 변한다는데, 독일은 물론 유럽과 전 세계가 놀랍게 많이 변한 것을 느끼게 되었다. 그동안 유럽의 토목기술자들은 살기에 편리하도록 직선과 부드러운 곡선으로 터널을 뚫어 고속도로와 고속철도를 사방에 놓고, 댐과 발전소도 건설하고 또 운하도 새로 굴착해서 유럽의 지도를 많이 바꿔 놓았다.

1966년과 1967년에 유학생으로 독일에서 이탈리아로 오토스톱auto stop해서 '무전無錢'여행했을 때는 알프스산의 좁고 험한 구절양장九折羊腸같은 시골도로를 지나 로마/폼페이까지 가야 했는데 이젠 고속도로가 완전히 깔렸다. 또한 1969년에 프랑스 스트라스부르Strasbourg 대학교의 프랑스 친우와 같이 북아프리카의 모로코까지 6주 동안 여행갔을 때는 프랑스의 남부와 스페인에 고속도로가 별로 없어서 지브랄타르까지 2,500km의 장거리를 폭스바겐 자동차로 7일간이나 꼬박 달려야 했는데, 이젠 고속도로가 그곳까지 완전히 건설되어 스페인의 남쪽 첨단尖端까지 2~3일밖에 안 걸려 여행하는 데 아주 편리하게 되었다.

그 사이에 고속전철이 프랑스TGV, 독일ICE, 스페인AVE, 스웨덴X2000에서 개발되어 동서남북으로 시속 250~300km로 질주疾走하고 있고, 수십 년 동안 계획, 조사, 설계한 영불해저터널이 1994년 1월에 개통되어 파리-런던 간의 기차여행 시간이 3시간으로 단축되었다.

독일의 카를 대왕大王, Karl der Grosse이 서기 793년에 수천 명의 노동자와 병정兵丁들을 동원해서 삽과 곡괭이로 라인강에서 마인강을 지나 다뉴브강까지 배가 다닐 수 있도록 카를 운하Fossa Carolina의 굴착을 시작했으나, 공사가 너무 어려워 운하계획을 포기하게 되었다사진 2. 독일에서 1100년 후, 이 운하공사를 재차 착공해서 라인-마인-다뉴브강 운하RMD-Kanal의 독일 공구가 지난 1992년에 개통되어, 북해의 네델란드에서 10개국을 통과하면서 흑해의 루마니아까지 1,350톤짜리 유럽내륙선이 운항運航할 수 있게 되었다.

사진 2 독일의 카를 대왕(大王)이 서기 793년에 라인 강과 다뉴브강을 연결하기 위해서 수천 명의 노동자와 병정(兵丁)들을 동원해서 삽과 곡괭이로 수백 미터를 굴착하였지만, 공사가 너무 어려워 운하계획을 포기한 카를 운하(Fossa Carolina)의 흔적

제2차대전 이전에는 유럽에서 런던, 파리, 베를린, 부다페스트 등 몇 개의 수도首都에만 있었던 지하철이 이젠 유럽의 주요 도시에 거의 대부분 건설되어, 위성도시 간의 교통이 아주 편리해졌으며, 대도시의 인구집중을 지양하는 데 큰 역할을 하게 되었다.

저자는 독일과 영국에서 유학한 후 한국의 충남대학교 조교수, 독일의 공대연구소 연구원, 토건회사와 컨설턴트회사 기사장, 국제댐전문가PEO, Panel of Experts로서 세계은행, 유럽, 독일, 아시아, 아프리카 개발은행開發銀行의 의탁을 받아 외국정부기관, 건설회사 및 용역회사를 자문하면서 지금까지 5개 대륙의 100여 개국을 방문했다. 그리고 수단의 카르툼대학교 초빙교수로 후배양성에도 기여했다.

저자가 지난 50여 년 동안 전 세계의 5개 대륙에서 견문見聞한 것을 수시로 비망록備忘錄에 간단히 적어둔 것을 사진과 함께 정리해서 '내가 본 세계'에 간추려 보았다. 이 책은 여행가이드와 기행문이 아닌 것을 명기明記하며, 일종의 자서전自敍傳, memoir으로 집필했다.

'내가 본 세계'는 (1)독일 편을 시작으로 앞으로 건강과 시간이 허용하면 (2)서부유럽 편, (3)러시아와 동부유럽 편, (4)아프리카, 아시아와 오세아니아 편, (5)북미와 남미 편의 순서로 집필할 계획이다.

독일 편에서는 제1장에서 저자가 전 세계를 여행하면서 특히 기억에 남은 70여 개 국가 서부유럽 17개, 러시아와 동부유럽 10개, 아프리카 16개, 아시아와 오세아니아 15개, 북미와 남미 13개국의 명승지와 세계에 기록을 남긴 관광지를 간략하게 축소판으로 먼저 기술했다. 그 다음 제2장~제21장에서는 저자가 지난 50여 년 동안 독일의 역사, 종교, 과학, 문학, 음악과 연관된 명승지와 관광지를 방문하면서 견문하고 배운 것을 여기에 다루었다. 저자는 독일을 보고 배우기 위해서 동서남북으로 상세하게 여행하면서 모은 자료가 광범위하나, 지면관계로 여기에 모두 기록할 수 없는 것을 섭섭하게 생각한다.

이 기회에 저자의 부모님께 특히 감사를 드리며, 40년 동안 저자의 멘토 mentor셨던 한국수자원공사 안경모 사장님 전 교통부장관, 독일에서 정신적인 멘토셨던 뮌스터슈바르차흐 분도수도원의 보니파츠 원장님과 학술적인 멘토셨던 독일 다름슈타트공대의 브레트 교수에게 심심한 사의謝意를 표한다.

이 책에 삽입한 사진은 거의 대부분 저자가 1964년부터 지금까지 촬영한 것이며, 예외로 두 딸 Dr. Müller와 Dr. Bremer과 사위 또는 타인이 촬영한 사진을 사용했을 때에는 그 출처를 분명하게 명기했다.

목차

프랑스의 카이저스베르크에 있는 알베르트 슈바이처의 생가

제1장 내가 본 세계 축소판

1.1 중부와 북부유럽

프랑스

프랑스에는 학술회의 참석, 대학연구소 방문, 댐자문과 연관된 업무, 관광 등으로 1965년부터 지금까지 30번 이상 갔다. 학술회의에는 처음으로 저자가 독일대학연구소에서 연구원으로 번 돈을 저축해서 1971년에 구입한 폭스바겐 자동차로 프랑스 파리에 가서 국제수리학회 1971년에 참석했다 사진 1-1.

프랑스의 피레네산 밑에 있는 루르드에서 1858년에 성모마리아가 발현한 곳에 세워진 성모당은 매년 전 세계에서 수백만 명의 가톨릭신자들이 순례가는 성지 聖地, 사진 1-2 이다. 저자는 가족과 같이 1971년부터 지금까지 4번 순례자로서 루르드에 갔다.

사진 1-1 1971년 프랑스 파리에서 개최된 국제수리학회 모임(왼쪽)과 학술회의에 참여한 독일 칼스루헤 공과대학교 수공연구소의 연구원들과 함께(오른쪽)

사진 1-2 전 세계에서 매년 수백만 명의 가톨릭 신자들이 방문하는 프랑스의 남쪽 피레네 산에 있는 루르드 성모당(1977년과 1985년)에서

프랑스의 브레타뉴 Bretagnue 해안에 있는 몽 생 미셸 Mont St. Michel 수도원 사진 1-3 에 가서 유네스코가 세계문화유산으로 인정한 고적물을 상세하게 구경했다. 이 기회에 생 말로 St. Malo 근처에 있는 세계 최초의 라 랑스 조력 潮力 발전소 사진 1-3 도 방문해서 건설 이후 지금까지의 현황보고를 들었다.

아프리카에서 열대병 熱帶病 연구에 헌신한 프랑스의 의사/철학자인 알베르트 슈바이처 Schweitzer 가 태어난 생가를 카이저스베르크 사진 1-4 에 가서 방문했다. 여름 휴가 때에는 지금까지 보르도 Bordeaux 의 포도주산지를 여러 번 들러서 저장고에서 포도주를 양생하는 법 설명을 듣고 시음실에서 포도주도 시음 試飮 하면서 포도주를 평가하는 방법도 배우게 되었다.

사진 1-3 프랑스의 몽 생 미셸 수도원(왼쪽)과 세계 최초의 라 랑스 조력발전소에서(오른쪽, 2000년 촬영)

사진 1-4 프랑스의 보르도 포도주 저장고(왼쪽)와 카이저스베르크에 있는 알베르트 슈바이처의 생가(오른쪽 위), 포도주 시음실(試飮室)에서(오른쪽 아래)

오스트리아

영국의 Economist Intelligence Unit [EIU]가 2019년에 조사한 통계에 따르면, 전 세계에서 가장 살기 좋은 도시는 1등에 오스트리아의 빈, 2등에 호주의 멜보른이었으며, 살기가 제일 나쁜 도시는 나이지리아의 라고스 [Lagos]와 방글라데시의 다카 [Dhaka]였다고 한다.

독일에서 유학생 시절 1966년과 1967년에 이탈리아로 무전여행갈 때, 처음으로 오스트리아를 들린 이후 학술세미나 참석, 대학연구소 방문, 댐자문관계 회의에 참석, 관광하기 위해서 지금까지 8번 방문했다. 그리고 자동차로 이탈리아, 헝가리, 발칸제국, 불가리아, 루마니아, 그리스를 방문하기 위해서 오스트리아를 10회 이상 통과transit했다.

오스트리아의 빈Wien의 상징은 종탑의 높이가 137m인 슈테판 대성당과 대형바퀴Riesenrad이다사진 1-5. 빈의 유명한 프라터 공원면적 6백만m^2에 1897년에 설립된 대형바퀴는 직경이 61m로 0.75m/h의 회전속도로 천천히 회전하며, 전체 철골구조물의 무게는 약 430톤이나 된다. 이 대형바퀴는 할리우드 영화 '제3의 사나이the third man'에 나온 이래, 빈에 가서 이 대형바퀴를 타지 않으면 빈에 가지 않았다고 할 정도이다.

사진 1-5 오스트리아 빈의 상징인 슈테판 대성당(왼쪽, 2003년)과 가족과 같이 프라터 공원에 있는 대형바퀴를 타고서(Riesenrad, 중간/오른쪽, 1984년 촬영)

빈에 간 대부분의 여행객들은 200년의 역사를 가진 궁전宮殿의 과자제조업자였던 자허Sacher 제과점사진 1-6에 가서 자허 토르테Sacher Torte를 즐겨 먹어보곤 하는데, 이 케이크는 저자의 입맛에 너무 달아서 많이 먹을 수가 없었다. 옛날 1990년대에는 양복에 넥타이를 매지 않고 자허 제과점에 들어가면 웨이터가 주문을 받지 않았다는 에피소드도 있었다.

빈에는 금색의 슈트라우스 동상이 세워진 시립공원사진 1-7 등 넓은 공원이 많아, 산책에 피곤하면 세마차貰馬車, Fiaker, 사진 1-7를 이용해서 빈의 중심가인 시구市區, Bezirk을 구경하면 편리하다.

사진 1-6 전 세계에 널리 알려진 빈의 자허(Sacher) 제과점

사진 1-7 오스트리아 빈의 시립공원에 있는 슈트라우스 동상(왼쪽)과 빈의 호프부르크 앞에서 관광객을 기다리고 있는 세마차(貰馬車, Fiaker)

잘츠부르크Salzburg의 구시가Altstadt는 1996년에 유네스코 세계문화유산으로 인정되었으며, 호헨잘츠부르크Hohensalzburg 성사진 1-8은 잘차흐강에서 높이가 120m인 돌로마이트백운석, 白雲石 석산石山 위에 11~15세기에 건설되었다. 이 도시에는 모차르트의 생가生家, 사진 1-8와 주택이

있으며, 세계적으로 유명했던 카라얀이 지휘한 여름축제[사진 1-9]가 매년 개최되고 있는데 항상 초만원이므로 1년 전에 입장권을 구입해서 한번 간 적이 있다. 2020년에 맞이한 잘츠부르크의 100주년 기념음악축제는 코비드-19 전염병으로 연기해야만 했다.

사진 1-8 오스트리아의 잘츠부르크에 있는 호헨잘츠부르크 성(城, 왼쪽)과 모차르트가 1756년에 태어난 생가(오른쪽)

사진 1-9 오스트리아의 잘츠부르크 축제 홀에서 매년 음악 축제가 개최되는데, 2020년에 맞이한 100주년 기념축제는 코비드-19 전염병으로 연기해야만 했다.

오스트리아의 막시밀리안 황제[1459~1519년]는 인스부르크를 자주 방문했으며, 골데너 다흘[Goldener Dachl, 황금지붕]은 막시밀리안 황제를 기념하는 장소로서 인스부르크의 상징이다. 이 황금지붕[사진 1-10]에 있는 '금독수리'[Goldener Adler] 레스토랑[사진 1-11]은 1390년에 개업한 600여 년이나 된 음식점으로, 괴테가 쓴 '이탈리아 여행'[Italienreise]에 따르면 이탈리아로 여행갈 때 이 음식점에 들러서 즐겨 식사하고 술을 마셨다고 한다. 이 음식점에는 그 당시 괴테가 앉아서 식사한 괴테 실[室, Goethe-Stube]이 아직까지 그대로 보관되어 있어, 요즈음도 괴테의 여행길을 따라 찾아오는 여행객들이 방문하고 있다. 저자는 1990~2000년대에 몇 번 들렀는데 음식 맛이 아주 좋고 많이 비싸지도 않았다. 그때 황제 포도주인 '시시'와 '프란츠 요셉'을 주문할 수 있었다.

사진 1-10 오스트리아의 막시밀리안 황제가 자주 들린 골데너 다흘은 인스부르크의 상징이다.

사진 1-11 오스트리아의 인스부르크에 있는 1390년에 개업한 금독수리 음식점의 외부 간판(왼쪽)과 옛날에 괴테가 '이탈리아 여행' 도중에 들린 금독수리 음식점의 괴테방에서(오른쪽)

스위스

스위스는 국제학술회의, 세미나, 취리히 공과대학교의 연구소 재료시험과 진동시험, 관광하기 위해서 5번 방문했다. 그리고 이탈리아와 남부 프랑스로 갈 때 4번 통과[transit]했다.

스위스는 넓은 면적이 알프스산의 고지[高地]에 놓여 있어, 겨울에 눈이 내리면 산사태가 자주 일어나므로 이를 방지하기 위해서 철책[鐵柵]과 보호[保護]회랑[回廊] 등 각종 대책[사진 1-12]을 세우고 있으므로, 저자는 토목공학을 전공해서 관심을 갖고 여러 번 가서 구경했다.

여행 도중에 스위스의 알프스산을 어렵게 넘는 구절양장[九折羊腸]의 심플론 고갯길[사진 1-13]의 정상[해발 2,005m]에 스위스의 산악여단[旅團]이 1939~1945년에 스위스의 경계선을 감시하는 상징으로 화강암으로 만든 독수리 상[像]에서 항상 휴식한 기억이 난다. 길이가 17km인 고트하르드 도로터널[사진 1-13]을 통과해서 이탈리아로 여행할 때는 특히 여름휴가철에 터널입구에서 다른 자동차와 같이 줄을 서서 기다려야 하는 경우가 많았다.

사진 1-12 겨울에 눈사태를 방지하기 위해서 위험한 산정에 설치한 철책(왼쪽)과 알프스 산을 통과하는 산악도로에 건설된 눈사태 보호회랑(오른쪽)

사진 1-13 스위스의 알프스 산을 어렵게 넘는 해발 2005m의 심플론 고갯길(왼쪽)의 정상에 세워진 독수리상(중간)과 신속하게 길이가 17km인 고트하르드 도로터널을 통과해서 이탈리아로 여행할 때에는 여름휴가철에 터널입구(오른쪽)에서 다른 자동차와 같이 줄을 서서 기다려야 하는 경우가 많았다.

스위스 알프스 산의 페티 생 베르나르드 고갯길[해발 2188m]은 스위스의 마르티니에서 이탈리아의 아오스타[Aosta]로 가는 길목에 프랑스와 함께 3개국의 경계선에 놓여 있다. 11세기에 그랑 생 베르나르드 고갯길[높이 2,473m]에 건설된 베르나르드 수도원[사진 1-14]은 애로[隘路]를 지나가는 순례자와 나그네가 숙박할 수 있는 일종의 호스피츠[Hospiz]이다. 이 수도원에서는 유명한 베르나르드 개[犬, 사진 1-14]를 사육하고 있으며, 동기가 일년에 8개월 동안 계속되므로 눈이 많이 쌓인 산지에서 길을 잃은 여행객들을 구조하는 데 큰 도움이 되었다. 어떤 개는 눈에 파묻힌 여행자를 40명까지 구조했다고 한다. 이 구조견[救助犬]은 구조한 여행자가 마실 수 있도록 목에 조그마한 '소주술통'을 걸고 다닌다. 겨울에 알프스 산에서 헤매던 나그네를 구출[救出]하는 데 크게 도움이 된 베르나르드 개[犬]의 동상이 페티 생 베르나르드 고갯길에 세워져 있다[사진 1-15].

사진 1-14 스위스 알프스 산의 그랑 생 베르나르드 고갯길(높이 2473m)에 건설된 베르나르드 수도원(왼쪽)과 수도원에서 키우고 있는 베르나르드 개(오른쪽)

사진 1-15 겨울에 스위스 알프스 산에서 헤매던 나그네를 구출(救出)하는 데 크게 도움이 된 베르나르드 개(犬)의 동상이 페티 생 베르나르드 고갯길(해발 2,188m)에 세워져 있다.

저자가 베르나르드 수도원의 박물관을 방문했을 때 봤던 그곳의 데이터에 의하면,
제일 낮은 기온은 영하 30도1929년
설량雪量이 제일 많이 쌓였던 높이는 24.7m1914년
눈이 제일 많이 온 날짜는 165일1984년 등이며

이 베르나르드 수도원을 방문한 세계의 유명인사로는
나폴레옹 보나파르트1800년
알렉산더 뒤마1832년
교황 피우스 12세1930년
교황 파울 6세1959년 등이 있어 대단히 감탄하였다.

옛날에 '동기저장冬期貯藏'으로 이 수도원 호스피츠에 저장한 식료품은 육류 1500kg, 빵 2000kg, 감자 1600kg, 치즈 800kg, 사과 1400kg, 포도주 1200리터, 맥주 3500병, 주스 2500리터 등이었다.

역사적으로 보면, 그랑 생 베르나르드 고갯길은 옛날부터 알프스 산을 넘어가는 주요한 도로였다. 로마의 아우구스투스 황제와 클라우디우스 황제가 3.7m 폭의 도로를 건설했으며, 시저Caesar군대가 이 고갯길을 지나갔다고 한다. 그리고 1800년 5월에 4만 명의 나폴레옹군대가 5천 마리의 말과 50대의 대포大砲를 갖고 눈이 온 그랑 생 베르나르드 고갯길을 넘어서 마렌고Marengo 근처에서 오스트리아 군대를 불시에 기습奇襲해서 전승한 사례도 있으며, 독일의 카를 대왕도 황제로 등위한 후 귀국할 때 이 길을 지나가면서 산중턱에 있는 호스피츠에서 여장을 풀었다고 한다.

경치가 아주 좋은 스위스의 알프스산정에는 전 세계에서 제일 높은 그랑 딕상스 중력식 댐 높이 285m, 마루폭 15m, 사진 1-16이 자연미自然美에 맞추어 아름답게 건설되었으며, 아름다운 성곽城廓과 포도밭이 여기저기에 많이 흩어져 있어 가서 구경했다.

사진 1-16 스위스의 알프스산에 건설된 세계에서 제일 높은 그랑 딕상스댐(높이 285m).
왼쪽 항공사진(독일 바이에른 방송국 촬영), 오른쪽 사진(저자촬영; 최형식, 2006)

스위스 사람들이 좋아하는 치즈 퐁뒤Fondue에는 각종 치즈가 들어간다. 저자도 스위스식 퐁뒤를 무척 좋아하므로, 스위스의 치즈 농장을 많이 방문해서 만드는 방법을 상세하게 배웠다. 서기 1115년경부터 스위스의 그뤼에르Gruyères 치즈농장사진 1-17에서 향기가 좋은 각종 잡초를 먹고 자란 젖소의 우유로 치즈를 제조하는 방법사진 1-18을 구경하러 가보았다. 어떤 그뤼에르 치즈는 밤chestnut과 같은 맛이 나면서 맛이 좋았다.

사진 1-17 스위스의 그뤼에르 치즈농장(왼쪽)에서 짠 우유를 모아서 치즈공장으로
배달하는 우유통(오른쪽)

사진 1-18 그뤼에르 치즈농장에서 치즈 틀에 넣어서 무거운 돌로 눌러 물기을 빼낸 후, 무게가 20~35kg인 치즈를 건습도가 조절된 저장고의 선반에 모아서 4~10개월 동안 양생(養生)시키면 밤맛이 나는 치즈가 된다.

네덜란드

네덜란드에는 처음에 독일 공과대학교의 유학생 시절 1967~1968년에 간척사업干拓事業의 공사장으로 수학여행修學旅行, 사진 1-19을 2번 갔다. 그 후 지금까지 대학연구소 방문, 회의/세미나 참가, 댐자문과 연관된 업무, 가족과 같이 관광사진 1-20과 사진 1-21 등으로 4번 방문했다. 그리고 영국으로 갈 때 페리보트를 타기 위해서 네덜란드를 2번 통과했다.

사진 1-19 독일유학생으로 네덜란드에 수학여행을 갔을 때 방문한 간척사업 공사장(왼쪽, 1968년 촬영)과 확장된 로테르담 항구의 부두 모습(오른쪽, 2003년 촬영)

사진 1-20 네덜란드에서 간척사업으로 1927~1932년에 북해를 막은 길이가 30km나 되는 Afsluitdijk댐 에서(1967년과 1984년 촬영)

사진 1-21 네델란드의 헤이그에 있는 국제사법제판소의 외부(왼쪽, 1974년 촬영)와 내부에서 가족들과 함께 가이드의 설명을 경청(傾聽)(오른쪽, 1984년 촬영)

벨기에

독일에서 1967년 유학생 시절에 '오토스톱'으로 벨기에로 여행가서 브뤼셀의 박물관에 있는 프랑스 조각가 로댕Rodin, 1840~1917년이 1880년에 만든 작품 '생각하는 사람'사진 1-22을 감상했으며, 그 후 지금까지 9번이나 벨기에를 방문했다. 그 중 2번은 자동차로 독일에서 영국으로, 그리고 2번은 아일랜드로 여행할 때, 호텔에 투숙, 페리보트를 타기 위해서 벨기에를 그냥 통과[transit]만 했다.

브뤼셀에서는 1958년의 세계무역박람회 때 설치된 아토미움[사진 1-22], 대성당, 왕궁, 유로위원회[European Commission]와 NATO사령부 건물 그리고 브뤼셀의 구시가에 있는 유명한 마네캉피스[오줌 누는 어린이, 사진 1-23] 등을 구경했으며, 피곤할 때에는 길거리에 많은 바[bar]에 앉아서 벨기에 사람들이 즐겨 마시는 맛이 좋은 브뤼헤의 수도원맥주[사진 1-23]도 자주 즐겼다. 그리고 브뤼헤에 1546년에 설립된 벨기에에서 제일 오래된 De Halve Maan맥주양조장[사진 1-24]과 박물관에도 들러 가이드의 설명을 듣고 맥주를 시음했다.

사진 1-22 독일에서 유학생 시절에 방문한 벨기에 브뤼셀의 박물관에 있는 로댕의 작품 '생각하는 사람'(왼쪽, 1967년 촬영)과 1958년에 브뤼셀에서 개최된 세계무역박람회 때 설치된 아토미움은 브뤼셀의 상징(오른쪽, 2019년 촬영)

사진 1-23 벨기에의 브뤼셀 거리에 있는 유명한 마네캉피스(오줌 누는 어린이)(왼쪽, 1974년 촬영)와 벨기에 사람들이 즐겨 마시는 맛 좋은 브뤼헤의 수도원맥주 광고(오른쪽, 2019년 촬영)

사진 1-24 브뤼헤에 1546년에 설립된 벨기에에서 제일 오래된 De Halve Maan맥주양조장(오른쪽 위)과 맥주를 시음하려고 방문한 외국인들(오른쪽 아래, 2019년 촬영)

벨기에에서 유명한 학문의 전당인 가톨릭 루뱅Leuven대학교를 방문했으며, 안트베르펜에서는 대성당, 중세 동업장인匠人 조합인 각종 길드guild건물과 다이아몬드 시장에도 가 보았다.

노르웨이

노르웨이에는 1970년대부터 대학연구소 방문, 댐자문관계, 관광으로 지금까지 비행기로 2번 그리고 자동차로 덴마크를 통과해서 총 3번 갔다. 프랑크푸르트에서 노르웨이 '최북단의 갑'[岬, Nordkap, 사진 1-25]까지는 약 5,000km나 되므로, 옛날에는 노르웨이에 고속도로가 거의 없어 국도 또는 지방도로로 가야 했기에 약 8~12일간이나 걸렸다. 요즈음도 노르웨이에서는 교통경찰이 속도제한을 엄격하게 통제[統制]하고 있어 비록 여행시간은 오래 걸렸지만, 피요르드[fjord] 등 협만[峽灣]이 많고, 빙하기[氷河期]에 산[山, 사진 1-26]이 매끈하게 깎여 자연환경이 아주 다양하고 아름답고 또 깨끗한 나라로 생각되었다.

사진 1-25 독일 프랑크푸르트에서 거리가 약 5,000km 떨어진 유럽 '최북단의 갑'(岬, Nordkap)까지 자동차로 여행할 때(왼쪽/중간), 노르웨이에서 많이 방목되는 큰 순록(馴鹿)과의 충돌을 경고하는 도로 표지판(오른쪽)

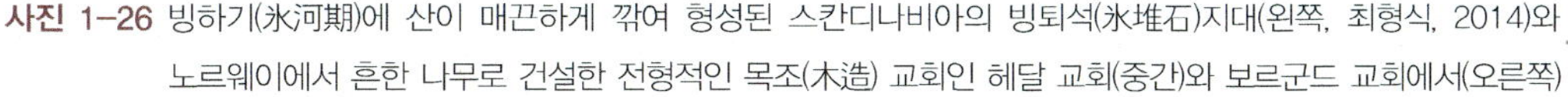

사진 1-26 빙하기(氷河期)에 산이 매끈하게 깎여 형성된 스칸디나비아의 빙퇴석(氷堆石)지대(왼쪽, 최형식, 2014)와 노르웨이에서 흔한 나무로 건설한 전형적인 목조(木造) 교회인 헤달 교회(중간)와 보르군드 교회에서(오른쪽)

노르웨이의 북해北海에서 많이 잡히는 대구를 호닝스보그Honningsvag에서 건조시켜사진 1-27 식용/술안주로 세계 각국에 수출하고 있다. 그리고 옛날에 소련의 스타린 당수가 제2차대전 후에 소련에서 제일 서쪽에 위치한 가난한 무르만스크Murmansk 어민漁民들에게 부업副業을 주기 위해서 동쪽 캄차카반도에서 킹크랩蟹, king crab을 일부 무르만스크로 이식移植한 적이 있었다. 그 동안 이 킹크랩은 노르웨이의 키르케네스Kirkenes 근해로 크게 번식繁殖되어 킹크랩을 잡는 다수의 어선사진 1-28들이 키르케네스 기지基地에서 작업을 하고 있으며 잡은 킹크랩을 해외로 많이 수출하고 있다.

키르케네스 근해에서 방금 잡은 싱싱한 킹크랩을 어장에서 크기에 따라 고객이 결정해서 주문할 수 있는 음식점이 키르케네스에 있어 지금까지 2번 방문하여 시식試食해 보았다. 옛날에 60~70여 년 전에 한국에서, 그리고 요즈음 독일과 이탈리아에서 먹어본 킹크랩 가운데 이곳 키르케네스 음식점의 킹크랩이 제일 맛이 좋았던 것으로 기억된다. 주문한 삶은 킹크랩이 아주 커서 모두 먹을 수 없어 안타깝게 남겨야만 했다.

사진 1-27 노르웨이의 북해(北海)에서 잡은 대구(大口)를 호닝스보그(Honningsvag)에서 건조시키고 있는 광경

사진 1-28 노르웨이의 북쪽 끝에 있는 소련 국경선의 무르만스크에 인접한 키르케네스로 가는 국도(國道, 왼쪽)와 근해에서 킹크랩을 잡는 소련어선(오른쪽)

제2차대전 때, 치열한 해전이 벌어진 노르웨이의 나르빅 항港에서는 요즈음도 옛날처럼 스웨덴에서 갖고 온 광석鑛石을 수출하기 위해서 화물선에 하역荷役하고 있으며, 트론드헤임Trondheim 공과대학교, 중세기의 한자동맹의 도시로 유명했던 베르겐Bergen, 북해 유전油田에서 갖고 온 정유를 하역하는 스타방게르Stavanger 항港에도 가 보았다. 오슬로에 갔을 때에는 매년 10월달에 노벨평화상을 결정하는 노벨위원회사진 1-29도 방문해서 견문을 넓혔다.

사진 1-29 노르웨이의 오슬로에서 매년 노벨 평화상을 결정하는 노벨위원회의 외부와 내부

스웨덴

스웨덴에는 1970년대부터 국제세미나 참석, 룬드Lund대학교와 웁살라Uppsala대학교 도서관에서 문헌조사사진 1-30, 댐자문관계, 관광을 하기 위해서 지금까지 6번 갔다. 그리고 핀란드로 갈 때 스웨덴을 1번 통과했다. 북부스웨덴으로 갈때에는 정규소형비행기사진 1-31를 타고 작은 요크모크Jokkmokk 비행장까지, 그 외에는 모두 자동차와 고속전철로 여행했다. 옛날에는 스웨덴에서 극권極圈, Polar Circle을 통과하면 통과했다는 증명서사진 1-32까지 받았다.

사진 1-30 스웨덴에서 유명한 룬드 대학교와 도서관(2016년)을 방문해서 옛날 스칸디나비아댐의 데이터를 찾고 있는 저자(최형식, 2019)

사진 1-31 스웨덴의 스톡홀름에서 북쪽에 있는 작은 요크모크 비행장으로 갈 때, 소형비행기(왼쪽) 그리고 스웨덴의 넓고 조용한 자연 풍경을 구경하기 위해서 중부–북부 스웨덴까지 자동차로 여행(오른쪽)했다.

CERTIFICATE

THIS IS TO CERTIFY THAT

Peter H.S. Choi

HAS TODAY CROSSED THE ARCTIC CIRCLE
AT A POINT IN NORRBOTTEN
NORTHERN SWEDEN

8th June, 1996

WE WISH YOU GOOD LUCK
NOW AND FOREVER !

Siri Persson

VATTENFALL
VATTENKRAFT

사진 1-32 스웨덴의 극권(極圈, Polar Circle, 왼쪽)을 1996년에 통과했을 때 저자가 받은 증명서(오른쪽)

사진 1-33 북부 스웨덴과 핀란드에는 순록(馴鹿)이 많이 방목되고 있으며, 숲과 호수에는 모기와 진드기가 왕성해서 모기보호용 모자와 의복을 입으면 여행하기가 편했다.

북부 스웨덴과 핀란드에는 순록馴鹿이 많이 방목되고 있으며사진 1-33, 숲과 호수에는 특히 모기와 진드기가 왕성해서 모기보호용 모자와 의복을 입으면 여행하기가 편했다사진 1-33. 노르웨이에서는 대서양에서 불어오는 바람이 강하므로 호수와 숲에 모기가 거의 없어 모기보호용 모자를 쓸 필요가 없었다. 스웨덴과 핀란드 사람들은 사슴뿔은 먹지 않으나, 사슴고기를 즐겨 먹는 것을 여행 도중에 알게 되었다. 스웨덴의 스톡홀름과 요크모크에서 1986년에 개최된 국제세미나때 사슴요리를 대접받았다. 사슴고기의 냄새 때문에 저자의 구미에는 맞지 않은 것으로 기억된다.

핀란드

핀란드에는 1970년대부터 국제회의 참석, 대학연구소 방문, 관광 등으로 지금까지 5번 방문했다. 2번은 비행기로, 1번은 독일에서 페리보트를 타고 헬싱키까지, 그리고 2번은 덴마크에서 스웨덴으로 건너가는 새로 건설된 말뫼교량을 지나 스웨덴을 경유해서 이나리Inari호수를 지나서 자동차로 러시아의 국경선 근처에 있는 핀란드의 로카Lokka까지 여행했다.

독일의 트라베뮌데[Travemünde]에서 1970년대 말에 자동차로 핀란드의 헬싱키로 여행할 때 타고 간 23,000톤짜리 페리보트[사진 1-34]의 시속은 18노트로서 여름에 36시간이나 걸렸다. 자동차를 실은 이 페리보트에는 약 1,500명이 취침할 수 있는 객실[客室]이 설치되어 있었다. 그 외에 다수의 로스토랑, 맥주홀, 댄스홀, 수영장, 사우나, 나이트클럽, 애기보호소 등이 설치되어 하룻저녁을 즐겁게 여행할 수 있도록 만들어져 있었다.

핀란드 헬싱키의 상징인 1852년에 건설된 기독교 교회와 지표면의 화강암반을 깊이 굴착해서 건설한 친환경적인 교회 타이바라티[Taivallahti]는 무척 인상적이었다[사진 1-35].

사진 1-34 독일의 트라베뮌데에서 핀란드로 항해하는 페리보트(왼쪽)와 핀란드 국내에서 다니는 전철(오른쪽)

사진 1-35 핀란드 헬싱키의 상징인 1852년에 건설된 기독교 교회(왼쪽)와 지표면의 화강암반을 깊이 굴착해서 1969년에 건설한 친환경적인 타이바라티 교회(Taivallahti, 오른쪽)(1998년 촬영)

핀란드의 헬싱키 앞바다에 건설된 수오멘린나Suomenlinna 해군 요새要塞를 방문한 후, 전체 도시를 목조木造건물로 아름답게 축조해서 유네스코에서 세계문화유산으로 인정한 라우마Rauma에도 가서 상세히 구경했다. 핀란드의 시골 호수변에는 여행객들이 빌려서 휴가를 보낼 수 있도록 거실, 침실, 식당, 사우나, 보트가 비치備置된 별장사진 1-36이 많이 건설되어 있다. 2007년 여름휴가 때에는 이런 별장을 1~2주간 빌려서 낚시를 하면서 휴가를 보낸 적도 있었다.

사진 1-36 핀란드의 시골 호수변에 여행객들이 빌려서 휴가를 보낼 수 있도록 거실, 침실, 식당, 사우나, 보트가 비치(備置)된 별장

덴마크

덴마크에는 1970년부터 자동차로 노르웨이, 스웨덴과 핀란드로 가는 길에 모두 10번 이상 들러서 명승지와 고적을 찾아가 보았다.

특히 기억에 남은 명승지로서 덴마크의 상징인 코펜하겐에 있는 인어[人魚] 상[像]인 '바다의 여인'[사진 1-37], 덴마크 왕의 제관식이 거행된 로스킬데 대성당과 코펜하겐에 있는 여왕의 궁전도 방문했다. 그리고 덴마크의 소택지[沼澤地]에서 발굴된 미이라[사진 1-38]가 소장된 실케보르그 박물관도 들렀다.

사진 1-37 덴마크의 코펜하겐에 있는 '바다의 여인'(왼쪽)은 덴마크의 상징이며, 덴마크 왕의 제관식이 거행된 로스킬데 대성당(중간)과 코펜하겐에 있는 여왕의 아말리엔보르그 궁전 앞에서(오른쪽, 1988년 촬영)

사진 1-38 덴마크의 트렐레보르그(왼쪽, 1988년 촬영)와 실케보르그의 소택지(沼澤地)에서 발굴된 미이라(오른쪽, 2015년 촬영)

영국

영국에는 1970년대에 런던대학교의 왕립공대에서 유학한 후 국제학회 참석, 대학연구소/도서관 방문, 댐과 화력발전소 자문관계회의, 관광하기 위해 지금까지 비행기로 3번, 기차 또는 자동차로 프랑스의 칼레에서 영국의 도버 또는 램스게이트Ramsgate로 대형 페리보트 또는 쾌속정인 호버크라프트Hovercraft, 사진 1-39를 타고 도바해협을 건너 6번 여행했으며, 독일에서 자동차로 아일랜드로 여행갈 때 영국을 2번 통과transit했다.

옛날을 추억하면, 1970년대에는 런던의 버킹엄 궁전 앞사진 1-40에서 그리고 런던의 수상관저Downing Street No. 10 앞사진 1-41에서 사진을 마음대로 찍을 수 있었는데 요즘은 치안治安관계로 불가능하게 되었다.

영국 스트랫포드 어폰 에이번 Stratford-upon-Avon에 있는 셰익스피어 생가生家, 옥스퍼드 대학교와 케임브리지 대학교사진 1-42 그리고 북쪽 스코틀랜드로 가서 유명한 도시, 호수, 운하시설들을 관광했다.

사진 1-39 영국 스트랫포드 어폰 에이번에 있는 셰익스피어 생가(왼쪽, 1973년)와 영국의 램스게이트에서 쾌속정인 호버크라프트를 타고 프랑스의 칼레로 여행(오른쪽, 1974년)

사진 1-40 영국에서 유학생 시절에 런던의 버킹엄 궁전 앞에서(1973년)

사진 1-41 영국에서 유학생 시절에 런던의 수상관저(Downing Street No. 10) 앞에서(왼쪽) 그리고 런던 타워(Tower of London)의 경비병과 같이(1974년 촬영)

사진 1-42 영국의 옥스퍼드 대학교(왼쪽, 2007년)와 케임브리지 대학교에서(오른쪽, 2016년)

아일랜드

아일랜드에서는 유명한 더블린 대학교를 구경하고, 독일의 지멘스회사가 100여 년 전에 건설한 세계 최초의 수력발전소를 방문하고, 관광하기 위해서 1번은 비행기로 그리고 2번은 자동차로 페리보트를 타고 영국을 경유해서 더블린으로 갔다.

아일랜드에서 19~20세기에 흉년凶年이 지고 경제공황기에 실직자가 많이 생겨, 던브로디 기아선飢餓船, Dunbrody Famine Ship을 타고 미국으로 대량 이민사진 1-43을 간 흔적을 많이 볼 수 있었다. 케네디 대통령의 선조先祖가 미국으로 이민가기 전에 살았던 옛날 건물들이 Dunganstown 사진 1-44에 남아 있어 방문해서 상세하게 구경했다. 그리고 더블린에 있는 유명한 왕립대학 King's college도 방문하고, 저명한 소설가 겸 시인 제임스 조이스1882~1941, 사진 1-45에 관심을 갖고 책방을 돌아다녔으며, 목이 마를 때에는 아일랜드 맥주점Guiness Pub, 사진 1-46에도 들러 전통적인 아일랜드 맥주도 마셨다.

사진 1-43 아일랜드에서 19~20세기에 Cobh항(港)에서 많은 이민자들이 미국으로 이민갈 때 타고 간 유명한 돛배(Dunbrody Famine Ship, 왼쪽), 그리고 첫 이민자인 애니 무어 남매를 기리기 위한 동상(오른쪽)

사진 1-44 아일랜드의 Dunganstown에서 미국 케네디 대통령의 선조(先祖)가 살았던 집(왼쪽)과 더블린에 있는 유명한 King's college에서(오른쪽)

사진 1-45 아일랜드의 더블린 중심가에 서있는 유명한 소설가 제임스 조이스 동상(왼쪽)과 전통적인 아일랜드 맥주점(Guiness Pub, 오른쪽)

아이슬란드

아이슬란드에는 2000년대에 댐과 수력水力/지열地熱발전소를 방문하고, 관광하기 위해서 비행기로 2번 갔다. 독일 프랑크푸르트에서 약 2,400km 떨어져 있으나, 북대서양에는 주로 서풍西風이 불어 역풍逆風이기 때문에 비행기로 3시간 30분 이상 오래 걸렸다.

아이슬란드의 수도 레이캬비크Reykjavik에는 40년의 공사기간이 걸려 1986년에 준공된 할그림스 교회사진 1-46가 있어 제일 먼저 방문했다. 그 이유는 이 교회 안에 독일 본에 있는 풍금회사가 제작/설치한 5,275개의 파이프로 구성된 거대한 오르간풍금이 있어 이 풍금으로 연주하는 음악을 들어보고 싶었기 때문이었다. 이 교회의 외모外貌는 이 나라에 많은 화산에서 흘러나온 기둥 현무암column basalt의 모양과 같아서 특이하고 또 드문 모양이었다. 이 교회 앞에는 서기 1000년 경에 미국을 발견한 레이퓌르 에릭손 동상이 높은 화강암 주춧대臺, pedestal 위에 세워져 있다.

사진 1-46 아이슬란드의 레이캬비크에 있는 할그림스 교회와 그 앞에 서 있는 서기 1000년경에 미국을 발견한 레이퓌르 에릭손 동상(2003년 촬영)

아이슬란드에는 폭포와 간헐천geyser, 사진 1-47이 많아, 레이캬비크의 비행장에서 빌린 렌터카rent-a-car를 타고 동서남북으로 여행하면서 자연의 아름다움을 즐겼다. 지하에서 솟아나오는 온수溫水로 야외에서 목욕을 할 수 있도록 샤워기shower를 설치해 둔 곳도 있었다. 이런 뜨거운 온수를 이용해서 전력을 생산하는 크라플라Krafla 지열地熱발전소사진 1-48를 방문해서 상세하게 가이드의 설명도 들었다.

사진 1-47 아이슬란드에 많은 폭포 가운데 유명한 굴포스(Gullfoss) 폭포(왼쪽)와 10~20m 이상 높이 솟아오르는 스트로퀴르(Strokkur) 간헐천(間歇泉, geyser)(오른쪽)

사진 1-48 아이슬란드의 지하에서 솟아오르는 뜨거운 온수(溫水)로 가동하는 크라플라 지열(地熱) 발전소(geothermal power station)

20세기 초반에 북대서양과 아이슬란드 근해에서 청어鯖魚가 많이 잡혀 수산물산업사진 1-49이 시글뤼피요르뒤르Siglufjoerdur 어촌漁村에서 크게 번창했으며, 청어의 황금기였다고 한다. 저자는 이 어촌에 있는 청어 박물관을 방문했는데, 옛날에 조그마한 어선을 타고 폭우暴雨가 강하게 부닥치는 북대서양에 나가서 어렵게 청어를 잡고 귀가하면 야외에서 수백 명의 동내부인들이 청어를 나무통에 넣어서 소금으로 절이는 방법 등이 전시되어 있어 흥미진진하게 구경했다. 옛날의 청어는 값이 대단히 싸서 제2차대전 후 독일로 대량 수출되었으며 1945~1950년대에 어릴 때 하루에 3끼를 소금에 절인 짠 청어를 먹었다는 독일친구들의 이야기를 들은 기억이 난다. 요즈음 아이슬란드 근해에서 청어는 거의 고갈된 상태에 있어, 건강식인 절인 청어를 독일 슈퍼마켓에서 찾기가 어려울 때도 있다.

아이슬란드는 인구밀도가 대단히 낮아서 주유소가 드물기 때문에 동서남북으로 국도/지방 도로를 따라 자동차로 여행할 때, 항상 주유소와 도로상태의 교통표지판사진 1-50에 유의해야 했으며, 7월의 여름에도 조금 높은 고지高地에는 눈이 깔려 있어 주의해야 했다.

사진 1-49 아이슬란드의 시글뤼피요르뒤르 어촌(왼쪽)과 주둔하고 있는 청어(鯖魚)잡이 어선(오른쪽)

사진 1-50 인구밀도가 대단히 낮은 아이슬란드에서 자동차로 여행할 때, 항상 주유소(왼쪽, 다음 주유소까지의 거리 234km)와 도로상태(오른쪽)의 교통 표지판에 유의해야 했다(2015년 촬영).

1.2 남부유럽

이탈리아

지난 50년 동안 이탈리아에는 국제회의에 참석해서 논문을 발표하고, 국제컨설턴트 모임, 대학연구소 탐방[探訪], 그리고 유명한 명승고적지를 거의 대부분 방문하기 위해서 자동차와 비행기를 이용해서 모두 15회 이상 갔다. 그리고 이탈리아에서 그리스로가는 페리보트를 타기위해서 자동차로 소국[小國] 산마리노를 지나서 이탈리아의 바리[Bari]까지 2번 갔다.

화산재로 덮힌 폼페이[사진 1-51]에서는 길에 깔린 편석[片石]에 보이는 옛날에 마차가 다닌 흔적[痕迹]과 화산재로 덮힌 폼페이에서 발굴[發掘]한 시체도 구경했다. 그리고 피사 탑과 로마의 콜로세오, 바티칸의 산 피에트로 대성당[사진 1-52]도 방문했다. 로마에 갈 때마다 트레비 분수[사진 1-53]에 동전을 던져 넣어서 이탈리아에는 지금까지 15회 이상 자주 들리게 되었다.

사진 1-51 이탈리아 폼페이의 길에 깔린 편석(片石)에 보이는 옛날에 마차가 다닌 흔적(痕迹, 왼쪽)과 화산재로 덮힌 폼페이에서 발굴(發掘)한 시체(오른쪽)

사진 1-52 로마의 콜로세오(왼쪽), 바티칸 산 피에트로 대성당(중간)과 피사 탑(오른쪽)앞에서

사진 1-53 이탈리아의 로마에 갈 때마다 트레비 분수에 동전을 던져 넣어서 이탈리아에는 지금까지 15회 이상 자주 들리게 되었다.

전 세계에 널리 알려진 유명한 파르마 햄ham이 생산되는 파르마Parma와 미식가美食家의 도시 산지미냐노San Gimignano, 사진 1-54에서 이탈리아의 진미珍味도 시식해 보았다. 그리고 베로나Verona의 야외광장Arena, 사진 1-55에서 아이다 오페라 공연을 참관했으며, 밀라노 대성당사진 1-56을 방문하고, 레오나르도 다빈치가 그린 '최후의 만찬'도 관심있게 관람했다. 토스카나 지방으로 여행하면서 이 지방의 유명한 포도주도 즐겨히 시음試飮해 보았으며, 피렌체Firenze에서는 아름다운 대성당duomo, 사진 1-56에서 내부와 외부를 상세히 구경했으며, 우피치Uffizi 미술관에도 들렀다.

사진 1-54 이탈리아에서 유명한 파르마 햄(ham)이 생산되는 파르마(왼쪽/중간)와 미식가(美食家)의 도시 산지미냐노(중간/오른쪽)에서(1998과 2011년 촬영)

사진 1-55 이탈리아의 베로나에 있는 아레나는 겨울에는 한산하나(왼쪽, 1998년 촬영), 여름에는 아이다 오페라를 공연하기 위해서 무대(舞臺)와 좌석을 분주하게 준비하고 있는 광경(오른쪽, 2000년 촬영)

사진 1-56 이탈리아의 밀라노 대성당(왼쪽)과 레오나르도 다빈치가 그린 '최후의 만찬'을 관심있게 관람한 후(중간), 토스카나 지방으로 여행하면서 피렌체 대성당(오른쪽)도 방문했다.

저자가 겨울과 봄에 카프리 섬에 갔을 때, 날씨가 대단히 온화해서, 옛날부터 유럽의 문학가, 음악가 등 지식인들이 이 섬으로 많이 휴양을 간 것을 이해할 수 있었다. 특히 이 섬에서 인상이 깊은 것은 늦봄에 카프리 장미꽃이 만발했을 때, 이 섬의 장미향기가 대단히 좋았다. 카프리 장미Capri rose는 향기가 좋은 꽃으로 널리 알려져 있다. 대구에서 어릴 때, 아버님께서 집의 정원에 장미를 많이 심어셔서 은은했던 장미향기를 재삼 기억했다.

스페인

독일에서 1969년 유학생 시절에 프랑스 스타라스부르 대학교의 연구원 친구와 같이 폭스바겐 자동차로 모로코로 여행갈 때 처음으로 스페인을 통과transit했다. 그 후 스페인에는 1973년 국제학회 참석사진 1-57, 대학교와 연구소 방문, 댐기술자문회의, 야코보와 몬세라트Montserrat 성지순례, 로욜라Loyola 예수회 수도원 방문 그리고 관광여행을 하기 위해서 지금까지 자동차, 비행기 그리고 고속전철사진 1-58을 타고 20회 이상 방문했다.

스페인의 고속전철 AVEAlta Velocidad Espana의 마드리드-세비야 선로사진 1-58는 1992년의 국제박람회때, 그리고 마드리드-바르셀로나 선로는 2004년에 개통되었다. 마드리드에서 세비야Sevilla까지 고속전철의 길이는 471km로서, AVE가 최대시속 250~300km/h, 평균시속 209km/h로 운행할 때 여행시간이 2시간 15분 정도 걸렸다.

사진 1-57 한국이 국제대댐학회(ICOLD)의 회원국으로 가입한 스페인의 마드리드에서 1973년에 후안 카를로스 왕이 개막한 11차 국제대댐회의(왼쪽)와 한국수자원공사 안경모 사장님, 미국개척국(USBR)의 벨보트 사장 부부와 기념촬영(오른쪽)

사진 1-58 스페인의 마드리드에서 세비야까지 300km/h의 시속으로 운행되고 있는 AVE고속전철(왼쪽)과 콜럼버스가 미주대륙을 발견한 500주년을 기념해서 1992년에 스페인중앙은행이 발행한 5,000페세타짜리 지폐(오른쪽, 저자 소장)

콜럼버스가 스페인의 팔로스 항[港]에서 1492년에 출항해서 아메리카 대륙을 발견할 때 타고 간 3척의 돛배 가운데 기함[旗艦, 사진 1-59]과 출항하기 전에 선저[船底]에 실은 각종 식량의 목록[目錄]과 분량, 포도주 나무술통[모형]도 상세하게 구경했다. 투우[鬪牛]를 관람하기 위해서 스페인에서 제일 유명한 투우경기장인 마드리드[사진 1-60], 팜플로나[Pamplona], 세비야, 론다[Ronda]의 투우경기장에 여러 번 방문했다.

사진 1-59 콜럼버스가 스페인의 팔로스 항(港)에서 1492년에 출항해서 아메리카 대륙을 발견한 제일 첫 번째 항해 때 타고 간 3척의 돛배 가운데 기함(旗艦)(왼쪽)과 선저(船底)에 실은 포도주 술통의 모형(오른쪽)

사진 1-60 스페인 마드리드의 투우경기장에서 관람한 투우경기(1972년과 1999년 촬영)

스페인에는 햇빛이 강하게 쪼이며, 지방에 따라 일조日照일수日數가 상이하므로 여러 종류의 양호한 포도주를 생산하고 있다. 저자는 여러 지방을 여행하면서 테루아Terroir에 따른 포도주의 질과 맛을 배웠다. 예컨대, 남부스페인에 수백 년 된 유명한 쉐리sherry 저장고사진 1-61가 많이 있어 갈 때마다 각종 쉐리를 시음했다.

이탈리아의 파르마 햄처럼, 스페인도 특이한 최고급 햄을 많이 만들고 있다. 예컨대, 스페인에서는 꿀밤을 먹고 자란 검정돼지의 고기를 소금에 절여 만든 맛이 좋은 비싼 '이베리아 햄jamon iberico'을 수개월 동안 저장/양생養生시키므로 이런 하부고Jabugo 공장과 저장고사진 1-62에 가서 햄과 소시지도 시식해 보았다.

사진 1-61 스페인에 있는 수백 년 된 유명한 티오페페 쉐리(sherry) 저장고에서

사진 1-62 스페인에서 꿀밤을 먹고 자란 검정돼지(왼쪽)의 고기를 소금에 절여 만든 맛이 좋은 비싼 햄(ham)을 수개월 동안 양생(養生)시키는 하부고 공장과 저장고에서(중간/오른쪽)

스페인의 전역에는 수백 년 된 옛날 성城과 성곽城廓이 대단히 많다. 이 '고성古城 가도'사진 1-63를 따라 여행하면서 4~500년 된 성과 성곽을 방문하고, 세르반테스의 '돈키호테'에 묘사된 라만차La Mancha 지방의 풍습과 풍차도 많이 구경했다. 그리고 발렌시아Valencia에 있는 과학 도시Ciudad de las Ciencias, 사진 1-64와 박물관도 방문했다.

사진 1-63 스페인의 '고성 가도'를 따라 가면, 4~500년 된 옛날 성(城)과 성곽(城廓)이 많으며(왼쪽), 라만차 지방에서는 세르반테스의 소설 '돈키호테'에서 묘사된 풍차(오른쪽)도 많이 볼 수 있다.

사진 1-64 스페인 발렌시아의 과학도시(Ciudad de las Ciencias)에 있는 박물관과 오페라 건물에서

포르투갈

포르투갈에는 유명한 코임브라 대학교사진 1-65와 도서관, 국립건설연구소 방문, 댐과 화력 발전소 자문관계회의, 관광하기 위해서 1980년대 초부터 지금까지 5번 여행했으며, 비행기로 2번, 자동차로 3번 갔다.

폴르투갈은 500여 년 전부터 항해사로서 미지未知의 세계를 탐험하는 데 크게 공헌한 나라이다. 예컨대, 항해사 바스코 다 가마1469~1524년는 1497년에 처음으로 아프리카의 남단 희망봉을 통과해서 인도로 가는 항로를 발견했다.

포르투갈의 수도 리스보아Lisboa 항港의 입구를 방어하기 위해 1521년에 건설한 베렘Belém 보루堡壘는 1755년에 일어난 포르투갈의 대지진규모 M=8.7~9.0 때 제일 높은 건물로 파괴되지 않아, 현재 '발견자의 탑'사진 1-66과 같이 수도의 상징이 되고 있다.

사진 1-65 포르트갈에서 유명한 코임브라 대학교(왼쪽)와 대학도서관에서(오른쪽)

사진 1-66 포르투갈의 리스보아 항(港)의 입구를 방어하기 위해 1521년에 건설한 베렘 보루(堡壘, 왼쪽)와 '발견자의 탑'(오른쪽)은 리스보아의 상징이다(최형식, 2013).

파티마의 성모발현지사진 1-67는 가톨릭교에서 주요한 순례지로 매년 수백만 명의 순례자들이 모여 기도하므로, 1980년과 1990년대에 독일에서 자동차로 가족과 같이 2번 순례巡禮하러 갔다.

포르투갈에서 여러 곳의 포도주산지를 들러서 각종 포도주를 양조하는 방법에 따라 맛이 달라지는 것을 시음하면서 배웠다. 포트port포도주는 요즘도 일부 산지에서는 발로 포도를 다져 즙을 짜고 있으며, 전통적인 포트포도주 산지사진 1-68에서 이렇게 중세기의 방법으로 만든 포도주를 마셔본 경험에 의하면 훨씬 더 부드럽고 맛이 좋은 것을 알게 되었다.

사진 1-67 포르투갈에 있는 파티마 성모발현지를 가족과 같이 순례했다(왼쪽 1986년, 오른쪽 2002년 촬영).

사진 1-68 포르투갈의 포트(port)포도주는 요즘도 일부 산지에서는 발로 포도를 다져 즙을 짜고 있으며(왼쪽), 이렇게 중세기의 방법으로 만든 포도주를 마셔 보면 훨씬 더 부드럽고 맛이 좋았다(오른쪽).

그리스

그리스는 국제회의 참석과 높이가 130m인 댐의 설계/시공을 자문하고, 관광하기 위해서 모두 12회 이상 방문했다. 그리스에는 명승고적이 대단히 많고 흩어져 있으므로 1970년대부터 비행기로 아테네와 크레타 섬으로 직접 가서 그곳에서 차를 렌트해서 자동차로 여행했다. 그리고 그리스에서 많은 섬 사이를 통행하는 페리보트를 이용해서 7번 이상, 그리고 독일에서 자동차로 이탈리아의 바리Bari까지 가서 페리보트사진 1-69를 타고 2회, 그리고 1990년대에 동구東歐가 개방된 후에 자동차로 오스트리아/발칸제국/불가리아를 경유해서 3번 그리스에 갔다.

사진 1-69 이탈리아의 바리에서 출발해서 자동차를 실은 페리보트로 도착한 그리스의 이구메니차 항(港, 왼쪽)과 그리스의 많은 섬(島) 사이를 다니는 쾌속정 페리보트(오른쪽)(1997년 촬영)

사진 1-70 그리스 아테네의 아크로폴리스에 있는 파르테논 신전에서

아테네에 있는 아크로폴리스사진 1-70, 알렉산더 대왕이 태어난 마케도니아의 펠라사진 1-71와 알렉산더가 어릴 때부터 많이 마셔서 건장健壯해졌다는 마케도니아의 포도주 산지사진 1-71 를 방문했다. 그리고 고대 스파르타에 가서 수백 년 된 올리브 고목古木, 사진 1-72도 많이 보았으며, 기원전 480년에 스파르타군이 페르샤군을 요격邀擊해서 치열한 전투가 벌어진 테르모필레스Thermopyles에 가서 레오니다스Leonidas 동상사진 1-72도 구경했다.

사진 1-71 그리스의 알렉산더 대왕이 태어난 마케도니아의 펠라(왼쪽)와 알렉산더가 어릴 때부터 많이 마셔서 건장(健壯)하게 되었다는 마케도니아의 포도주 산지(중간)와 그리스의 용사(勇士)가 인쇄된 1,000드라크마짜리 지폐(1987년 발행, 저자 소장)

사진 1-72 그리스의 고대 스파르타(왼쪽)에서 많이 자라는 수백년 된 올리브 고목(古木, 중간)과 테르모필레스(Thermopyles)에 있는 레오니다스(Leonidas) 동상(오른쪽)에서

그리스의 사토리니Santorini 섬에서는 항상 바람이 강하게 불므로 포도꽃이 떨어지지 않도록 바구니사진 1-73 안에서 포도나무를 키우고 있는 것을 보았다. 이렇게 정성껏 키운 포도로 만든 빈산토Vinsanto 포도주는 그리스의 명물이며, 후식後食 포도주로 좋으므로 식사 후에 자주 시음해 보았다. 그리고 낙소스Naxos 섬의 도심지都心地에서 문어사진 1-73를 말리고 있는 이색적인 풍경도 보았다.

19세기 말에 이회암泥灰巖, marl 지반에서 거의 수직으로 75m까지 깊이 굴착해서 건설한 길이가 6.4km인 코린트 운하사진 1-74에 가서 대형 구조물의 장관壯觀을 보고, 건설기계가 별로 없었던 그 당시에 토목기술자들이 얼마나 어렵게 이 운하를 건설했는지 재삼再三 감탄했다.

사진 1-73 그리스의 사토리니 섬에서는 항상 바람이 강하게 불기 때문에 포도꽃이 떨어지지 않도록 바구니(왼쪽) 안에서 키운 포도로 만든 후식(後食) 포도주인 빈사토 포도주(중간)와 낙소스 섬의 도심지(都心地)에서 문어를 말리고 있는 광경(오른쪽)

사진 1-74 그리스에 1893년에 건설된 길이가 6.4km인 코린트 운하(최형식, 2013)

사이프러스

사이프러스그리스어로 키프로스에는 1990~2000년대에 댐을 자문하고, 관광하기 위해서 4번 갔다. 최근에는 부자들이 돈을 갖고 오면, 쉽게 사이프러스의 시민권을 받을 수 있으므로 소련과 중동에서 부자들이 많이 오고 있다. 그래서 소련여행객들을 길거리와 해변가의 해수욕장사진 1-75에서 많이 볼 수 있으며, 사이프러스의 시민권을 갖고 다른 유로Euro 국가에도 쉽게 입국할 수 있게 되었다.

사진 1-75 소련의 휴양객들이 많이 오는 사이프러스의 라나카 해변가 수영장(왼쪽)과 오도모스(Odomos) 포도주산지(오른쪽)에서

사이프러스의 오도모스Odomos 포도주산지사진 1-75를 방문해서 이 나라의 포도주도 시음해 보았다. 터키가 점령한 북부 사이프러스에 갔을 때, 국경선에는 요즈음도 유엔군이 수위하고 있었다. 북쪽 니코시아Nicosia에 있는 옛날 대상隊商의 여인숙caravansary과 전통적인 터키식 증기탕蒸氣湯, hammam에도 가서 구경했다.

남부 사이프러스에는 그리스정교 교회가 대단히 많으며, 여러 군데에서 옛날 마카리오스 대주교/대통령의 동상사진 1-76도 볼 수 있었다. 사이프러스가 유로시장에 가입하기 전에 마지막으로 1989년에 발행한 50센트짜리 지폐사진 1-77를 기념으로 구입해서 보관했다.

사진 1-76 사이프러스의 키코스에 있는 그리스정교 교회와 마카리오스 대주교/대통령의 동상

사진 1-77 사이프러스의 리마솔 중심가(왼쪽)와 사이프러스가 유로시장에 가입하기 전에 마지막으로 1989년에 발행한 50센트짜리 지폐(오른쪽, 저자 소장)

1.3 러시아와 동부유럽

러시아

러시아에는 모스크바 대학교의 교수사진 1-78와 같이 댐을 자문하고, 관광하기 위해서 지금까지 4번 갔다. 이 기회에 아름다운 상트 페테르부르크에도 가서 2주일간 관광했다. 모스크바 중심가부활의 문 앞에서 산책하면서 레닌Lenin과 카를 막스Karl Max와 꼭 닮은 사람double들과 같이 기념촬영사진 1-79한 후 모스크바의 성 바실리 성당, 붉은 광장과 유명한 굼Gum 백화점에도 가서 구경했다.

스타린은 전 세계에서 제일 아름다운 지하철을 모스크바사진 1-80에 건설하기 위해서 각종 전구와 현광등을 설치해서 대단히 밝게 만들었으며, 전시戰時에 방공호로 사용할 수 있도록 깊게 굴착한 지하에 건설했다.

사진 1-78 러시아의 모스크바 대학교 교수와 컨설턴트회사의 토목기술자와 같이 자문회의(2000년 촬영)

사진 1-79 모스크바 중심가(부활의 문 앞)에서 레닌과 카를 막스와 꼭 닮은 사람(double)들과 같이 기념 촬영을 한 후(왼쪽), 모스크바의 성 바실리 성당(중간)과 붉은 광장(오른쪽)도 구경했다.

사진 1-80 스탈린이 전시(戰時)에 방공호로 사용하기 위해서 지하에 깊게 건설한 모스크바 메트로 모습 (2001년 촬영)

모스크바에서 유람선을 타고 볼가강/운하를 따라 니즈니 노브고로드Nizhnyi Novgorod, 카잔Kazan을 지나서 남쪽으로 로스토프Rostov와 돈강까지 여행하면서, 옛날에 약간 배운 소련어 실력을 갖고 아내와 같이 러시아의 농촌 민속복民俗服을 입고 민속연극사진 1-81에도 참여했다. 그리고 독일 킬 운하의 회원들과 같이 버스를 타고 옛날 동프러시아East Prussia 지역으로 여행 갔을 때, 쾨니히스베르크Königsberg를 2번 방문했으며, 이 기회에 옛날에 대성당의 외부벽에 매장된 독일의 철학자 임마누엘 칸트1724~1804의 묘지사진 1-82도 방문했다. 이 도시는 제2차대전 후 소련이 점령했으며 현재 이름은 칼리닌그라드Kaliningrad이다.

사진 1-81 러시아의 모스크바에서 유람선을 타고 로스토프까지 볼가강/운하를 여행하면서, 러시아의 농촌 민속복(民俗服)을 입고 민속연극에 참여한 아내와 저자(2013년 촬영)

사진 1-82 옛날 동프러시아(East Prussia)에 속했던 쾨니히스베르크(제2차대전 후, 소련령의 이름: 칼리닌그라드)에 있는 대성당(왼쪽)의 외부벽에 매장된 독일의 철학자 임마누엘 칸트의 묘지(중간) 앞에서 큰딸과 사위(오른쪽)와 같이(2002년 촬영)

우크라이나

우크라이나는 2010년대 초반에 비행기를 타고 수도 키예프Kiev에 가면, 비행장에서 차를 렌트하기가 용이하지 않았다. 그래서 독일 프랑크푸르트에서 자가용 차를 타고 폴란드를 통과해서 우크라이나로 관광하기 위해서 2번 갔다. 독일에서 폴란드의 바르샤바를 경유해서 우크라이나의 키예프Kiev까지 거리는 1,900km이며, 고속도로가 중간에 없는 곳이 많아 약 4일간 걸렸다. 키예프에서 흑해의 얄타까지는 거리가 900km으로 주로 국도/지방도로였으므로 2~3일간 걸렸다.

처음으로 키예프에 도착했을 때 제일 먼저 눈에 띈 것은 제2차대전 전승탑과 기념비사진 1-83이었다. 키예프에 갈 때마다 본 바에 의하면, 이 나라의 젊은이들이 드니퍼Dnieper 강변의 언덕 위에서 수도 키예프를 내려보면서 결혼하기 위해서 야외에 결혼예식장사진 1-84을 준비하고 있는 것이 대단히 이색적이었다.

사진 1-83 우크라이나의 키예프(Kiev)에 있는 제2차대전 전승탑/기념비

사진 1-84 우크라이나의 젊은이들이 드니퍼 강변의 언덕 위에서 키예프를 내려보면서 결혼하기 위해서 야외에 차려 논 결혼예식장(왼쪽)과 저자가 자동차로 우크라이나의 동서남북으로 여행할 때, 호텔이 없는 지방도시와 시골에서 자주 투숙한 옛날 고급관리들의 다차(Datcha, 오른쪽)

지금까지 러시아의 일부를 자동차로 여행하면서 그리고 우크라이나의 전체국토를 동서남북으로 여행하면서 느낀 것은 정말 넓은 나라라는 점이다. 우크라이나에서 4주 동안 여행하면서 키예프, 르비프Lviv, 세바스토폴Sevastopol, 오데사Odessa 등 큰 도시에서는 호텔을 이용하고, 호텔이 없는 지방도시와 시골에서는 옛날에 고급관리들이 지방을 방문할 때 투숙한 다차datcha, 사진 1-84를 자주 이용했다. 이 다차는 일종의 시골 저택/별장으로 깨끗하고, 내부가 넓고, 정원도 있고, 사전에 예약을 할 필요도 없고 또 값이 별로 비싸지 않은 장점이 있었다.

제2차대전 말기인 1945년 2월 4~11일까지 미국의 루즈벨트 대통령, 영국의 처칠 수상과 소련의 스탈린 당수가 참석한 러시아의 얄타회의에서 전후戰後에 독일을 4개의 점령지대로 분할하는 것을 협의했다. 이 얄타회의가 개최된 리바디야Livadija 궁전사진 1-85과 얄타회의장사진 1-86에 가서 구경하면서 상세하게 가이드의 설명도 들었다.

사진 1-85 러시아의 흑해연안에 놓인 얄타(왼쪽)와 1945년에 얄타회의가 개최된 리바디야 궁전 모습(오른쪽)

사진 1-86 제2차대전 말기에 미국의 루즈벨트 대통령, 영국의 처칠 수상과 소련의 스탈린 당수가 참석한 얄타회의 장면(왼쪽, 1945년 2월 신문사진)과 리바디야 궁전 안에 있는 얄타회의장(오른쪽, 2011년 저자 촬영)

흑해黑海 북안에 위치한 크림Crimea반도에 있는 얄타에 2번 갔을 때, 근처에 있는 마산드라Massandra 포도주산지에도 갔다. 스탈린당수가 조지아 포도주와 같이 자주 마셨다는 마산드라 포도주를 만드는 산지에서 1775년도 산産부터 양호한 포도주가 모두 보관된 큰 지하저장고사진 1-87도 구경했다. 포도주 시음장에서 마산드라에서 생산된 6종류의 크림산 포도주를 시음試飮한 후 증명서사진 1-88도 하나 받았다. 이 기회에 얄타 근처에서 생산되는 유명한 크림 샴페인champagne도 시음해 보았다.

사진 1-87 우크라이나의 크림(Crimea)에 있는 마산드라 포도주 산지의 지하저장고에 보관된 1775년대의 포도주(2011년 촬영)

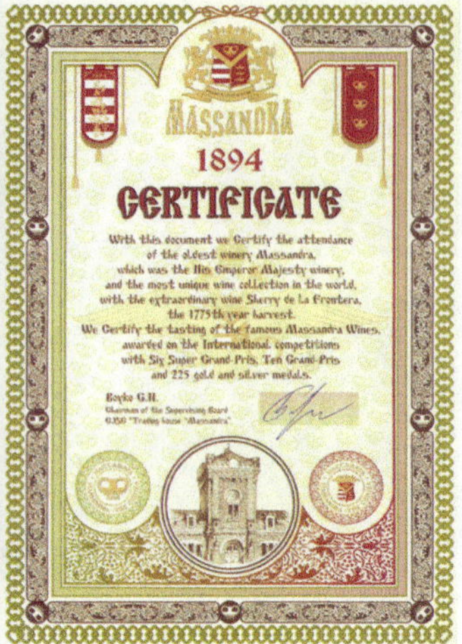

MASSANDRA

1894

CERTIFICATE

With this document we Certify the attendance
of the oldest winery Massandra,
which was the His Emperor Majesty winery,
and the most unique wine collection in the world,
with the extraordinary wine Sherry de La Frontera,
the 1775th year harvest.
We Certify the tasting of the famous Massandra Wines,
awarded on the International competitions
with Six Super Grand-Pris, Ten Grand-Pris
and 225 gold and silver medals.

Boyko G.H.

사진 1-88 우크라이나의 크림에서 6종류의 마산드라 포도주를 시음한 후(왼쪽) 받은 증명서(오른쪽)

폴란드

폴란드에는 동구東歐가 개방開放되기 전인 1980년대 초부터 바르샤바 대학교사진 1-89와 연구소 방문, 파괴된 댐 방문, 관광 등으로 지금까지 비행기와 자동차로 8번 동서남북으로 광범위하게 여행했다. 그리고 독일의 킬 운하 회원과 가족들이 같이 버스를 타고 옛날에 독일기술자들이 동프러시아현재 폴란드지역에 건설한 운하시설도 1번 방문했다. 그 외에 독일에서 자동차로 우크라이나로 여행할 때, 2번 그리고 발트 3국에 갈 때, 폴란드를 2번 통과transit했다.

폴란드의 수도 바르샤바에 가면 제일 먼저 보이는 것이 소련정부가 선물해서 1950년대에 세워진 30층짜리의 문화 · 과학회관 건물사진 1-90이었다. 이 건물은 소련의 모스코바에 건설된 대학건물과 외무성건물과 동일한 설계로 비슷하게 건설되었다.

사진 1-89 폴란드의 바르샤바 대학교(왼쪽)와 천문학자 코페르니쿠스 동상(오른쪽)

사진 1-90 폴란드의 수도 바르샤바에 소련정부가 선물해서 1950년대에 세워진 30층짜리의 문화·과학회관 (왼쪽)과 1980~1990년대의 교통수단이 주로 전차와 버스였기에 개인승용차가 드문 시내 광경

독일의 킬 운하 회원과 가족들이 같이 프러시아[현재 폴란드지역]를 방문했을 때, 프러시아의 비스마르크 철혈[鐵血] 재상[宰相]이 옛날에 거주한 코샬린[Köslin]에 있는 아름다운 시골 별장[사진 1-91]도 방문했다.

사진 1-91 프러시아의 비스마르크 철혈(鐵血) 재상(宰相)이 옛날에 거주한 코샬린에 있는 시골 별장(왼쪽/중간)에 독일의 킬 운하 회원 가족들과 같이 방문하였다(오른쪽).

현재 폴란드지역에 있는 옛날 동프러시아의 상징이었던 단치히[사진 1-92]와 제2차대전이 시작된 역사적으로 널리 알려진 단치히의 베스터플라테[Westerplatte, 사진 1-93]에도 가보았다.

사진 1-92 옛날 동프러시아의 단치히(현재 폴란드의 Gdansk)에 있는 4톤짜리 기중기(왼쪽)는 단치히의 상징이었다(2002년 촬영).

사진 1-93 제2차대전이 시작된 단치히의 베스터플라테에서(1998년 촬영)

발트 3국

발트해 연안에 있는 3개 국가인 리투아니아[Lithuania], 라트비아[Latvia]와 에스토니아[Estonia]는 대학교, 도서관, 연구소 방문 그리고 관광하기 위해서 독일에서 폴란드를 경유해서 지금까지 자동차로 2번 갔다. 이 기회에 약 500년 전에 설립된 리투아니아의 빌뉴스[Vilnius] 대학교[사진 1-94]와 도서관 그리고 제2차대전 전에 토마스 만[Thomas Mann]이 받은 노벨문학상금으로 독일의 동프러시아[현재 리투아니아]의 조용한 니다마을에 지은 여름별장[사진 1-95]도 방문했다.

사진 1-94 1547년 설립된 리투아니아의 빌뉴스 대학교(왼쪽)와 대학도서관(오른쪽)

사진 1-95 토마스 만이 받은 노벨문학상금으로 1930년대에 동프러시아(현재 리투아니아)의 조용한 니다마을에 지은 여름별장에서

라트비아의 수도 리가Riga는 제2차대전 때 많이 파괴되어 남아 있는 옛날 건물들은 이제 모두 깨끗하게 보수되어 벨기에, 아일랜드 등 외국대사관, 문화관과 대학교건물[사진 1-96]로 사용되고 있다. 그리고 검은 머리Blackheads 동업조합이 600여 년 전에 지은 아름다운 길드guild 건물[사진 1-96]은 리가의 상징이 되고 있다.

에스토니아의 수도 탈린Tallin은 중세기에 독일 뤼베크의 한자동맹에 가입했으며, 저자는 1422년에 이 도시에 설립된 오래된 약국[사진 1-97]에 관심을 갖고 들러서 지금까지 약 600년 동안 각종 약을 팔고 제조하고 있는 내부를 구경했다.

사진 1-96 라트비아의 수도 리가에 있는 14세기에 검은 머리 동업조합(guild)이 건설한 아름다운 건물(왼쪽)과 리가 공과대학교(오른쪽)

사진 1-97 중세기에 독일 뤼베크의 한자동맹(오른쪽)에 가입한 에스토니아의 탈린에 1422년에 설립된 약국(왼쪽/중간)은 지금까지 600년 동안 약을 팔고 있다(2012년 촬영).

체코

체코에는 1991년에 동구東歐가 개방되었을 때 가족과 같이 즉시 방문한 나라이며, 제일 먼저 체코의 프라하에 있는 카를 교와 프란츠 카프카의 생가사진 1-98를 방문했다. 프랑크푸르트에서 프라하까지 500km로 별로 멀리 않고, 고속도로가 잘 건설되어 있고, 유명한 온천장사진 1-99이 많으므로 지금까지 8번이나 방문했다. 체코의 온천장2개은 2021년에 독일3개, 프랑스1개, 벨기에1개, 영국1개, 오스트리아1개의 온천장과 함께 유네스코 세계문화유산으로 인정되었다.

사진 1-98 가족과 함께 체코의 프라하에 있는 카를 교(왼쪽)와 프란츠 카프카의 생가(生家, 중간/오른쪽)에서(1991년 촬영)

사진 1-99 가족과 함께 체코의 유명한 카를로비 바리(Karlovy Vary) 온천장에서

체코인들은 크리스마스와 사순절 때 육류 대신에 잉어요리를 먹는 풍습이 있다. 그러므로 체코에서는 잉어고기의 소비량이 대단히 커서, 체코의 로즘댐[사진 1-100]처럼 물이 얕은 큰 인공 저수지에서 그물로 쉽게 잉어를 잡을 수 있게끔 잉어를 대량 키우고 있다. 저자가 여행 도중에 음식점에서 시식[試食]한 경험으로 보자면 양식한 잉어를 잡아서 마늘과 많은 양념을 잘 넣어서 만든 잉어요리는 물고기 냄새도 나지 않고 정말 진미였다고 생각된다.

저자는 지금까지 외국에 갈 때마다 그 나라에서 발행된 옛날 지폐와 동전을 수집하는 취미[hobby]를 오랫동안 갖고 있다. 체코에서는 프라하 성, 카를 교와 농부가 그려진 1961년에 발행된 100코루나짜리 지폐[그림 1-1] 등 다수의 옛날 체코지폐를 수집할 수 있었다.

사진 1-100 체코에서는 로즘댐(오른쪽) 등 다수의 인공저수지에서 양식한 잉어를 잡아서 크리스마스와 사순절 때 많은 체코인들이 육류 대신에 먹는 풍습이 있다. 잉어 양식지에 세워진 잉어 조각품(왼쪽)

그림 1-1 프라하 성(城), 카를 교와 농부가 인쇄된 1961년도의 100코루나짜리 체코지폐(저자 소장)

슬로바키아

슬로바키아[사진 1-101]에는 1993년에 체코슬라비아에서 체코와 슬로바키아로 분리되기 전에 처음으로 1991년에 브라티슬라바[Bratislava]를 방문했으며, 대학교와 연구소 방문, 라인-마인-다뉴브강 운하[Rhine–Main–Danube Canal]의 설계와 공사를 자문하면서 모두 4회 자동차로 갔다. 그리고 헝가리, 발칸제국과 루마니아와 불가리로 여행할 때 5번 통과[transit]했다.

유럽의 넓은 지역에 쌓인 황토[黃土, loess]는 아주 비옥[肥沃]한 흙으로 곡물과 포도가 잘 자라며, 헝가리/슬로바키아의 황토지대에서 삽으로 쉽게 큰 지하실[사진 1-102]을 뚫어 포도주를 술통에 담아 11~12℃의 고정된 온도에서 저장/양생[養生]하고 있다. 이런 포도주 저장고/음식점에 가서 여러 종류의 포도주도 시음해 보았다.

사진 1-101 슬로바키아의 수도 브라티슬라바를 지나가는 다뉴브강변에 건설된 브라티슬라바 성(城)

사진 1-102 유럽의 넓은 지역에 쌓인 황토(黃土, 왼쪽)는 아주 비옥(肥沃)해서 곡물과 포도가 잘 자라며, 헝가리/슬로바키아의 황토지대에서 삽으로 쉽게 큰 지하실을 뚫어 포도주를 술통(중간/오른쪽)에 담아 11~12℃의 고정된 온도에서 저장/양생하고 있는 광경(2014년 저자 촬영)

헝가리

헝가리에는 1991년부터 대학교, 연구소 방문, 세미나 참석, 댐자문관계회의, 관광 등으로 비행기와 자동차를 타고 지금까지 5번 방문했다. 그리고 자동차로 옛날 유고슬라비아, 알바니아, 불가리아, 루마니아와 그리스로 여행갈 때 헝가리를 6번 통과[transit]했다.

동부유럽에서 제일 아름다운 수도[首都]의 하나인 부다페스트에서는 제일 먼저 다뉴브[두나]강변에 19세기 말엽에 설립된 국회의사당[사진 1-103]을 방문해서 내부를 구경했으며, 1854년에 건설된 세체니 사슬조교[弔橋, chain bridge]를 걸어서 페스트[Pest]에서 부다[Buda]로 건너갔다.

부타페스트에 있는 겔레르트[Gellert]호텔[사진 1-104]은 1930년대에 헝가리에서 최고급 호텔로서 여기에 설치된 온천장과 수영장은 주기적으로 파[波]를 일으키는 파욕장[波浴場]으로 유명했다.

사진 1-103 헝가리의 부다페스트를 지나가는 다뉴브(두나)강에 건설된 세체니 사슬조교(弔橋, chain bridge, 오른쪽)와 국회의사당(왼쪽, 1991년 촬영)

사진 1-104 부다페스트에 있는 유명한 겔레르트 호텔의 온천장과 파욕장(波浴場)에서(1997년/2003년 촬영)

유럽에서 영국의 런던 다음으로 19세기 말엽에 건설된 헝가리의 부다페스트 메트로[사진 1-105]를 여러 번 타고 다니면서 100년 전에 굴착한 지하철의 건설방법을 자세하게 구경했다. 이유는 저자가 1970~1980년대에 독일의 프랑크푸르트 지하철과 이라크의 바그다드 지하철의 설계/시공을 자문했기 때문이었다.

사진 1-105 유럽에서 영국의 런던 다음으로 1896년에 건설된 헝가리의 부다페스트 지하철에서(1991년 촬영)

부다페스트 시내를 산책하면서 빨간 고추, 마늘, 햄과 치즈, 돼지와 말[馬]고기로 만든 각종 소시지를 판매하는 중앙시장[사진 1-106]에도 들러서 구경했으며, 유명한 부다페스트 공과대학교를 방문해서 연구소의 시설과 연구방향에 대한 설명도 들었다.

사진 1-106 부다페스트에서 빨간 고추, 마늘, 햄과 치즈 그리고 돼지와 말(馬)고기 등으로 만든 각종 소시지를 판매하는 중앙시장(왼쪽/중간)과 유명한 부다페스트 공과대학교(오른쪽, 1997년/2003년 촬영).

부다페스트에서 자동차로 동서남북으로 여행하면서 고적물과 명승지를 거의 대부분 구경했다. 부다페스트에서 약 40km 북쪽에서 다뉴브[두나]강이 서쪽에서 동쪽으로 흐르다가 갑자기 남쪽방향으로 90°의 각도로 굽어지는 다뉴브 벤트에 가서 비셰그라드[Visegrad] 요새[要塞]에 올라가서 멀리까지 볼 수 있는 다뉴브강의 아름다움을 즐겼다. 근처에 있는 헝가리에서 가톨릭교의 중심지인 에스테르곰[Esztergom] 대성당에도 들렀다. 그리고 오스트리아의 시시[Sissi] 황후[皇后]가 즐겨 소일한 괴될뢰 성을 방문했을 때에는 유명한 커피도 시음해 보았다.

헝가리의 보헤미언[Bohemian]들이 모여 살고 있는 푸스타[Puszta] 호르토바기[Hortobagy]지역에 있는 호텔[사진 1-107]에서 휴가를 보낼 때는 호르토바기와 세게드[Szeged]에서 집시[gipsy] 노래를 감상하며 식사하는 차르다[Csarda]음식점[사진 1-108]에도 들렀다.

사진 1-107 헝가리의 호르토바기에 있는 호텔과 푸스타 광경(2008년 촬영)

사진 1-108 헝가리의 푸스타 호르토바기(Puszta Hortobagy)와 세게드(Szeged)에서 집시(gipsy) 노래를 감상하면서 식사하는 차르다(Csarda) 음식점에서

헝가리의 동쪽에 있는 토카이Tokaji 포도주산지에도 들러서 동굴사진 1-109 포도주저장고에서 유명한 토카이 포도주를 시음試飮했다. 그리고 헝가리의 황토黃土지대를 지나가는 다뉴브강에 서식하는 물고기에는 기름이 많아 빨간 고추, 마늘과 각종 약초藥草를 듬뿍 넣어 만든 헝가리의 전통적인 수프가 진미珍味였다고 아직까지 기억에 남아 있다.

사진 1-109 헝가리의 토카이(Tokaji) 포도주산지의 동굴에서 각종 포도주를 시음(試飮)

구(舊) 유고슬라비아

구舊 유고슬라비아는 1990년대에 동구東歐가 개방된 후에 보스니아Bosnia-Hercegovina, 크로아티아Croatia, 마케도니아Macedonia, 세르비아Serbia-Montenegro, 슬로베니아Slovenia로 분할分割되었다.

보스니아의 사라예보사진 1-110를 방문했을 때, 1914년에 오스트리아의 황태자 부부가 저격되어, 제1차대전이 발생하게 된 역사적인 Prinzip교량에도 가 보았다.

해변가에 놓인 크로아티아의 두브로브니크사진 1-111는 성곽으로 완전히 보호되었으며, 매주 큰 유람선이 항구에 도착해서 수천 명의 유람객들이 1~2시간 동안 도시중심가에 몰려들 때면 커피숍이 굉장히 복작거렸다.

사진 1-110 보스니아의 사라예보에서 1914년에 오스트리아의 황태자 부부가 저격되어 제1차대전이 발생하게 된 역사적인 Prinzip교량(왼쪽)과 사라예보 모습(오른쪽)

사진 1-111 크로아티아의 두브로브니크는 성곽(城廓) 도시(왼쪽)로 튼튼한 성벽으로 잘 보호된 구시가(오른쪽)의 전경

마케도니아에는 넓은 포도밭이 여기 저기에 많이 산재[散在]해 있어, 포도주산지로 가는 길에 마브로보[Mavrovo]에 있는 제2차대전 때 치열한 전투의 희생자를 추모하는 전쟁기념비[사진 1-112]도 방문했다.

저자가 라인-마인-다뉴브강[RMD] 운하를 연결하는 마인강 운하를 자문할 때, 세르비아의 벨그라드 보루[堡壘]와 사베[Save] 지류[支流]가 다뉴브강과 만나는 지점[사진 1-113]에도 가 보았다. 여행 도중에 옛날 유고슬라비아의 티토원수가 인쇄된 5,000디나라짜리 지폐[1985년]가 발행된 이래, 유고슬라비아에 초[超]인플레이션이 생겨 8년 후에는 5천억 디나라짜리 지폐[1993년, 그림 1-2]가 발행된 것도 볼 수 있었다.

사진 1-112 마케도니아의 마브로보에 있는 제2차대전때 치열한 전투의 희생자를 추모하는 전쟁기념비(왼쪽)와 많이 산재(散在)해 있는 넓은 포도밭(오른쪽)

사진 1-113 세르비아의 베오그라드 보루(堡壘, 왼쪽)와 사베(Save) 지류(支流)가 다뉴브강과 만나는 지점에 세워진 수상 레스토랑(오른쪽)

그림 1-2 구(舊) 유고슬라비아의 티토원수가 인쇄된 5,000디나라짜리 지폐(1985년)가 발행된 이래, 초(超)인플레이션으로 8년 후에 발행된 5천억 디나라짜리 지폐(1993년, 저자 소장)

불가리아

불가리아에는 세미나 참석, 다뉴브강 운하와 댐자문, 관광하기 위해서 지금까지 4번 갔다. 그리고 자동차로 그리스에 갈 때 2번 통과[transit]했다.

수도 소피아에 가면, 제일 먼저 19세기 말엽에 건설된 아름다운 알렉산드르 네프스키 교회[사진 1-114]가 눈에 띄었다. 불가리아에서 여행하는 도중에 전국에 흔한 편암[片巖, Schist]을 건설재료로 사용해서 지붕을 덮은 돌 개와[蓋瓦]집[사진 1-114]도 자주 보았다.

사진 1-114 불가리아의 수도 소피아에 있는 알렉산드르 네프스키 교회(왼쪽, 1997년 촬영)와 전국에 흔한 편암(片巖, Schist)을 짤라서 지붕을 덮은 돌 개와(蓋瓦)집(오른쪽, 2013년 촬영)

불가리아의 카르로보[Karlovo]지역에 가면 넓은 장미밭[사진 1-115]이 여기 저기에 흩어져 있으며, 아침 일찍 태양이 뜨기 전에 꽃향기가 제일 강해서 수백 명의 여자들이 장미꽃을 수확하는 광경을 자주 볼 수 있었다. 이 장미꽃을 향수의 원료로 프랑스로 수출해서 외화를 많이 벌어들이므로 장미꽃을 따는 여자가 불가리아의 50레바 지폐[1951년 발행]에도 인쇄되었다.

사진 1-115 불가리아의 넓은 카르로보(Karlovo)지역에서 잘 자라는 장미꽃(왼쪽)을 수확한 후 향수의 원료로 프랑스로 수출해서 외화를 많이 벌이므로 불가리아의 50레바짜리 지폐(1951년, 저자 소장)에 인쇄된 장미꽃 따는 여자(오른쪽)

터키와 이란에서 만드는 요구르트[yoghurt]는 영양식품이며, 특히 불가리아의 요구르트는 대단히 양호한 영양식으로 널리 알려져 있다. 불가리아의 들판에서 양과 염소들이 특별한 잡초와 약초[藥草]를 먹은건지 그 이유는 잘 모르겠으나, 시골농촌에 가면 냉장고도 없이 방금 짠 양젖/염소젖으로 만든 요구르트를 매일 먹고 90~100세 이상 살고 있는 노인들을 많이 보았다.

루마니아

루마니아에는 국제회의 참석, 라인-마인-다뉴브강 운하 자문, 연구소 방문과 관광하기 위해서 지금까지 8번 갔다. 2번은 비행기로, 5번은 자동차로 오스트리아, 헝가리를 통과해서 루마니아의 흑해黑海까지 갔다. 그리고 1번은 독일에서 유람선을 타고 다뉴브강을 따라 오스트리아, 헝가리, 세르비아, 불가리아를 지나서 루마니아의 흑해黑海까지 왕복했다.

1990년대 초반에 수도 부쿠레슈티에 갔을 때, 옛날에 차우셰스쿠 대통령이 빈촌지역貧村地域을 전부 제거한 후 호화스러운 대리석으로 건설한 웅장한 의회당 건물사진 1-116이 제일 먼저 눈에 띄었다.

독일사람들이 19세기에 많이 이민간 루마니아의 티미쇼아라에 유럽에서 처음으로 1884년에 지역박물관과 루마니아 정교교회가 있는 길거리에 가스gas 가로등街路燈, 사진 1-116이 설치되어 있어 이 도시를 방문했을 때, 가서 보았다.

사진 1-116 루마니아의 차우셰스쿠 대통령시절에 수도 부쿠레슈티에 있는 빈촌지역(貧村地域)을 전부 허물어서 제거한 후, 호화스러운 대리석으로 건설한 의회당 건물(왼쪽, 최형식, 2013)과 유럽에서 처음으로 1884년에 티미쇼아라의 지역박물관(중간)과 정교교회(오른쪽)의 길거리에 설치된 가스 가로등(街路燈)

차우셰스쿠 대통령이 장기간 정권을 잡고 있을 때 티미쇼아라에 건설한 개인별장사진 1-117은 동구東歐가 1990년대 초반에 민주주의화 된 후 호텔로 바뀌어 이 도시에 갔을 때 여러 번 투숙한 적이 있다. 이 별장에는 차우셰스쿠가 사용한 스위트suite, 부인 엘레나의 스위트 그리고 경호원 방이 4개, 그리고 종업원 방이 2개 있었다. 차우셰스쿠의 스위트에는 침실, 응접실, 거실겸 식당, 욕실 등이 있으며, 잘 알려지지 않은 초기에는 150달러의 외화를 지불하고 차우셰스쿠의 스위트사진 1-117에서 투숙할 수 있었다. 그러나 요즈음은 손님들이 많아져 예약하려면 줄을 서서 기다려야 할 정도이다.

독일의 농촌에서 13세기부터 여러 번 흉년이 져서 굶주릴 때, 독일사람들이 루마니아로 많이 이민을 갔으며, 1423년에 건설한 브라쇼브사진 1-118에 갔을 때에는 독일이민자들이 건설한 제일 큰 코로나 호텔의 음식점에서 전통적인 독일 음식을 주문할 수 있었다.

사진 1-117 동구(東歐)가 1990년대 초반에 개방된 후 티미쇼아라에 갔을 때, 옛날 차우셰스쿠 대통령의 별장이 호텔로 변해서 투숙한 차우셰스쿠 스위트(suite)에 있는 식당과 응접실

사진 1-118 루마니아에 13세기부터 이민간 독일사람들이 1423년에 건설한 브라쇼브의 시청(왼쪽)과 제일 큰 코로나 호텔 음식점에서(중간,오른쪽)

루마니아의 헤라클레스hercules 온천장사진 1-119은 고대 로마시대부터 유명해서 옛날에는 동구東歐에서, 요즈음은 중부/북부 유럽인들이 많이 요양하러 온다. 저자는 휴가 때 며칠간 들러서 휴양한 적이 있다.

사진 1-119 고대 로마시대부터 유명했던 루마니아의 헤라클레스(hercules) 온천장에서

루마니아의 다뉴브강 하구河口로 여행할 때, 제일 마지막 도로/철도교인 살리니Saligny 교사진 1-120를 지나 자동차와 대형 운하선이 통행할 수 있는 툴차Tulcea까지 갔다. 툴차에서부터 흑해까지는 넓은 델타로 늪지대이므로 자동차로 갈 수 없으며, 술리나Sulina까지 대형수로水路를 건설해서 대형선박이 통행할 수 있도록 만들었다. 다뉴브강이 흑해에 유입하는 곳에는 노바도리Novadori 갑문시설사진 1-121이 건설되었다. 저자는 소형선박을 타고 늪지대를 통과해서 흑해의 입구까지 갔으며, 2번째는 유람선을 타고 대형수로水路를 따라서 흑해의 입구까지 갔다.

사진 1-120 루마니아의 다뉴브강 하구에 놓인 제일 마지막 도로/철도교인 살리니 교(왼쪽)와 대형 운하선이 운항할 수 있는 툴차(오른쪽)

사진 1-121 다뉴브강이 흑해에 유입하는 곳에 건설된 루마니아의 노바도리(Novadori) 갑문시설

루마니아의 브란Bran에는 14세기에 흡혈귀吸血鬼인 드라큘라 백작이 살았다는 성곽사진 1-122이 숲속에 숨어 있어 가서 구경했다.

사진 1-122 루마니아의 브란에는 14세기에 흡혈귀(吸血鬼)인 드라큘라 백작이 살았다는 성곽이 숲속에 숨어 있다.

1.4 북부아프리카

이집트

이집트에는 전 세계에서 제일 큰 카타라 분지 수력 · 태양열발전소[최형식, 1994], 알 · 아리시 화력발전소와 나일강에 건설된 나가하마디 수력발전소 그리고 댐을 자문하고 대학교세미나에 참석하기 위해서 5번 갔다. 사업주의 자동차를 타고 설계와 시공[施工]을 자문할 때 이집트 국내를 동서남북으로 여행하면서 명승지에도 가서 관광도 했다.

제일 먼저 지중해에서 이집트의 수에즈 운하[1869년 건설, 사진 1-123]를 따라 홍해의 입구까지 여행하면서, 매일 유조선과 컨테이너선[船]이 수없이 줄을 지어 통과하고 있는 광경을 운하변에 앉아서 구경도 했다. 그리고 시나이[sinai]반도에서는 1967년 이스라엘-이집트전쟁의 흔적도 여기 저기에서 볼 수 있었다.

사진 1-123 유조선과 컨테이너선(船)이 매일 줄을 지어서 통과하고 있는 이집트의 수에즈 운하에서(1993년 촬영)

아침 안개에 잠긴 이집트의 쿠푸Cheops 피라미드높이 148m, 사진 1–124에도 가서 내부의 벽화壁畵를 구경했으며, 낮에 온도가 50℃까지 올라가면 여행객들이 점차 줄어지므로 체프렌Chephren 피라미드와 스핑크스Sphinx 앞에서 조용하게 사진을 찍기가 좋았다.

사진 1–124 아침 안개에 잠긴 이집트의 쿠푸 피라미드(높이 148m, 오른쪽)와 낮에 온도가 50℃까지 올라갈 때, 여행객들이 점차 드물어진 체프렌 피라미드와 스핑크스 앞에서(왼쪽)

카이로의 고대 이집트박물관에 가서 소장된 투탄카문Tutankhamun의 곽槨과 흉상胸像, 사진 1–125 그리고 저승에서 다시 돌아오면 먹기 위해서 오리고기, 닭고기, 물고기 등을 삼베로 잘 포장해 마련해둔 각종 음식물도 구경했다. 그리고 카이로에 있는 19세기 중반에 건설된 모하메드 알리 모스크Mohammed Ali Mosque에 가서 구경했다사진 1–126.

사진 1–125 카이로의 고대 이집트박물관에 소장된 투탄카문의 곽(槨)과 흉상(胸像)

사진 1-126 카이로에 있는 1830~1859년에 건설된 모하메드 알리 회교사원(回敎寺院)의 외부와 내부에서

알제리

알제리Algérie, Algeria에는 프랑스기술자들이 19세기 말~20세기 초반에 식민지에 건설한 17개 댐의 보수를 자문하기 위해서 1980~1990년대에 4번 갔다. 이 기회를 이용해서 도시관광과 지중해 연안에 있는 휴양지인 시디Sidi 지조트사진 1-127에서 휴가도 보냈다.

알제리에는 지진의 규모가 M=6.8~7.3인 강진强震이 여러 번 일어나 건물과 인프라가 크게 파손된 후, 수도首都 알제Algiers의 건물들사진 1-128과 사진 1-129은 이제 대부분 보수되었다.

사진 1-127 알제리의 북쪽 지중해안에 있는 휴양지인 시디(Sidi)에서

사진 1-128 알제리에서 지진의 규모가 M=6.8~7.3인 강진이 여러 번 일어나 건물과 인프라가 크게 파손된 후 완전히 보수된 수도 알제의 모습(최형식, 2013)

사진 1-129 수도 알제의 모습(왼쪽)과 중앙 우체국(오른쪽)

모로코

모로코Maroc, Morocco에는 독일에서 유학생 시절1969년에 처음으로 프랑스의 스트라스부르 대학교에 근무하고 있던 연구원 친우와 같이 자동차로 모로코까지 왕복 7,500km 이상 여행했으며, 그 후 지금까지 댐을 자문하고 관광하기 위해서 자동차로 2번, 비행기로 2번 모두 4번 모로코에 갔다.

처음으로 모로코에 여행갔을 때, 남부 모로코의 사막지대에서 베르베르 족Berber, 사진 1-130이 텐트를 치고 유목遊牧하고 있는 것을 자주 보았다. 음식점에 가면 항상 식사하기 전에 모로코 예식에 따라 손을 씻는 풍습사진 1-130을 체험했다.

사진 1-130 독일유학생 시절(1969년)에 처음으로 모로코에 여행갔을 때, 남부 모로코의 사막지대에서 만난 친절한 베르베르 족(Berber, 왼쪽), 저자 옆의 프랑스인은 같이 여행간 스트라스부르 대학교의 연구원 친우(중간), 2008년에 마라케쉬의 음식점에서 식사 전에 모로코 예식에 따라 손을 씻고 있는 장면(오른쪽)

저자는 16세기에 포르투갈 항해사들이 대서양해안에 건설한 모가도르Mogador, 현재이름: 에사우이라 도성都城과 남쪽 끝에 있는 아가디르Agadir까지 자동차로 갔다. 옛날에 아가디르 지진1960년때 도시인구의 1/3인 12,000명이 사망했으며, 도시가 크게 파괴되었으나 1969년에 갔을 때, 완전히 재건사진 1-131된 것을 볼 수 있었다.

모로코에서는 1960~1970년대에 해안지방에서 내륙지방으로 여행할 때는 불모지인 사막지대에는 주유소가 드물어 항상 휘발유를 채운 깡통을 2~3개 자동차에 실어서 필요 시에 주유注油해야만 했다[사진 1-132]. 모로코 왕 하산 2세는 이런 불모지 지대에 다수의 댐을 건설, 농업용수/식수를 공급해서 농산물 수확을 증고시키고, 전력을 출력하는 데 크게 공헌해서 그의 업적을 축하하기 위해서 50디르함짜리 지폐[사진 1-132]가 발행되었다.

사진 1-131 1960년 모로코의 아가다르 지진 때 도시가 크게 파괴되고 도시인구의 1/3인 12,000명이 사망한 아가디르를 재건한 모습(왼쪽)과 16세기에 포르투갈 항해사들이 건설한 모가도르(현재이름: 에사우이라) 도성(오른쪽)(최형식, 2013)

사진 1-132 모로코에서 1960~1970년대에 내륙지방에 주유소가 드물어 항상 휘발유를 채운 깡통을 자동차에 2~3개 실어서 필요 시에 주유(注油)해야 했다(왼쪽). 농업용수/식수를 공급하고 전력을 출력하는 다수의 댐을 건설한 모로코의 하산2세 왕의 공헌을 축하하는 50디르함짜리 지폐(저자 소장)

모리타니

서부아프리카에 있는 모리타니Mauritanie, Mauritania에는 1980년대에 품글라이타 아치댐높이 45m, 사진 1-133을 자문하기 위해서 여러 번 갔으며, 공사장에서 3개월 동안 상주常駐한 바 있다. 이 댐의 공사장은 수도 누악쇼트Nouakchott에서 약 500km가 떨어져 있어, 댐 공사장에 건설된 작은 비행장에 이착륙離着陸이 가능한 소형 세스너Cessna 비행기로 2시간 이상 걸렸다.

누악쇼트에서 공사장까지 자동차로 갈 때에는 일년 강우량이 30~50mm로 적은 사헬Sahel 지대와 모래사막을 통과해야 했으므로 1980년대에는 도로상태가 불량해서 먼지가 많이 생겨 사륜四輪, four-wheel 자동차사진 1-134로 공사장까지 2~3일간 걸렸으며, 공사장의 프랑스건설회사 식당으로 식료품을 운반하는 냉동冷凍 화물차는 3~4일이나 걸렸다.

사진 1-133 저자가 1980년대에 자문한 높이가 45m인 모리타니의 품·글라이타 아치댐 공사장 광경(오른쪽)과 완공되어 1984년에 여수로(余水路, spillway)를 가동하고 있는 광경(왼쪽)(최형식, 2019)

사진 1-134 모리타니의 수도 누악쇼트에서 댐 공사장의 소형 비행장까지 세스너 비행기(왼쪽)로 2시간 이상 걸렸으며, 사륜(四輪, four-wheel) 자동차(오른쪽)로 사하라 사막을 통과해서 댐 공사장까지 2~3일간 걸렸다.

누악쇼트에서 댐 공사장까지 대상隊商들이 낙타사진 1-135를 타고 가면 5~6주週 이상 걸렸다. 사헬Sahel지대의 유목민들이 물과 풀草을 따라 이주할 때 천막과 짐을 낙타의 등에 실고 이주移住하며, 낮에 온도가 50℃ 이상으로 상승하므로 종일 지열地熱에 지친 대상들이 저녁에 야영野營할 때 설탕을 듬뿍 넣은 박하차茶를 자주 마시는 풍습사진 1-136은 모로코에서 본 풍습과 비슷했다. 여행 도중에 이 대상隊商의 야영野營천막에 방문하면 처음 보는 외국인에게도 친절하게 박하차를 대접했다. 이 박하차에는 설탕을 너무 많이 넣어서 모로코에서 경험한 것처럼 꿀물을 마시는 기분이 났다.

사진 1-135 모리타니의 수도 누악쇼트에서 댐 공사장(거리 약 500km)까지 대상(隊商)들이 낙타를 타고 가면 5~6주(週) 이상 걸렸다.

사진 1-136 모리타니에서 유목민들이 물과 풀(草)을 따라 이주(移住)할 때 천막과 짐을 낙타에 싣고 다니며, 사헬지대에서 낮에 온도가 50℃ 이상으로 상승하므로, 종일 지열(地熱)에 지친 대상(隊商)들이 저녁에 야영(野營)할 때, 설탕을 덤뿍 넣은 박하차(茶)를 자주 마신다.

말리

서부아프리카에 있는 말리Mali에는 니제르Niger 강에 프랑스 건설회사가 보수하고 있는 마르칼라댐사진 1-137을 자문하기 위해서 1990년대에 여러 번 갔다.

사진 1-137 말리의 니제르강에 위치한 마르칼라댐의 보수공사(프랑스 건설회사)를 자문하면서(최형식, 2019)

1942년에 건설되어 노화老化된 이 마르칼라댐은 말리의 세구Segou시 근처에 위치하고 있다. 프랑스의 파리에서 시작해서 북부아프리카의 모로코, 모리타니, 말리, 기니의 사막/사바나

지대를 통과해서 세네갈의 수도 다카르Dakar까지 질주하는 6,000km의 최장最長 사막경주로 유명한 '파리-다카르 자동차 경주Rallye Paris-Dakar'가 말리의 세구 시를 지나간다. 저자가 이 도시에서 댐 보수를 자문하면서 상주常駐하고 있을 때, 1991년도 파리-다카르 자동차 경주競走가 거행되어 이 기회에 이 도시에서 'Miss Segou 1991'사진 1-138도 선발되었다.

사진 1-138 저자가 보수를 자문한 말리의 마르칼라댐은 최장(最長) 사막경주로 유명한 '파리-다카르 자동차 경주'가 통과하는 세구 시(왼쪽) 근처에 위치하고 있으며, 1991년 자동차 경주(競走) 때, 이 도시에서 'Miss Segou 1991'(오른쪽)가 선발되었다.

서부아프리카 국가는 7개국으로 상아연방, 베냉, 부르키나 파소, 말리, 니제르, 세네갈, 토고로 구성되어 있다. 이 국가들이 설립한 서부아프리카 국가의 중앙은행Banque Centrale des Etats de l' Afrique de l'Ouest은 공동지폐그림 1-3를 주기적으로 발행하고 있어 수집하기 위해서 다수 구입했다.

그림 1-3 서부아프리카 국가(7개국)의 중앙은행이 1961년(왼쪽)과 1992년(오른쪽)에 발행한 500프랑짜리 지폐(저자 소장)

부르키나 파소

부르키나 파소Burkina Faso는 사헬Sahel지대에 위치하고 있어 대단히 건조한 나라이다. 그러므로 댐과 저수지가 많이 필요하므로, 코트 디부아르Côte d'Ivoire의 수도 아비장Abidjan에 있는 아프리카 개발은행BAD, ABD의 의탁을 받아 댐의 설계/건설을 자문하기 위해서 1980년~1990년대에 8번 이 나라를 방문했다.

부르키나파소를 흘러가는 '흰 볼타강Volta Blanche'은 건조기에 폭이 5m 이하로 줄어들며, 이 강에 높이가 20m, 길이가 4.9km인 지가댐사진 1-139을 프랑스 건설회사가 건설할 때 설계/시공을 자문했다. 이 지가댐은 1999년에 완공되어 이제 만수滿水되었으며, 사헬지대에서 농사를 짓는데 필요한 관개용수와 수도 우아가두구Ouagadougou에 식수 공급에 크게 기여하고 있다.

사진 1-139 부르키나파소의 '흰 볼타강(Volta Blanche)'은 건조기에 폭이 5m 이하로 줄어지며, 저자가 자문한 지가댐(높이 20m, 길이 4.9km)에서 건설부국장과 프랑스 건설회사의 현장소장팀과 같이 댐 현장 답사(왼쪽). 지가댐이 완공되어 만수된 광경(오른쪽)(최형식, 2019)

이 지가댐의 건설재료를 조사할 때 부르키나 파소의 우아가두구 농공대학EIER, 사진 1-140의 교수들과 같이 공동시험했다.

1980~1990년대에 수도 우아가두구사진 1-141는 요즈음과는 달리 아주 평화스러운 도시였으며, 밤 늦게까지 치안이 안전했다. 그러나 요즈음은 테러와 쿠테타가 일어나 국내가 아주 불안하게 되었다. 저자가 자문한 지가댐을 건설하기 전에는 건조한 사헬지대에서 풀이 잘 자라지 않아 유목민遊牧民들이 소, 양, 염소 등 가축사진 1-141을 몰고 다니면서 풀을 찾고 있는 것을 자주 볼 수 있었다. 이제 지가댐의 건설로 큰 저수지가 형성되어 넓은 지역에서 초목이 잘 자라고 있어 흐뭇하였다.

부르키나파소 우편국은 1988년 서울올림픽경기 때 축하하기 위해 30프랑짜리 기념우표를 발행했다그림 1-4. 그리고 서부아프리카은행이 1987년에 발행한 1,000프랑짜리 지폐그림 1-4는 부르키나파소에서도 공동화폐로 통용되고 있어 몇 장 수집했다.

사진 1-140 저자가 건설재료를 공동시험한 부르키나 파소의 우아가두구 농공대학(EIER)의 교수들과 같이 (1988년 촬영)

사진 1-141 부르키나파소의 수도 우아가두구(왼쪽)와 건조한 사헬지대에서 풀이 잘 자라지 않아 유목민(遊牧民)들이 소, 양, 염소를 몰고 다니면서 풀을 찾고 있는 광경(오른쪽)

그림 1-4 부르키나 파소에서 통용되고 있는 서부아프리카은행의 1,000프랑짜리 공동화폐(1987년 발행)와 1988년 서울올림픽경기를 축하하기 위해 부르키나파소 우편국이 발행한 30프랑짜리 기념우표(오른쪽)

시에라리온

저자는 1980년대에 프리타운[Freetown]의 화력발전소를 자문하기 위해서 3번 서부아프리카의 시에라리온[Sierra Leone]에 여행했다. 옛날에 아프리카의 노예들이 해방되어 세운 수도 프리타운[자유의 마을]의 국제비행장[사진 1-142]은 앞 바다의 섬 위에 건설되어 있어, 비행장에 도착한 후 다시 헬기 또는 페리보트를 타고 수도 프리타운으로 가야했다. 영국 런던에서 브리티쉬 칼레도니언[British Caledonian] 항공기를 타고 시에라리온 비행장에 도착한 대부분의 여행객들은 값이 싼 페리보트로 수도의 중심가로 갔다.

저자와 몇 사람의 외국인들은 헬기를 이용해서 프리타운으로 가기로 했다. 비행장에서 기다리고 있는 헬기를 보니, 미국 또는 유럽에서 제조한 헬기가 아닌 소련제 미그 Mi-4 헬기[사진 1-143]였으며, 조종사는 폴란드에서 온 비행사여서 처음에 기분이 좋지 않았다. 이 헬기는 소련에서 1953년부터 군용/민용으로 제조했으며, 시에라리온에 대여[貸與]해준 이 헬기는 얼마나 오래된지를 몰랐다. 폴란드 비행사가 운전하는 소련제 미그 헬기에 여행가방을 실고 5~6여 명의 외국인들이 콩나물처럼 좁게 타고 수도 프리타운에 무사히 도착했다.

사진 1-142 시에라리온의 수도 프리타운 앞 바다의 섬에 놓인 국제비행장

사진 1-143 시에라리온 비행장에서 수도 프리타운으로 왕래하는 소련제 미그 헬기(왼쪽)와 건설재료를 공동으로 시험한 시에라리온 대학교(1876년 설립)의 연구소 앞에서 교수들과 같이 기념촬영(오른쪽)

서부아프리카에서 최초의 대학으로 1827년에 시에라리온의 프리타운에 포라 베이 대학이 설립되었다. 이 대학은 그 후 1876년에 시에라리온 대학교로 확장/개칭改稱되어 현재 연구활동을 많이 하고 있다. 프리타운 화력발전소의 건설재료를 이 대학교의 실험소에서 교수들사진 1-143과 공동조사했다.

1980년대에 시에라리온 근해의 대서양에서 한국의 원양어선들이 와서 새우를 많이 잡아서 유럽과 일본으로 많이 수출하고 있는 것을 보았다. 한국 원양어선들이 프리타운에 있는 한국 대사관에 잡은 싱싱한 새우를 선물해서 해변가의 모래사장에서 대사관직원들과 같이 맛있게 구워 먹은 기억이 아직까지 남아 있다.

카메룬

서부아프리카의 카메룬Cameroun, Cameroon에는 코트 디부아르Côte d'Ivoire의 수도 아비장Abidjan에 있는 아프리카 개발은행BAD, ABD의 위탁을 받고 옛날에 프랑스 토목기술자들이 1970년대에 건설한 6개 댐의 보수를 자문하기 위해서 4번 방문해서 동서남북으로 여행했다.

카메룬에서 시골로 여행할 때, 넓은 평야에서 목면木綿을 많이 재배해서 건조시키고 있는 광경사진 1-144도 자주 볼 수 있었다. 옛날 수도 두알라Douala에서 산책하면서 독일식민지 시절에 건설한 중앙역과 중앙우체국 앞에 세워진 프랑스에서 제2차대전 때 크게 공헌한 레크라크 장군사진 1-145의 동상도 보았다.

사진 1-144 카메룬의 농가에서 목면(木綿)을 건조시켜 판매하고 있는 광경

사진 1-145 카메룬의 두알라(Douala)에 있는 옛날에 독일식민지 시절에 건설된 중앙역(왼쪽)과 중앙우체국 앞에 세워진 프랑스에서 제2차대전 때 크게 공헌한 레크라크 장군의 동상(오른쪽)

카메룬에서 동서남북으로 여행하면서, 이 나라에 악어鰐魚, crocodile와 코브라cobra 등 독사毒蛇가 대단히 많이 서식하고 있는 것을 알게 되었다. 카메룬의 대서양해안에 위치한 림베지대사진 1-146에서는 매일 비가 20~40mm나 내려 일년 강우량이 11,000mm11m나 되어, 전 세계에서 비가 제일 많이 내리는 지역으로 알려져 있다. 특히 물이 많은 댐 근처에 가면, 예컨대 저자가 보수를 자문한 길이가 5.1km나 되는 에데아 수력발전소사진 1-146의 저수지에 악어가 우글우글하게 많은 것을 자주 목격했다. 카메룬인들은 악어와 독사 요리를 좋아하며, 길거리에서 이런 동물이 그려진 간판이 붙어 있는 전문음식점을 자주 보았다. 악어와 독사는 잡기가 어렵고 또 위험하기 때문에 이 요리가 대단히 비싸다고 설명을 해주어서 알게 되었다. 여행 도중에 저자가 건설부 간부들을 회식會食에 초청하고 또 대접을 받았을 때, 현지인들은 모두 악어와 독사요리를 주문했으며, 자기들의 작은 봉급으로는 자비自費로 비싼 악어와 독사요리를 자주 먹을 수가 없다고 했다. 저자는 물고기와 육류肉類를 대단히 좋아하지만, 카메룬의 두알라Douala와 야운데Yaounde에서 이런 회식모임에서는 항상 채식菜食요리만 주문한 20여 년 전의 기억이 아직까지 생생하다.

사진 1-146 일년 강우량이 11,000mm로서 전 세계에서 제일 비가 많이 내리는 카메룬의 림베지대(왼쪽)와 저자가 보수를 자문한 카메룬의 에데아 수력발전소(중간/오른쪽)

수단

이집트의 나일강에 건설한 아스완댐1970년 완공 다음으로 두 번째로 큰 길이가 9.2km, 높이가 67m인 메로웨댐2008년 준공, 사진 1-147을 수단의 중류 나일강에 건설할 때, 설계/건설을 자문하기 위해서 여러 번 수단을 방문했다. 그리고 카르툼대학교에서 초빙교수Visiting Professor로 초청을 받고 매주 실시한 강의/강연사진 1-148에는 관개부灌漑部장관, 건설부/전력부의 고위관리, 카르툼대학 교수와 연구원/대학원생들이 관심을 갖고 많이 참석해 주었다.

사진 1-147 저자가 자문한 수단의 125만kW 용량짜리 메로웨 수력발전소(왼쪽, CWE회사 항공사진)와 댐(높이 67m, 길이 9.2km)이 2008년에 완공되어 중류 나일강의 사막에 생긴 큰 저수지 모양(오른쪽, 미국 Nasa인공위성 사진)

사진 1-148 수단의 카르툼대학교에서 초빙교수로 초청을 받고 실시한 강연회장 모습

저녁에는 수단 기사클럽Sudanese Engineers' Club의 친목회親睦會에 여러 번 초청을 받고 카르툼 대학교 교수와 건설부/관계부의 고위기술자들앞에서 저자가 5개 대륙에서 쌓은 광범위한 해외경험을 소개/발표했다사진 1-149.

수도 카르툼사진 1-150에서 동서남북으로 비행기, 헬기와 자동차로 여행하면서, 중류 나일강의 수단에 기원전 4~9세기에 건설된 쿠시Kush 왕조王朝의 뽀쪽한 피라미드높이 30m, 사진 1-151 등 고적물도 많이 구경했다. 그리고 20세기 초반에 영국기술자들이 건설한 댐과 수력발전소가 노화老化되어 보수를 자문하기 위해서 푸른 나일강을 따라 에티오피아의 국경선까지 여행했다.

사진 1-149 수단 기사클럽(Sudanese Engineers' Club)의 친목회(親睦會)에 초청을 받고 카르툼대학교 교수와 건설부/관계부의 고위기술자들 앞에서 저자가 전 세계 5개대륙에서 쌓은 광범위한 해외경험을 여러 번 소개/발표했다.

사진 1-150 수단의 수도 카르툼(왼쪽)과 흰나일강과 푸른나일강이 합류하는 지점 모습(오른쪽, 헬기에서 저자 촬영)

사진 1-151 중류 나일강의 수단에 기원전 4~9세기에 건설된 쿠시 왕조(王朝)의 뾰쪽한 피라미드(높이 30m)와 옛날에 보물을 도굴(盜掘)하기 위해서 상부를 폭파한 피라미드(오른쪽)

에티오피아

에티오피아Ethiopia에는 높이가 130m로 높은 댐을 자문하기 위해서 여러 번 방문했다. 댐건설에 필요한 건설재료는 아디스 아바바Addis Ababa 대학교의 재료시험소사진 1-152에서 조사/실험했다. 이 기회에 휴가를 내어서 관광여행도 했다.

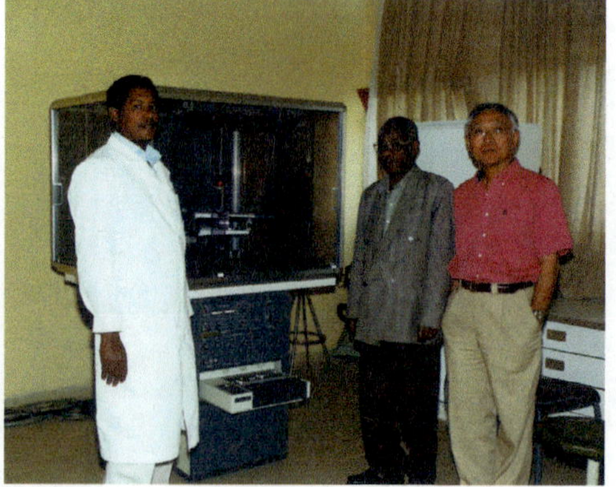

사진 1-152 영국과 남아연방의 기술자들과 같이 에티오피아의 댐을 자문하고(왼쪽), 댐 건설재료를 시험한 아디스 아바바 대학교의 재료시험소에서(오른쪽)

에티오피아는 1930년대에 이탈리아 식민지로 그 당시에 건설된 건물사진 1-153을 많이 볼 수 있었다. 에티오피아에 많은 콥트Copt 교회사진 1-154도 구경했으며, 푸른 나일강의 상류에 있는 고원지대로 가면 나무가 잘 자라지 않아 소똥cow dung이 유일한 취사炊事와 난방연료이므로 소똥이 집앞에 많이 쌓여 있으면 '부자 집'사진 1-155이라는 것을 알게 되었다.

시골지방으로 여행할 때 커피숍에서 전 세계에 널리 알려진 유명한 에티오피아 산産 커피를 주문하면, 항상 소똥 연료의 화로불에서 진하게 끓인 커피가 나왔다.

사진 1-153 수도 아디스 아베바에 이탈리아 식민지시절(1930년대)에 건설된 중앙정거장(왼쪽)과 중심가에 세워진 하이에 셀라시 황제의 상징인 사자(獅子) 동상(오른쪽)

사진 1-154 에티오피아에 많은 콥트(Copt) 교회의 외부/내부 모습

사진 1-155 푸른 나일강의 상류 고원지대(왼쪽)에는 나무가 잘 자라지 않아 소똥(cow dung)이 유일한 취사(炊事)와 난방연료이므로, 소똥(오른쪽)이 집앞에 많이 쌓여 있으면 '부자 집'이라고 한다.

1.5 남부아프리카

케냐

케냐[Kenya]에는 세미나 참석, 전력개발과 댐자문관계[사진 1-156]로 1990년대부터 지금까지 4번 방문했다. 공식출장을 끝낸 후 휴가를 내어 나이로비[Nairobi], 주요 명승지[사진 1-157]와 국립공원으로 여러 번 여행/관광했다.

백인탐험가들이 19~20세기에 무척 두려워했던 용감한 마사이족이 살고 있는 케냐와 탄자니아의 넓은 고원지대의 국립공원[사진 1-158]에도 가서 사자, 표범, 등 각종 야생동물도 구경했다. 국립공원의 호텔 음식점에는 주로 구운 얼룩말[zebra] 고기와 저수지에 많이 서식하는 틸라피아[tilapia] 물고기가 나왔다.

사진 1-156 케냐의 나이로비 비행장에 나온 케냐전력부 국장과 기념촬영

사진 1-157 케냐의 나이로비에 있는 국회의사당(왼쪽)과 시청사(오른쪽)

사진 1-158 19~20세기에 백인 탐험가들이 두려워했던 용감한 마사이족이 살고 있는 케냐와 탄자니아의 넓은 고원지대에 있는 국립공원(최형식, 2014)과 국립공원에서 지정된 범위 밖으로 나갈 때 야생동물을 주의(注意)하라는 경고문(오른쪽)

탄자니아

탄자니아[Tanzania]는 댐과 전력개발을 자문하기 위해서 1990년대부터 지금까지 6번 방문했다. 저자는 탄자니아의 전력개발조사 팀장[사진 1-159]으로 다레살람[Dar es Salaam]대학교 교수와 탄자니아 전력의 간부들과 같이 동서남북으로 여행하면서 유리한 댐지점을 답사[踏査]해서 결정했다. 이 기회에 여러 번 휴가를 내어서 킬리만자로 산의 고원지대[사진 1-160]와 국립공원[사진 1-161]으로 여행하면서 관광도 했다.

사진 1-159 저자가 탄자니아 전력개발조사 팀장으로 댐지점을 답사할 때, 다레살람 대학교 교수와 탄자니아전력의 간부들과 기념촬영(왼쪽). 탄자니아의 나쁜 도로상태로 인해 몇 주의 답사 도중에 여러 번 자동차 타이어에 펑크(puncture)가 나서 수리하고 있는 광경(오른쪽)

사진 1-160 다레살람에서 킬리만자로 산(山)과 국립공원으로 갈 때, 아루샤 비행장까지 왕래하는 에어 탄자니아 항공기(항공사의 마크가 기린)

탄자니아의 다레살람 정거장에서 잠비아Zambia의 동광산銅鑛山까지 타자라 철도TAZARA, Tanzania–Zambia Railway가 건설되었으며, 승객차와 화물차가 왕래하므로 이 타자라 승객차사진 1-162 를 타고 잠비아까지 여행했다. 잠비아의 동광산銅鑛山에서 타자라철도의 화물차로 실고 온 동광석銅鑛石은 탄자니아의 다레살람 항구사진 1-163에서 적재積載되어 해외로 수출하고 있다.

TANZANIA NATIONAL PARKS

AFRICAN WILDLIFE FOUNDATION

TANZANIA WILDLIFE PROTECTION FUN

사진 1-161 탄자니아의 국립공원에서 야생동물을 경고하는 표지판(왼쪽)과 국립공원의 마크(오른쪽)

사진 1-162 탄자니아 다레살람의 정거장(왼쪽)에서 잠비아의 동광산(銅鑛山)까지 왕래하는 타자라 승객차

사진 1-163 잠비아의 동광산(銅鑛山)에서 타자라 철도의 화물차로 실고 온 동광석(銅鑛石)을 적재(積載)하고 있는 탄자니아의 다레살람 항구

옛날 소련해군의 쾌속정사진 1-164을 타고 탄자니아의 다레살람 앞바다에 놓인 잔지바르 섬까지 가서, 19세기까지 번성繁盛했던 옛날 흑인 노예시장Slave Market, 사진 1-165과 전 세계에서 여행객이 많이 오는 유명한 '돌마을Stone Village'에도 가 보았다.

사진 1-164 탄자니아의 수도 다레살람에서 앞바다에 있는 잔지바르 섬까지 왕래하는 옛날 소련해군 쾌속정의 외부와 내부

사진 1-165 탄자니아의 잔지바르 섬에 있는 19세기까지 번성(繁盛)했던 옛날 흑인 노예시장의 외부와 내부 모습

말라위

말라위[Malawi]에는 댐을 자문하기 위해서 1회 방문했다. 옛날에 지구의 지반운동으로 동부 아프리카의 지표면이 깊이 찢어져 리프트[Rift] 계곡이 생길 때, 수심[水深]이 478m나 되는 깊은 말라위 호수[사진 1-166]가 형성되었으며 주위가 아주 조용하고 아름다웠다.

사진 1-166 지구의 지반운동으로 동부 아프리카의 지표면이 깊이 찢어져 리프트 계곡이 생길 때 형성된 말라위 호수(수심 478m)변에서 아침 일찍 산책하면서 만난 어부와 함께(최형식, 2013), 말라위 호수가 그려진 1964년에 발행된 50탐발라짜리 말라위 지폐(오른쪽, 저자 소장)

모잠비크

모잠비크Mozambique에는 댐을 자문하기 위해서 3번 갔으며, 동서남북으로 넓은 지역을 답사했다사진 1-167. 저자가 자문한 모잠비크의 마싱기르댐은 높이가 48m, 길이가 4.6km로 만수된 후 큰 저수지사진 1-168가 형성되었다.

사진 1-167 저자가 서부아프리카와 동부아프리카에서 10여 개국을 장기간 답사한 조사단(왼쪽, 부르키나파소)과 모잠비크의 지도상에 이름도 없는 조그마한 마을에서(오른쪽)(최형식, 2019)

사진 1-168 저자가 자문한 모잠비크의 마싱기르댐(왼쪽, 사업주의 항공사진)과 만수한 후 형성된 저수지(오른쪽, 미국 Nasa인공위성 사진)

모잠비크에서 공산주의 시절에 동독과 쿠바 교관[教官]들이 신병[新兵]들에게 군사교육을 시키는 장면이 그려진 1986년에 발행된 모잠비크의 50메티카이짜리 지폐[그림 1-5]가 귀해서 수집했다.

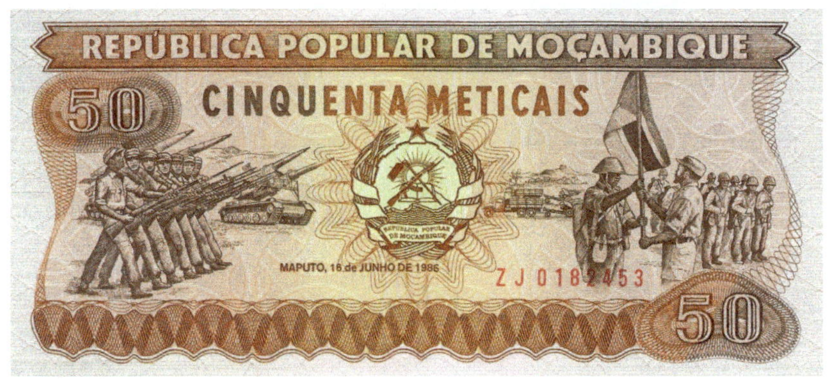

그림 1-5 동독과 쿠바 교관(教官)들이 와서 신병(新兵)들에게 군사교육을 시키는 장면이 묘사된 모잠비크의 50메티카이짜리 지폐(저자 소장)

우간다

우간다[Uganda]에는 오웬폭포댐[사진 1-169]의 보수를 자문하기 위해서 4번 갔다. 주말에 수도 캄팔라[Kampala]에 주둔하고 있는 외국인들이 우간다 요트경기클럽에 자주 모여 칵테일을 같이 마셨다.

오웬폭포댐의 상류쪽에는 세계최대의 인공저수지와 빅토리아 호수[사진 1-170]가 있으며, 이 호수에는 악어가 서식[棲息]하고 있어 호수변의 음식점에서 식사할 때 항상 악어에 주의해야 했다. 이 빅토리아 호수[호수위: 해발 1137m]에서 페리보트를 타고 탄자니아의 멘완자로 1주일간 휴가를 간 적이 있었다.

사진 1-169 저자가 기술자문한 우간다의 오웬폭포댐(왼쪽)과 수도 캄팔라에 주둔하고 있는 외국인들이 주말에 자주 모여 칵테일을 마신 우간다 요트경기 클럽(Uganda Sailing Club, 오른쪽)

사진 1-170 우간다의 오웬폭포댐의 상류쪽에 있는 세계최대의 인공저수지와 빅토리아 호수(왼쪽)에 악어가 서식(棲息)하고 있어 주의하도록 설치한 악어 경고문(오른쪽)

짐바브웨

짐바브웨Zimbabwe에는 댐자문 관계로 2번 방문했다. 이 기회에 카리바 다목적댐과 짐바브웨/잠비아의 국경선에 있는 빅토리아 폭포도 방문했다.

에어 짐바브웨의 포커50 비행기사진 1-171를 타고 구미歐美의 여행객들과 같이 빅토리아 폭포 비행장에 도착했다. 빅토리아 폭포는 폭이 1,700m, 높이가 120m, 물량이 일분에 3억4천 리터가 떨어지는 거대한 폭포이다. 이 폭포 옆에는 유명한 아프리카 탐험가 리빙스턴Livingstone, 1813~1873의 동상이 세워져 있어 그 앞에서 기념사진사진 1-171도 찍었다.

짐바브웨에 높이가 128m인 카리바 댐사진 1-172이 건설되었을 때, 이 댐은 다목적댐으로 대량의 전력공급, 홍수방지 외에도 큰 저수지에서 맛이 좋은 틸라피아tilapia 등 물고기가 많이 잡혀, 저수지의 주위 마을에 새로운 '어부직업'이 생기게 되면서 짐바브웨 지폐에도 인쇄되었다.

사진 1-171 구미(歐美)의 여행객을 실고 짐바브웨의 빅토리아 폭포비행장에 도착한 에어 짐바브웨의 포커50 비행기(왼쪽), 빅토리아 폭포(중간, 높이 120m)와 폭포 옆에 세워진 아프리카 탐험가 리빙스턴의 동상(오른쪽) 앞에서

사진 1-172 짐바브웨의 카리바 다목적댐(왼쪽)이 건설되었을 때, 대량의 전력공급, 홍수방지 외에도 큰 저수지에서 틸라피아 등 물고기가 많이 잡혀 댐 주위에 새로운 '어부직업'이 생기게 되어, 짐바브웨 지폐(오른쪽, 저자 소장)에도 인쇄되었다.

짐바브웨에 있는 빅토리아 폭포의 정거장에 유람열차사진 1-173를 타고 외국 여행객들이 도착하면, 깨끗하고 서비스가 좋은 영국식 빅토리아 폭포호텔이 있어 유리有利했다.

사진 1-173 짐바브웨에 있는 빅토리아 폭포 정거장에 도착한 유람열차(왼쪽)와 깨끗하고 아름답게 장식한 빅토리아 폭포호텔(오른쪽)

1.6 아시아

중국

아시아개발은행[ADB]의 위탁을 받고 1990~2010년대에 국제댐전문가팀[POE, 사진 1-174]의 팀장으로 중국에서 제일 높은 홍자두댐 등 4개의 댐을 자문할 때, 중국을 여러 번 방문했다. 중국에서 동서남북으로 비행기[사진 1-175]와 하얼빈행 기차[사진 1-176]를 타고 흑룡강까지 가서 댐공사를 자문했다.

이 기회에 베이징[사진 1-177], 상하이[사진 1-178] 등 고적과 관광지대도 방문했다.

사진 1-174 아시아개발은행(ADB)의 위탁을 받아 국제댐전문가팀(POE)의 팀장으로 자문한 중국에서 제일 높은 홍자두댐(높이 180m, 왼쪽)과 중국 첸센차오댐(높이 178m) 공사장 사무소 앞에서(오른쪽)(최형식, 1996)

사진 1-175 중국의 무단장(Mudanjiang) 비행장에서

사진 1-176 중국에서 하얼빈행 기차(왼쪽)로 흑룡강까지 가서 린후아댐(높이 72m)을 자문하면서(중간/오른쪽)

사진 1-177 중국에 처음으로 1990년대 초반에 갔을 때는 베이징의 고궁(古宮), 만리장성 등 유람지에 여행객이 별로 없었다.

사진 1-178 중국 베이징과 상하이에서

일본

일본에는 1976년부터 유럽에서 동남아, 미국과 남미로 출장을 다닐 때, 여러 번 동경비행장을 경유해서 갔으며, 몇 번은 스톱오버stop-over해서 1~2박 했다. 그리고 일본 관광사진 1-179을 하기 위해서 2번 갔다.

사진 1-179 일본에서 동경의 황제 궁전, 긴자와 토쿄타워를 구경하면서

한국

1964년에 독일로 유학을 떠난 후 독일에서 영주永住하면서 지난 50여 년 동안에 충남대학교에서 2년간 강의, 친지방문, 건설회사/협회에서 강의/강연하고, 학술서적을 출판하기 위해서 한국에 15번 이상 방문했다사진 1-180~사진 1-183.

사진 1-180 충남대학교에서 1974~1976년 교수시절(왼쪽/중간)과 서울에서 어머님 80세 생신(生辰)을 축하드리면서(1988년)

사진 1-181 한국을 방문한 기회에 한국건설기술연구원과 건설회사/협회에서 최신해외건설기술의 발전상에 관해 강연을 했다.

사진 1-182 서울 명동에 있는 성 프란시스코 수도원의 스페인 신부님들(왼쪽, 1995년)과 배신부님과 함께(오른쪽, 2000년)

사진 1-183 서울에서 제8회 해외동포상 수상자들과 함께 국무총리 관저 방문(2000년)

홍콩

1970~2020년대까지 지난 50여 년 동안 독일에서 해외로 출장을 자주 다니면서 홍콩에는 10회 이상 스톱오버stop-over했다사진 1-184. 그러나 홍콩에서 관광할 수 있는 시간은 별로 갖지 못했다.

1980년대에 홍콩에 건설붐이 일어나서 공사장에서 대나무로 만든 비계[飛階, scaffolding]로 재빨리 높이 올라가면서 고층건물을 축조하는 아슬아슬한 광경도 자주 보았다[사진 1-185].

사진 1-184 지난 50여 년 동안 독일에서 해외로 출장을 자주 다니면서 홍콩에는 10회 이상 스톱오버(stop-over)했다. 영국 런던에서 가족과 같이 1974년에 한국으로 비행할 때, 홍콩 공항에 도착한 광경(왼쪽)

사진 1-185 홍콩의 공사장에서 1980년대에 대나무 비계(飛階, scaffolding)로 높이 올라가면서 고층건물을 건설하고 있는 아슬아슬한 광경

필리핀

필리핀에는 아시아개발은행ADB의 차관으로 건설할 높이 160m의 대형댐과 소수력小水力개발을 자문하기 위해서 1970~1990년대에 4번 갔다.

필리핀의 피나투보Pinatubo 화산사진 1-186이 1991년 6월달에 폭파되어 넓은 지역에 흰색의 화산재가 수십 미터나 덮혀 미공군 크라크비행장과 미해군 수빅기지가 봉쇄되고 큰 재산손해가 생겼다. 필리핀에서 소수력지점을 조사할 때, 이 지대를 헬기로 자세히 답사踏査했다.

사진 1-186 필리핀에서 소수력지점을 답사/조사할 때, 폭파한 피나투보 화산(왼쪽)의 화구(火口)를 저자가 헬기로 본 광경

스페인 식민지시절에 1581년에 필리핀에 제일 먼저 건설된 마닐라의 대성당사진 1-187은 지난 400여 년 동안 태풍, 지진, 화재, 전쟁 등으로 자주 파손/파괴되었으나 지금까지 6번이나 보수/보강 및 증축되었다.

지프Jeep를 개조해서 만든 필립핀의 상징인 합승택시 '지프니'Jeepney, 사진 1-188는 마닐라 시내에서 여러 곳에 있는 고적물과 관광지를 구경하는 데 무척 편리했다.

사진 1-188 필리핀의 마닐라 비행장에서 마닐라 만(灣)을 따라 시내로 들어가는 주요한 대로(大路)인 로하스 불바르(Boulevard)(왼쪽/중간)와 지프를 개조해서 만든 필리핀의 상징인 합승택시 '지프니'(Jeepney, 오른쪽)

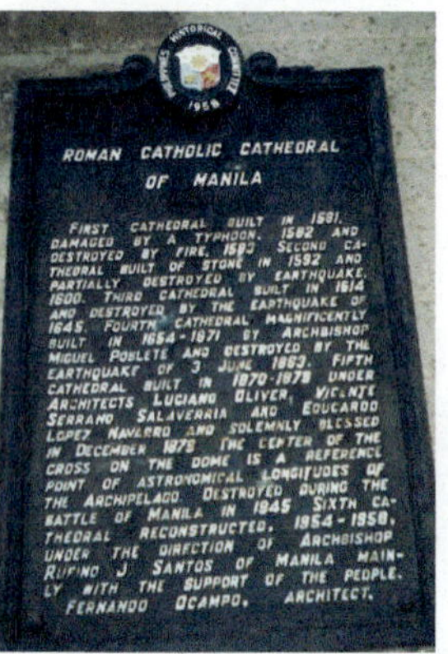

사진 1-187 스페인 식민지시절에 1581년에 필립핀에 제일 먼저 건설된 마닐라의 대성당은 지난 400여 년 동안 태풍, 지진, 화재, 전쟁 등으로 자주 파손/파괴되었으나 지금까지 6번이나 보수/보강 및 증축되었다.

말레이시아

저자가 전 세계에서 제일 높은 말레이시아의 바쿤댐그림 1-6의 설계/시공을 자문했을 때, 1990~2010년대까지 말레이시아를 8번 방문했다. 이 바쿤댐은 고대 이집트/수단의 피라미드처럼 일종의 '건조한 석괴체石塊體'이므로 표 1-1에서 비교해 보았다.

표 1-1 고대 피라미드와 저자가 설계한 말레이시아의 바쿤댐과 비교(최형식, 2006)

피라미드/댐 이름	국가	준공	높이(m)	평균사면	사면의 경사	저부의 폭(m)	체적(m^3)	건설 재료
계단식 피라미드	이집트	기원전 2650	60	1:0.8	51°	140	40만	석회암
쿠푸 피라미드	이집트	기원전 2560	146	1:0.8	51°	230	250만	석회암
쿠시 피라미드	수단	기원전 4~9세기	30	1:0.36	70°	22	5천	사암
바쿤 댐	말레이시아	2008	205	1:1.4	35°	590	1550만	경사암

저자가 설계한 바쿤댐을 시공施工할 건설회사가 1997년에 낙찰落札되었을 때, 앞으로 완공된 댐의 하류사면을 롤러 스케이트roller skate 장場으로 사용하는 풍자화諷刺畵가 말레이시아의 신문 Asiaweek1997년 9월 27일자, 사진 1-189에 게재된 바 있다. 이 바쿤댐은 2008년에 완공되어 현재 전력을 대량 생산하고 있으며 수자원을 친환경적으로 이용하는 데 큰 역할을 하고 있다. 사라왁섬에 위치한 바쿤댐의 하류에서 라장Rajang강을 운항하고 있는 쾌속정사진 1-190은 주민들에게 편리한 교통수단으로 사용되고 있다.

사진 1-189 저자가 설계/시공을 자문한 전 세계에서 제일 높은 바쿤댐(높이 205m)이 2008년에 완공되어 저수된 광경(왼쪽/중간, 사업주의 항공사진). Asiaweek(1997년 9월 27일자)가 바쿤댐을 롤러 스케이트 장(場)으로 게재한 풍자화(諷刺畵, 오른쪽)

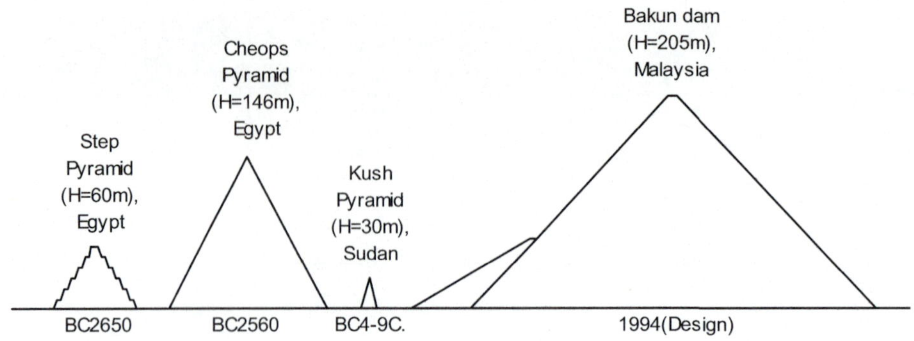

그림 1-6 '건조한 석괴체(石塊體)'인 고대 이집트와 수단의 피라미드와 전 세계에서 제일 높은 말레이시아의 바쿤댐(저자가 1994년에 설계한 CFRD형 댐)의 높이 단면비교(최형식, 2006)

사진 1-190 말레이시아의 사라왁섬에 위치한 바쿤댐의 하류에서 라장강을 운항하고 있는 쾌속정(최형식, 1995)

저자는 휴가를 이용해서 말레이시아의 전국을 상세하게 관광했다. 말레이시아의 쿠알라 룸푸르에 건설된 높이가 375m인 88층짜리 페트로나스Petronas 고층건물사진 1-191, 페낭Penang의 차이나타운과 포르투갈의 항해사들이 말레이시아의 말라카Malacca에 와서 1521년에 건설, 이제 폐허廢墟가 된 생 폴스 교회에도 가서 남은 흔적을 구경했다.

사진 1-191 말레이시아의 쿠알라 룸푸르에 건설된 페트로나스 고층건물(왼쪽), 페낭의 차이나타운(중간)과 포르투갈의 항해사들이 말라카에 와서 1521년에 건설, 이제 폐허(廢墟)가 된 생 폴스 교회에서(오른쪽)

싱가포르

전력개발과 댐을 자문하기 위해서 1980~2000년대에 동남아시아의 여러 나라로 출장을 다닐 때, 건설재료를 조사/시험하기 위해서 싱가포르의 난양 공과대학교[사진 1-192]를 방문했으며, 2000~2010년대에 유럽에서 호주와 뉴질랜드로 여행할 때, 모두 10번 이상 싱가포르에서 스톱오버[stop-over]해서 주말을 소일했다[사진 1-193].

사진 1-192 싱가포르의 중심가(왼쪽)와 건설재료를 시험하기 위해서 방문한 난양 공과대학교(오른쪽) (1992년 촬영)

사진 1-193 댐을 자문하기 위해서 1990~2000년대에 동남아시아를 여행할 때, 싱가포르에서 주말을 소일했다.

방글라데시

방글라데시Bangladesh에는 1980~1990년대에 화력발전소 건설, 간지스강사진 1-194의 수자원과 홍수방지를 자문하기 위해서 3번 갔다. 방글라데시에서는 간지스강을 멕나강Megna이라고 부른다. 이 나라는 아시아에서 제일 가난한 나라사진 1-195의 하나로 기억에 남아 있다.

사진 1-194 건조기에 방글라데시를 조용히 흘러가는 간지스강(멕나강, 왼쪽)과 홍수기에 강이 범람해서 선박의 운항이 위험해진 광경(오른쪽)

사진 1-195 방글라데시의 수도 다카에서 학교에 다니지 않고 매일 길거리에서 과일을 팔고 있는 젊은이들

네팔

네팔[Nepal]에는 마시앙디 수력발전소[사진 1–196과 사진 1–197]를 자문하기 위해서 3번 갔으며, 이 기회에 휴가를 내어서 카트만두[Katmandu], 네팔의 명승고적지[사진 1–198]와 히말라야 산악지대를 여행했다.

사진 1–196 저자가 자문한 네팔의 마시앙디 수력발전소와 히말라야 산맥에서 흘러내려오는 유사(流沙)를 안전하게 통과시키는 바이패스(왼쪽, American Geophysical Union 항공사진; 오른쪽, 저자 촬영)

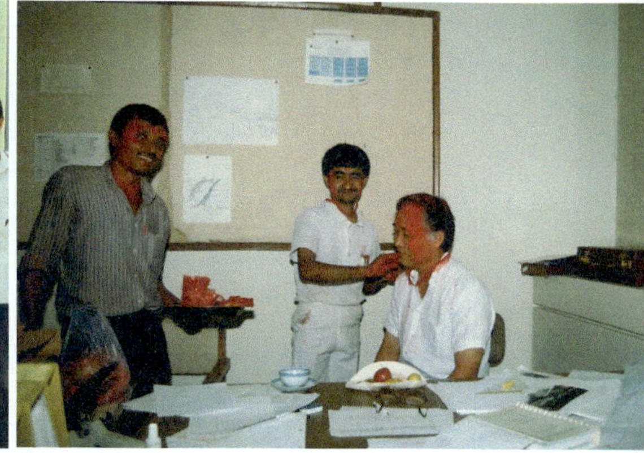

사진 1–197 네팔의 마시앙디 수력발전소를 가동하는 기술자팀(왼쪽)과 네팔의 축일(祝日) 때, 이 나라의 풍습에 따라 복(福)을 많이 받도록 저자의 얼굴에 빨간 분(粉)을 칠하고 있는 광경(오른쪽)

사진 1-198 네팔 파탄 시(市)의 더바르(Durbar) 광장(왼쪽)과 수도 카트만두에 있는 신전(神殿, 오른쪽)

인도

인도에는 국제학회 참석, 국제세미나에서 논문 발표, 대학연구소와 뉴델리에 있는 중앙재료연구소CSMRS, 사진 1-199를 방문하고 관광하기 위해서 5번 갔다.

뉴델리에서 남쪽으로 200km 떨어진 아그라Agra에 1631~1643년에 흰대리석을 사용해서 건설한 타지마할Taj Mahal 영묘靈廟에도 가서 구경했다사진 1-200.

사진 1-199 인도의 뉴델리에 있는 중앙재료연구소(CSMRS)에서

사진 1-200 뉴델리에서 남쪽으로 200km 떨어진 아그라에 있는 타지마할 영묘(1630~1653년 건설)를 방문

이란

저자는 이란정부의 전력공사와 수자원공사, 댐컨설턴트회사를 자문하기 위해서 1980~2000년대에 지금까지 20번 이상 방문하였다. 마쉐드 · 솔레이만댐높이 177m, 2001년 완공, 시아비쉐댐높이 130m, 2011년 완공, 카르헤댐높이 127m, 2000년 완공 등 10개 이상의 대형 댐의 지반조사, 설계와 시공을 자문했으며, 이제 모두 완공完工되어 큰 저수지가 형성된 상태로 전력과 관개용수를 공급하고 친환경적으로 사용되고 있다. 이 기회에 이란에서 동서남북으로 장기간 여행하면서 카스피아 해海, Caspian Sea, 주요한 도시와 이스파한Isfahan, 사진 1-201, 밤Bam, 페르세폴리스Persepolis, 사진 1-202, 쉬라즈Shiraz, 사진 1-203 등 유명한 고적물을 거의 대부분 방문하고 자연의 아름다움을 즐겼다.

사진 1-201 이란의 이스파한에 있는 1638년에 높이 54m로 건설된 유명한 이맘 모스크(왼쪽)와 밤(Bam) 성곽에서(오른쪽)(최형식, 2014)

사진 1-202 그리스의 알렉산더 대왕이 불태워버린 2500년 된 이란의 페르세폴리스 유적에서

사진 1-203 이란의 쉬라즈에 있는 모스크(왼쪽)와 투숙한 유명한 아바시 호텔 입구에서(오른쪽)

서기 13세기에 마르코 폴로Marco Polo가 이탈리아에서 육로陸路로 중국으로 가는 길에 이란의 케르만에 있는 공동목욕탕hammam에서 목욕하면서 휴식한 후, 옛날 대상隊商의 여관Caravansary에 투숙했다고 한다사진 1-204. 저자가 2000년대에 케르만Kerman에 갔을 때, 깨끗한 목욕탕과 여관이 아직까지 운영되고 있는 것을 보았다. 상세한 것은 다음에 '아시아 편'에서 다루기로 한다.

사진 1-204 서기 13세기에 마르코 폴로가 이탈리아에서 육로(陸路)로 중국으로 가는 길에 들렀다고 하는 이란의 케르만에 있는 옛날 대상의 여관(왼쪽)과 목욕하면서 휴식했다는 깨끗한 공동목욕탕(오른쪽)

터키

터키에는 높이가 184m인 대형 댐[사진 1-205], 수력발전소와 화력발전소를 자문하고, 대학연구소 방문, 고적물을 관광하기 위해서 1980~2010년대까지 6번 갔다.

이스탄불에 있는 아야 소피아 성당[Hagia Sophia, 사진 1-206]과 블루 모스크[Blue Mosque], 파묵칼레[Pamukkale]와 트로이의 목마[木馬, Trojan horse, 사진 1-207]도 가서 구경했다. 터키에 갈 때마다 이 나라의 생활상[生活相]을 알기 위해서 사업주의 자동차를 타고 동서남북으로 여행했다[사진 1-208].

사진 1-205 터키에서 저자가 자문한 아타튜르크댐(높이 184m)을 저수한 광경(왼쪽, 미국 Nasa인공위성 사진)과 아타튜르크댐이 인쇄된 1백만 리라짜리 터키지폐(오른쪽, 저자 소장)

사진 1-206 터키의 이스탄불에 있는 아야 소피아 성당(왼쪽)과 블루 모스크에서(오른쪽)

사진 1-207 터키의 파묵칼레(왼쪽)와 트로이의 목마(木馬, 오른쪽)

사진 1-208 터키 이스탄불의 길거리에서 항아리에 담은 따뜻한 홍차(紅茶)를 팔고 있는 티보이(tea boy)들

예멘

예멘Yemen에는 댐을 자문하기 위해서 2번 갔다. 매우 건조한 나라이므로 댐과 저수지가 급히 필요한 나라였다. 예멘 국내의 치안이 불안정해서 예멘을 방문해 댐장소를 조사하기 위해서 시골로 여행할 때는 항상 군경軍警의 호위를 받고 다녔다.

수도 사나Sanaa에 많은 점토와 석회를 혼합해서 쌓은 5~7층짜리 고층건물사진 1-209은 대단히 인상적이었다. 예멘의 풍습에 따라 남자들은 굽은 단도短刀를 허리에 차고 다니므로 사업주한테서 선물 받은 단도를 저자도 차고 다녔다.

사진 1-209 예멘의 수도 사나에 많은 점토와 석회를 혼합해서 쌓은 5~7층짜리 고층건물(오른쪽)과 예멘의 풍습에 따라 남자들은 굽은 단도(短刀)를 허리에 차고 다니므로 사업주한테서 선물 받은 단도를 저자도 차고 다녔다(왼쪽)(최형식, 2013).

1.7 북미

미국

지난 40여 년간1976~2020년 국제회의 참석, 대학교의 연구소와 도서관 방문, 댐관계자문회의, 관광하기 위해서 미국에 7번 갔다. 그리고 다른 나라로 비행飛行할 때, 미국을 3번 통과transit했다사진 1-210. 미국은 대단히 커서 지금까지 주요한 명승지의 약 25~30% 정도 보았다고 생각된다.

사진 1-210 1976년 9월에 일본 동경에서 독일 프랑크푸르트로 비행하던 날 루프트한사 비행기가 주유(注油)하기 위해서 앵커리지 공항에 착륙했을 때, 처음으로 미국 땅에 발을 디딘 광경

딸들이 어리던 1980년대에 가족과 같이 제일 먼저 플로리다에 있는 디즈니 월드사진 1-211와 케이프 캐나베럴Cape Canaveral에 있는 케네디 우주센터사진 1-212로 여행가서 견문見聞을 넓혔다. 그리고 마이애미의 랍인형蠟人形 박물관wax museum도 방문했다사진 1-213.

사진 1-211 미국의 플로리다에 있는 디즈니 월드에서(1981년 12월)

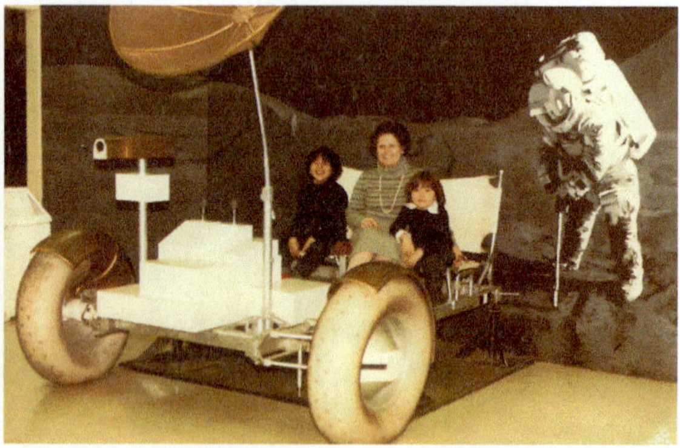

사진 1-212 미국 케이프 캐나베럴에 있는 케네디 우주센터에서(1981년)

사진 1-213 미국의 마이애미 랍인형(蠟人形) 박물관(wax museum)에서

1980~1990년대에는 미국의 동부에 가서 보스턴[사진 1-214], 뉴욕에 있는 자유의 여신상과 세계무역센터[사진 1-215], 워싱턴의 백악관[사진 1-216] 등을 방문해서 상세히 구경하면서 미국의 역사와 정치적인 면에서 견문을 넓혔다.

사진 1-214 캐나다의 핼리팩스에서 미국 보스턴 행 Air Nova비행기에 탑승해서 가족과 함께 7개의 가방을 들고 보스턴 비행장에 도착한 광경(1989년)

사진 1-215 뉴욕에 있는 자유의 여신상과 멀리 보이는 세계무역센터(World Trade Center) 앞에서(1989년)

사진 1-216 워싱턴의 백악관(White House)에서(1989년)

2000~2010년대에는 샌프란시스코에 있는 금문교^金門橋, 사진 1-217^, 요세미티^Yosemite^ 국립공원, 북쪽에서 미시시피강을 따라 남쪽으로 여행하면서, 블루스 노래로 유명한 미국 멤피스^Memphis, 사진 1-218^에도 가 보았다. 그리고 배낭을 매고 미국 동북부의 애팔래치아 산맥^사진 1-219^의 오솔길^trail^을 따라 3주^週^간 산책/등산도 했다.

사진 1-217 미국의 샌프란시스코에 있는 금문교(金門橋, Golden Gate Bridge)와 요세미티 국립공원에서(2008년)

사진 1-218 블루스 노래로 유명한 미국 멤피스에 세운 킹과 엘비스 동상에서

사진 1-219 아내와 같이 배낭을 매고 미국 동북부의 애팔래치아 산(山)의 오솔길(trail)을 따라 3주(週)간 산책/등산하면서(2016년)

멕시코

멕시코에는 1990~2010년까지 대학교 연구소와 지진에 잘 저항할 수 있도록 건설한 고층 건물사진 1-220 방문, 댐자문회의사진 1-221로 4번 갔다. 이 기회에 마야고적물도 구경했다. 멕시코에서 생산된 독일 폭스바겐의 딱정벌레Käfer 자동차사진 1-222가 값싼 택시로 사용되고 있어, 수도 멕시코처럼 큰 도시에서 관광하는 데 편리했다.

사진 1-220 규모가 M=7.9인 강한 지진(1985년)이 일어났을 때, 잘 저항한 높이가 180m인 멕시코 시의 라티노아메리카나 고층건물(최형식, 2006; 최형식, 2013)

사진 1-221 멕시코의 국내를 여행할 때 이용한 멕시코의 Aero California 항공기(왼쪽)와 멕시코에서 제일 높은 아구아밀파댐(오른쪽)에서 자문회의가 개최되었다.

사진 1-222 멕시코의 대성당(왼쪽)과 멕시코에서 생산된 독일 폭스바겐의 딱정벌레(Käfer)가 택시로 사용되고 있었다(오른쪽).

캐나다

캐나다에는 1980~2010년대까지 댐자문회의와 관광하기 위해서 서부와 동부 캐나다로 4번 갔다. 2020년대에 중부 캐나다로 갈 예정이었으나, 코비드-19 전염병 때문에 가지 못했다.

캐나다의 산천[山川]은 아주 깨끗하고 아름다웠다. 유명한 관광지대인 모레인 호수[사진 1-223]에서 휴가를 보냈으며, 밴쿠버 섬[島]에 갔을 때에는 강한 지진이 자주 일어나 해일[海溢, Tsunami]의 위험이 커서 높은 피신처[避身處]로 유도하는 안내간판[사진 1-224]도 흥미있게 구경했다.

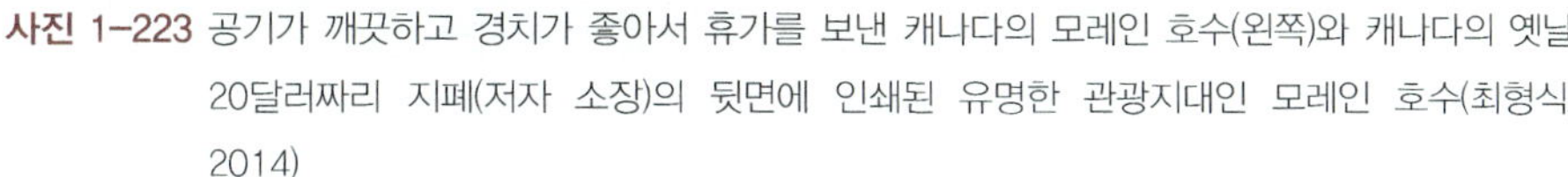
사진 1-223 공기가 깨끗하고 경치가 좋아서 휴가를 보낸 캐나다의 모레인 호수(왼쪽)와 캐나다의 옛날 20달러짜리 지폐(저자 소장)의 뒷면에 인쇄된 유명한 관광지대인 모레인 호수(최형식, 2014)

사진 1-224 강한 지진이 자주 일어나 해일(海溢)의 위험이 큰 캐나다의 밴쿠버 섬(島)에서 높은 피신처로 유도하는 안내간판(최형식, 2013)

사진 1-225 캐나다에서 알래스카 고속도로로 가는 시작점인 0마일 지점에서

서부 캐나다에서 알래스카 고속도로사진 1-225를 따라 수백km를 여행했으며, 동부 캐나다의 퀘벡, 몬트리얼, 오타와, 리도Rideau 운하사진 1-226를 지나 제임스 만灣으로 가는 1,500km의 하이웨이사진 1-227를 따라 자동차와 비행기로 래디슨사진 1-228까지 갔다. 동기가 길고 기상조건이 불리해서 공사기간이 짧은 북부 캐나다의 격지에 건설된 라그랑-1댐사진 1-229과 발전소에도 가서 관심있게 가이드의 설명을 들었다.

사진 1-226 캐나다의 오타와에 있는 계단식으로 건설한 리도(Rideau) 운하에서(2014년)

사진 1-227 동부 캐나다의 퀘벡, 몬트리얼, 오타와를 지나 제임스 만(灣)으로 가는 1,500km의 하이웨이에서

사진 1-228 Air Inuit 비행기로 도착한 북부 캐나다의 먼 벽지에 있는 래디슨(Radisson) 비행장(왼쪽)과 시내 중심가에 설치된 세계의 유명 도시까지의 거리안내 표지(오른쪽)

사진 1-229 동기가 길고 기상조건이 불리해서 공사기간이 짧은 북부 캐나다의 격지에 건설된 라그랑-1댐(높이 35m, 1995년 준공)과 여수로/발전소 전경(최형식, 2019)

독일에서 가족과 같이 동부 캐나다에 있는 핼리팩스Halifax, 사진 1-230에 가서 조카의 결혼식에 참석한 후, 귀국길에는 미국의 동부/중부지대를 여행했다.

사진 1-230 캐나다의 핼리팩스(Halifax)에서 개최된 조카의 결혼식에 참석(1989년)

파나마

파나마에는 독일의 킬 운하회원으로 파나마 운하사진 1-231에서 회의 때문에 2번 갔다. 미국 공병단US Corps of Engineers이 1914년에 완공한 길이 82km의 파나마 운하사진 1-232는 전술한 이집트의 수에즈 운하사진 1-123 참조와 독일의 킬 운하처럼 대단히 어려운 조건 하에서 건설되어 많이 감격했었다.

식민지 시절에 스페인사람들이 파나마의 구舊 도시casco viejo에 건설한 대성당사진 1-233과 파나마의 신新 도시에 건설된 고층건물과 비즈니스 센터에도 가서 구경했다. 파나마의 콜론Colon에서 개관된 '21세기 콜론 여객선항구Puerto de Cruceros'에서는 전통적인 민속복을 입은 파나마 원주민사진 1-234도 만났다.

사진 1-231 대형유람선이 길이가 82km나 되는 파나마 운하(1914년 준공)에서 미라플로레스(Miraflores) 갑문(閘門, lock, 오른쪽)을 통과하고 있는 광경(2001년 촬영)

사진 1-232 파나마 운하의 갑문시설에 진입하는 대형 컨테이너선을 4개의 디젤기관차로 견인(牽引)하고 있는 광경

사진 1-233 식민지 시절에 스페인사람들이 파나마의 구(舊) 도시(casco viejo)에 건설한 대성당(왼쪽)과 파나마의 신(新) 도시 모습(오른쪽)

사진 1-234 파나마의 콜론에 개관된 '21세기 콜론 여객선항구(Puerto de Cruceros)'(왼쪽)와 전통적인 민속복을 입은 파나마 원주민(오른쪽)

1.8 남미

아르헨티나

아르헨티나에는 1970~1980년대에 3년간 아르헨티나와 파라과이에서 거주하면서 아르헨티나와 파라과이의 파라나Parana강에 건설된 세계 최장最長의 야시레타댐높이 43m, 길이 70km, 사진 1-235, 갑문시설과 수력발전소의 설계와 건설을 자문했다. 그 후 1990~2020년까지 아르헨티나를 6번 방문했다.

사진 1-235 저자가 자문한 아르헨티나와 파라과이의 파라나강에 건설된 세계 최장(最長)의 야시레타댐(높이 43m, 길이 70km), 수력발전소, 여수로와 흙댐(왼쪽, 사업주 항공사진)과 공사 광경(오른쪽, 저자 촬영)(최형식, 2019)

3년간 아르헨티나와 파라과이에서 거주할 때, 안데스산맥의 영원한 얼음지대에서 발견한 동결凍結된 소년을 냉장고에 보관하고 있는 산 후안 박물관사진 1-236에도 가족과 같이 가서 구경했으며, 부에노스아이레스에 있는 대통령관저Casa Rosada, 사진 1-237도 방문했다.

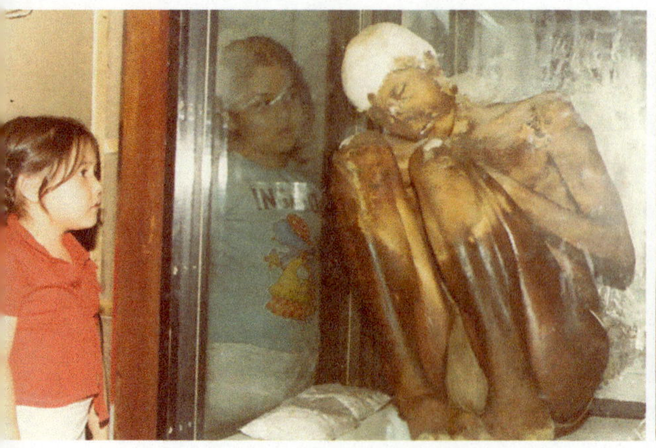

사진 1-236 안데스산맥의 영원한 얼음지대에서 발견한 동결(凍結)된 소년을 냉장고에 보관하고 있는 아르헨티나의 산 후안 박물관에서(1980년 촬영)

사진 1-237 아르헨티나의 부에노스아이레스에서 제일 번화가인 중앙대로(왼쪽)와 대통령관저(Casa Rosada)에서(오른쪽)

아르헨티나의 팜파[Pampa]지대에 있는 쁘라사 후인꿀 박물관에도 가서 보관된 세계에서 제일 큰 공룡[恐龍] 화석[사진 1-238]도 관람했다. 그리고 아르헨티나의 멘도사 등 유명한 포도주산지[사진 1-239]와 1980년대에 맺은 친밀한 관계로 여러 번 초청을 받아 널리 알려진 아르헨티나의 적포도주도 시음[試飮]했다.

사진 1-238 아르헨티나의 쁘라사 후인꿀 박물관에 보관된 세계에서 제일 큰 공룡(恐龍) 화석에서(최형식, 2019)

사진 1-239 아르헨티나의 유명한 포도주산지에서 포도주를 양생하는 저장고(오른쪽)에서 초청을 받아 아내와 같이 적포도주를 시음(試飮, 왼쪽)

우루과이

우루과이[Uruguay]는 1970~1980년대에 3년간 아르헨티나와 파라과이에서 거주[居住]할 때, 부에노스아이레스에서 페리보트[Buquebus, 사진 1-240]를 타고 우루과이의 수도 몬테비데오까지 가서 자동차로 자주 다녔으며, 마지막으로 2017년에 다시 방문했다.

우루과이에는 인구 3백5십만 명의 3배나 되는 1천2백만 마리의 소牛가 넓은 평야에 방목하고 있어, 난폭한 황소사진 1-241를 경고하는 도로표지가 길거리에 많이 붙어있다.

사진 1-240 아르헨티나의 부에노스아이레스와 우루과이의 몬테비데오를 연결하는 페리보트(Buquebus, 왼쪽). 우루과이의 국도에서 교통사고가 발생하면 우회(迂回, detour)하는 도로가 없기 때문에 여행 도중에 하루의 절반 이상을 잃어버리는 경우가 많았다(오른쪽).

사진 1-241 우루과이에는 인구의 3배나 되는 1천2백만 마리의 소(牛)가 넓은 평야에 방목하고 있어, 황소를 경고하는 도로표지가 길거리에 많이 붙어 있다.

몬테비데오에는 20세기 초반~중반에 유명했던 솔리스Solis 국립극장사진 1-242이 있으며, 요즈음도 흥미진진한 연극과 콘서트가 개최될 때가 많아 몇 번 관람했다.

사진 1-242 우루과이의 몬테비데오에 있는 20세기에 유명했던 솔리스(Solis) 국립극장의 외부와 내부 모습 (2017년 촬영)

우루과이에서 제일 유명한 해수욕장이 있는 푼타 델 에스테[Punta del Este]에서 2017년 여름에 휴가를 보냈을 때 해변가에 트럼프 타워[Trump Tower]가 건설중이었으며, 칠레의 조각가가 바닷가에 세운 '5개의 손가락[La Mano]' 작품은 매우 이색적이었다[사진 1-243].

사진 1-243 우루과이에서 제일 유명한 휴양지인 푼타 델 에스테에 건설중(2017년 당시)인 트럼프 타워 (Trump Tower)와 칠레의 조각가가 해변 가에 설치한 '5개의 손가락(La Mano)' 작품

스페인 항해사들이 건설한 콜로니아 델 사크라멘토[Colonia del Sacramento]는 성곽[城廓] 도시로 유네스코의 세계문화유산으로 인정되었으며, 성곽 벽에 걸려있는 1762년에 건설 당시 도자기로 만든 도시지도 판[사진 1-244]에 따라 요즘도 도로를 찾아갈 수가 있을 정도로 전체도시가 별로 변하지 않았다.

사진 1-244 스페인 항해사들이 우루과이에 건설한 콜로니아 델 사크라멘토 성곽(城廓)은 유네스코 고적물로 인정되었다. 1762년에 건설 당시 도자기로 만든 도시지도 판(오른쪽).

브라질

브라질[Brazil]은 1970~1980년대에 3년간 아르헨티나와 파라과이에서 거주할 때 비행기와 자동차로 여러 번 방문했으며, 건설 당시 전 세계에서 제일 큰 브라질의 이타이푸 수력발전소[사진 1-245]에도 갔다. 1990~2010년대에는 국제세미나, 대학연구소 방문, 댐자문회의 등으로 5번 브라질을 방문했다.

사진 1-245 건설 당시 전 세계에서 제일 큰 브라질의 이타이푸 수력발전소(출력량 : 1천4백만kW)에서(최형식, 2013)

파라나Parana대학교 수리모형시험소사진 1-246에서 수리학 교수들과 회의한 후, 지역이 대단히 넓은 브라질에서 댐을 자문할 때 상파울루 비행장에서 소형전용 비행기로 공사장을 답사踏査했다. 자유시간에는 리우데자네이루, 상파울루사진 1-247 등 관광지에도 가서 구경했다.

사진 1-246 파라나(Parana)대학교 수리모형(水理模型)시험소에서 수리학 교수들과 회의한 후 기념촬영(오른쪽). 브라질에서 댐을 자문할 때 상파울루 비행장에서 소형전용 비행기로 공사장을 답사(왼쪽)(최형식, 2006)

사진 1-247 브라질 상파울루의 조용한 아침 모습(왼쪽)과 아침 일찍 버스와 지하철을 이용해서 출근하고 있는 노동자들(오른쪽)

파라과이

세계은행World Bank의 컨설턴트로써 아르헨티나-파라과이의 국경선에 놓여 있는 전 세계에서 제일 긴 길이 70km인 야시레타댐의 설계/시공을 자문할 때, 가족과 같이 1970~1980년대에 3년간 아르헨티나와 파라과이에서 거주했다사진 1-248, 사진 1-249.

파라과이Paraguay에서는 성탄절 때 기온이 35℃ 이상 되어 수도 아순시온Asuncion의 집에서 수영복을 입고 크리스마스 이브사진 1-250를 보낸 경험도 있었다. 주말에는 구미歐美기술협력기관의 기술자들과 대사관 직원들의 칵테일 모임이 많았으며, 서로 초청을 하고 초대를 받아서 주말에는 항상 분주했으며, 환담歡談을 통해 세계정세를 많이 알게 되었다사진 1-251.

사진 1-248 파라과이의 아순시온 대성당(왼쪽)과 시내 중심가에 전시된 차코(Chaco)전쟁(1932~1935년) 때 사용한 탱크(중간)와 대포(오른쪽)

사진 1-249 파라과이의 아순시온 집 정원에서 딸들이 독일 풍습에 따라 부활절의 달걀을 찾으면서(1981~1982년)

사진 1-250 기온이 35℃ 이상 되어 아순시온의 집에서 수영복을 입고 크리스마스 이브를 보냈다 (1979년과 1981년 12월 촬영)

사진 1-251 파라과이의 아순시온에서 거주하고 있는 외국대사관과 구미기술협력기관의 직원들과 같이 주말에 집에서 모인 광경

볼리비아

1970~1980년대에 3년간 아르헨티나와 파라과이에서 거주할 때부터 지금까지 댐과 도로 건설사진 1-252을 자문하고, 관광하기 위해서 볼리비아Bolivia를 10번 이상 방문했다.

사진 1-252 볼리비아의 안데스산맥에 쌓인 빙퇴석지대에 산사태가 자주 일어나 고산도로의 사면이 붕괴된 광경(왼쪽)(최형식, 2013)

수도 라파스사진 1-253과 사진 1-254는 외국여행객들이 처음으로 오면, 이 나라의 인디언사람들이 소로체soroche라고 부르는 고산병高山病, mal de altura으로 고생하는 해발 3,800~4,000m의 고지高地에 놓여 있다. 볼리비아에서 독일 컨설턴트로서 도로건설을 자문하면서, 티티카카Titicaca호수와 1천여 년 전에 건설된 티와나쿠Tiwanaku, 일명 Tiahuanaco 신전神殿, 사진 1-255에도 가서 구경했다.

사진 1-253 해발 3,800~4,000m의 고지(高地)에 놓인 볼리비아의 수도 라파스 전경. 해발 4,050m의 평탄(平坦)한 산 위에 활주로가 짧은 라파스 비행장이 건설되었다.

사진 1-254 수도 라파스의 중심가(왼쪽, 1993년 촬영)와 옛날에 스페인 식민지 때 시골마을에 건설된 전형적인 성당과 종탑

사진 1-255 브라질과 볼리비아의 도로기술자들과 같이 볼리비아의 티와나쿠 신전(神殿)을 방문(최형식, 1996)

칠레

칠레에는 국제학회회의, 국제세미나 참석, 댐자문, 관광을 하기 위해서 비행기로 6번 갔다. 그리고 1970~1980년대에 3년간 아르헨티나와 파라과이에서 거주할 때, 여름방학을 이용해서 가족과 같이 자동차로 파라과이의 아순시온에서 아르헨티나의 안데스산맥[사진 1-256]을 넘어

칠레의 판아메리카나[Pan Americana]도로의 종점[終點]인 푸에르토 몬트[Puerto Mont, 사진 1-257]까지, 그 다음 칠레의 안데스산맥을 넘어 아르헨티나의 팜파[Pampa]를 완전히 횡단해서 파라과이의 아순시온까지 왕복하는 데 6주 동안 약 7,400km를 여행했다.

사진 1-256 아르헨티나에서 칠레 쪽으로 안데스산맥을 넘어갔을 때, 더운 여름(1980년 12월)에도 녹지 않는 해발 4,500~5,000m의 빙산(氷山, 왼쪽). 칠레의 발파라이소 해안에는 차가운 훔볼트 해류가 흘러서 해수욕을 할 수 없었다(오른쪽).

사진 1-257 칠레의 남쪽에 있는 눈이 덮힌 오소르노 화산(왼쪽)과 칠레의 판아메리카나(Pan Americana) 도로의 종점(終點)인 푸에르토 몬트에 도착해서 19세기에 유럽에서 온 이민 가족의 동상 앞에서 휴식했다(오른쪽).

칠레의 발파라이소[Valparaiso] 해안[사진 1-256]에는 여름에도 거의 5~7℃인 차가운 훔볼트[Humboldt] 해류[海流]가 흐르므로 바닷물에 들어가서 해수욕을 할 수 없었다. 칠레의 대서양 해안을 따라 여행하면서, 중세기에 스페인 항해사/탐험가들이 칠레의 대서양 해안에 설치한 니에블라[Niebla] 보루[堡壘, 사진 1-258]를 구경하면서 가족의 이름도 새겨두었다.

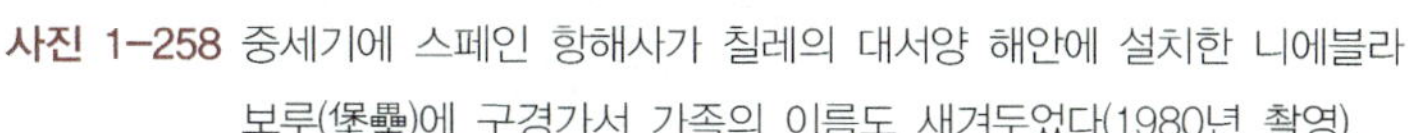

사진 1-258 중세기에 스페인 항해사가 칠레의 대서양 해안에 설치한 니에블라 보루(堡壘)에 구경가서 가족의 이름도 새겨두었다(1980년 촬영).

프랑스 파리의 에펠탑을 설계한 에펠[Eiffel]기사가 설계/건설한 칠레의 산티아고 데 칠레[Santiago de Chile] 정거장[사진 1-259]의 철골구조물과 북부칠레에 있는 아리카[Arica] 가톨릭교회의 철골구조 지붕도 구경했다.

사진 1-259 프랑스 파리의 에펠탑을 설계한 에펠기사가 건설한 칠레의 산티아고 데 칠레 정거장의 철골구조물(왼쪽/중간)과 북부칠레 있는 아리카(Arica) 가톨릭교회의 철골구조 지붕(2001년 촬영)

독일 기센[Giessen] 대학교의 리비히[Liebig] 교수가 19세기 중반에 인조비료를 발명하기 전에 흉년이 자주 져서, 살기가 무척 힘들어 남부 대서양해변에 많이 서식하고 있는 해조[海鳥]의 똥[Guano, 사진 1-260]을 19세기 초반~중반에 칠레에서 채광해서 돛배에 실어 유럽으로 운반해서 비료와 화약을 제조하는 데 사용했다. 저자가 2000년대에 남미에 갔을 때 이런 해조[海鳥]의 똥은 칠레와 페루의 해변에서 많이 볼 수 있었다.

사진 1-260 독일에서 19세기 중반에 인조비료를 발명하기 전에, 칠레의 대서양 해변에 많이 서식하고 있는 해조(海鳥, 왼쪽)의 똥(Guano, 오른쪽)을 19세기에 채광, 유럽으로 운반해서 비료와 화약을 제조하는 데 사용했다.

전 세계에서 제일 큰 동광산銅鑛山인 추키카마타Chuquicamata 노천광산사진 1-261을 방문해서 가이드의 상세한 설명을 들었다.

사진 1-261 전 세계에서 제일 큰 동광산(銅鑛山)인 칠레의 추키카마타 노천광산

페루

페루Peru는 1981년에 처음으로 방문한 이래 지금까지 댐자문과 관광하기 위해서 4번 갔다.

수도 리마Lima에서는 대성당사진 1-262, 고대박물관사진 1-263과 금金박물관Museo del Oro de Peru도 방문했다. 금박물관에서는 사진촬영이 엄격하게 금지되어 있었지만, 기념사진을 한 장 찍게 해준 가이드의 친절에 감사하면서 팁을 많이 준 기억이 난다.

사진 1-262 페루의 리마 대성당 앞에서(왼쪽, 1981년; 오른쪽, 2001년)

사진 1-263 페루 리마의 고대박물관(왼쪽). 금(金)박물관(Museo del Oro de Peru, 오른쪽)에서는 사진 촬영이 엄격하게 금지되어 있어, 기념사진을 1장 찍고 팁을 많이 주었다(1981년).

리마에 갈 때마다 투숙[投宿]한 유명한 볼리바르 호텔[사진 1-264]의 로비에는 1920년에 생산된 미국의 골동품 포드[Ford] 자동차가 전시되어 있었다. 프란치스코 수도원을 방문해서 도서관[사진 1-265]에 소장된 지난 500년 동안 인쇄된 장서[藏書]도 구경했다.

사진 1-264 페루의 리마에 있는 유명한 볼리바르 호텔의 외부/내부 모습(왼쪽/중간). 호텔 로비에는 1920년에 생산된 미국의 골동품 포드 자동차가 전시되어 있다(오른쪽).

사진 1-265 페루의 리마에 있는 프란치스코 수도원에 소장된 지난 500년 동안 인쇄된 장서(藏書)

쿠스코[Cuzco] 대성당[사진 1-266]과 15세기에 안데스산맥의 중턱, 해발 2500m의 높이에 계단식으로 건설된 잉카의 맞추피추[사진 1-267]도 방문했다. 맞추피추가 있는 높은 산[山]에는 구름이 자주 끼이고, 갑자기 소나귀가 내리면 강이 급증해서 쿠스코-마추피추 간의 철도노선이 씻겨나가 교통이 두절되어 외국여행객들이 호텔로 귀환할 수 없어 야영[野營]해야 할 때도 있었다.

사진 1-267 안데스산맥의 중턱, 해발 2,500m의 높이에 15세기에 계단식으로 건설된 잉카의 맞추피추에서 (최형식, 2013)

사진 1-266 페루의 쿠스코 대성당(왼쪽)과 인디언 사람들이 명절을 맞아 전통적인 의복을 입고 행진준비를 하고 있다(오른쪽).

에콰도르

에콰도르Ecuador에는 댐자문관계로 2번 방문했다. 이 기회에 수도 키토Quito 대성당사진 1-268과 대통령관저사진 1-269도 구경했으며, 키토 근처를 지나가는 적도赤道의 기념탑해발 2483m에도 가 보았다사진 1-270.

사진 1-268 에콰도르의 키토 비행장(왼쪽)과 키토 대성당(오른쪽)

사진 1-269 에콰도르의 키토에 있는 대통령 관저

사진 1-270 에콰도르를 지나가는 적도(赤道)의 기념탑(해발 2483m)에서

베네수엘라

댐자문과 대학연구소를 방문하기 위해서 2000년대에 베네수엘라Venezuela에 2번 갔을 때 치안治安이 대단히 불안전해서 친지들이 여행을 권하지 않았으나, 다행히 무사히 여행할 수 있었다.

댐자문을 끝낸 후 주말에 유명한 관광지에도 잠깐 들렀다. 수도 카라카스Caracas에서 1783년에 태어나서 남미의 독립선언자로 활약한 시몬 볼리바르Simon Bolivar의 생가사진 1-271를 방문해서 가이드의 설명을 들은 후, 공원에 세워진 볼리바르 동상사진 1-272과 정치 · 사회학 학술원學術院, Academia de Ciencias Politicas y Sociales, 사진 1-273에도 가서 구경했다.

사진 1-271 베네수엘라의 카라카스에서 1783년에 태어나서 남미의 독립선언자로 활약한 시몬 볼리바르의 생가(生家)에서

사진 1-272 베네수엘라의 카라카스에 있는 정부청사(왼쪽)의 벽에 걸린 독립선언자 시몬 볼리바르의 패(牌, 중간)와 공원에 세워진 볼리바르 동상(오른쪽)

사진 1-273 베네수엘라의 수도 카라카스에 있는 정치·사회학 학술원(學術院, Academia de Ciencias Politicas y Sociales)의 정원/복도에 세워진 베네수엘라의 학자들의 동상(왼쪽/중간)과 도시 중심가에서 노래를 부르면서 푼돈을 벌이는 악사(樂士)들(오른쪽)

2000년대에 베네수엘라에서 국정이 불안해져서 아침에 출근한 회사원들이 저녁에 무사히 귀가할지 알 수 없었으며, 카라카스 지하철이 슬럼[slum]지역을 지나가는 지하철 정거장 '카뇨 아마리요'[사진 1-274]는 외국인들에게 경고지역이었다.

사진 1-274 베네수엘라의 카라카스 지하철이 슬럼(slum)지역을 지나가는 지하철 정거장 '카뇨 아마리요'는 2000년대에 방문했을 때 외국인들에게 경고지역이었다.

베네수엘라를 방문했을 때, 독립선언자 시몬 볼리바르와 베네수엘라에서 제일 큰 구리댐[높이 110m]이 그려진 1972년에 발행된 500볼리바르짜리 지폐[그림 1-7]를 수집하기 위해서 구입했다.

그림 1-7 베네수엘라의 독립선언자 시몬 볼리바르와 구리댐(높이 110m)이 그려져 1972년에 발행된 500볼리바르짜리 지폐(저자 소장)

1.9 오세아니아

호주

호주에는 대학연구소와 수력발전소 방문, 댐설계를 상담하기 위해서 3번 갔다. 호주는 넓은 나라이므로 국내를 여행할 때 비행기, 렌터카[rent-a-car]와 도로변에 놓인 모텔[motel]을 주로 이용했다[사진 1-275].

호주에서 자동차로 여행할 때 캥거루와 충돌을 경고하는 도로표지판[사진 1-276], 산불과 독사[毒蛇]를 주의하라는 경고문[사진 1-277]도 자주 보았다.

사진 1-275 호주 멜버른의 국내선 Devon공항(왼쪽)과 호주에서 지방으로 여행할 때 주로 투숙한 도로변의 모텔(motel)과 간이호텔(오른쪽)

사진 1-276 호주에서 자동차로 여행할 때 많이 본 캥거루와 충돌을 경고하는 도로표지판

사진 1-277 호주에서 자동차로 야외(野外)로 여행할 때, 항상 산불과 독사(毒蛇) 경고문에 유의해야 했다.

넓은 지역에서 키우는 소牛와 면양綿羊, 사진 1-278 그리고 넓은 포도밭사진 1-279도 자주 보았으며, 포도 주산지에 가서 각종 호주 포도주를 여러 번 시음試飲 해 보았다.

사진 1-278 호주의 넓은 땅에서 많이 키우는 소(牛)와 면양(綿羊)

사진 1-279 호주에 많은 넓은 포도밭 모습

호주에는 다수의 댐이 건설되어 형성된 큰 저수지가 많으며, 저수지에서 인공적으로 송어松魚, trout 등 물고기사진 1-280를 키우고 있으므로 중년층/노인층의 낚시꾼들이 많은 것도 알게 되었다.

사진 1-280 호주에는 다수의 댐이 건설되어 형성된 큰 저수지에서 송어(松魚, trout) 등 물고기를 키우고 있어, 낚시꾼들이 많았다.

뉴질랜드

뉴질랜드New Zealand에는 대학연구소, 댐/발전소 방문, 지진피해 상황을 보고, 관광하기 위해서 2번 갔다. 독일 프랑크푸르트에서 뉴질랜드로 비행할 때, 루프트한자 항공기로 싱가포르 또는 홍콩에 가서 스톱오버한 후, 그 다음날 다른 항공회사의 비행기로 비행하는 데 1박2일간의 장시간이 걸렸다.

사진 1-281 뉴질랜드의 오클랜드 항(港, 왼쪽)과 강한 지진 때 피해를 방지하기 위해서 건물 외부를 강철횡보로 단단하게 지지한 13층짜리 라보은행건물(중간)과 멀리서 보이는 TV탑 Sky Tower(오른쪽)

뉴질랜드에는 강한 지진이 자주 발생하므로, 강한 지진 때 피해를 방지하기 위해서 건물 외부를 강철횡보로 단단하게 지지한 오클랜드[Auckland]의 13층짜리 라보은행건물[사진 1-281]도 방문했다. 이렇게 건물의 외부에 튼튼한 강철횡보를 설치한 비슷한 사례는 강한 지진지대인 이란의 테헤란에서도 보았다.

뉴질랜드의 남쪽섬에서 2011년에 M=6.3의 강한 지진이 발생했을 때, 크라이스트처치[Christchurch]의 대성당[사진 1-282]이 절반 파괴되고, 높이 65m의 종탑이 완전히 붕괴었다. 이 도시에 들러서 지진피해 상황도 상세하게 보았다.

사진 1-282 뉴질랜드의 남쪽섬에 M=6.3의 지진(2011년)이 발생했을 때, 크라이스트처치의 대성당이 절반 파괴되고, 높이 65m의 종탑이 완전히 붕괴된 상태(왼쪽, 2011년의 지진으로 파괴되기 이전의 대성당과 종탑, 우편엽서 인용; 오른쪽, 저자 촬영)(최형식, 2019)

사진 1-283 영국의 제임스 쿡 선장(船長)이 1770년에 백인으로 처음으로 뉴질랜드의 픽턴에 상륙한 곳

뉴질랜드의 남쪽섬에서 여행할 때, 영국의 제임스 쿡 선장船長이 1770년에 백인으로 처음으로 상륙한 픽턴Picton, 사진 1-283에도 가 보았다.

뉴질랜드에는 포도밭이 많으며, 유명한 헤이스팅스Hastings 포도주산지사진 1-284에도 가서 포도주를 시음해 보았다. 새들이 부리로 잘 익은 포도를 찍어서 포도에 흠집이 생기면 수확하기 전에 포도가 썩으므로 광범위한 포도밭에서 포도나무 위에 그물을 쳐둔 광경도 자주 보았다.

사진 1-284 뉴질랜드의 헤이스팅스 포도주 산지에서 새들이 부리로 잘 익은 포도를 찍어서 다치면 수확하기 전에 썩으므로 그물을 포도나무 위에 쳐둔 광경(왼쪽)

사진 1-285 테푸케(Te Puke) 키위농장(農場)을 방문해서 가이드의 설명을 들은 후, 싱싱한 키위(Kiwi)도 시식(試食)해 보았다.

사진 1-286 뉴질랜드의 웰링턴에 있는 '벌통'이라고 불러지고 있는 국회의사당 건물(왼쪽)과 키위(Kiwi) 새(鳥)를 보호하는 경고문(오른쪽)

전 세계에서 유명한 테푸케Te Puke 키위농장農場, 사진 1-285을 방문해서 가이드의 설명도 듣고, 여러 종류의 싱싱한 키위Kiwi도 시식試食해 보았다. 그 맛은 유럽에서 장기간 운반된 키위를 먹었을 때보다 훨씬 더 좋았다. 도로변에서는 키위 새鳥를 보호하는 경고문사진 1-286도 자주 보았다. 수도 웰링턴에서는 '벌통'이라고 불러지고 있는 국회의사당 건물사진 1-286도 방문했다.

마스터턴Masterton, 사진 1-287을 방문했을 때 매년 개최되는 양털 자르기 경기대회에서 수여되는 금金 가위 상賞에 대한 가이드의 설명도 들었다.

뉴질랜드의 남쪽섬에서 제일 높은 마운트 쿡Mt. Cook, 높이 3724m, 사진 1-288 지대에서 하루 동안 산책을 한 후, 남쪽섬의 해변가에 앉아서 끝없이 넓은 남태평양을 장시간 바라보면서 독일에서 정말 멀리 왔구나 하는 생각이 재삼 들었다.

사진 1-287 뉴질랜드의 마스터턴(왼쪽)의 양털 자르기 경기대회에서 금(金) 가위 상(賞)을 2016년에 획득한 광경(오른쪽)

사진 1-288 뉴질랜드에서 제일 높은 마운트 쿡(높이 3,724m, 오른쪽)지대에서 1일간 산책한 후 남쪽섬의 해변가에 장시간 앉아서 바라본 끝없이 넓은 남태평양(왼쪽)(최형식, 2019)

북쪽섬의 웨이탕기[Waitangi]로 여행하면서, 마오이[Maoi] 원주민 마을[사진 1-289]에 들러서 원주민들이 혀를 내는 특이한 쇼[show]도 구경했다.

사진 1-289 뉴질랜드의 웨이탕기(Waitangi)에 있는 마오이(Maoi) 원주민 마을에서 전통적인 쇼(show)도 구경했다.

1.10 세계에 기록을 남긴 관광지 방문

고지의 수도

저자가 지금까지 컨설턴트로 토목구조물을 자문하면서, 세계 각처에서 제일 높은 해발 2,000~4,000m의 고지高地에 놓인 수도首都, 표 1-2를 다수 방문했으며, 높은 지역에서 얻게되는 고산병高山病, altitude sickness에 대한 '면역성'도 갖게 되었다사진 1-290과 사진 1-291.

표 1-2 저자가 방문한 세계에서 제일 높은 고지의 수도(首都)

번호	수도이름	국가	대륙	해발(m)
1	라파스	볼리비아	남미	4,000
2	키토	에콰도르	남미	2,800
3	보고타	콜롬비아	남미	2,600
4	멕시코	멕시코	북미	2,500
5	나이로비	케냐	아프리카	1,800
6	카트만두	네팔	아시아	1,400
7	테헤란	이란	아시아	1,400
8	루사카	잠비아	아프리카	1,200

사진 1-290 볼리비아의 수도 라파스(해발 4000m)에 있는 고고학 박물관(왼쪽, 1993년)과 에콰도르의 수도 키토(해발 2800) 중심가에서(오른쪽, 2001년 촬영)

사진 1-291 멕시코의 수도 중심가(해발 2500m)에 있는 전승탑(왼쪽, 1996년), 케냐의 수도 나이로비(해발 1800m)의 은행가(중간, 1995년)와 네팔의 수도 카트만드(해발 1400m) 중심지에 있는 상가에서(오른쪽, 1991년 촬영)

높은 산

저자가 5개 대륙에서 육안으로 목격한 높은 산[표 1-3]들 가운데 킬리만자로 산은 제일 매력을 지닌 산이라고 본다. 이 산은 높이가 5,895m로서 아프리카 대륙의 최고봉이며, 또 전 세계에서 화산작용으로 생긴 제일 높은 산이다.

네팔로 출장갈 때, 루프트한자 조종사의 설명에 따라 구름 사이에 나타나는 에베레스트 산[사진 1-292]을 비행기에서 처음으로 보았다. 카트만두에서 네팔의 높은 산 들을 관광하기 위해서 자동차로 포카라지대로 갔으나 구름이 자주 끼어 어려웠다.

표 1-3 전 세계에서 저자가 본 높은 산

대륙	산 이름	국가	높이(m)
아시아	히말라야	네팔/티베트	8,848
	다마반드(엘브러스)	이란/조지아	5,604
	아라라트	터키	5,165
	푸지야마	일본	3,776
남미	아콘카구아	아르헨티나	6,959
	우아스카란	페루	6,768
	일리마니	볼리비아	6,447
	침보라소	에콰도르	6,310
북미	아시니보안	캐나다	3,618
	엘 카피탄	미국	2,149
아프리카	킬리만자로	탄자니아	5,895
	케냐	케냐	5,199
	아트라스	모로코	4,165
유럽	몽브랑	프랑스/이탈리아	4,806
	마터호른	스위스/이탈리아	4,532
	융프라우	스위스	4,157
오세아니아	쿡	뉴질랜드	3,758

사진 1-292 네팔로 출장갈 때, 루프트한자 조종사의 설명에 따라 구름 사이에 보이는 에베레스트 산(왼쪽)과 카트만두에서 높은 산들을 관광하기 위해서 자동차로 포카라로 가는 도중(오른쪽)

사진 1-293 자동차로 아르헨티나에서 칠레로 여행할 때 1980년에 본 남미에서 제일 높은 아콘카구아 산

높이가 6,959m로 남미에서 제일 높은 아콘카구아 산은 1980년에 자동차로 아르헨티나에서 칠레로 여행사진 1-293할 때 보았으며, 높이가 6,447m인 일리마니 산최형식, 1996은 날씨가 깨끗할 때 볼리비아 라파스의 프라자Plaza 호텔방에서 보았다.

저자가 자문한 볼리비아의 수도 라파스La Paz에서 윤가스Yungas로 가는 도로는 해발 4,600m의 고지高地에서 100km 미만의 짧은 구간에서 해발 500m 이하의 온도가 30℃로 변하는 열대지방으로 급하게 내려가는 급 경사진 도로였다. 저자가 지금까지 자동차로 제일 높이 올라간 높이는 약 5,100m 정도였다사진 1-294.

사진 1-294 저자가 볼리비아에서 지금까지 제일 높이 올라간 높이는 5,100m의 고지(高地)도로(왼쪽)와 저자가 공사를 자문한 라파스에서 윤가스(Yungas)로 가는 해발 4,200m의 도로(오른쪽)

저자가 설계/건설을 자문한 댐 가운데 제일 높은 고지에 위치한 댐은 이란의 시아비쉐 상류댐과 양수발전소[200만kW]로 고도 2,400m에 놓여 있었다. 이 댐을 자문할 때, 이란과 조지아에서 제일 높은 다마반드 산[높이 5,604m, 사진 1-295]을 구경했다. 뉴질랜드의 남쪽섬에서는 제일 높은 마운트 쿡[Mt. Cook, 높이 3,724m, 사진 1-296]도 보았다.

사진 1-295 제2차대전 때 미국이 이란의 테헤란에서 북쪽으로 높이가 5,604m인 다마반드 산(왼쪽) 밑을 통과, 카스피아 해(海)로 가는 산악도로(해발 2,400m, 중간/오른쪽)를 이용해서 군수물자를 소련으로 운반했으며, 저자가 1980년대부터 20여 년간 지반조사/설계/시공을 자문한 양수발전소(출력량 2백만kW, 공사비 3억3천 달러)가 이 지대에 놓여 있다(최형식, 2013).

사진 1-296 뉴질랜드에서 제일 높은 높이 3,724m의 마운트 쿡(최형식, 2019)

제일 긴 강

지금까지 컨설턴트로 자문하면서, 전 세계의 5개 대륙에서 본 제일 긴 강江은 표 1-4와 같다. 나일 강, 미시시피 강, 갠지스 강, 볼가 강과 돈 강을 대표로 보면 사진 1-297, 사진 1-298, 사진 1-299, 사진 1-300과 같다.

표 1-4 저자가 전 세계에서 본 제일 긴 강

번호	강 이름	국가	길이(km)
1	나일	이집트, 수단, 에티오피아, 우간다	6,671
2	아마조나	브라질, 에콰도르와 페루	6,437
3	양자	중국	5,472
4	황하	중국	4,875
5	메콩	인도차이나의 7개국	4,500
6	콩고	자이르, 콩고와 앙골라	4,320
7	니제르	기네아, 말리, 니제르, 나이제리아	4,160
8	파라나	아르헨티나, 파라과이, 브라질	3,780
9	미시시피	미국	3,779
10	볼가	러시아	3,685
11	인더스	파키스탄, 인도, 티베트	3,180
12	다뉴브	유럽의 10개국	2,888
13	간지스	인도와 방글라데시	2,700
14	잠베지	알골라, 잠비아, 짐바브웨, 모잠비크	2,660
15	돈	러시아	1,970
16	라인	독일, 프랑스, 네덜란드, 스위스	1,320

사진 1-297 나일강변에는 비옥한 이토(泥土, 오른쪽)가 두껍게 쌓여 있어 고대 이집트와 수단의 파라오때부터 각종 농산물을 많이 재배하고 있다.

사진 1-298 미국의 멤피스를 지나가는 미시시피 강에서

사진 1-299 인도와 방글라데시를 흐르는 갠지스 강에서(최형식, 2006)

사진 1-300 러시아의 볼가 강(왼쪽)과 돈 강(오른쪽)에서

제일 큰 폭포

저자는 전 세계에서 제일 큰 폭포표 1-5인 북미에 있는 나이아가라 폭포사진 1-301, 남미의 이구아수 폭포사진 1-302 그리고 아프리카의 빅토리아 폭포사진 1-301에도 가 보았다.

표 1-5 저자가 전 세계에서 본 제일 큰 폭포

번호	폭포 이름	국가	높이(m)	폭(m)
1	나이아가라	미국과 캐나다	49~51	300~800
2	이구아수	브라질과 파라과이	60~82	4,000
3	빅토리아	짐바브웨와 잠비아	110~120	1,700

사진 1-301 미국/캐나다의 나이아가라 폭포(왼쪽)와 짐바브웨/잠비아의 빅토리아 폭포에서(오른쪽)

사진 1-302 브라질/파라과이의 이구아수 폭포에서(왼쪽 항공사진, 우편엽서 인용; 중간/오른쪽, 1996년 저자 촬영)

큰 자연호수와 인공저수지

저자가 전 세계에서 본 제일 큰 자연호수와 저자가 자문한 댐에 생긴 대형 인공저수지를 간추려 보면 표 1-6, 표 1-7과 같다.

표 1-6 저자가 전 세계에서 본 제일 큰 자연호수와 인공저수지

호수/저수지 이름	국가	완공	면적(km^2)
카스피아 해(海)	러시아, 이란외 3개국	자연호수	371,000
빅토리아 호수+오웬 폭포(*)	우간다, 탄자니아, 케냐		69,484
미시간 호수	미국		57,757
라도가 호수	러시아		18,400
티티카카 호수	볼리비아와 페루		8,288
야시레타(*)	아르헨티나와 파라과이	저수지(1997)	1,720
아타튜르크(*)	터키	저수지(1990)	817
바쿤(*)	말레이시아	저수지(2008)	695

설명: (*) = 저자가 설계/시공/보수를 자문한 댐에 형성된 인공저수지

이란과 러시아에 가서 수[水]면적이 37만km^{2}나 되어 전 세계에서 제일 큰 카스피아 해[사진 1-303]를 구경했으며, 이란에서는 어선들이 멸치[anchovy]를 많이 잡는 것도 보았다. 러시아에서는 대단히 비싼 캐비아[caviar]를 만들기 위해서 철갑상어[sturgeon]를 잡고 있는 것도 멀리서 보았다.

사진 1-303 수(水)면적이 37만km^{2}나 되는 세계에서 제일 큰 카스피아 해(왼쪽)에서 멸치(anchovy)를 잡는 이란 어선들(오른쪽)

표 1-7 전 세계에 댐을 건설해서 생긴 대형 인공저수지의 용량

댐 이름	국가	높이(m)	완공	저수지 용량(m^3)
오웬 폭포(*)	우간다	35	1954/2006	2조7천억
야시레타(*)	아르헨티나/파라과이	43	1997	2,100억
카타라(#)	이집트	78	설계	2,090억
카호브스카야	우크라이나	37	1955	1,820억
카리바	짐바브웨	128	1958	1,800억
아스완	이집트	111	1970	1,690억
부미폴	태국	154	1964	1,340억
크라스노야르스크	러시아	124	1968	730억
라그랑 2	캐나다	168	1982	610억
아타튜르크(*)	터키	184	1990	490억
바쿤(*)	말레이시아	205	2008	440억

설명: (*) = 저자가 자문한 댐, (#) = 저자가 설계한 수력·태양열발전소(최형식, 1994)

댐의 건설로 500억m^3 이상의 대단히 큰 인공저수지표 1-7가 아프리카, 우크라이나, 러시아, 미주와 아시아에 다수 생겼다. 예컨대 저자가 자문한 우간다의 오웬폭포댐이 건설되어 상류쪽에 있는 빅토리아 호수사진 1-170 참조와 연결된 후, 저수지의 물량이 2조7천억m^3로 증가해서 전 세계에서 제일 큰 저수지가 생겼다.

사진 1-304 저자가 설계와 시공을 자문한 저수용량이 2,100억m^3나 되는 아르헨티나/파라과이의 야시레타댐 (길이 70km) 광경

사진 1-305 저자가 설계한 말레이시아의 바쿤댐(높이 205m)은 2006년에 완공되어 대형 저수지가 생겨, 큰 잉어 등 물고기가 많이 잡힌다는 뉴스가 보고되었다(Worldpress, 2016년 사진 인용)

저자가 자문한 길이가 70km나 되는 아르헨티나/파라과이의 야시레타댐[사진 1-304]은 1997년에 완공되어 저수용량이 2,100억m^3나 되는 두 번째로 큰 인공저수지가 생겼다. 역시 저자가 설계한 말레이시아의 바쿤댐[높이 205m]은 2006년에 완공되어, 저수지 용량이 440억m^3나 되는 대형 저수지가 생겨 사라왁[Sarawak]의 밀림지대에서 큰 잉어 등 물고기가 많이 잡힌다는 기쁜 뉴스[사진 1-305]도 보고되었다.

강우량이 많은 지대

전 세계에서 강우량이 제일 많은 곳은 카메룬의 림베지대로 일년에 비가 1만1천mm[11m]나 내린다. 저자는 아프리카, 동남아시아 그리고 중남미에 열대성기후로 일년 강우량이 2천~1만mm[2~10m] 이상으로 자주 폭우가 내리는 나라에 가서 다수의 댐과 토목구조물을 설계/자문했으며, 전 세계에서 비가 많이 내리는 지대를 표 1-8에서 간략하게 비교해 보았다.

표 1-8 저자가 전 세계에서 큰 강우량 지대에 설계/자문한 댐과 토목구조물

지역/댐/구조물 이름	국가	댐 높이(m)	강우량(mm)
림베 지대	카메룬	–	11,000 (+)
체라펀지/아삼 지대	인도	–	10,800
에데아댐(*)	카메룬	25	10,000
송루루댐(*)	카메룬	35	8,000
산타 리타댐	콜롬비아	54	6,120
히말라야 산	인도	–	4,000~6,000
킹톰 화력발전소(*)	시에라리온	–	4,500
포르투나댐	파나마	100	4,000
파나마 운하	파나마	–	4,000
바쿤댐(*)	말레이시아	205	4,000
멕나 제방(*)	방글라데시	5~10	3,500
출락댐(*)	과테말라	155	2,500
리스댐	호주	122	2,500
카난댐(*)	필리핀	70	2,400
70km 살락-파당 송전선(*)	인도네시아	–	2,200
마르시앙디댐(*)	네팔	27	2,000
아슈간지 화력발전소(*)	방글라데시	–	1,900
야시레타댐(*)	아르헨티나/파라과이	43	1,500

설명: (+) = 전 세계에서 강우량이 제일 많은 지대
(*) = 저자가 설계/시공감리/자문한 댐과 토목구조물

사진 1-306 강우량이 1만1천mm(11m)로 전 세계에서 비가 제일 많이 오는 카메룬의 림베 지대(왼쪽)와 저자가 보수를 자문한 에데아댐(높이 25m, 길이 5.1km)과 수력발전소(출력량 26만kW)(오른쪽)

저자가 댐과 발전소를 자문하기 위해서 강우량이 4천~1만1천mm나 되는 카메룬의 림베 지대[사진 1-306]와 에데아/송루루 수력발전소, 시에라리온의 프리타운[사진 1-307]과 말레이시아의 바쿤댐[Choi/Lam, 1995] 지대에 갔을 때, 폭우가 내리면 하늘에서 폭포가 쏟아져 내려오는 것처럼 물량이 많았다. 그로 인해 댐지점의 협곡[峽谷]에서 강의 수위[사진 1-308]가 갑자기 10m 이상 상승하는 것도 자주 목격했다.

사진 1-307 비가 일년에 4,500mm가 내리는 시에라리온의 수도 프리타운(왼쪽, 프랑스의 소피텔 호텔)과 저자가 자문한 킹톰화력발전소(오른쪽)

사진 1-308 저자가 자문한 말레이시아의 바쿤댐이 공사중인 강에서 폭우가 내렸을 때, 갑자기 수위가 10m 이상 상승한 광경

파나마 운하 지대[사진 1-309]와 호주의 동남부에 있는 태즈메이니아 섬의 캐터랙트댐/리스댐 지대에도 일년 강우량이 2,500~4,000mm로 비가 자주 온다. 그래서 캐터랙트댐에는 갑자기 내리는 소나기와 번갯불을 피할 수 있는 피난처[사진 1-310]를 여러 군데 설치해 두어서, 번개가 칠 때 쉽게 피신할 수 있어 대단히 유리했다.

사진 1-309 비가 일년에 4,000mm가 내리는 파나마 운하 지대(왼쪽)와 수도 파나마의 중심가(오른쪽)

사진 1-310 호주의 동남부에 있는 태즈메이니아 섬에는 일년에 2,500mm의 비가 내린다. 캐터랙트 댐에 설치되어 있는 소나기와 번갯불의 피난처(왼쪽)와 퀸스 타운에 있는 호텔과 제2차대전과 베트남 전쟁때 전사한 장병을 추모하는 기념비(오른쪽)

건조한 반사막과 사막지대

저자는 일년 강우량이 10~100mm 이하로 대단히 건조한 사막과 반사막지대에서 다수의 댐과 토목구조물을 설계, 시공감리, 자문했으며, 전 세계에서 제일 건조한 사막지대와 비교해 보면 표 1-8과 같다.

표 1-8 저자가 전 세계에서 제일 건조한 사막지대에서 설계/자문한 댐과 토목구조물

지역/댐/구조물 이름	국가	높이(m)/길이(km)/출력량(kW)	강우량(mm)
아타카마 돌사막	칠레	–	1mm(20년마다 비가 약간 내림)
이키케 항(港)	칠레	–	1
아스완댐	이집트	111m	2
시와 오아시스(*)	이집트	–	9
수도 리마	페루	–	10
나가 하마디댐(*)	이집트	17m	15
카타라 분지댐(*)	이집트	78m	18
메로웨댐(*)	수단	67m	21
지다 화력발전소(*)	사우디아라비아	120만kW	25
라비-얀부 송전선(*)	사우디아라비아	20km	30
사나 송전선(*)	예멘	15km	90
알바트바 송전선(*)	아부다비	12km	95
알 · 아리시 화력발전소(*)	이집트	6만kW	96
품 · 글라이타댐(*)	모리타니	45m	100
도하웨스트 화력발전소(*)	쿠웨이트	240만kW	127
마쉐드 솔레이만댐(*)	이란	177m	138
엘 · 다바(지중해 연안)(*)	이집트	–	150

설명: (*) = 저자가 설계/시공감리/자문한 댐과 토목구조물

예컨대, 북부 칠레의 태평양해안지대에는 찬 훔볼트 해류海流가 흐르므로 아주 건조해서 비가 오래 동안 내리지 않아 찬 이슬에 선인장cactus만 자라는 돌사막사진 1-311이 광범위한 지역에 형성되었다.

칠레의 아타카마는 매 20년마다 비가 약간 오는 아주 건조한 돌사막지대이다. 이곳에는 선인장사진 1-311만 간혹 자라고 다른 나무는 전혀 자라지 않으므로, 스페인 식민지 시절17세기에 산 페드로San Pedro de Atacama 성당을 건설할 때, 이렇게 귀한 선인장을 모아서 성당의 지붕사진 1-312을 덮었다. 그러나 2000년에 저자가 이 성당을 방문한 후 화재가 일어나서 이 지붕이 완전히 소실燒失되어 칠레에서 보물의 하나를 잃어버리게 되었다.

사진 1-311 강우량이 1mm 정도로 비가 거의 내리지 않아 선인장이 간혹 자라는 칠레의 아타카마 돌사막지대(최형식, 2006)

사진 1-312 스페인 식민지 시절(17세기)에 칠레의 아타카마 돌사막지대에 산 페드로 성당(왼쪽)을 건설할 때, 돌사막에서 간혹 자라는 귀한 선인장을 잘라서 지은 성당의 지붕(오른쪽)

일년에 비가 1mm정도 내리는 페루의 국경선에 있는 칠레의 이키케 항港은 19세기에 태평양 해변에 많이 서식하고 있는 해조海鳥의 똥Guano, 사진 1-260 참조을 채광해서, 유럽으로 실고 간 초석硝石수출 항구이었다. 그 당시 이키케는 초석수출로 대단히 부유해져 도시 중심가에 있는 스페인 도박장Casino Espanol, 사진 1-313에는 도박꾼들이 많았다고 한다. 저자가 1990~2000년대에 판아메리카나Pan Americana 도로사진 1-314를 따라 여행하면서 본 바에 의하면 이키케 항구에는 극동極東에서 필요하지 않은 중고 자동차를 대량 수입해서 팔고 있어, 요즈음 페루, 볼리비아, 브라질, 파라과이, 아르헨티나 등 이웃나라에서 중고차 구입을 위해 많이 내왕來往 하므로 도시 전체에 외국인들이 많았다.

사진 1-313 일년에 비가 1mm 정도 내리는 칠레와 페루의 국경선에 있는 칠레의 이키케 항에 정박한 어선(왼쪽)과 중심가에 있는 옛날 스페인 도박장(오른쪽)

사진 1-314 일년 강우량이 10mm 미만인 페루의 수도 리마. 태평양에 훔불트 해류가 흐르는 리마 앞바다(왼쪽)와 시청사 앞에서(오른쪽)

저자가 자문한 이집트의 카타라분지 수력 · 태양열 발전소[사진 1-315와 그림 1-8]와 수단의 메로웨댐[사진 1-316] 지대는 강우량이 18~21mm로 대단히 건조했으며, 예멘의 개이만댐과 사나 송전선[길이 15km] 지대는 강우량이 90mm로 건조해서 간혹 비가 내리면 선인장의 열매[사진 1-317]가 짧은 기간에 잔뜩 결실[結實]되어서 매우 인상적이었다.

사진 1-315 이집트의 지중해연안 엘·다바 지대(왼쪽, 강우량 150mm)와 카라라 분지 수력·태양열 발전소 지대(중간/오른쪽, 강우량 18mm)

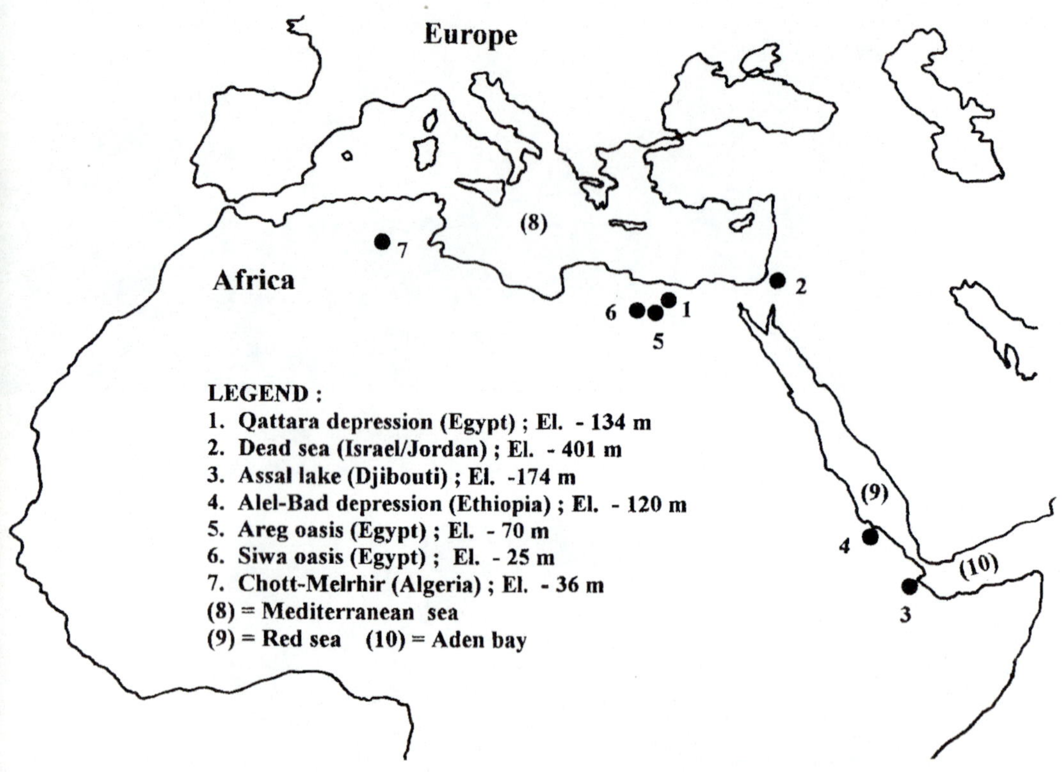

그림 1-8 이집트의 카타라분지 수력·태양열 발전소(출력량: 540만kW)의 위치도(최형식, 1994)

사진 1-316 저자가 자문한 수단의 제벨 오리아댐(오른쪽)과 메로웨댐(왼쪽) 지대에는 일년 강우량이 20~21mm로 작았다.

일년 강우량이 100mm로 건조한 모리타니의 사바나[사진 1-318] 지대에 저자가 공사를 시공 감리/자문한 품 · 글라이타댐[높이 45m]이 건설되어 사바나 지대에 관개용수를 공급하는 큰 저수지[사진 1-133 참조]가 형성되었을 때, 기술자로서 흐뭇한 감이 들었다.

사진 1-317 일년 강우량이 90mm로 건조한 예멘의 돌사막지대(왼쪽)에 드물게 비가 내려 짧은 기간에 잔뜩 결실된 선인장의 열매(오른쪽)

사진 1-318 저자가 자문한 품·글라이이타댐이 건설된 일년 강우량이 100mm로 건조한 모리타니의 사바나와 사막지대

라인강의 좌안에 건설된 라이헨슈타인 성곽

제2장 독일유학 준비

2.1 독일로 유학간 동기

한국에서 1960년대 중반에 해외로 나간 유학생의 숫자는 비교적 작았다. 그 당시 한국에서 대부분 미국으로 유학을 갔으며, 미술, 음악, 신학[神學]을 전공한 친지[親知]들은 간혹 프랑스, 이탈리아 등지로 유학간 사례도 있었다.

그러나 저자가 토목공학을 공부하기 위해서 독일로 간 주요한 동기는

- 철학가의 나라: 칸트[1724~1804], 헤겔[1770~1831], 쇼펜하우어[1788~1860]
- 문학가의 나라: 괴테[1749~1832], 쉴러[1759~1805], 그림형제[1785~1863, 1786~1859], 하이네[1797~1856], 토마스 만[1875~1955], 헤세[1877~1962]
- 음악가의 나라: 바흐[1685~1750], 헨델[1685~1759], 베토벤[1770~1827]
- 인쇄기술을 개발한 나라: 구텐베르크[1397~1468]
- 과학자/발명가의 나라: 훔볼트[1769~1859], 지멘스[1816~1892], 다임러[1834~1900], 체펠린[1838~1917], 벤츠[1844~1929], 뢴트겐[1845~1923], 디젤[1858~1913], 아인슈타인[1879~1955]
- 튼튼한 자동차를 생산하는 나라: 폭스바겐, 벤츠, BMW, 포르쉐
- 카를 차이스[1816~1888] 등 광학자[光學者]들은 아주 정밀한 광학기계[만원경, 현미경과 라이카 사진기]를 제조한 나라
- 고속도로[Autobahn]를 처음으로 건설한 나라
- 제2차대전 후, 거의 대부분 파괴된 기간산업을 '라인강의 기적'이라고 할 정도로 빨리 재건한 나라
- 검소한 생활을 하면서 부지런히 일하는 독일에 가서 실용적이고 튼튼한 건설구조물을 설계/건설하는 기술을 보고 배워서 한국의 건설발전에 기여하겠다는 큰 포부였다.

독일 체신부에서 지난 50여 년 동안 발행한 우표를 수집한 가운데서 독일의 저명인사를 보면, 그림 2-1과 같다.

그림 2-1 독일체신부에서 발행한 우표를 통해 본 독일의 저명인사: 좌측 위에서 아래쪽으로 칸트(철학가), 쇼펜하우어(철학가), 실러(문학가), 아데나워(정치가), 헤세(문학가), 그림형제(동화가), 헨델(작곡가), 카를 막스(정치가), 바흐(작곡가), 체펠린(발명가), 디젤(발명가), 렌트겐(발명가), 훔볼트(과학자)(저자 소장)

2.2 유학 준비

1960년대 초반에 해외로 유학을 가려면 먼저 군대에 입대해서 병역의무를 끝내고, 문교부가 실시하는 해외 유학생 시험에 합격해야 했다. 대학생은 학보병으로 입대해서 전방前方에서 1년 반 동안 근무하거나, 또는 후방後方에서 약 3년 동안 근무해야 했다. 저자는 해외유학을 빨리 떠나기 위해서 1961년 9월에 병역의무기간이 짧은 학보병[사진 2-1]으로 입대했다. 군대에 근무하면서 1962년 10월 쿠바위기 때 하루 동안 휴가를 받고 전방에서 서울에 나와서 해외 유학생 시험에 참가했다. 독일로 가는 유학생은 독일어와 한국역사 시험을 봐야 했는데, 저자는 처음 치룬 시험에 모두 쉽게 합격했다.

병역의무를 필수로 마치고, 해외유학시험에도 합격했기 때문에 1964년 봄에 여권신청을 할 수 있었다. 여권을 받은 후에는 1천 달러를 공식환율로 교환할 수 있었다.

사진 2-1 학보병(오른쪽, 학보병 번호)으로 군대에 입대하기 전에 부모님과 형제들과 같이 대구에서 기념촬영 (오른쪽, 1961년)

2.3 대학교 선택

저자가 1964년에 독일로 유학을 갈 때, 독일에는 9개의 공과대학교가 있었다. 독일 공과대학교Technische Hochschule/Universität는 하이델베르크 대학1386년 설립 등 인문계 대학교보다는 그 역사가 4백여 년이나 늦게 시작되었다.

독일에서는 약 200년 전에 처음으로 칼스루헤 공대1825년가 설립되었으며, 그 후 19세기 말엽까지 다름슈타트공대1836년, 슈투트가르트공대1876년의 순서로 모두 9개의 공과대학교표 2-1가 설립되었다. 그리고 20세기 초기에는 그 당시 독일에 속했던 단치히1904년, 현재 폴란드, 브레슬라우1910년, 현재 폴란드 그리고 브륀1919년, 현재 체코에 공과대학교가 설립되었다.

칼스루헤 공과대학교는 1975년에 창립 150주년을 기념했으며, 2025년에는 200주년을 축하하기 위해서 요즈음 행사를 준비하고 있다.

표 2-1 독일에서 19~20세기(1964년 이전)에 설립된 제일 오래된 공과대학교

번호	독일공과대학교 이름		주(州) 소재지	설립년도	학생숫자(+)
1	칼스루헤(*)	Karlsruhe	바덴 뷔르템베르크	1825	2만2천
2	다름슈타트(*)	Darmstadt	헤센	1836	1만7천
3	하노버	Hannover	니더작센	1847	3만1천
4	베를린	Berlin	수도 베를린	1849	3만7천
5	드레스덴	Dresden	작센	1851	1만7천
6	브라운슈바이크	Braunschweig	니더작센	1862	1만7천
7	뮌헨	München	바이언	1868	2만2천
8	아헨	Aachen	노르드라인 붸스파렌	1868	3만7천
9	슈투트가르트	Stuttgart	바덴 뷔르템베르크	1876	2만1천
10	단치히	Danzig	(현재 폴란드)	1904	불명
11	브레슬라우	Breslau	(현재 폴란드)	1910	불명
12	브륀	Brünn	(현재 체코)	1919	불명

설명: (*) = 저자가 연구원으로 재직한 대학교, (+) = 1993년 통계

2.4 독일대학 입학허가증

독일대학교에서 유학할려면, 공부하고자 하는 대학교에서 수여한 입학허가증Zulassung이 필요했다. 저자는 독일 슈투트가르트 공과대학교의 토목과에서 세계적인 권위자인 Leonhardt 교수에게 PC콘크리트prestressed concrete공학을 전공하기 위한 입학허가를 신청해서 겨울학기WS 1964/1965의 입학허가증을 받았다.

2.5 독일장학금

저자가 독일유학을 떠난 1960년대 중반에는 독일대학교의 학비는 저렴했으나 방값과 생활비가 고가여서 부모의 도움 없이 경비를 자체조달해서 고학苦學하기가 대단히 어려웠다. 부모의 경제력이 미치지 못할 경우에는 독일인 대학생들은 독일정부로부터 Bafög장학금을 대여받았다.

일부 외국유학생들은 독일정부, 종교기관, 산업기관, 대학교 장학금 등을 받아서 공부했다. 독일정부의 훔볼트 장학금은 1960년도 중반에 한국에서 온 대학교수/연구원들에게 약 1년 정도 연구할 수 있도록 몇 개 수여되었기 때문에, 독일공대에서 장기간 공부하는 한국유학생들은 받기가 힘들었다. 그리고 외국에서 기능공들이 독일에 와서 공장에서 6개월 정도 연수할 때에는 카를 두이스부르크 회會, Carl-Duisburg-Gesellschaft에서 단기장학금을 받기도 했다.

사진 2-2 전통적인 가톨릭 집안에서 태어나서 나이 5살에 대구 대성당에서 사촌과 같이 첫영성체를 받은 광경(1945년)

그 외에는 독일정부Deutsher Akademischer Austausch Dienst, DAAD와 가톨릭재단Katholischer Akademischer Austausch Dienst, KAAD에서 지불하는 장학금이 있었다. 저자의 부모님은 열심한 가톨릭신자였으므로, 저자는 5살 때에 영세사진 2-2를 받았으며, 대학생 시절에 왜관 분도수도원의 독일 신부님들과 밀접한 관계가 있었다. 그러므로 독일에서 공부하기 위해서 가톨릭KAAD장학금을 신청하기로 했다.

독일의 가톨릭장학금을 신청할 때, 대학교수님, 대구 계산동 성당의 주임신부님, 왜관분도수도원의 오도Odo수도원장님과 독일의 뮌스터슈바르츠아흐 분도수도원의 보니파츠Bonifaz수도원장님께서 주신 추천서를 받아 그 당시 서독의 수도 본Bonn근처의 바드 고데스베르크에 있는 가톨릭재단으로 발송했다. 지금까지 잊어지지 않는 도움은 대구 계산동 성당의 주임신부님이 영어와 독어가 유창하지 못해서, 라틴어Latin로 추천서를 써주셨다.

독일의 슈투트가르트 공과대학교에서 받은 입학허가증이 1964년 겨울학기로 허가되었기 때문에, 그 기간에 맞게 대학교에 등록하기 위해서 독일의 장학금이 아직 결정되지 않았지만, 1964년 10월에 대구역사진 2-3을 떠나 독일로 출발했다.

사진 2-3 저자가 독일로 유학가기 위해서 1964년 가을에 대구역을 출발할 때, 부모님과 친지/친우들과 작별하면서

여권발행 후 공식으로 교환할 수 있는 1,000달러는 1964년에 독일 돈으로 4,000마르크현재 2,000유로에 해당했다. 그 당시 독일에서 외국유학생이 받은 장학금이 400~450마르크였으므로 교환한 4,000마르크로 독일에서 약 10개월 정도 생활할 수 있었다. 독일대학교에서 입학금은 없었으며, 겨울과 여름학기에 지불해야 하는 등록비는 아주 미소했다.

저자는 독일에 도착한 몇 달 후부터 칼스루헤 공과대학교에서 석사학위를 받을 때까지 약 5년 동안 독일 가톨릭재단의 KAAD장학금을 받게 되었다. 이 기회에 독일 가톨릭장학금재단에 신심한 사의를 표한다.

2.6 처음으로 탄 비행기

1960년대에 한국에서 유럽으로 갈 때, 직접 가는 비행기가 없었기 때문에 일본 또는 홍콩으로 가서 유럽행 비행기를 타야 했으므로 여행비용이 많이 들었다. 그 당시 유럽으로 유학갈 때, 여행비를 절약하기 위해서 일본 요코하마에서 프랑스의 화물선를 타고 말라카Malacca 해협,

수마트라Sumatra, 인도양, 홍해, 스웨즈 운하를 통과해서 프랑스의 마르세유Marseille까지 6주 동안 배멀미로 고생하면서 간 유학생들도 있었다.

저자는 왜관 분도수도원의 오도Odo원장님의 주선으로 독일의 뮌스터슈바르츠아흐 분도수도원의 보니파츠Bonifaz수도원장님이 선물해 주신 비행기표를 갖고 1964년 가을에 스위스 항공회사의 전세비행기charter airplane를 타고 독일로 출발하게 되었다. 이 비행기에 탄 승객은 대부분 독일 병원으로 취업하는 한국간호원들이었다. 그 외 독일의 수도원을 방문하는 수녀님들이 몇 분 그리고 유학생은 모두 6명이 탔다. 이 전세비행기의 표값은 1,600마르크현재 800유로이었다.

요즈음 서울에서 프랑크푸르트로 직행하는 독일 루프트한자의 일방 이코노비economy 비행 요금이 500유로2019년 이하인 것과 비교할 때, 50여 년 전에 이 전세비행기의 일방항공요금800유로이 대단히 비싼 편이었다. 그러므로 그 당시 일부 유럽행 유학생들이 선박편을 이용한 것을 이해할 수 있다.

저자가 탄 스위스의 전세비행기는 서울 여의도비행장을 출발해서 독일로 가는 도중에 비행기를 주유注油하기 위해서 대만의 타이베이Taipei, 태국의 방콕, 파키스탄의 카라치, 시리아의 다마스쿠스Damascus에 모두 4번 스톱했다. 태국의 방콕비행장에서 한국으로 보내는 항공엽서를 구입하면서 교환하고 남은 1바트짜리 태국지폐그림 2-2를 아직까지 기념으로 보관하고 있다. 한국을 떠날 때는 앞으로 얼마나 오랫동안 독일에서 채류할 지를 몰랐다. 그 당시 장래 50여 년 동안 독일에서 상주常住하면서 기술자로서 해외로 자문여행을 하면서 100여 개국을 방문하고 필요한 외화外貨를 교환하면서도 옛날과 요즘 지폐를 수천 장 이상 수집하리라고는 꿈에도 생각하지 않았다.

그림 2-2 태국비행장에서 환전할 때, 받은 라마9세 왕이 인쇄된 1바트짜리 태국지폐

한국을 떠나서 그 다음날 아침에 타고 온 전세비행기는 독일의 뒤셀도르프Düsseldorf 비행장1927년 건설에 도착했다. 독일비행장에서는 1960년대에 비행기까지 걸어가서 탑승했다사진 2-4. 이 비행장에는 그 당시 하루에 약 4,000명, 1년에 약 150만 명의 승객이 이착륙離着陸한다고 들었다. 전세비행기를 같이 타고 온 수녀님들과 간호원들은 수도원과 병원에서 자동차로 마중나와서 모두 각 소속지로 갔으며, 마지막으로 6명의 유학생들만 비행장에 남게 되었다. 유학생들은 비행장에서 같이 버스를 타고 뒤셀도르프 정거장으로 가서 그곳에서 서로 작별인사를 나누면서 각자 열차시간표에 따라 1~2시간 내에 대학교 소재지로 출발했다.

사진 2-4 독일비행장에서는 1960년대에 비행기까지 걸어가서 탑승했다(저자 오른쪽).

독일 슈투트가르트공대에서 점심 후, 약 30분 동안 공원에서 햇빛을 즐기고 있는 대학생들

제3장 독일유학 시절

3.1 독일의 첫인상

저자는 뒤셀도르프 정거장에서 쾰른, 마인츠, 프랑크푸르트를 경유해서 자동차공업도시인 슈투트가르트Stuttgart로 가는 준급행열차를 탔다. '라인강의 기적'이라고 알려진 루르지방을 지나갈 때 다수의 제철소, 공장과 화력발전소에서 뿜어나오는 검고 흰 연기가 짙게 낀 독일의 전형적인 가을안개와 섞여 아침 하늘이 어두침침할 정도로 햇빛이 잘 보이지 않았다.

열차가 쾰른을 지나 조용하게 흐르는 라인강변을 따라 남쪽으로 달릴 때, 평지에서는 최대 시속 140km/h까지 달릴 수 있다고 차장이 친절하게 설명해 주었다. 기차가 라인강을 따라 마인츠까지 갈 때, 강변 양쪽에 설치된 철도노선에는 왼쪽 강변을 따라 주로 승객용 급행/준급행열차가 다니고, 완행인 화물열차는 오른쪽 철도노선을 이용하고 있었다. 라인강에는 석탄, 건설재료, 정유, 화학공장에 필요한 원료를 실은 특수한 탱크선박이 수 없이 다니고 있었다.

사진 3-1 라인강변에 놓인 로렐라이 바위산(왼쪽)과 작은 섬 위에 세워진 팔츠 성곽(오른쪽)
(설명: 옛날 흑백사진을 천연색 사진으로 교체했음)

사진 3-2 라인강의 좌안에 건설된 슈타레크 성곽(왼쪽)과 라이헨슈타인 성곽(오른쪽)

코블렌츠Koblenz에서 마인츠로 열차가 쉬지않고 달릴 때, 유명한 로렐라이Lorelei, Loreley 바위산사진 3-1과 라인강의 작은 섬위에 세워진 팔츠Pfalz 성곽이 갑자기 나타났다. 이 팔츠 성곽城廓에서는 중세기에 라인강에 철망을 설치해서 지나가는 선박의 통행세를 받았다고 한다. 철도노선과 좁은 강변 사이에 도로道路가 지나가고, 라인강변의 급한 산정山頂의 여기저기에 세워진 중세기 성곽사진 3-2과 일부 폐허가 된 보루堡壘, 사진 3-3도 보여 기차창문을 통해서 독일의 가을 풍경을 마음껏 즐길 수 있었다. 라인강변에 흩어진 가옥의 빨간 개와지붕과 아주 깨끗하게 색칠한 흰색 벽이 대단히 인상적이었다.

전후 20년 사이에 파괴된 도시의 잿더미를 모두 청소/제거해서 전쟁 때 부서진 건물을 거의 볼 수 없었으며, 그 사이에 이렇게 많은 새집들을 건설한 것을 보며 독일사람들이 아주 부지런한 것을 재삼 느끼게 되었다.

사진 3-3 빙엔 하류의 라인강 좌안에 건설된 라인슈타인 성곽(왼쪽)과 섬 위에 세워진 쥐탑(Mäuseturm)

사진 3-4 벤츠와 포르쉐 자동차 공장이 있는 독일의 주요한 공업도시인 슈투트가르트의 중심가(오른쪽)와 1927년에 건설된 중앙 정거장(왼쪽)

뒤셀도르프에서 공업도시인 슈투트가르트[사진 3-4]까지는 거리가 약 400km로서 준급행열차로 5시간 이상 걸렸다. 다음날 아침에 슈투트가르트 공과대학교[Technische Hochschule Stuttgart, 1876년 설립]에 가서 몇 달 전에 받은 입학허가증[Zulassung]을 제시해서 입학등록을 한 다음, 경찰서에 가서 거주지 신고를 했다. 그 당시 독일대학교는 무료[無料]였기 때문에 외국인 학생들도 입학비를 지불하지 않았다.

3.2 대학교 기숙사

전후 20년 동안 독일사람들은 부지런하게 일해서 8백만 개 이상 아파트를 건설해 3천만 명 이상의 피난민들이 새로 지은 아파트에 이주할 수 있었다고 한다. 그러나 저자가 1964년에 유학왔을 때는 독일의 주택난이 아직 컸기 때문에 대학신입생은 대학생기숙사를 구하기가 어려웠으며, 개인가정에서 방을 하나 얻기도 대단히 힘들었다. 다행히 뮌스터슈발츠아흐 수도원의 보니파츠 원장님의 도움으로 슈투트가르트에 있는 가톨릭교회기관의 대학생기숙사에 몇 달 동안 1인용 방을 하나 얻을 수 있어 학기초부터 대학강의에 집중할 수 있었다.

독일대학교에서 가을과 봄에 구舊학기가 끝나고, 신新학기가 시작되어 대학기숙사에 빈방이 몇 개 생기면, 기숙사의 학생 자치회自治會에서 대학교의 광고판에 입주入住할 학생을 찾는 광고문을 붙인다. 많은 학생들이 응모應募하면 순서대로 인터뷰한 후, 평점을 내 최고점수를 획득한 학생들을 순서대로 선택했다.

1965년의 신학기에 저자의 운수가 대단히 좋았는지 인터뷰에서 거의 최고점수를 받게 되어 대학기숙사의 2층에 1인용 방을 하나 얻게 되었다. 그 당시 기숙사의 방값은 80마르크 당시 20달러로 6년을 거주하는 동안 방세房貰가 변하지 않았다. 이 방세는 저자가 초기에 받은 장학금450마르크의 약 18%에 해당했다.

저자가 입주한 대학기숙사는 5층짜리 건물로 각층마다 면적이 $12m^2$인 1인용 방사진 3-5이 12개, 공동화장실 4개, 샤워 4개, 큰 공동취사실炊事室에는 냉장고, 크고 작은 솥, 냄비 등 취사도구가 다수, 각자의 식기를 보관할 수 있는 캐비닛cabinet 등이 비치되어 있어 취사도구를 구입할 필요가 없었다. 저자가 거주한 2층에는 저자외 이집트와 이란에서 온 외국유학생이 각각 1명, 그 외 9명은 모두 독일대학생들이었다.

사진 3-5 대학교 기숙사의 저자 방(중간/오른쪽)과 1966년 카니발 때 각자 특이한 모자(帽子)로 변장을 하고 2층 취사실(왼쪽)에 모인 광경

이 대학교 기숙사의 1층에는 공동 TV실, 도서실, 암실暗室이 있었다. 이 암실에는 흑백사진을 현상해서 사진을 만들 수 있는 모든 도구와 재료가 비치되어 있어서, 저자는 1965~1971년 동안 유학생과 대학연구원 시절에 암실에서 그 당시 찍은 대부분의 흑백사진을 손수 현상해서 만들었으며, 그 사진을 일부 이 책에도 삽입했다. 천연색 사진을 현상할 수 있는 도구는 없었다.

Frankfurter Allgemeine
ZEITUNG FÜR DEUTSCHLAND
ie perfekte Welle
Gendertag
Stillos und ohne
olitiker fordern
ehr Macht für Frauen

사진 3-6 프랑크푸르트에서 발행되는 프랑크푸르트 알게마이네 차이퉁(Frankfurter Allgemeine Zeitung, FAZ)은 독일의 주요 일간지로 2019년 10월 1일날 70주년을 기념했다.

1층에 있은 도서실에는 Frankfurter Allgemeine Zeitung[FAZ, 프랑크푸르트에서 발행], Süddeutsche Zeitung[뮌헨에서 발행], Die Welt[에센에서 발행] 등 유명한 독일의 일간신문과 경제신문 그리고 Der Spiegel[함부르크에서 발행] 등 각종 주간/월간잡지가 다수 비치되어 있었다. 그 이유는 대학기숙사가 있는 지역출신의 서독국회의원으로 서독재무상이 되신 분이 약 20여 종류의 신문과 잡지를 기부했기 때문에 대학기숙사에서 거주할 동안에 신문을 구입할 필요가 없었다. 그리고 독일에서 1967년에 PAL시스템의 천연색 텔레비전[TV]이 시작되었을 때에도 스폰서[sponsor]가 TV실에 즉시 천연색 수상기를 기부해 주었다.

저자는 학생시절에 매일 구독한 시사[時事]/경제분야의 일간신문인 프랑크푸르트 알게마이네 차이퉁[FAZ, 사진 3-6]이 마음에 들어, 그 후 독일에서 직장생활을 할 때 계속 수십 년 동안 정기구독[購讀]했으며, 아주 유익[有益]한 일간지이므로 요즈음도 즐겨히 읽고 있다.

저자가 대학을 졸업하고 50년 후인 2010년대 말에는 대학교 기숙사의 방값이 200~300유로로 그 사이에 약 5~7배가 오른 셈이다. 요즈음 대학생들은 대학근처에서 3~4명이 모여 공동숙소[Wohngemeinschaft, WG]로 훨씬 비싼 아파트를 구해야 하므로, 2019년의 통계에 의하면 각자 평균 400유로의 방값을 지불한다고 한다.

3.3 뮌스터슈바르차흐 분도수도원

뮌스터슈바르차흐[Münsterschwarzach] 분도수도원[사진 3-7]은 서기 816년에 설립되어, 2016년에 1200주년 기념행사가 거행되었으며, 독일체신부에서 기념우표[사진 3-8]도 발행했다. 1960년대 중반의 전성기에는 이 수도원에서 400여 명의 신부/수사가 성직생활을 했으며, 50년 후 점차 그 숫자가 줄어져, 2020년대에는 100여 명으로 줄어졌다.

사진 3-7 서기 816년에 설립된 뮌스터슈바르차흐 분도수도원의 외부와 내부 모습

사진 3-8 독일체신부가 발행한 뮌스터슈바르차흐 수도원의 설립 1200년 기념우표(왼쪽, 수도원잡지 Ruf에서 인용)와 뮌스터슈바르차흐 수도원에 1966년에 한국에서 방문오신 왜관 분도수도원의 오도원장님과 함께(오른쪽)

저자가 1964년에 독일에 왔을 때부터 뮌스터슈바르차흐 수도원의 보니파츠 수도원장님의 큰 도움을 받았다. 독일의 추운 겨울에 필요한 외투, 자전거와 1924년 드레스덴에서 제조된 Erika타자기 등 각종 선물도 많이 받았다. 원장님의 초청을 받고 여러 번 성탄절과 여름방학을 수도원에서 보냈으며, 2000년대에 작고하실 때까지 저자의 정신적인 멘토이셨다. 그리고 왜관 분도수도원의 오도원장님[사진 3-8]의 도움도 잊지 않고 있다.

3.4 댄스코스

저자가 나이 24살에 독일에 유학 왔을 때 한국에서 사교춤을 배운 적이 없었다. 독일사회와 대학교에서는 카니발 또는 행사가 있어 모일 때마다 밴드가 있고 춤을 추는 경우가 많았는데, 이렇게 즐겁게 춤을 추는 기회에 저자는 항상 앉자서 다른 학생들이 춤을 추는 구경만 했다.

앞으로 유학 생활을 하는 데 사교춤이 필요하다고 생각되어, 사교춤 학교[사진 3-9]에 가서 춤을 배우기로 했다. 댄스코스에는 약 30명의 젊은이들이 춤을 배우려고 신청했으며, 외국인은 5명으로 모두 남자 유학생들이였다. 저자의 여자 파트너는 독일은행[Deutsche Bank]에서 근무하는 나이 20세의 여직원이었다. 이 댄스코스는 5개월 동안 계속되어, 유럽에서 유래된 거의 대부분의 춤종류를 코치[coach]해서 자세하게 가르쳐 주었다. 단지 남미에서 유행한 탕고춤[아르헨티나]과 살사춤[브라질]은 프로그램에 포함되어 있지 않았다. 약 20년 후 저자가 세계은행의 의탁을 받고 대형 국제프로젝트를 자문하면서 3년 동안 아르헨티나/파라과이에서 체류하고 있을 때 초급 탕고춤을 배웠다.

사진 3-9 사교춤을 배운 독일 슈투트가르트의 사교춤 학교의 1965년 7월 졸업식

3.5 슈투트가르트공대 시절

슈투트가르트는 메르세데스 벤츠Mercedes Benz와 포르쉐Porsche 자동차공장이 있는 독일의 주요한 공업도시로 1960년대 중반에는 아침에 5시 이전부터 노동자와 회사직원이 공장으로 대부분 걸어서 또는 전차/버스를 타고 출근했다. 부자들이 타고 다닌 포르쉐 스포츠카사진 3-10가 시내에서 재빨리 달릴 때, 뿜어내는 이상한 배기가스에 아직 습관이 되지 않아 저자의 코를 이상하게 찔렀다. 멕시코만류의 영향을 받아 독일에는 늦가을부터 다음해 봄까지 안개가 자주 끼였다. 이 안개가 슈투트가르트 시내에 많은 공장과 자동차의 배기가스와 혼합되어 자욱하게 끼여 낮에도 햇빛이 흐리고 하늘이 어둠침침할 때가 많았다. 그래서 햇빛을 오랫동안 자주 받지 못해 나이가 들면 독일사람들 가운데 골격骨格문제가 많은 것을 나중에 알게 되었다.

사진 3-10 재빨리 달릴 때 뿜어내는 이상한 배기가스가 코를 찌른 1950년대의 포르쉐 1300 스포츠카(Porsche회사 사진 인용)

사진 3-11 독일 슈투트가르트공대에서 점심 후, 약 30분 동안 공원에서 햇빛을 즐기고 있는 대학생들

1960년대 초반에 독일의 루르지방에는 한국광부와 간호원이 취업하기 위해서 많이 왔으며, 독문학 등 문학계 한국유학생들은 더러 있었으나 공학, 특히 건설 분야에는 지금과는 달리 아주 드물었으며, 저자가 전체 독일공과대학교의 토목공학과에서 공부를 시작한 한국유학생으로서는 2~3번째였다고 기억된다.

저자는 슈투트가르트 공과대학교사진 3-11에서 일년 동안 전 세계에서 PC콘크리트 분야에서 유명한 레온하르트 교수의 강의를 듣고 연구원의 지도를 받았다. 공대에서 강의는 아침 일찍 7시 45분~8시부터 시작되었다. 대학강의실의 계단은 약 25~30°정도 경사져 있어, 이런 계단식 강의실은 처음 보았다. 키가 큰 학생이 앞아 앉자 있어도 앞에서 강의하는 교수와 칠판/슬라이드 영상映像이 잘 보여 큰 장점이였다. 처음에 강의를 들을 때, 독한獨韓사전에도 없는 독일학술용어에 미숙해서 이해하기가 힘들었다. 그러나 강의 때, 슬라이드로 토목구조물 사진과 설계 도면圖面 등을 많이 보여주어서 이해하는데 큰 도움이 되었다. 그리고 교수들이 앞으로 강의 할 과제와 분야를 복사한 30~50여 페이지의 팸플릿brochure을 무료로 제공해 주어서 기숙사에서 사전에 강의를 준비하는 데 많은 도움이 되었다. 학기말에는 한국 학생들 사이에 무척 드물었던 친척형의 결혼식이 있어 들러리를 섰다사진 3-12.

사진 3-12 독일유학생 시절에 있었던 친척형의 결혼식 파티에 참석한 한국 대학생들과 외국인들(1965년)

3.6 칼스루헤공대 시절

저자는 수자원水資源 개발분야에서 전 세계적으로 유명한 교수들이 칼스루헤 공과대학교 Technische Hochschule/Universität Karlsruhe에서 많이 교직을 맡고 있어, 1965년에 이 공과대학교로 옮겨 지반공학, 댐, 수력발전, 운하공학을 전공하게 되었다.

칼스루헤Karlsruhe는 제2차대전 전까지 바덴주의 수도였으며, 독일서 제일 오래된 공과대학교2020년 대학생숫자 2만5천명가 1825년에 설립되어 이제 거의 200년이 되었다. 그 외에 이 도시에는 수리모형실험으로 유명한 독일연방 수공水工연구소, 독일연방 원자력연구소와 독일대법원이 소재所在하고 있다.

사진 3-13 칼스루헤 공과대학교(1825년 설립)의 토목공학과 건물(왼쪽)과 화학공학과 건물(오른쪽)

1960년대에 칼스루헤 공과대학교에는 3명의 한국유학생이 유학중에 있었다. 박정희 대통령께서 서독을 방문하셨을 때, 재독학생들에게 1인당 2개의 김치통조림매운 김장배추김치을 선물하셨다. 한 한국유학생 가정에서 있은 잊어지지 않은 에피소드인데, 먼저 1개의 김치통조림을 열어서 독일부인은 처음이라 냄새가 난다고 조금만 입맛만 보고 나머지는 오랫동안 먹지 못했던 김치를 한국학생이 혼자서 꿀맛 같다며 모두 먹었다고 한다. 그 다음날 공대 연구소에 출근해서 근무하면서 종일 어제 꿀맛같이 먹은 김치생각을 하면서 저녁에 귀가하면, 나머지 김치통조림을 열어서 쌀밥과 같이 먹으려고 했다. 그러나 저녁에 귀가하니 독일부인이 그 사이에 김치에 맛을 들여서 나머지 남은 김치통조림을 혼자서 모두 먹은 것을 알게되어 크게 한탄恨歎했다고 한다.

칼스루헤 공대생들은 여자친구들과 같이 주말에 자주 야외로 소풍사진 3-14도 갔으며, 날씨가 무더울 때는 주위에 많은 못과 호수로 나가 목욕도 했다. 칼스루헤 공대의 한국학생들은 가족들과 같이 주말에 자주 만나 야외에서 바비큐BBQ도 만들었다. 그리고 한국인들 사이에 경사慶事가 있을 때에는 비록 거리는 멀지만 가서 축하했다사진 3-15.

사진 3-14 칼스루헤 공과대학교의 학생들이 주말에 야외로 소풍가서(1967년)

사진 3-15 독일 칼스루헤 공대의 한국학생들이 주말에 야외에서 바비큐(BBQ, 1968년)로 불고기도 굽고, 독일 보쿰시에 가서 한국인 결혼식에 했다(오른쪽, 1969년).

재독한국인 유학생들과 독일에 거주하고 있는 한국사람들의 모임인 한인회[사진 3-16]는 독일의 여러 도시에서 3~4일 동안 개최되어 보통 50~70명 정도가 참석했다. 1967년에 국제사진전시회[테마: 여성]가 칼스루헤에서 개최되어, 이 사진전에 제출된 한국의 해녀[海女] 작품도 감상했다[사진 3-17].

사진 3-16 독일 괴팅엔 대학교 근처에 있는 손트라에서 개최된 제4차 한인회 모임(1966년)

사진 3-17 독일 칼스루헤에서 개최된 여성을 테마로 한 국제사진전시회에 제출된 한국의 해녀(海女) 작품(왼쪽)을 감상하면서(1967년)

3.7 독일공대의 교수 숫자, 강의와 현장견학

저자가 유학한 1960년대에 칼스루헤 공과대학교의 토목공학과에는 교수가 모두 40~45명 정도 근무했다. 정교수Ordinarius는 약 15~17명으로, 각 강좌講座, Lehrstuhl의 총책임자인 동시에 연구소 소장으로 각자 자기소속의 연구소를 갖고서 강의와 연구에 몰두했다. 정교수 밑에는 1~3명의 부교수/조교수가 근무하면서, 연구소에서 정교수를 보좌해서 특별분야에 강의를 하고 연구소에서 연구원들을 지도했다. 연구소는 크기에 따라 20~50명의 석사/박사학위를 취득한 연구원들이 연구에 종사하고 있었다.

1960년대에 서독 공과대학교 교육의 큰 장점은 이론을 강의실에서 배운 후, 반드시 실험실과 연구소에서 실습을 하면서 그 결과가 어떠한지를 볼 수 있었다. 그리고 각 연구소에서 매학기에 실시하는 현장견학 때, 건설재료를 생산하는 시멘트/콘크리트/제강製鋼 공장과 공사장을 방문해서 실물을 보면서 지도교수와 현장 실무자의 상세한 설명을 들을 수 있는 기회가 많았다.

저자는 독일 칼스루헤 공과대학교에서 유학중에 일년에 약 5~7번 정도 국내와 해외의 공장괴 공사장에 견학갈 수 있는 기회가 있었다. 독일 내의 공장과 공사장으로 1~2일간 견학은 연구소에서 대절버스와 식사비용을 모두 지불했다. 해외의 공사장으로 간 며칠 간의 수학여행은 실비의 절반을 대학생이 부담하고 나머지는 모두 연구소에서 지불했다.

저자가 유학중에 참가한 많은 현장견학과 수학여행 가운데서 1967년에 간 5개의 사례를 보면 독일에서 건설중인 라인-마인-도나우 운하사진 3-18, 흑림黑林의 깊은 산속에 공사중인 동굴발전소사진 3-19와 댐공사장사진 3-20, 네덜란드의 간척사업사진 3-21과 벨기에에 있는 세계에서 제일 높은 계단식 운하의 인양식引揚式 갑문시설사진 3-22이었다.

사진 3-18 독일에서 공사중인 라인-마인-도나우 운하 공사장을 방문해서 독일 칼스루헤 공과대학교 교수의 설명을 듣고 있는 토목공학과의 동기동창생들(1967년)

사진 3-19 지도교수와 함께 대학생 시절에 견학간 흑림(黑林)의 산속 깊이 공사중인 양수발전소의 동굴발전소(1967년)

사진 3-20 독일의 댐공사장을 방문해서 지도교수의 설명을 듣고 있는 공대생들과 연구소의 연구원들(1967년)

사진 3-21 독일공대에서 유학시절에 네덜란드의 간척사업 공사장과 로테르담 항만공사장을 견학(1967년)

사진 3-22 지도교수와 같이 공대생들이 방문한 벨기에에서 공사중인 운하에서 선박을 인양(引揚)하는 대형 갑문시설(오른쪽, 높은 전망탑에서 본 전체 인양시설 광경)(1967년)

3.8 독일공대의 학생 숫자, 시험과 졸업률

독일 공과대학교에서는 유능有能한 기술자를 양성하기 위해서 시험이 대단히 어렵고 또 엄격한 것을 서독에 1960년대 중반에 유학 와서 알게 되었다. 대학에 입학해서 매학기마다 실험실 실습[Labor], 계산문제연습[Uebung], 세미나, 학기말시험에 모두 합격하면 4학기말에 Vordiplom 시험을 칠 수 있었다. 이 시험에는 상당한 숫자의 학생들이 낙제[落第]했다. 공대에서 매학기말 시험을 봐서 1과목에서 2번 실패하면 사정없이 공대에서 제적[除籍]되었으며 독일 내에서는 어느 공과대학교에 가서 동일한 학과에 입학할 수 없게 되었다. 그래서 수준이 낮은 3년제 공업전문학교[1960년대에 Ingenieurschule라고 불렀음, 요즈음 학사학위를 수여하는 Fachhochschule로 승급되었음]에 가서 공부를 계속하거나 또는 다른 직업을 선택해야 했다.

Vordiplom시험에 합격하면 5학기부터는 전공과목의 강의를 9학기까지 수강하고 석사논문을 1학기동안 준비해서 끝낸 후, 석사학위[Hauptdiplom]시험을 칠 수 있게 되었다. 1960년 중반에 서독 공대의 석사학위시험은 암기식이 아닌, 원리를 이해해서 실제문제를 풀어야 했으므로 시험시간이 한 과목당 3~4시간 이상 걸리는 것이 보통이었다. 규정된 학기 내에 모두 치뤄야 할 실험실 및 계산실습, 세미나, 학기말 시험의 분량이 너무 많아서 언어에 장애가 없는 독일학생들이 독일의 정규공과대학교에 입학해서 석사학위를 취득하는 데 1960년대에 6~8년이나 걸렸다. 1990년대의 통계에 따르면 공과대학교에 따라 토목공학과를 졸업하는 데 12~15학기[6~7.5년]가 소요되는 것으로 발표되었다[최형식, 1995].

1960년대에 독일대학교에서는 의대와 치과대학을 제외하고는 입학시험이 없었기 때문에 고등학교 졸업장[Hochschulreife]만 갖고서 입구의 문이 넓게 열린 대학교에 쉽게 입학할 수 있었으나, 통로와 출구[出口]가 좁은 보틀넥[Bottleneck]처럼 졸업하기가 대단히 어려운 것이 옛날부터 독일사회에 널리 알려져 자신이 없는 학생들은 처음부터 공과대학교에 입학을 하지 않았다. 그래서 저자가 유학 온 1960년대에는 독일의 젊은이들이 공과대학교보다는 주로 기능공[Gesellen/Meister]직업을 많이 선택했다.

1960년대의 통계에 따르면 공과대학교에 따라 토목공학과 입학생의 약 60~80%까지 시험에 떨어져 포기한 사례가 허다했다. 칼스루헤 공과대학교에서 저자가 졸업할 때의 사례[1970년]를 보면, 처음 입학할 때 약 200명의 동기동창생들 가운데서 6년 후에 졸업할 때 약 40명[20%] 정도가 석사학위를 취득했다. 그처럼 그 당시 서독 공과대학교의 엄격한 교육목적은 실력있는 최선두[最先頭] 기술자를 양성해서 해외건설시장에서 경쟁할 수 있도록 만들기 위해서였다. 저자가 지난 50여 년 간의 경험을 회고하면, 서독공과대학교에서 필요한 기술과 실력을 습득[習得]했기 때문에 자신있게 해외에서 미국 · 영국 · 프랑스 기술자들과 경쟁하면서 설계/시공감리/보수자문을 할 수 있었다고 본다. 1960~1980년대의 국제건설시장의 상황을 회고해 볼 때, 독일 건설회사가 동남아, 중동, 아프리카와 남미에서 특수기술이 소요된 구조물의 건설공사에서 경쟁하면서 많은 공사를 수주受注할 수 있었다.

저자는 1960년대에 칼스루헤 공과대학교의 토목공학과에서 오랫동안 동양에서 온 유일한 유학생이었다. 저자는 유학시절에 한번도 강의에 결석한 적이 없었다. 단지 유학생 시절에 꼭 한번 늦게 대학강의에 나간 기억이 난다. 미국의 우주선 Apollo 11이 달에 도착해서 전 세계에서 5억 명의 인구가 TV의 생방송으로 미국의 우주 비행사 암스트롱Armstrong과 올드린Aldrin이 1969년 7월 21일날 달에 상륙하는 광경사진 3-23을 관람할 때, 독일에서는 새벽에 약 4시경MEZ이었으므로 밤에 잠도 자지 않고 관람한 생각이 아직까지 생생하게 남아 있다.

1960년대에 칼스루헤 공과대학교 토목공학과의 큰 장점은 Vordiplom을 끝낸 후, 5학기부터 대학생들에게 토목과 건물 안에 공부방을 하나씩 배려配慮해 준다는 것이다. 이 공부방은 6인용으로 각자 외투를 걸고 책을 보관해서 열쇠로 잠글 수 있는 책장/옷장 1개 그리고 토목제도製圖를 할 수 있는 큰 책상/의자가 1개씩 배당되었다. 그 이유는 대학도서관에 있는 책상은 제도하기에 너무 작기 때문인데, 강의와 실습시간 사이의 자유시간에 시내의 커피숍에 나가서 놀지 말고, 자기 공부방에 앉아서 제도/계산 숙제宿題를 하고 다음날 강의를 준비하도록 하기 위함이었다. 이 공부방에서는 담배도 필 수 있었고, 각자 공부방의 열쇠를 갖고 있으므로 필요 시에는 주말에도 공부방에 나와서 공부를 할 수 있었다.

사진 3-23 전 세계 5억 명의 인구가 TV의 생방송으로 관람한 미국의 인공위성이 1969년 7월 21일날 달에 도착한 광경(미국 NASA사진 인용)

월~금요일에는 저녁 늦게까지 토목과 공부방에서 공부한 후 대학기숙사에 귀가하기 전에 대학식당멘자, Mensa에서 점심과 저녁을 식사할 수 있었다. 토요일에는 멘자가 점심시간까지 열려 있었다. 1960년대 중반에 대학식당의 점심식사비가 1마르크 30페니히현재 유로화폐로 65센트, 저녁식사비가 80페니히현재 40센트로 대단히 저렴했다.

1990년도의 통계를 보면 서독에서 유명한 4개 공과대학교의 토목공학과에서 졸업한 학생수는 처음 입학생수의 약 40% 정도였다. 통독 후 15개의 전체 독일공과대학교의 통계1993년를 보면 토목공학과 졸업률이 50% 미만으로 입학생의 절반이 토목공학과를 졸업하지 못했다표 3-1.

표 3-1 독일의 4개 공과대학교의 토목공학과 졸업생수(1990~1993년 통계) (최형식, 1995)

번호	공과대학교	설립 년도	공과대학교 학생수	토목공학과 재학생수	졸업(석사학위)에 소요된 학기수	토목과 졸업생수
1	칼스루헤	1825	2만2천	1,800	14.0	126
2	하노버	1847	3만1천	1,400	14.7	137
3	아헨	1868	3만7천	2,000	13.6	163
4	슈투트가르트	1876	2만1천	1,400	12.8	77

독일에서 19~20세기1964년 이전에 설립된 제일 오래된 12개의 공과대학교표 2-1 참조 가운데 8개가 서독에 있었다. 1965년부터 독일에 새로 많은 인문대학교와 공과대학교가 생겼다. 독일의 Focus잡지가 2004년에 20개의 독일공과대학교에서 2,200명의 연구원들과 1,200개의 회사에서 인사부장들이 독일공과대학교의 토목공학과를 평가한 평점評點 가운데서 5개의 제일 우수한 독일공과대학교의 토목공학과는 표 3-2와 같다.

표 3-2 독일공과대학교에서 제일 우수한 토목공학과의 등수(독일의 Focus잡지 통계, 2004년)

등수	독일공과대학교	설립	석사학위를 받는 데 소요된 학기(#)	박사학위를 받은 비율($)	최종평점
1	아헨	1868	14.0	1.4	78
2	슈투트가르트	1876	11.8	0.9	76
3	뮌헨	1868	12.4	1.3	68
4	칼스루헤	1825	13.4	1.1	67
5	브라운슈바이크	1862	13.2	1.2	59

설명: (#) = 입학 후 석사학위를 받는 데 소요된 학기
($) = 석사학위 후 박사학위를 받은 비율(%)

독일유학생으로 1966/1967년에 이탈리아에 '무전여행(無錢旅行)'갔을 때, 카프리로 가는 페리보트

제4장 독일유학생 시절의 해외여행

4.1 외국어 학습
4.2 이탈리아 여행
4.3 벨기에 여행
4.4 모로코 여행

4.1 외국어 학습

제2차대전 후에 연합군이 독일을 4개의 지역으로 분활했을 때, 저자가 독일에서 유학한 슈투트가르트와 칼스루헤 공과대학교가 있는 바덴 뷔르텐베르크 주州는 프랑스군대가 관활한 지역에 놓여 있어 프랑스와 밀접한 관계를 맺고 있었다. 대학교의 지도교수들이 추천한 참고서적 가운데 독어/영어서적은 물론 프랑스문헌도 많이 포함되어 있었다. 한국에서 영어와 독어만 배웠으므로, 독일에서 제3외국어로 프랑스어佛語를 배우게 되었다.

저자의 친우 가운데 독일 칼스루헤에서 남쪽으로 약 90km 떨어진 프랑스의 스트라스부르Strasbourg 대학교에서 연구원으로 근무하고 있어, 주말에 오토스톱hitchhiking을 하면서 자주 방문했다. 그 당시 프랑스에서 영어나 독어를 구사하는 프랑스사람들이 있었지만, 영어나 독어로 질문하면 아예 대답하지 않았다. 그래서 프랑스에서는 외국인이라도 프랑스어을 구사해야 한다고 느꼈다. 저자는 1960년대에 프랑스사람들과 자주 접촉하게 되었으므로 프랑스어-독어사전과 회화책Sprachführer, 사진 4-1을 구입해서, 독일에서 프랑스어 강습소講習所에 다니면서 프랑스어를 열심히 배우게 되었다. 이때 배운 중급中級 프랑스어는 10년 후 직장생활을 하면서 아프리카의 옛날 불령佛領 식민지국가였던 알제리, 모로코, 모리타니, 말리, 부르키나파소, 기니, 카메룬, 베냉, 니제르, 말라위 등지로 출장을 다닐 때 크게 도움이 되었다.

사진 4-1 저자가 독일유학생 시절에 프랑스어(1965년), 이탈리아어(1966년)와 스페인어(1968년)를 배우기 위해서 구입한 Langenscheidts 사전과 회화책

사진 4-2 프랑스에서 1960년대에 오토스톱할 때, 자주 태워 준 시트로앙2CV 국민차(왼쪽)와 지금까지 한번 타고 간 경험이 있는 쿠션이 아주 좋은 Citroën DS 고급 자동차(오른쪽, Citroën 회사 사진 인용)

1960년대에 독일에서 오토스톱으로 프랑스로 여행할 때, 프랑스에서도 독일처럼 대학생처럼 보인 젊은이들을 잘 태워주었다. 50여 년 전을 회고하면, 그 당시 프랑스에서 1949년부터 생산된 시트로앙Citroën 2CV초기엔진 9마력, 사진 4-2 서민용 자동차가 많이 다녔으며, 길거리에서 오토스톱 표시를 하면 이런 국민차國民車에 자주 태워주었다. 오토스톱을 할 때 한번은 1955년부터 생산된 66마력의 Citroën DS 고급 자동차사진 4-2에 태워준 기억이 나며, 이 자동차의 쿠션cushion은 지금까지 탄 유럽자동차 가운데 제일 기분이 좋고 편안했다고 생각된다. 프랑스의 드골 대통령은 이런 고급 검정색 시트로앙 자동차를 공용업무를 수행할 때 사용했다.

독일에서는 여름방학이 3개월이나 되어, 저자는 약 6주간은 전공분야의 연구소에서 실험하는 데 학생조수로 일했다. 이 학생조수를 그 당시 'Hilfsbremser'라고 불렀으며, 옛날에 열차를 정지시키기 위해서 브레크를 작동作動할 때 보좌補佐하는 제동수制動手라는 뜻이었다. 이 학생조수는 연구소에서 1960년대 중반에 시간당 1마르크 30페니히, 6주 동안에 일하면 약 300마르크그 당시 75달러를 벌일 수 있었다.

매년 여름방학 때 이렇게 벌인 돈으로 약 4~6주 동안 외국으로 여행했으며, 1966년과 1967년 여름방학 동안에는 오토스톱을 해서 이탈리아까지 여행을 갔다. 그 당시 유스호스텔의 취침비와 음식점에서 식사비가 대단히 저렴해서 이탈리아로 4주 동안 거의 무전無錢여행을 할 수 있었다. 오토스톱을 하면서 여행할 때, 의사를 소통疏通하기 위해서 이탈리아어-독어 사전과 회화책사진 4-1을 구입해서 초급初級 이탈리아어를 배워서 무전여행하는 데 많은 도움이 되었다. 독어와 프랑스어와는 달리, 이탈리아어를 읽는 방법과 문법은 비교적 간단해서 어느 정도 독습獨習이 가능했다.

사진 4-3 프랑스 스트라스부르 대학교의 연구원 친우와 같이 4주 동안 폭스바겐 자동차로 모로코 여행(1969년)

1969년에는 프랑스 스트라스부르 대학교의 친우와 같이 폭스바겐 자동차로 스페인을 경유해서 모로코[사진 4-3]까지 왕복 약 9,000km를 여행했다. 이 여행을 준비할 때 스페인어-독어 사전과 회화책[사진 4-1]을 1968년에 구입해서 스페인어 강습소를 다니면서 스페인어도 배웠다. 그 후 세계은행의 의탁을 받아 1970년대 말에 컨설턴트로 아르헨티나/파라과이에 3년간 체류하면서 길이가 70km나 되는 대형 댐과 수력발전소의 설계와 시공을 자문할 때, 그 후 계속해서 20여 년 동안 중남미에서 댐설계를 자문할 때 열심히 스페인어를 배워 이제 고급[高級] 스페인어를 구사할 수 있게 되었다.

저자는 지난 30여 년 동안 컨설턴트로 포르투갈, 브라질과 모잠비크에서도 대형 화력발전소와 댐 프로젝트를 자문했다. 이때 스페인어와 비슷한 포르투갈어를 초급[初級]수준으로 배워서 일상생활에 사용할 수 있게 되었다.

저자는 이란정부의 전력공사[電力公社]와 수자원공사, 댐컨설턴트회사의 의탁을 받아서 1980~2000년대에 이란을 20번 이상 방문해서 다수의 대형 프로젝트를 자문했으며, 이란에서 제일 높고 큰 댐과 수력발전소를 다수 설계/시공감리했으며 이 구조물들은 지금까지 20~30여 년 동안 아무런 사고 없이 잘 가동되고 있다. 이 기회에 이란에서 동서남북을 여행하면서 2천5백 년 된 페르세폴리스[Persepolis] 등 유명한 고적물과 사원[寺院, mosque]을 많이 방문했으며, 이란어[Farsi]를 쓰고 읽지는 못하지만 약간의 일상생활 회화를 배우고, 이란어 숫자를 쓰고 읽을 수 있게 되었다.

한국에서 고등학교와 대학에 다닐 때, 선생님과 교수님들이 한자漢字를 아주 구수하게 설명해주셔서 관심을 갖고 한문漢文을 열심히 배운 기억이 난다. 저자가 30년 후 필리핀의 마닐라에 있는 아시아개발은행ADB, Asian Development Bank의 의탁을 받고 중국에 가서 다수의 대형댐 프로젝트를 자문할 때, 옛날에 배운 한문지식이 많이 도움이 되었다. 1990년대에 중국기술자들은 영어를 잘 하지 못해서 항상 통역관이 회의에 참석했으나 통역관의 토목공학 등 전문학술용어의 번역이 정확하지 않았다. 그래서 저자가 한자로 학술용어를 칠판에 적어서 중국기술자들과 자주 소통한 적이 있었다. 옛날에 공산주의 국가에서 기술자들은 각자 전공분야에만 교육을 받고 외국어는 배우지 않았으며, 외국어는 통역관들만 배웠다. 이런 현상을 러시아에서도 보았으며, 저자가 모스크바에서 러시아 토목기술자들과 토론할 때에 영어, 독어, 프랑스어 등 외국어를 구사하지 못해 항상 통역관이 참석했다.

저자는 동구東歐가 개방된 후, 독일에서 자동차로 폴란드를 거처 러시아와 우크라이나로 수만km를 여행할 때, 도로표지판을 읽고 영어가 소통되지 않는 시골에서 숙박할 때 최소한 회화를 하기 위해서 러시아어-독어 사전과 회화책을 구입해서 약간 소련어蘇聯語까지 배웠다.

지난 50여 년 동안에 해외생활을 회고하면, 컨설턴트로 중동과 북부아프리카에 있는 다수의 아랍국가를 방문하면서 영어와 프랑스어를 사용해서 대형 프로젝트를 많이 자문했으나, 아직까지 아랍어를 배우지 못했다. 단지 아랍어의 숫자만 읽는 것으로 만족했다.

표 4-1 전 세계에서 일상용어로 많이 사용하고 있는 언어와 저자가 배운 외국어

순서	사용하는 언어	사용하는 인구	저자가 배운 외국어
1	영어	14억	능통
2	중국어	10억	고교/대학교에서 한문 학습
3	힌디	7억	-
4	프랑스어	3억2천	중급
5	스페인어	2억8천	능통
6	소련어	2억7천	약간
7	아랍어	1억7천	-
8	포르투갈어	1억6천	초급
9	독어	1억	능통
10	이란어(Farsi)	9천만	회화만 약간
11	이탈리아어	6천만	초급

전 세계에서 영어는 상용어로 제일 널리 사용되고 있다. 그러나 아프리카의 옛날 프랑스/벨기에 식민지 국가에서는 프랑스어를 약간 구사하는 것이 대단히 편리했다. 그리고 중남미에서는 스페인어로 소통할 수 있어 많은 도움이 되었다. 지금까지 저자가 배운 외국어와 전 세계에서 일상용어로 사용하는 인구를 비교해 보면 표 4-1과 같다.

4.2 이탈리아 여행

독일에서 1966년에 3개월간의 여름방학 동안에 유학생으로 6주 동안 전공분야의 연구소에서 학생조수로 일해서 벌인 약 300마르크[그 당시 75달러]의 여비를 갖고 이탈리아로 4주 동안 무전[無錢]여행을 떠났다. 무전여행할 때 의사를 소통[疏通]하기 위해서 이탈리아어-독어 포켓사전과 회화책도 배낭에 넣었다. 그 당시 독일 칼스루헤에서 중부 이탈리아까지 고속도로가 일부에만 건설되어 알프산의 좁고 험한 구절양장[九折羊腸]같은 시골도로를 지나 로마[사진 4-4], 바티칸, 나폴리, 폼페이[사진 4-6], 소렌토, 카프리 섬까지 갔다. 옛날부터 유럽의 문학가, 음악가 등 지식인들이 휴양간 카프리 섬을 반드시 보려고 했다. 이탈리아에는 고적물이 너무나 많아 그 다음해 1967년 여름방학때 재차 이탈리아로 무전여행을 떠나서 베로나, 베네치아, 볼로냐, 피렌체 등지에서 많은 고적물을 보고 감탄했다.

사진 4-4 독일유학생으로 1966/1967년에 이탈리아에 '무전여행(無錢旅行)' 갔을 때 로마(왼쪽/중간)와 카프리로 가는 페리보트에서(오른쪽, 저자 옆은 일본 오사카에서 온 대학생)

독일에서 이탈리아의 로마와 폼페이를 지나 나폴리/소렌토까지 모두 오토스톱[hitchhiking]으로 무료[無料]로 왕복했다. 나폴리에서 카프리 섬으로 가는 페리보트[사진 4-4]의 뱃값은 대학생 할인[割引]이 되지 않았다.

이탈리아까지 왕복여행을 모두 오토스톱으로 갔기 때문에 교통비는 전혀 들지 않았다. 그 당시 유럽사람들[독일, 오스트리아, 이탈리아]은 아주 친절해서 여행 도중에 '가난한 대학생같이 보이는 젊은이들'을 자가용차에 잘 태워주었다.

이탈리아에서 제2차대전 전에 생산한 토폴리노[Topolino, 13마력의 엔진], 전후[戰後]에 생산한 피아트[Fiat] 500[13마력]과 피아트 600[19마력]은 이탈리아에서 서민들이 사용한 국민차[사진 4-6]였다. 2~4인승 자동차였으나 어떤 부부들은 중간에 어린애들까지 모두 5~6명이 타고 돌아다녔다. 여행 도중에 이탈리아사람들은 저자를 이런 토폴리노와 피아트 자동차에 친절히 자주 태워주었다. 이 피아트 자동차는 지금까지 전 세계에서 다른 이름으로 널리 보급되었으며, 스페인[SEAT], 폴란드[FSO], 인도[Premier], 러시아[VAZ]과 구[舊] 유고슬라비아[Zastava라고 부름] 등지에서도 조립/제조되어 판매되었다.

사진 4-5 이탈리아의 배수비오 화산이 폭파되어 헤르쿠라네움과 폼페이에서 화산재(災)로 파묻혀 화석이 된 시체

사진 4-6 오토스톱으로 1966년과 1967년에 이탈리아까지 왕복여행 할 때, 이탈리아사람들이 태워준 조그마한 피아트 자동차 (위쪽, Topolino, Fiat 500/600, Fiat회사 사진 인용; 아래쪽, 저자 촬영)

날씨가 덥고 또 관개용수가 풍부한 이탈리아에서 독일에는 없는 물소를 많이 사육하고 있는 것을 보았다. 이 물소의 우유로 피렌체Firenze에서 나폴리까지 중부 이탈리아 지방에서 싱싱한 모차렐라mozzarella 치즈를 만들고 있었다. 이탈리아에서 들은 바에 의하면 제2차대전 때 연합군이 로마에 진군進軍해서 모차렐라 치즈를 먹어본 후, 이탈리아의 명물로 전 세계에 널리 알려지게 되었다고 한다. 이 치즈는 80℃의 뜨거운 물에 넣어 구형球形으로 만들며, 그 색깔이 흰 도자기와 같이 하얗다. 만들어서 2~12시간 동안 연한 소금물에 담근 후 곧바로 먹을 수 있는 싱싱한 치즈이다.

이 모차렐라 치즈는 기름기가 약 50%나 되어 내부는 연하나, 껍질은 약간 단단하고 또 쫄깃쫄깃해서 토마토, 올리브유, 박하 잎과 같이 샐러드를 만들면 아주 맛이 좋았다. 여름이 무척 더운 이탈리아에서 점심 때, 이런 모차렐라 샐러드사진 4-7에 바게트빵baguette과 맥주 한잔은 간이식사로 값도 저렴했다. 저녁식사 때에는 이탈리아 사람들이 식사를 시작할 때 처음에 전식前食, starter으로 먹는 파마산Parmesan 치즈가 들어간 스파게티Spaghetti가 값이 싸고 맛도 좋고, 또 허기虛飢에 충분했다. 그 당시 이탈리아의 식탁포도주table wine는 값이 대단히 저렴했다. 배가 대단히 고플 때에는 파마산, 고르곤졸라Gorgonzola 등 4종류의 치즈가 들어간 푸짐한 스파게티사진 4-7를 주문한 적도 있었다. 이탈리아 여행에서 처음으로 독일에서 보지 못한 모차렐라 샐러드와 스파게티가 맛이 좋은 음식인 것을 알게 되었다. 요즈음 유럽에 흔한 값싼 피자Pizza는 1960년대에 이탈리아에서 아직 보급普及되지 않았다.

사진 4-7 이탈리아에서 물소 우유로 만든 싱싱하고, 쫄깃쫄깃한 모차렐라 치즈(왼쪽)와 파마산, 고르곤졸라 등 4종류의 치즈가 들어간 진미 스파게티(오른쪽)

이탈리아의 값싼 식당에서 파마산 치즈를 담뿍 덮은 스파게티는 1960년대 중반에 독일돈으로 환산해서 약 50페니히그 당시 미화로 12.5센트로 독일대학교식당Mensa에서 실비實費로 제공된 점심식사가 1마르크 30페니히그 당시 미화로 32.5센트, 저녁식사가 80페니히그 당시 미화로 20센트와 비교하면 이탈리아의 물가가 아주 저렴했다.

이탈리아의 관광지대에는 유스호스텔youth hostel이 있어, 숙박비로 하루저녁에 1~2마르크그 당시 미화로 25~50센트를 지불했다. 이런 값싼 유스호스텔에서 자고, 식사는 값싼 식당에서 했기 때문에 여행비가 대단히 적게 들었다.

4.3 벨기에 여행

1967년 독일유학생 시절에 오토스톱으로 벨기에의 브뤼셀에 처음 여행가서 박물관에 있는 프랑스 조각가 로댕Rodin의 작품 '생각하는 사람'사진 1-22 참조, 브뤼셀 대성당과 벨기에 왕의 궁전宮殿도 구경했다사진 4-8. 그리고 옛날에 식민지였던 콩고에서 갖고 온 다이아몬드를 판매해서 전 세계에 널리 알려진 안트베르펜에 가서 대성당의 아름다운 천연색 창문사진 4-9도 구경하고, 브뤼헤에 가서 벨기에에서 제일 오래된 유명한 De Halve Maan맥주공장1546년 설립을 방문해서 양조방법에 관해서 가이드의 상세한 설명도 들었다.

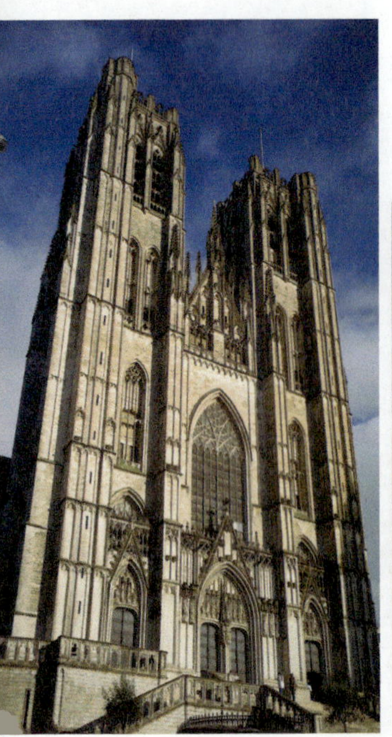

사진 4-8 벨기에의 브뤼셀 대성당(왼쪽)과 벨기에 왕의 궁전(오른쪽)

사진 4-9 벨기에의 안트베르펜 대성당(왼쪽)과 천연색 창문(중간), 브뤼헤에 있는 벨기에에서 제일 오래된 유명한 De Halve Maan맥주공장(오른쪽, 1546년 설립)

4.4 모로코 여행

프랑스 스트라스부르 대학교의 연구원 친우와 같이 1969년에 4주 동안 폭스바겐 자동차[사진 4-3 참조]로 독일 칼스루헤에서 북아프리카의 모로코[Morocco]로 여행할 때, 프랑스와 스페인에 고속도로가 많지 않아서 약 2,500km 떨어진 스페인의 남쪽첨단에 있는 지브롤터[Gibraltar]까지 여행하는 데 6일간 걸렸다.

넓은 스페인을 통과할 때, 지방도로변에 나무판[板]으로 만든 높이가 10m 이상 되는 검정색으로 색칠한 큰 투우[鬪牛, toro, 사진 4-10]를 여기 저기에 술광고로 세워둔 것이 무척 인상적이었다. 스페인에서 시골마을에 갈 때마다 그 입구의 도로변에 '5개의 화살[cinco flechas]'이 그려진 표지가 마을의 이름 옆에 걸려 있었다. 이 표지가 걸린 마을은 모두 옛날에 시민전쟁[1936~1939년]때 프랑코 총통을 지지했다고 스페인사람들이 설명을 해주었다.

스페인의 지중해 연안을 지나가면서 페니스콜라[Peniscola] 성곽[城廓, 사진 4-11]에 가서 내부를 구경했다. 이 성곽은 옛날에 미국 할리우드 영화에서 스페인의 영웅 엘 시드[El Cid]를 현지촬영할 때 영화의 배경이 되었다.

사진 4-10 스페인의 지방도로변에 술 광고로 세워둔 목재로 만든 투우(鬪牛)

사진 4-11 미국 할리우드 영화 엘 시드(왼쪽, 영화장면)의 배경이 된 스페인의 지중해 연안에 있는 페니스콜라 성곽(城廓)(오른쪽, 저자 촬영)

사진 4-12 남부 스페인의 말라가에 있는 원형 투우경기장(왼쪽)과 헤레스·데·라·프론테라에 있는 전 세계에서 유명한 왕립 안달루시아 기마(騎馬)학교(중간/오른쪽)

남부 스페인에서는 말라가[Malaga]의 원형 투우경기장[사진 4-12]과 헤레스 · 데 · 라 · 프론테라[Jerez de la Frontera]에 있는 전 세계에서 유명한 왕립[王立] 안달루시아[Andalucia] 기마[騎馬]학교도 구경했다. 더운 안달루시아 지방에서 태양열을 많이 받고 자란 포도로 만든 적포도주는 맛도 좋고 또 가격이 대단히 저렴했던 것이 아직까지 기억에 남아있다. 그 당시 프랑스와 스페인에서 환전한 프랑스의 10프랑짜리와 스페인의 100페세타짜리 지폐를 보관해서 지금까지 소장하고 있다.

그림 4-1 독일에서 프랑스와 스페인을 지나 모로코로 여행할 때, 환전한 프랑스의 10프랑짜리와 스페인의 100페세타짜리 지폐(저자 소장)

사진 4-13 스페인의 남쪽첨단에 있는 지브롤터 옆 알게시라스 항(港)에서 1969년 12월에 페리보트를 타고 모로코로 여행중

스페인의 남쪽첨단에 있는 지브롤터 옆에 있는 알게시라스Algeciras 항港에서 1969년 12월에 페리보트사진 4-13를 타고 모로코로 건너갔다. 스페인 령領 세우타Ceuta에 도착하니, 머리카락이 어깨까지 자란 장발長髮의 유럽 히피족 수십 명이 모로코 국경선에서 기다리고 있었다. 그 이유는 그 당시 모로코의 출입국 규정이 대단히 엄격해서 장발을 짧게 잘라야만 입국할 수 있었다. 국경선에서 모로코 이발사들은 머리카락을 잘라주고 큰 돈을 벌이고 있었다. 짧은 이발을 거절한 일부 히피족들은 자기나라로 귀환하기도 했다. 그 당시 스페인의 물가가 대단히 쌌지만, 모로코의 물가는 훨씬 더 싸서 미국지폐를 몇 달러만 갖고서 몇주 동안 살수 있었으므로, 머리카락을 자르고 입국할지 말지 망설이는 히피족들은 국경선에서 1~2일간 기다리기도 했다.

프랑스 친우와 저자가 폭스바겐 자동차를 몰고 세우타에서 모로코의 탕헤르Tangier 항港으로 갈 때, 자동차의 뒷좌석이 비었으므로 같은 방향으로 가는 머리카락을 짜른 영국에서 온 한 쌍의 히피족이 부탁해서 뒷좌석을 제공했다. 탕헤르로 가는 길에 이 히피족들이 지금까지 쌓은 여러 가지 경험담을 이야기 해주어서 독일유학생으로 몰랐던 것을 많이 알게 되었다.

프랑스 친우도 열심한 가톨릭신자였으므로 같이 탕헤르 대성당의 성탄 자정子正미사에 갔다. 현재 회교국인 모로코는 옛날에 스페인이 점령했으므로, 아직까지 가톨릭신자들이 많아 성당이 꽉 차였다. 그 다음날 탕헤르를 구경한 후 여기서 약 800km 떨어진 옛날 포르트갈령領 에사우이아Essaouira 항港으로 출발했다. 대서양 해안을 따라 여행하면서 수도 라바트Rabat에 가서 왕궁 등 고적물을 구경하면서 2일간 체류한 후, 카사블랑카Casablanca, 사진 4-14로 갔다.

이 도시는 제2차대전 때 미국의 루즈벨트 대통령과 영국의 처칠 수상이 만나 협상한 곳으로 1943년에 제작된 미국 할리우드 영화 '카사블랑카'가 떠올랐다.

카사블랑카에서 대서양 해안을 따라 여행하면서 사피Safi를 지나 에사우이라에 도착했다. 이 도성都城, 사진 4-15은 포르투갈 항해사들이 16세기에 건설했을 때, 모가도르Mogador라고 불렀다. 이 도시에는 성벽으로 둘러 쌓여 잘 보호된 구시가Medina가 있었다. 기원전 1세기부터 이 지역에서 생산된 보라색의 자포紫袍, purple로 유럽에서는 고관高官의 예복을 만들었으므로 널리 알려진 곳이었다. 이 도시의 성곽을 구경하기 위해서 1박을 했다. 이 성곽 도시는 모로코의 남부에서 일어난 아가디르Agadir 지진1960년때, 일부 파손되어 보수한 흔적을 저자가 1969년에 모로코에 여행갔을 때 볼 수 있었다. 최근에 모로코에서는 관광객을 유치하기 위해서 중세기에 포르투갈/스페인 항해사들이 건설한 고적물을 보수하고 있으며, 에사우이라는 유네스코의 고적물로 인정되어 2012년에 재차 방문했을 때, 아름답게 잘 보존/보수된 것을 볼 수 있었다.

사진 4-14 미국의 할리우드 영화 카사블랑카(1943년)의 광고판(왼쪽)과 제2차대전 때 미국의 루즈벨트 대통령과 영국의 처칠 수상이 만난 카사블랑카 중심가 광경(오른쪽)

사진 4-15 포르투갈의 항해사들이 16세기에 모로코의 해변에 건설한 모가도르(현재이름: 에사우이라) 도성(都城)에서(1969년 촬영)

사진 4-16 모로코의 마라케쉬 도시성문(왼쪽)과 시내의 바자 광장에 벌쳐진 야시장(夜市場) 모습(오른쪽)

사진 4-17 모로코의 대중목욕탕(hamam)(왼쪽)과 마라케쉬의 유명한 바자(bazar) 내부 광경(오른쪽)

에사우이라에서 내륙지방에 있는 옛날 왕도王都인 마라케쉬Marrakech로 여행했다. 마라케쉬에 도착하니, 성문 안에는 유명한 바자bazar가 있고 바자 앞 광장에는 매일 저녁 야시장夜市場이 펼쳐져 대단히 북작거렸다사진 4-16. 그리고 요술사들이 요술을 부리면서 어리숙한 관람객을 상대로 돈을 벌고 있었다. 모로코에 와서 아직 목욕을 하지 않았기 때문에 프랑스 친우와 저자는 목욕하기 위해서 처음으로 아랍식 대중목욕탕hammam, 사진 4-17에 갔다. 남녀가 분리된 넓은 목욕탕이었는데, 고객이 원하면 건장한 남자가 와서 때를 밀어 주었다. 그 후 저자가 1980년대부터 장기간 중동, 터키와 아프리카에 있는 아랍국가에서 대형 프로젝트를 자문하면서 본 바에 의하면, 대중목욕탕의 내부는 모두 대동소이한 것으로 느껴졌다.

저자는 모로코로 여행할 때 회교도 국가에서는 화장실에 휴지가 없는 것을 처음으로 알게 되었다. 그 후부터 회교도 국가로 여행할 때에는 항상 휴지를 바지에 넣고 다녔다. 모로코에서 처음으로 본 바에 의하면, 화장실에 수도꼭지가 달려 있고 주전자 또는 고무호스가 있어 휴지 대신 물로 닦아낸다고 한다. 그 후 1980년대 초반에 아프리카의 사헬지대에 컨설턴트로

기술자문하러 갔을 때에는 물이 아주 귀한 사막지대와 사헬지대에서는 변소[便所]에서 물[水] 대신에 모래를 사용하기도 한다고 들었다.

모로코는 아주 건조한 나라이므로 여기 저기에 조그마한 댐과 저수지를 건설해서 리프[Rif]/아트라스[Atlas] 산맥의 눈[雪]이 녹은 물이 흘러들어가서 오아시스가 여기 저기에 생겼으며, 이런 물을 저수해서 농사를 짓고 있었다. 예컨대, 베니 메랄[Beni Mellal]은 아트라스 산밑에 놓인 전형적인 오아시스 도시[사진 4-18]로 맛이 좋은 오렌지를 많이 재배해서 겨울[12~1월달]에 수확을 하고 있었다.

사진 4-18 대추야자나무가 무성한 모로코의 베니 메랄 오아시스에는 밀감이 잘 자라서 12~1월달에 수확을 하고 있었다.

모로코에서 큰 도시에 도착하면, 먼저 주유소에서 주유하고 2개의 예비[spare]깡통에 휘발유를 잔뜩 채운 후 시장에서 오렌지를 5~10kg를 구입했다[사진 4-19]. 그 당시 외국인 여행객이 드물었으며, 시골로 여행하면서 광천수를 구입하기가 어려워 목이 마를 때에는 항상 오렌지를 하나씩 먹은 기억이 난다. 또는 시골에 도착하면 먼저 '다방'에 가서 모로코사람들이 매일 즐겨 마시는 설탕을 많이 넣은 따뜻한 박하[薄荷]차도 마셨다.

사진 4-19 큰 도시의 주유소에서 주유하고, 2개의 예비(spare)깡통에 휘발유를 잔뜩 채운 후 시장에서 오렌지를 5~10kg를 구입했다.

사진 4-20 페스(Fes)에서 색칠한 도자기를 만드는 공장(왼쪽)과 염소가죽을 무두질해서 염색하는 노천공장(오른쪽)

1960년대말에 모로코의 시골에는 호텔, 여인숙과 음식점이 없는 곳이 많았다. 저녁에 이런 작은 마을에 도착했을 때는 이 나라의 풍습에 따라 마을의 '족장族長'한테 가서 여행 도중의 나그네라고 이야기하면 취침할 수 있는 숙소를 친절하게 무료로 정해주었다. 대접 받은 저녁 식사로는 보통 꼬챙이에 꿰어 숯불에 구운 양고기, 납작한 빵과 설탕을 많이 넣은 박하차가 나왔다.

반사막지대를 지나 옛날에 왕도王都였던 페스Fes로 갔다. 이 도시는 색칠한 각종 세면대洗面臺와 일상생활용 도자기가 유명하며, 무두질해서 가공한 염소가죽이 옛날부터 널리 알려져 있었다. 염소피혁皮革을 염색하는 노천공장사진 4-20에 가보니 염색하는 물에서 악취惡臭가 코를 찔렀다.

페스Fes에서 리프Rif산맥을 넘어 테투안을 지나 세우타에서 페리보트를 타고 스페인으로 가서 프랑스/독일로 귀가했다. 독일에서 스페인의 남단南端까지 왕복 약 5,000km, 그리고 모로코에서 약 4,000km로 모두 9,000km를 폭스바겐으로 여행했으며, 중고 자동차에 다행히 아무 문제가 생기지 않았다.

Air Nordic비행기가 도착한 스웨덴의 작은 요크모크 공항

제5장 직장시절과 건설자문

5.1 칼스루헤 공대연구소

저자가 1970년에 석사학위Dipl.–Ing.를 취득한 후 연구원으로 근무한 로이신크 교수서독 과기처장관의 연구소에는 1명의 정교수 외에 1명의 명예교수, 5명의 부교수/조교수와 50여 명의 연구원이 종사하고 있었으며, 막대한 연구비가 지불되어 연구에 몰두할 수 있는 대단히 큰 연구소였다. 저자는 이 연구소사진 5–1과 사진 5–2에서 건설재료시험으로 연구활동을 시작했다. 1971년에 초봉初俸을 받고 구입한 폭스바겐의 '딱정벌레Käfer'중고자동차를 타고 프랑스 파리로 가서 독일 칼스루헤 공대연구소의 연구원들과 함께 1971년에 개최된 국제수리학회IAHR의 14차 회의사진 5–3에도 참석했다.

사진 5–1 독일 칼스루헤 공과대학교(1825년 창립)의 지반공학연구소(왼쪽)에 설치된 전 세계에서 제일 큰 3축압축시험기(왼쪽/중간) (최형식, 2013)

사진 5–2 독일 칼스루헤 공과대학교 지반공학연구소의 야유회에서 연구원 동료들과 같이(1970년)

사진 5-3 저자가 초봉(初俸)을 받고 구입한 폭스바겐의 '딱정벌레' 중고자동차(왼쪽)를 타고 프랑스 파리에 가서 독일 칼스루헤 공대연구원들과 함께 1971년에 개최한 국제수리학회(IAHR)의 14차 회의에 참석

5.2 켈러토건회사

독일 칼스루헤 공과대학교 대학원을 1970년에 졸업, 동대학교 연구소에서 연구원 생활을 하다가, 프랑크푸르트의 켈러토건회사에 입사해서 그 당시 시작된 프랑크푸르트의 지하철 설계와 공사에 종사하게 되었다. 대학시절에 1966년에 처음으로 공대 토목공학과 학생들에게 컴퓨터 프로그래밍computer programming 강의가 시작되었을 때, 저자는 청강해서 열심히 컴퓨터 프로그램을 짜는 방법을 배웠다. 그 덕택으로 건설회사의 컴퓨터실 책임자로서 종사하게 되었으며, 각종 건설구조물을 전산電算할 때 사무실에서는 미국의 IBM과 Wang컴퓨터사진 5-4를 사용하고, 현장에서 설계변경으로 급히 체크해야 할 때에는 이탈리아의 휴대용 Oliveti컴퓨터를 사용한 기억이 난다. 저자가 1971년대에 독일 레겐스부르크 대성당 바로 옆에 건설한 레겐스부르크 백화점 건물사진 5-5과 프랑크푸르트의 지하철을 컴퓨터로 전산電算해서 설계한 것을 회고할 때 요즈음도 흐뭇한 감이 든다.

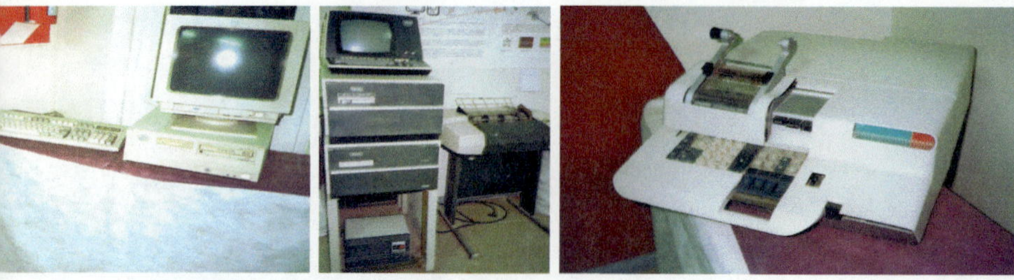

사진 5-4 건설구조물을 전산(電算)할 때 1970년대에 사용한 미국의 IBM과 Wang 그리고 이탈리아의 Oliveti컴퓨터

사진 5-5 저자가 1971년대에 컴퓨터로 전산(電算)해서 레겐스부르크 대성당(왼쪽) 옆에 건설한 레겐스부르크 백화점 건물(중간)과 프랑크푸르트의 지하철 공사장 광경(오른쪽)

그 외에도 프랑스의 르아브르 항의 가스탱크와 뒹케르크 정유탱크, 독일의 노이뷔드 시멘트/클링커사이로, 프랑크푸르트의 카셀라 화학공장건물을 시공할 때 자문했다.

저자는 1973년에 스페인 마드리드의 국제대댐학회 회의[사진 5-6]에 참석한 38명의 독일대표단 가운데서 유일한 외국인으로 참석했으며, 한국에서는 산업기지개발공사[사장 안경모박사]가 처음으로 이 국제대댐학회에 가입해서 3명으로 구성된 대표단이 참석했다.

사진 5-6 1973년에 스페인 마드리드에서 개최된 국제대댐학회(ICOLD)의 11차 회의에 참석

5.3 다름슈타트 공대연구소

영국정부British Council 장학금을 받고 런던대학교 왕립공대에서 공부하던 중, 1974년에 충남대학교에서 조교수 직을 위탁委託 받고 한국에 귀국하여 2년간 강의와 연구활동에 몰두하게 되었다. 1976년에 독일정부의 연구위회DFG, Deutsche Forschungsgemeinschaft 연구비를 받고 독일의 다름슈타트 공과대학교사진 5-7에서 연구원으로 댐재료를 실험하면서 댐의 변형특성을 연구했다.

사진 5-7 독일 다름슈타트 공과대학교의 토목공학과 댐/지반연구소(오른쪽)에서 연구원 시절(왼쪽, 1977년 촬영)

5.4 라마이어 컨설턴트 회사

프랑크푸르트 소재 라마이어 인터내셔널 컨설턴트 회사에서 댐분야 기사장chief engineer으로 약 30년간 근무했다. 이 회사는 댐, 수력발전, 상하수도, 환경공학, 화력/원자력/태양열 발전, 지하철/고속전철, 운하, 항만 등 모든 건설공학 분야에서 세계 굴지의 용역회사로 널리 알려져 있었다. 미국의 토목잡지 ENR[Engineering News Record]의 1999년 11월호에 발표된 통계 자료에 따르면, 그 당시 라마이어 회사는 수력발전소와 댐분야에서 세계 1위의 설계회사로 공인받고 있었다.

그 당시 독일 내에서 한창 건설붐을 일으킨 고속전철[ICE]과 라인-마인-도나우강 운하[사진 5-8과 사진 5-9]의 설계/시공을 자문했으며, 그 후 독일공대 연구원으로 시작한 해외의 수자원을 개발하는 댐의 설계/시공을 자문하는 과제에 집중하게 되었다.

저자는 지난 40여 년 동안 국제 컨설턴트로서 세계은행[WB, 워싱턴], 유럽개발은행[FED, 브뤼셀], 독일재건은행[KFW, 에쉬보른], 아시아개발은행[ADB, 마닐라], 4개의 아랍은행[아부 다비], 아프리카개발은행[BAD, 아비잔] 등 국제은행과 외국정부를 자문하면서 다수의 대형 댐, 수자원, 인프라 프로젝트의 타당성을 조사, 설계, 시공감리를 했으며, 독립적이고 공정한 기술자문을 했다.

사진 5-8 저자가 자문한 독일의 라인-마인-도나우강 운하의 마인공구(왼쪽)와 만하임-슈투트가르트의 고속전철 터널공사장(오른쪽)

사진 5-9 독일의 뉘른베르크-뮌헨 간의 고속전철(ICE)공사장에서

사진 5-10 댐건설재료를 시험한 독일 칼스루헤 공대의 연구소에서 Brauns교수/연구원과 같이(최형식, 2013)

사진 5-11 독일 컨설턴트의 프랑크푸르트 사무실(왼쪽, 1995년)과 국제댐전문가(POE)시절(오른쪽, 2002년)

국제 컨설턴트로서 독립적이고 공정[公正]하게 기술자문의 과제를 책임지고 실천하기 위해서는 자기분야에서 수십 년간 이론 및 실무분야에서 풍부한 경험을 쌓아야 했다. 기본 공학이론은 물론 건설재료의 특성시험[사진 5-10], 구조물의 응력해석, 전산[電算], 안전설계 그리고 실제문제를 현지조건에 맞게 해결할 수 있는 전문기술자여야 했다. 그래서 국제적인 프로젝트에서는 머리가 히끗히끗한 경험이 많은 중년층의 기술자/학자를 전문가 패널[POE, Panel of Experts]의 심사위원으로 임명하였다. 저자는 중국, 이란, 말레이시아, 수단 등지의 대형 프로젝트에서 전문가 패널[POE, 사진 5-11]에 임명되어 활약했다.

전 세계에서 저자가 지난 40여 년 동안 기술자문한 몇 개의 주요한 사례는

높이가 205m로 세계 최고[最高]의 CFRD형 바쿤댐[말레이시아]

그리스, 중국, 이란, 필립핀, 터키, 브라질, 에티오피아, 수단에서 제일 높은 댐

길이가 70km로 전 세계에서 제일 긴 야시레타댐[아르헨티나/파라과이]

지중해 해수海水를 이집트의 카타라Qattara분지로 유도, 발전시키는 세계 최대의 수력/태양열 발전소hydro-solar power station 등의 조사, 계획, 설계 및 시공 감리를 했다.

저자는 유럽과 미국에서 20여 명으로 구성된 이집트의 카라라분지발전소 국제조사팀에 유일한 동양사람으로 참여하여 댐과 발전소 설계, 핵폭파核爆破로 형성된 개수로의 사면안정해석 등에 책임을 맡았다.

수단의 카르툼대학교에서 초빙교수Visiting Professor로 초청을 받고 실시한 강의/강연사진 1-148 참조에는 관개부灌漑部장관, 건설부/전력부의 고위관리, 카르툼대학 교수와 연구원/대학원생들이 관심을 갖고 많이 참석해 주었다.

저자는 한국, 독일, 영국, 국제학회에 다수의 학술논문을 발표했다.

5.5 이용한 항공기

저자는 1970년대부터 지난 50여 년 동안 프랑크푸르트에서 전 세계로 기술자문하기 위해서 출장과 휴가여행을 다닐 때 주로 루프트한자 비행기사진 5-12에 탑승했으며, 루프트한자가 비행하지 않는 지역으로는 프랑크푸르트 공항에서 독일의 Condor와 Air Berlin항공사의 비행기사진 5-13도 이용했다. 그 외에 미국의 Pan Am과 United Airlines, 영국의 BOACBritish Overseas Airways Corporation과 British Airways, 프랑스의 Air France, 네덜란드의 KLM과 한국의 Korean Air비행기도 이용했다.

사진 5-12 저자가 1970년대에 중남미와 동남아로 출장갈 때 주로 이용한 루프트한자의 DC-10기(왼쪽)와 1990년대에 이용한 루프트한자의 보잉 B747기(오른쪽)

사진 5-13 독일에서 루프트한자가 비행하지 않는 지역으로는 프랑크푸르트에서 이용한 독일의 Condor와 Air Berlin항공기

저자가 1970년대에 독일에서 중남미와 동남아로 출장갈 때, 주로 루프트한자의 DC-10 비행기사진 5-12를 이용했다. 동남아로 여행갈 때에는 보통 파키스탄의 카라치에서 1회 스톱해서 휘발유를 주유注油해야 했었다.

1970년대에는 동서블럭 간의 냉전冷戰으로 독일에서 소련과 중국 상공上空을 비행할 수 없어, 미국 알래스카와 동경을 경유/주유해서 한국으로 갔기 때문에 비행시간이 약 23시간이나 걸렸다.

동구권東歐圈이 개방된 이후 1990년대사진 5-14에는 소련과 중국 상공을 통과할 수 있어서 루프트한자의 보잉 B747사진 5-12 또는 에어버스 A340항공기로 논스톱으로 프랑크푸르트에서 서울까지 약 10~11시간 정도 걸렸다.

1964년에 한국에서 독일로 유학왔을 때에는 동남아시아 쪽으로 비행하면서 중간에 4번 스톱/주유해야 했으므로 비행시간이 24시간 이상 걸린 것을 회고할 때, 이제 정말 여행하기에 좋은 세상이 된 것을 느끼게 되었다.

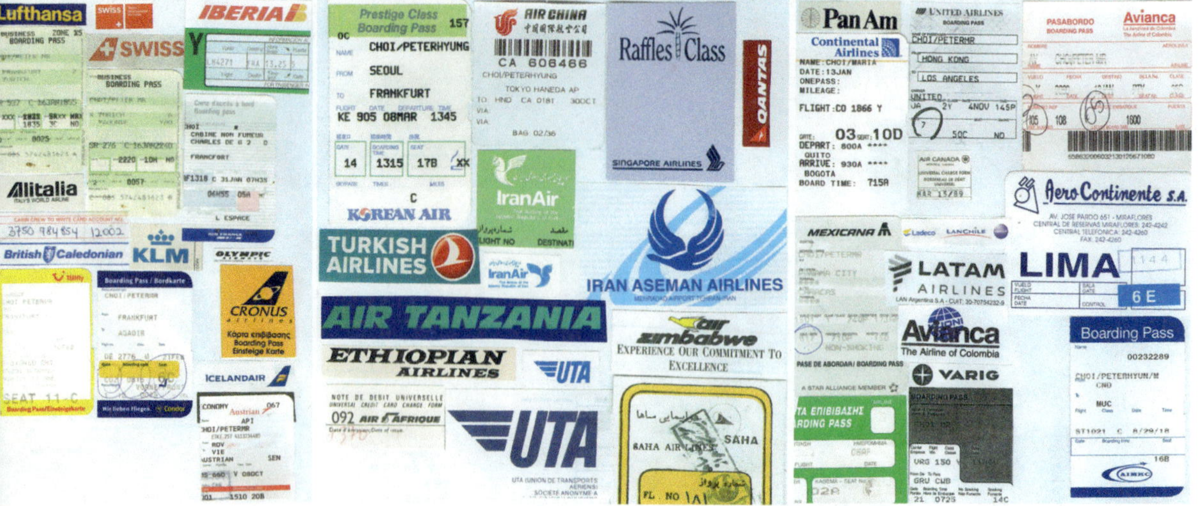

사진 5-14 저자가 지난 30여 년 동안 유럽, 아프리카, 아시아, 오세아니아, 북미와 남미의 5개 대륙으로 출장여행을 갈 때 이용한 항공회사의 boarding pass

사진 5-15 Air Nordic비행기가 도착한 스웨덴의 작은 요크모크 공항(왼쪽)과 Olympic Airways비행기가 그리스의 미코노스 공항에 도착한 광경(오른쪽)

유럽 대륙 내에서는 Air France프랑스, British Airways영국, Iberia스페인, KLM네덜란드, Olympic Airways그리스, SAS스칸디나비아, Swiss스위스를 자주 이용했으며, Air Nordic스웨덴, Alitalia이탈리아, Cronus그리스, Finn Air핀란드, Icelandair아이슬란드항공기는 1~3번 탑승했다 사진 5-15.

독일에서 루프트한자가 많이 비행하지 않은 아프리카 지역으로 여행할 때에는 프랑스의 파리에 가서 Air France와 UTA항공기 또는 영국 런던에 가서 British Airways와 British Caledonian비행기를 타고 아프리카에 갔다. 아프리카 대륙 내에서는 간혹 Air Tanzania[탄자니아], Air Afrique[프랑스], Air Zimbabwe[짐바브웨], Egypt Air[이집트], Ethiopian Airlines[에티오피아], Kenya Airways[케냐], South African Airways[남아연방], Sudanese Airways[수단], Uganda Airways[우간다]항공기를 이용했다[사진 5-16].

사진 5-16 저자가 타고 온 Uganda Airlines항공기(왼쪽), Kenya Airways항공기(중간)와 Air Tanzania 항공기(오른쪽)가 수도 캄팔라, 나이로비와 다레살람 비행장에 도착한 광경

사진 5-17 저자가 중국의 무단장 비행장에서 탑승한 China Xinhua비행기(왼쪽)와 호주 멜버른의 국내선 공항에서 탑승한 Quantas의 Dash 8H 항공기(오른쪽)

아시아 대륙과 오세아니아 내에서는 자주 Korean Air[한국], Air China[중국], Iran Air[이란], Malaysian Airway Systems[말라이시아], Singapore Airlines[싱가포르], Thai[태국]비행기를 이용했으며, 그 외 간혹 Air India[인도], China Xinhua[중국], Bangladesh Biman[방글라데시], Cathay Pacific[홍콩], China Southern[중국], Iran Aseman Airlines[이란], Japan Airlines[일본], Philippine Airlines[필리핀], Qantas[호주], Saha Airlines[예멘], Turkish Airlines[터키]를 탑승한 적도 있었다[사진 5-17].

북미와 남미를 여행할 때에 이용한 국제선과 국내선 항공사는 Aero California[멕시코, 사진 5-19], Aero Continente[페루], Aerolineas Argentinas[아르헨티나], Air Canada[캐나다], Air Nova[캐나다, 사진 5-18], Austral[아르헨티나, 사진 5-21], Avianca[콜럼비아], Braniff[미국], Continental Airlines[미국], Delta[미국, 사진 5-18], Jet Sul[브라질], LAB[볼리비아, 사진 5-20], Ladeco[칠레, 사진 5-20], Lan Chile[칠레, 사진 5-21], Lan Peru[페루], Latam Airlines[아르헨티나], Mexicana[멕시코], Pan Am[미국], Taca[페루], United Airlines[미국], Varig[브라질, 사진 5-19]이었다.

사진 5-18 북미에서 자주 탑승한 미국의 Delta항공기(왼쪽)와 보스턴에 도착한 캐나다의 Air Nova비행기(오른쪽)

사진 5-19 멕시코의 Aero California비행기로 Tepic비행장(왼쪽)에 그리고 브라질의 Varig비행기로 Sao Paolo 비행장(오른쪽)에 도착한 광경

사진 5-20 에콰도르의 키토 공항에 도착한 볼리비아의 LAB항공기(왼쪽)와 칠레의 안토파가스타 공항에 도착한 칠레의 Ladeco항공기(오른쪽)

사진 5-21 아르헨티나/파라과이에 건설된 길이가 70km인 야시레타댐을 자문할 때, 부에노스아이레스에서 포사다까지 자주 탑승한 Austral항공기(왼쪽)와 칠레에서 국내를 여행할 때 타고 다닌 Lan Chile 항공기(오른쪽)

사진 5-22 해외에서 관광여행을 할 때 Rent-a-Car회사에서 빌린 자동차

5.6 이용한 렌터카

출장간 나라에서는 자문기간 동안에 보통 자동차와 운전기사가 제공되었다. 일부 나라에서는 1~2일 동안 개인관광을 할 때에도 자동차와 운전기사를 이용할 수 있었다. 그러나 저자가 별도로 1~2주 동안 휴가를 내어서 관광여행을 갔을 때에는 Rent-a-Car회사사진 5-22에서 자동차를 빌렸다. 교통사고가 났을 때 큰 법적문제가 있는 나라 또는 렌터카 회사가 없는 나라에서는 택시, 지프니Jeepney, 필리핀, 버스, 전차 또는 인력거rickshaw, 인도와 방글라데시도 이용했다.

뮌헨의 교외에 있는 님펜부르크 궁전

제6장 독일의 5개 대도시

독일의 5개 대도시의 건설연도, 특성과 지난 200년 동안 증가한 인구를 보면 표 6-1과 6-2와 같다. 그리고 지난 200년 동안 단축된 대도시 간의 여행시간은 표 6-3과 같다.

표 6-1 독일의 5개 대도시

번호	대도시 이름	건설연도	특성
1	베를린	서기 1237년	수도, 정치/예술의 중심지
2	함부르크	서기 810년	항구도시, 통상의 중심지
3	뮌헨	서기 1158년	예술의 중심지, 옥토버 페스트
4	쾰른	기원 전 50년	가톨릭대성당, 카니발
5	프랑크푸르트	서기 794년	금융도시, 교통의 중심지

표 6-2 독일의 대도시 인구

대도시 이름	독일의 대도시 인구		
	1800년	1900년	2000년
베를린	17만	189만	350만
함부르크	13만	71만	170만
뮌헨	3만	50만	130만
프랑크푸르트	5만	29만	66만

표 6-3 독일의 대도시 간의 걸리는 여행시간

대도시 이름	거리 (km)	독일의 대도시 간의 여행시간			
		1800년 (역마차)	1900년 (기차)	2000년 (고속전철)	2000년 (자동차)(#)
베를린-프랑크푸르트	545	64	9	4	6
베를린-함부르크	289	36	5	2	3
베를린-뮌헨	585	81	11	4	6

설명: (#) = 속도제한이 없는 고속도로에서 휴식을 포함한 여행속도를 100km/h로 고려했음

6.1 베를린

통독 전에 방문한 베를린

저자는 통독 전에 1984년과 1988년에 서독의 Bad Hersfeld에서 자동차로 '동독통로[Transitkorridor]'를 통과해서 베를린을 2번 그리고 통독 후에 1995년과 2003년에 2번 방문해서 역사적인 건물과 박물관을 상세하게 구경했다.

베를린은 1237년에 건설되어, 15세기부터 브란덴부르크-프러시아의 수도, 1871년부터 독일 제국의 수도가 되었다. 1936년에 제11차 올림픽경기가 개최되었으며, 베를린은 1987년에 설립 750주년[그림 6-1]을 기념했다.

저자가 처음으로 베를린에 갔을 때, 제일 먼저 방문한 곳은 브란덴부르크 대문[Brandenburger Tor]과 베를린 장벽[사진 6-1]이었다. 높이가 20m, 길이가 65m, 폭이 11m인 브란덴부르크 대문은 1788~1791년에 건설되었다. 이 대문 위에 있는 승리의 여신 빅토리아가 4마리의 말[馬]로 끄는 마차 크바드리가[Quadriga]는 1794년에 설치되었다[사진 6-2].

그림 6-1 서기 1987년에 설립 750년을 축하한 베를린의 기념우표(왼쪽, 저자소장)와 베를린의 브란덴부르크 대문을 건설한 200주년을 기념하기 위해 1991년에 발행된 독일우표(오른쪽, 저자 소장)

사진 6-1 동독이 1961년에 브란덴부르크 대문 앞에 설치한 베를린 장벽(왼쪽)과 동·서독경계선의 155km 구간에 설치한 장벽(높이 4m, 오른쪽)

사진 6-2 베를린의 브란덴부르크 대문(왼쪽)과 크바드리가(오른쪽)

이 브란덴부르크 대문은 역사적인 구조물로

- 나폴레옹이 독일을 정복했을 때 이 크바드리가를 프랑스로 갖고 갔으며, 독일이 1813년에 해방되었을 때 다시 독일로 반환되었다.
- 1871년의 보불普佛전쟁에서 프러시아가 프랑스의 나폴레옹 3세를 물리쳤을 때 브란덴부르크 대문을 통과해서 개선凱旋행렬을 했다.
- 1918년에 제1차대전에서 독일이 패전했을 때, 독일제국의 황제 빌헬름 2세가 이 대문을 통과해서 네덜란드로 망명을 갔다고 한다.
- 나치스당이 1933년에 집권했을 때 이 대문을 통과해서 횃불행진을 했으며
- 제2차대전에서 독일이 패전했을 때 소련군이 이 대문과 국회의사당건물 위에 적기赤旗를 꼽았다.
- 이 대문은 1989년까지 서독과 동독의 분리를 상징했으며, 1990년부터는 영원한 통독統獨을 상징하면서 독일에서 발행된 10, 20, 50센트짜리 유로동전에도 이 역사적인 대문이 새겨졌다.

사진 6-3 베를린의 훔볼트대학교(1810년에 건설) 앞에 세워진 훔볼트 동상(오른쪽)과 교문 앞에서 팔고 있는 드문 서적(왼쪽/중간)

사진 6-4 프러시아의 프리드리히 대왕 초상화와 베를린의 번화가에 세워진 동상

브란덴부르크 대문에서 번화가^{繁華街}인 운터 덴 린덴^{Unter den Linden}을 산책하면서, 1753년에 건설한 프리드리히 대왕의 궁전을 개조해서 1810년에 설립된 훔볼트대학교를 방문했다. 이 대학건물 앞에는 대학을 설립한 훔볼트의 동상^{사진 6-3}이 세워져 있고, 도로의 중심부에는 말을 타고 있는 프리드리히 대왕의 동상^{1851년 설치, 사진 6-4}이 서 있다. 이 훔볼트대학교 앞에서 드문 고적도서를 팔고 있어, 저자가 베를린에 갈 때마다 드문 서적을 몇 권 구입했다.

훔볼트 형제는 독일의 학술발전에 크게 기여했으므로, 관심을 갖고 훔볼트에 관한 책을 읽어 보았다. 괴테가 '그리스 제우스신의 아들'이라고 부를 정도로 훔볼트 형제는 현명하고 유능^{有能}한 인재였다고 한다. 빌헬름 훔볼트는 1810년에 베를린대학교를 설립했으며, 언어학에 관한 출판물을 저술했다. 동생인 알렉산더 훔볼트[1769~1859년]는 프랑크푸르트[오더]대학교와 괴팅겐대학교에서 자연과학을 공부하고, 함부르크대학교에서 경제학 그리고 프라이베르크 광산대학에서 지질학을 공부했다. 또한 재학시절에 프랑스어, 영어, 스페인어와 소련어를 배워서 유창했다고 한다. 독일에서 안이[安易]한 직장생활 대신에 1799~1804년까지 프랑스의 식물학자 Bonpland과 같이 중남미에서 베네수엘라에 있는 오리노코 계곡의 정글과 에콰도르/페루의 산악지대를 어렵게 탐험하면서 8천여 종류의 식물을 조사/연구했다. 어렵게 5년 동안 약 1만km의 탐험여행한 결과를 1805~1834년까지 30년에 걸쳐 33권의 책에 발표했다.

훔볼트는 1802년에 에콰도르에 있는 그 당시에 전세계에서 제일 높은 산으로 알려진 침보라소[높이 6310m]를 해발 5,600m까지 등산했다. 훔볼트는 서양인[西洋人]으로 처음으로 산소호흡기를 사용하지 않고 해발 4,000m 이상의 고지에 등산해서 고산병[高山病, mountain sickness]을 경험하게 되었다. 그리고 페루에서는 해안선을 따라 흐르는 차운 훔볼트 해류[海流]를 발견했으며, 해변가에 무진장 깔린 해조[海鳥]의 똥인 초석[硝石, guano, 사진 1-260 참조]을 처음 보았을 때, 주요한 화학원료로 판단해서 상세하게 화학시험을 하기 위해서 시료[試料]를 독일로 갖고 왔다. 그 결과에 따라 유럽에서는 이 초석을 비료와 화약의 원료로 사용하게 되었다. 훔볼트는 나이 90세까지 열심하게 저술하고, 강의한 과학자이었으며, 그의 이름은 베를린의 훔볼트대학교로 영원히 남게 되었다.

독일정부에서는 매년 제한된 숫자의 외국인 연구자/과학자들이 독일에서 6개월~1년 정도 연구할 수 있도록 훔볼트장학금을 수여하고 있다. 알렉산더 훔볼트[1769~1859년]의 250주년 생일인 2019년에 베를린에서 축제가 거행되었다.

제2차대전 전에 건설된 베를린의 지하철[사진 6-5]은 전쟁 때 방공호로 사용되었다. 그래서 자동차를 타고 베를린에 갔지만, 시내구경할 때 지하철을 여러 번 타고 다니면서 지하철 전문가로 관심을 갖고 문헌으로 알려진 60여 년 전에 지하철을 건설한 방법을 실제로 상세하게 볼 수 있었다.

사진 6-5 제2차대전 전에 건설된 베를린의 지하철은 전쟁 때 방공호로 사용되었다.

사진 6-6 통독(統獨) 1년 전에 동(東)베를린을 방문했을 때, 필수적으로 방문해야 했던 소련전몰장병묘지

통독統獨 1년 전 1988년에 동東베를린을 방문했을 때, 필수적으로 소련전몰장병묘지사진 6-6를 방문해야 했다. 혼자 다른 명승지를 방문할 수 없었으며, 항상 가이드와 같이 다니면서 알렉산더 광장廣場 등을 구경했다.

1805년에 베를린을 방문한 구舊러시아의 알렉산더 황제를 기념해서 불려지고 있는 알렉산더 광장廣場에는 TV탑사진 6-7이 서 있으며, 동베를린의 상징으로 매년 약 130만 명의 방문객이 방문하고 있었다. 이 TV탑은 높이가 365m, 무게가 26,000톤으로 1969년에 건설되었을 때, 동독 공산당신문은 '텔레비전 아스파라거스asparagus'라고 불렀다. 건설 당시 계획한 이 탑의 공사비는 2억 마르크였으나, 완공되었을 때 실제로 소비된 금액은 12억 마르크로 6배나 되었다고 한다. 탑의 중심부인 높이 207m에 있는 둥근 회전식 전망대에는 음식점과 커피숍이 설치되어 있어 날씨가 맑을 때에는 전방 80km를 관망할 수 있었다. 방문객이 1초에 6m씩 빨리 올라가는 엘리베이터를 타고 전망대까지 올라가는 데 약 30초 걸렸다. 이 알렉산더 광장에는 전 세계의 시간을 알려주는 시계사진 6-7도 설치되어 있었다.

사진 6-7 높이 365m의 베를린 TV탑(1969년 건설)과 알렉산더 광장(廣場)에 설치된 전 세계의 시간을 알려주는 시계탑(오른쪽)

사진 6-8 통독 1년 전 자동차가 별로 없는 동(東)베를린의 도시풍경(1988년 촬영)

통독되기 1년 전인 1988년에 동[東]베를린에 갔을 때, 길거리에 동독[東獨]에서 생산된 트라반트[Trabant]와 바르트부르크[Wartburg]자동차[사진 6-8]가 간혹 지나가고 있었다. 1980년대에 동독에서는 자가용자동차를 주문하면 약 7~10여 년을 기다렸다고 한다. 그러나 유명한 훔볼트대학교의 대학교수들은 자동차를 우선적으로 빨리 배급 받았다고 한다. 동독에서 1950년대 초부터 생산한 트라반트와 바르트부르크 승용차는 2개의 충정[衝程]모터가 설치된 동독의 표준자동차로 동독의 거리에서 주로 다녔으며, 악취[惡臭]의 배기가스가 코를 찔렀다. 다른 서독 자동차는 전혀 볼 수 없었다. 이 트라반트의 차체[車體]는 플라스틱으로 만들어서 허용시속이 대단히 낮아, 서구[西歐]자동차와 경쟁할 수 없어 통독 후 1990년부터 더 이상 생산되지 않았다.

동베를린의 거리와 공원에는 사회주의의 발전을 위해 삽과 곡괭이를 들고 열심히 일하면서 헌신하는 노동자 동상사진 6-9이 여기 저기에 세워져 있어 좀 이색적이었다. 1936년에 제11차 올림픽경기를 개최할 때, 베를린에 건설한 최신식 운동경기장사진 6-10은 그 당시 전 세계에서 제일 크고 아름다운 경기장이었다고 하므로 가서 구경했다.

사진 6-9 동(東)베를린의 거리에 세워진 사회주의의 노동자 동상

사진 6-10 베를린 올림픽경기(왼쪽, 1936년 개막식 광경) 때, 그 당시 최신식 구조물로 건설된 운동경기장 (오른쪽, 저자 촬영)

프러시아와 프랑스사이의 전쟁1870/1871년에서 프러시아가 승리한 것을 기념하기 위해서 베를린에 세워진 높이가 67m나 되는 전성탑사진 6-11에도 가 보았다. 이 전성탑 위에 설치한 여신 빅토리아 동상을 베를린 시민들은 금金엘제라고 즐겨 부르고 있었다. 베를린에서 1988년에 개최된 독일의 유명한 예술가 Beuys전시회사진 345도 방문했다.

사진 6-11 베를린 전승탑의 꼭지에 설치된 여신 빅토리아(왼쪽)와 1988년에 개최된 독일의 유명한 예술가 Beuys 전시회를 방문(오른쪽)

통독 후에 방문한 베를린

서독과 동독이 1990년 10월 3일에 통독된 후, 서기 2000년에 수도를 본에서 베를린으로 천도遷都하기 위해서 정부청사, 관공서, 주택, 전화, 도로 등 대규모의 공공시설이 급히 필요해서 1990년대에 크게 건설붐이 불었다. 베를린의 넓은 구역사진 6-12이 모두 공사장으로 변했으며, 동독의 옛날 아파트사진 6-13를 많이 보수/개조改造해야 했었다.

사진 6-12 통독 후, 수도를 본에서 베를린으로 천도(遷都)하기 위해서 넓은 베를린의 지역에서 정부청사와 관공서를 건설하고 있는 광경(1995년 촬영)

베를린을 가로 질러 흐르는 하벨강Havel과 스프레강Spree, 사진 6-21에는 관광유람선이 많이 다니며, 이 강이 합류하는 지점에 스판다우 요새要塞가 16세기에 건설되었다. 제2차대전 후, 전범자 루돌프 헤스가 이 스판다우 형무소사진 6-21에 감금되었다. 소련이 제2차대전에 승리한 후, 베를린의 대로大路에 설치한 소련탱크 T-54를 전시展示한 전승기념탑사진 6-22이 통독 후에도 아직까지 남아 있었다.

사진 6-21 국회의사당 옆을 흐르는 베를린의 스프레강에 다니는 유람선(왼쪽)과 제2차대전의 전범자 루돌프 헤스를 수용한 베를린의 스판다우 형무소(오른쪽)

사진 6-22 소련이 제2차대전 후, 베를린의 중심가에 설치한 전성기념탑(왼쪽)과 소련탱크 T-54 (오른쪽, 2003년 촬영)

경제공항때 발행된 독일화폐

저자는 지난 50년 동안 전 세계의 100여개국에서 대형 수자원 프로젝트를 자문할 때, 여러 나라의 옛날/요즈음 지폐, 동전과 우표를 섭렵涉獵해서 수집했다. 독일역사에서 항상 운명의 도시였던 베를린을 방문했을 때, 1922~1923년의 최상最上인플레이션 때 발행된 독일제국의 화폐에 관심을 갖고 수집한 화폐를 여기에 몇 개 간추려 보았다.

제1차대전 때, 독일제국은 전쟁자금을 많이 조달해야 했기 때문에 독일의 마르크가 절반이상 하락하게 되었다. 패전 후 독일제국은 1919년부터 베르사유 조약에 따라 막대한 전쟁부채負債를 지불해야 했다. 그 결과, 독일의 물가와 임금이 폭등해서 점차 고액의 지폐표 4와 그림 6-2를 계속 대량 인쇄했기 때문에 1923년에 6개월 동안에 물가가 4억 배로 폭등했으며 독일역사상 최상最上인플레이션표 6-5이 생겼다. 그 결과 독일의 중류/상류층이 평생 저축한 자금을 1923년에 완전히 상실하게 되었다고 한다.

표 6-4 독일제국은행이 1922년 12월부터 1923년 10월까지 발행한 고액의 지폐

발행일자		발행한 고액의 지폐	구입할 수 있었던 물품
1922년	12월 2일	5,000 마르크 (그림 6-2)	
1923년	2월 1일	100,000 마르크	
	5월 1일	500,000 마르크	
	8월 9일	1,000,000 마르크	버터 1개
	8월 20일	5,000,000 마르크	
	9월 1일	20,000 000 마르크	독일 국내편지 우표 가격
	9월 1일	500,000 000 마르크	
	10월 20일	5,000,000,000 마르크	
	10월 26일	500,000,000,000 마르크	빵 3개

그림 6-2 독일제국은행이 1922년 12월에 발행한 5천 마르크(왼쪽)과 3개월 후인 1923년 2월에 발행한 10만 마르크짜리 지폐(오른쪽)

제1차대전이 발생하기 전에, 독일제국의 경제는 아주 튼튼해서 1914년 7월 1일 날 1마르크는 미국에서 4.2달러를 받았다. 그러나 제1차대전에서 패전한 후 독일의 경제공항기에는 환율이 점차 폭락해서 10년 후에는 미국에서 1달러를 구입하는 데

1923년 7월에는 100만 마르크를

1923년 8월에는 6억 마르크를 그리고

1923년 11월에는 4만2천억 마르크를 주어야 했다. 그래서 독일제국은행이 1922년 12월부터 1923년 10월까지 발행한 고액의 지폐는 표 6-4와 같다.

미국의 국회의원들이 1923년 여름에 독일제국을 방문해서 환전소에서 7달러를 환전했을 때, 40억 마르크를 받았다고 한다. 음식점에서 진미珍味의 점심식사가 15억 마르크로 저렴했으며, 웨이터에게 푸짐하게 4억 마르크미화 70센트에 해당의 팁을 주었다고 한다.

이런 경험은 1990년에 동구東歐가 개방되어 저자가 가족과 같이 체코의 프라하Praha에 갔을 때, 체험했으며 음식점에서 4명의 가족이 먹은 점심값이 4마르크로 대단히 저렴했다. 웨이터에게 1마르크의 팁을 주었을 때, 감사하다고 3번이나 절을 하는 것을 보고 그 당시 독일마르크의 강세强勢를 재삼 느낀 것을 지금까지 기억에 남아 있다.

독일제국에서 1923년에 다른 물가와 같이 편지 1통을 부치는 데 필요한 우표의 가격이 폭등한 사례를 보면 표 6-5와 표 6-6과 같다. 예컨대 시장에서 달걀 1개를 구입하기 위해서 돈뭉치를 유모차乳母車에 잔뜩 싣고 가야했다고 한다.

독일제국은 최상最上인플레이션 때문에 1923년 11월 15일에 화폐개혁을 실시했으며, 미국의 경제원조로 독일경제가 1920년대 중반부터 점차 부흥하기 시작했다. 그러나 1929년에 뉴욕증권시장의 폭락으로 전 세계에 경제공항이 발생했을 때, 독일경제에도 큰 타격을 미쳤다. 그 결과 독일제국화폐가 재차 폭락해서 난로에 태우는 나무를 구입할 수 없어, 돈 뭉치를 연료燃料로 난로에서 태웠다고 한다.

표 6-5 독일에서 1923년의 최상(最上)인플레이션 사례(planet-wissen통계자료 인용)

번호	품목	베를린의 물가(독일제국 마르크, RM)	
		1923년 6월 9일	1923년 12월 2일
1	달걀 1개	800	320,000,000,000
2	우유 1리터	1,440	360,000,000,000
3	감자 1kg	5,000	90,000,000,000
4	전차표	600	50,000,000,000
5	환률 1US$	100,000	4,210,000,000,000

표 6-6 독일제국에서 1923년에 편지를 부칠 때, 폭등한 우표가격

일자	3월 1일~31일	7월 1일~31일	10월 1일~9일	11월 1일~3일
우표가격	100 마르크	300 마르크	2백만 마르크	2천만 마르크

독일에서 1923년에 인플레가 2천5백%나 되었으므로, 노동자들에게 매일 인플레에 따라 오전과 저녁에 2회 봉급을 지불했다고 한다. 최상最上인플레이션으로 빵 1개의 값이 1천4백억 마르크나 되었다고 한다.

저자가 수집한 독일에서 1922~1923년의 최상最上인플레이션 때 독일제국은행, 각 도시의 시청과 큰 회사에서 공무원, 회사직원/노동자들에게 봉급/임금을 주기 위해서 발행한 지폐와 물가의 폭등을 그림 6-3, 그림 6-4, 그림 6-5와 그림 6-6에서 비교해 보기로 한다.

그림 6-3 독일제국은행이 1923년 5월 발행한 50만 마르크(왼쪽)와 1923년 8월에 발행한 100만 마르크짜리 지폐(오른쪽). 물가의 폭등으로 인해 이 고액의 지폐로 200그램짜리 버터 1개를 살 수 있었다고 한다.

그림 6-4 경제공황기에 1923년 3월~11월까지 8개월 동안에 편지의 우편료가 20만 배로 폭등한 우표

그림 6-5 독일제국이 1923년 9월 1일에 발행한 2천만 마르크짜리 지폐(왼쪽)는 물가의 폭등으로 1923년 11월 달에는 편지 1통을 부치는 우표(중간) 하나를 살 수 있었으며, 계속 물가의 폭등으로 연말에는 우표 가격이 5억 마르크(오른쪽)까지 상승했다.

그림 6-6 독일제국은행이 1923년 9월에 발행한 5억 마르크(왼쪽)와 1923년 10월에 발행한 50억 마르크짜리 지폐(오른쪽)

제1차대전 때, 대량의 금속재료가 필요했기 때문에 독일제국에서 유통되는 동전을 모두 압수押收해서 무기와 포탄을 제조하는 데 사용했다. 패전한 후 1920년~1921년부터 부족한 동전을 보충하기 위해서 각 도시/마을에서 10~50페니히짜리 대용지폐를 발행하게 되었다. 몇 개의 사례를 보면 그림 6-7, 그림 6-8과 그림 6-9와 같다.

그림 6-7 제1차대전에서 패전한 후 1921년부터 부족한 동전을 보충하기 위해서 하르츠 산(山) 지대에 있는 조그만한 브라운라게 마을에서 발행한 10~25페니히짜리 상품권

그림 6-8 제1차대전에서 패전한 후 1921년부터 부족한 동전을 보충하기 위해서 초일렌로다에서 발행한 25페니히짜리 대용지폐의 전후면

그림 6-9 제1차대전에서 패전한 후 1921년부터 부족한 동전을 보충하기 위해서 파더보른의 저축은행에서 발행한 50페니히짜리 대용지폐의 전후면

독일제국의 중앙은행에서는 1914~1923년의 경제공황기에 물가와 임금이 폭등하고 화폐의 금액이 폭락해서 1923년에는 매월 고액의 지폐를 발행했으나, 물가상승에 맞추어 필요한 지폐를 모두 발행해서 전국에 배달할 수가 없었다. 그 결과 독일의 각 도시/마을과 훽스트Hoechst 제약회사, 크룹Krupp/티센Thyssen제강회사 등 큰 회사에서는 공무원들, 직원들과 노동자들에게 봉급/임금을 주기 위해서 8만여 종류의 각종 대용화폐를 인쇄했다. 예컨대, 루르지방의

뒤셀도르프와 쾰른에서는 1923년에 50만~2억 마르크짜리[그림 6-10]를, 함부르크에서 1억 마르크짜리[그림 6-11], 베를린과 드레스덴에서는 200억~1천억 마르크짜리 고액의 대용화폐[그림 6-12]까지 발행했다.

그림 6-10 경제공항기에 공무원과 노동자들에게 봉급/임금을 지불하기 위해서 1923년에 뒤셀도르프에서 50만 마르크짜리(왼쪽)와 쾰른에서 2억 마르크짜리(오른쪽)의 대용화폐/상품권을 발행했다.

그림 6-11 경제공항기에 함부르크 시청에서 공무원과 노동자들에게 봉급/임금을 지불하기 위해서 1923년에 발행한 1억 마르크짜리의 대용화폐

그림 6-12 경제공항기에 베를린(왼쪽)과 드레스덴(오른쪽)에서는 공무원과 노동자들에게 봉급/임금을 지불하기 위해서 1923년에 발행한 200억~1천억 마르크짜리의 고액 대용화폐/상품권

6.2 함부르크

저자는 1970~2000년대에 독일학회사진 6-23, 세미나와 댐자문회의에 참석하기 위해서 함부르크에 5번 갔으나 시간이 없어서 관광은 별로하지 못했다.

서기 1189년에 설립된 함부르크는 13~15세기에 한자동맹에 가입해서 옛날부터 통상의 중심지로 독일의 관문關門이었으며, 1989년에 800주년 기념식을 갖게 되었다. 함부르크의 상징인 시청사사진 6-24는 서기 1886~1897년에 건설되었으며, 그 탑의 높이는 112m나 된다.

사진 6-23 함부르크의 학술대회장(왼쪽)에서 개최된 독일학회 모임에 참석한 저자(1988년 촬영)

사진 6-24 함부르크의 상징인 시청사(왼쪽)와 중심가의 조용한 아침풍경

기센대학교의 리비히 교수가 1840년에 인조비료를 개발하기 이전까지 독일에서 농사를 짓는데 흉작凶作이 빈번해서, 식량부족으로 독일인들이 해외로 이민을 많이 갔다. 독일에서 19세기 초반에는 약 절반이 남미로 이민갔으며, 19세기 중반부터는 독일이민의 90% 이상이 미국으로 갔다. 함부르크에서 미국 뉴욕까지 돛배로 이민갈 때 거의 90일간이나 걸려서, 이 기간 동안에 배에서 가족들이 먹을 상당한 량의 식량을 모두 배에 싣고 가야했으므로 그 당시 대단한 고역을 겪고서 이민을 갔었다.

그러나 19세기 말~20세기 초부터 독일제국이 점차 공업화 됨에 따라 실직자와 식량결핍이 점차 줄어져 해외로 이민간 숫자도 크게 줄어졌다. 그 당시 함부르크에서 유럽의 이민들을 미국으로 실고 간 '함부르크-미국 선船, Hamburg-Amerika Linie'은 1913년에 전 세계에서 제일 큰 선박회사이었다. 독일이민이 함부르크에서 브라질의 리오 데 자네이로와 아르헨티나의 부에노스아이레스로 타고 간 'Cap Arcona'는 1927년에 진수된 27,000톤짜리 대형선박그림 6-13으로 약 1,500명의 승객이 탈 수 있었다. 이 배의 시속은 20노트로 빨라서, 남미까지 15일 정도 걸렸다. 경제공항기였던 1928~1929년에 독일에서 이 배를 타고 약 6만 명이 남미로 이민갔다고 한다.

1898년에 상해-함부르크 간에 상선이 왕래할 때, 중국사람들이 함부르크에 이민 와서 1920년대에 차이나타운China Town을 만들었다고 한다. 그러나 아직까지 이런 차이나타운이 남아 있는 영국의 런던, 미국의 뉴욕과 샌프란시스코 등지와는 달리 독일에서는 1930~1940년대에 나치스시절에 중국사람들을 탄압해서 함부르크에 있었던 유일한 차이나타운이 이제 없어져 버렸다.

그림 6-13 함부르크 선박회사에서 브라질의 리오 데 자네이로와 아르헨티나의 부에노스아이레스로 이민가는 여객을 모집하는 광고판(1927년)

한국, 일본, 중국 등 극동에서 오는 컨테이너 선박은 주로 네덜란드의 로테르담과 독일의 함부르크 항구에서 하역하므로, 컨테이너 선박의 급격한 발달표 6-7에 맞추어 함부르크 항구의 수심水深을 13.5m2001년, 11만 톤짜리 선박의 흘수(吃水)에 해당, 사진 6-25, 15.8m2012년로 더 깊이 굴착했으며, 앞으로 세계에서 제일 큰 컨테이너 선박이 입항할 수 있도록 깊이를 17.3m까지 굴착할 예정이다.

표 6-7 컨테이너 선박의 발달(2000년 10월 17일 FAZ신문과 독일학회에 발표된 통계 인용)

번호	선박형	년도	실은 컨테이너 숫자	선박 크기		
				길이(m)	폭(m)	흘수(m)
1(*)	3~4세대(파나맥스)	1972	3,000~4,900	260~295	32,2	12,5~13,5
2	파나맥스 후	1992	5,000~6,000	284~318	39~42	13,5
3	S형	1997	6,400	347	42,8	14,5
4	수에즈맥스	2010	12,000	400	50	17
5	말라카맥스	2015	18,000	400	60	21

설명: (*) = 파나마 운하의 갑문시설을 통과할 수 있는 컨테이너 선(船)

사진 6-25 북해에서 함부르크 항구까지 대형선박이 항해할 수 있도록 엘베강의 하상(河床)을 주기적으로 준설하고 있는 광경(1996년 촬영)

6.3 뮌헨

뮌헨의 관광지

뮌헨인구 약 130만 명은 바이에른Bayern주의 수도이며, 독일에서 예술의 중심지이다. 이 도시는 서기 1158년에 설립되어 중세기에 소금, 옷감, 포도주를 판매하고 바이에른의 전통적인 옷감인 '거친 모직물Loden'을 생산/판매해서 부유해졌다.

독일사회에서 뮌헨이 '살기 좋은 도시'로 널리 알려진 이유는 독일도시 가운데서 제일 많은 봉급을 벌 수 있고, 각종 스포츠를 할 수 있는 장소가 주위에 많으며, 멀리 떨어지지 않은 교외郊外에 호수가 많고, 알프스산이 근처에 있어 공기가 좋은 휴양지가 많고 요양지로 대단히 양호하기 때문이다.

그 외에 뮌헨 시내에는 맥주점이 많고, 빅투아리엔 시장Viktualienmarkt에 들리면 독일인은 물론 외국사람도 맥주잔을 들고 쾌적하게 즐기면서 항상 부담 없이 흥미 있게 환담할 수 있었다. 매년 9~10월달에 약 2주간 개최되는 옥토버페스트Oktoberfest에는 수백만 명의 독일/외국 여행객이 몰려와서 전체도시가 축제의 분위기에 들어간다. 바이에른 사람들은 일할 때는 열심히 일하고, 놀 때는 술을 퍼먹고 잘 즐긴다. 그래서 옛날부터 독일에서 대학교를 졸업한 후 대부분의 졸업생들이 뮌헨에서 직장생활을 하는 것을 소망하고 있다.

뮌헨과 주위에 있는 관광지와 명승지는

양파모양의 종탑지붕으로 1468~1488년에 건설된 마리아 성당Frauenkirche, 사진 6-26은 뮌헨의 상징Wahrzeichen이다. BMW자동차회사의 크로바형 본사건물사진 6-26과 BMW박물관에는 BMW가 제조한 비행기모터1916년, 오토바이1923년, 자동차1928년등이 전시되어 있다.

구舊 시청높이 55m, 1480년 건설, 사진 6-27과 뮌헨의 중심지인 마리아 광장Marienplatz에 있는 신新 시청높이 85m, 사진 6-27은 1867~1908년에 건설되었으며, 하루에 3번씩 11, 12, 17시가 되면 음악에 따라 인형들이 시계탑에서 나와서 춤을 춘다. 이 인형춤을 구경하기 위해서 많은 사람들이 시간에 맞춰 시계탑 앞에 모인다.

사진 6-26 양파모양의 종탑지붕으로 1488년에 건설된 뮌헨 대성당인 마리아 성당(Frauenkirche)(왼쪽)과 BMW자동차회사의 크로바형 본사건물(오른쪽)

사진 6-27 뮌헨 대성당 옆에 있는 구(舊) 시청사(왼쪽, 1480년 건설)와 신(新) 시청사(오른쪽, 1908년 건설)

이 광장에는 30년 전쟁 때 큰 재난災難없이 뮌헨을 보호해준 것을 감사하는 성모 주상柱像, Mariensäule이 설치되었다.

뮌헨에서 북쪽으로 5km 떨어진 올림픽공원에서 개최된 제20차 뮌헨올림픽대회1972년 때 건설된 천막지붕도 뮌헨의 상징이다.

빅투아리엔 시장은 1807년에 열렸으며, 여행객들이 많이 와서 정원식 맥주점Biergarten의 긴 나무식탁에 앉아 맥주와 소시지 등 각종 음식을 먹어면서 처음보는 사람들과 즐겁게 대화를 나눌 수 있다.

뮌헨의 국립극장사진 6-28과 바이에른 왕 루드비히 1세가 1844년에 건설한 장군홀Feldherrnhalle, 그리고 18세기에 건설된 '영국공원'에는 호수가 있어 뮌헨시민들이 즐기는 휴양지사진 6-29이다.

뮌헨에서 6km 떨어진 님펜부르크Nymphenburg궁전사진 6-29과 공원은 바이에른 왕의 여름저택으로 1664~1674년에 건설되었다. 그 동쪽에는 국립도자기제작소가 1747년에 설립되었다.

사진 6-28 뮌헨의 국립극장(왼쪽)과 1844년에 건설된 장군홀(오른쪽)

사진 6-29 뮌헨의 교외에 있는 님펜부르크 궁전(왼쪽)과 호수가 있어 뮌헨 시민들이 즐기는 휴양지인 '영국공원'(오른쪽)

뮌헨과 바이에른 주에서는 매년 5월달에 꽃, 리본ribbon 등으로 장식한 높이가 10m 이상 되는 높은 나무기둥Maibaum이라고 부름을 세우는 풍습이 있다. 그리고 성체축제일Fronleichnam에는 가톨릭신자들이 민속복Dirndl 또는 각 지방의 풍습에 따른 예복Trachtenwäsche을 입고 십자가와 성모상을 들고 종교적 행렬Prozession에 참여하고 있어 신앙심이 강한 주민들이라고 생각되었다.

뮌헨대학교LMU는 1472년에 설립되어, 이제 500여 년이 되었으며 학생수가 4만6천 명으로 독일에서 제일 큰 대학교에 속한다. 뮌헨공과대학교TU는 1868년에 설립되어 150년이 되었다. 현재 대학생수는 4만 명으로 170개의 전문분야를 선택해서 청강聽講할 수 있다.

사진 6-30 뮌헨 대성당과 신 시청사(왼쪽) 근처에 있는 커피에 특수한 향기가 나도록 가공(加工)하는 달마이어 미식가(美食家) 전문점(중간/오른쪽, 1700년 설립)

뮌헨에는 미식가美食家들이 즐겨 들리는 1700년에 설립된 달마이어Dallmayr 미식美食전문점이 있다. 커피에 특수한 향기가 나도록 가공加工해서 판매하는 각종 커피사진 6-30는 맛이 아주 좋고 특이하다고 생각되었다.

뮌헨에는 유로국가의 특허국Europäisches Patentamt이 설치되었다. 2021년에 27개의 유로국가에서 18만여 개의 특허를 신고했다. 그 가운데서 독일의 바이에른 주州에서 7656개의 특허품신고로 제일 많았으며, 프랑스의 파리 지구地區, Ile de France에서 6705개의 특허품을 신고했다. 독일회사 가운데서 지멘스회사가 1720개로 1위, 보시Bosch회사가 1289개, 그리고 BASF 화학회사가 1284개로 3위이었다고 기록되어 있다.

나치스시절에 1933년에 처음으로 뮌헨에서 서북쪽으로 19km 떨어진 다하우Dachau에 설치된 강제수용소사진 6-31가 일부 보관되어 있어, 관심을 갖고 있는 외국관광객들이 많이 방문하고 있다.

사진 6-31 나치스시절에 뮌헨 근처에 처음으로 설치된 다하우 강제수용소(2006년 촬영)

옥토버 페스트

뮌헨의 옥토버 페스트Münchener Oktoberfest는 매년 9월 중순부터 10월초까지 3주 동안 계속된다. 뮌헨시청의 정보에 따르면,

전 세계에서 제일 큰 축제인 옥토버 페스트에는 매년 약 6백만 명이 참석하고, 1인당 평균 150유로를 지출하며, 참석자들이 축제장의 입장권 구입과 술/음식, 호텔/레스토랑, 바이에른주의 토산품土産品 쇼핑, 교통비, 택시비 등으로 약 10억 유로를 소비한다고 한다.

독일의 유명한 맥주공장에서는 뮌헨의 옥토버 페스트때 고객과 함께 즐겁게 맥주를 마실 수 있는 전용텐트를 설치한다. 유명한 맥주공장 가운데서 1328년에 설립된 아우구스티너Augustiner, 호프브로이Hofbräu 그리고 뢰벤브로이Löwenbräu 맥주공장의 전용텐트의 외부와 내부를 보면 사진 6-32, 사진 6-33과 사진 6-34와 같다. 값이 비싼 전용텐트에서는 내부에 설치한 10인용 식탁의 좌석권이 5,000유로1인당 500유로로 판매되고 있다. 맥주공장에서는 이렇게 비싼 좌석권을 고객들에게 선물하고 있다. 여기서는 주로 맥주를 과음하므로 이탈리아에서는 뮌헨의 옥토버 페스트를 실감實感 있게 '맥주축제festa della birra'라고 부르고 있다. 미국에서는 이 옥토버 페스트가 독일의 시인 괴테보다 더 잘 알려져 있다고 한다.

사진 6-32 뮌헨의 2006년도 옥토버 페스트의 아우구스티너 맥주공장의 전용텐트(왼쪽)와 그 앞에서 아내와 한국에서 온 여동생과 같이(오른쪽)

사진 6-33 뮌헨의 2006년도 옥토버 페스트의 호프브로이 맥주공장(왼쪽)과 뢰벤브로이 맥주공장의 전용텐트(오른쪽)

사진 6-34 뮌헨의 2006년도 옥토버 페스트에서 저자, 아내와 한국에서 온 여동생과 같이

옥토버 페스트에서는 황소구이Ochsenbraten, 구운 닭요리Brathendl를 먹고, 맥주에는 소금을 뿌린 브레첼Bretzel과 막대기 모양의 흰 빵과자Salzstange를 먹는다. 2019년에 거행된 186주년 옥토버 페스트9월 21일~10월 6일까지의 통계에 따르면, 630만 명의 방문객이 와서 124마리의 황소구이를 먹고, 1리터짜리 큰 맥주잔Mass Bier으로 730만 잔을 마셨다고 한다.

맥주를 과음한 후 기분이 좋으면 식탁 위에 올라가서 춤도 추었다사진 6-35. 부엌에서는 맥주 주문에 따라 웨이트리스waitress들이 무거운 4~6개의 맥주잔전체 무게 9.2~13.8kg을 한꺼번에 팔 사이에 끼고 분주하게 운반사진 6-36하고 있었다. 빈 맥주잔 1개의 무게는 1.3kg, 1리터의 맥주가 들어간 맥주잔의 무게는 2.3kg이다.

사진 6-35 뮌헨의 2006년도 옥토버 페스트에서 기분이 좋아서 식탁 위에 올라가서 춤을 추는 젊은 여성들

사진 6-36 뮌헨의 2006년의 옥토버 페스트에서 분주하게 무거운 맥주잔을 운반하고 있는 웨이트리스(waitress)들

저자의 둘째딸 가족이 뮌헨에서 거주하고 있으므로, 지금까지 가족/친지들과 같이 여러 번 뮌헨의 옥토버 페스트[사진 6-37]에 갔다. 그러나 2020년과 2021년에는 Covid-19 전염병 때문에 옥토버 페스트가 옛날처럼 개최되지 않았다.

사진 6-37 뮌헨의 2009년도 옥토버 페스트(오른쪽)에서 바이레른 주의 전통적인 민속복(Dirndl)을 입은 아내와 두 딸과 같이(왼쪽)

호프브로이하우스 맥주점

저자가 1960년대 말에 유학생으로 뮌헨을 방문했을 때, 뮌헨의 중심가인 슈바빙Schwabing에 있는 서기 1589년에 설립되어 400여 년이 된 유명한 호프브로이하우스Hofbräuhaus 맥주점사진 6-38은 신문에 선전광고를 자주 내어서 고객을 끌고 있었다. 그러나 요즈음은 외국관광객들에게도 널리 알려져 있어, 매스컴에 광고를 내지 않아도 항상 독일/외국에서 온 손님들이 많았다. 맥주홀과 정원에는 오전부터 밴드사진 6-39가 음악을 연주해서 기분을 북돋아 주고, 음악에 맞추어 춤을 추는 주객도 있었다. 저자가 호프브로이하우스에 갈 때마다 느낀 바에 의하면, 주객酒客들의 소음騷音, 독일사람들의 '김치'인 사워크라우트Sauerkraut와 소시지구이 냄새가 맥주홀을 채우고 있었다.

사진 6-38 뮌헨에 있는 유명한 호프브로이하우스 맥주점(1589년 설립)

사진 6-39 뮌헨의 호프브로이하우스 맥주점에서 오전부터 음악을 연주해서 기분을 북돋아 주고 있는 밴드(왼쪽)와 저자도 오전부터 필수적으로 맥주를 마셨다(오른쪽, 아내와 한국서 방문한 여동생).

사진 6-40 뮌헨의 호프브로이하우스 맥주점에서 항상 자기 자리(Stammtisch)에 앉아서 맥주를 마시고 있는 단골손님들

뮌헨의 호프브로이하우스 맥주점에 가면 단골손님용 식탁[Stammtisch]이 지정되어 있어 단골손님들 [사진 6-40]은 항상 자기 자리에 앉아서 맥주를 마시고 있었다. 처음 방문하는 손님은 외래인[外來人] 좌석에 앉아야 했다. 이 맥주홀은 바이에른 주에서 유명하고 전형적 음식인 흰 소시지[Weisswurst], 돼지종지뼈요리[Schweinshaxen] 또는 레버캐스[Leberkäs]도 주문할 수 있어서 항상 푸짐하게 먹었다.

뮌헨의 독일박물관

1906년에 뮌헨에 설립된 독일박물관[Deutsches Museum]은 면적이 약 5만m^2로 전 세계에서 제일 크고 제일 처음으로 열린 자연과학/공학박물관이었다. 여기에는 독일기술자들이 전 세계에서 처음으로 개발한 각종 기계, 예를 들면 최초의 지멘스 전기기관차[1878년], 다임러/마이바흐의 오토바이[1885년], 벤츠자동차[1886년], 디젤엔진[1897년], 독일해군의 잠수함 U1[1906년], 오토한/슈트라스만이 원자[原子]를 처음으로 분리한 실험대[1938년], 추제[Zuse]가 개발한 컴퓨터 Z3[1941년],

처음으로 '기적무기'Wunderwaffe로 개발되어 제2차대전 때 주야로 영국으로 발사한 대형 로켓 rocket V2(1942년), 세계최초의 제트비행기 Me262(1944년) 등 다수의 실물이 전시되어 있어 젊은이들이 가서 많이 보고 배우고 견문을 넓힐 수 있는 박물관(사진 6-41)이라고 하겠다.

이 박문관은 일년에 방문객이 150만 명이나 되며, 사물을 가르치는 시설로 구상되어 누구나 연습하고 작동하는 방법, 예를 들면 벽돌구이, 입으로 부는 방식의 유리병 제조, 주금鑄金, 반죽이 된 펄프를 틀에 부어서 제지製紙하는 방법 등을 배울 수 있었다. 어떤 제조방법은 영화로도 보여주고 있었다.

독일의 도르니에Dornier회사가 처음으로 개발한 수직垂直 이착륙離着陸 군용수송기 Do 31(사진 6-42)이 독일박물관의 안마당에 전시되어 있었다. 그리고 한국의 거북선(사진 6-42)도 전시되어 있어 가족들에게 그 역사를 상세하게 설명해 주었다.

사진 6-41 가족과 같이 방문한 뮌헨의 독일박물관(왼쪽, Deutsches Museum의 항공사진 인용)에 있는 19세기에 인조비료를 발명한 기센 대학교의 리비히교수의 화학관 전경(오른쪽, 1984년 저자 촬영)

사진 6-42 뮌헨에 있는 독일박물관에 전시된 한국의 거북선(왼쪽)과 독일의 도르니에 회사가 개발한 수직(垂直) 이착륙(離着陸) 군용수송기 Do 31(오른쪽)

뮌헨의 올림픽경기장

뮌헨의 1972년 올림픽경기 때, 건설된 운동경기장 시설은 유럽에서 제일 규모가 큰 경기장으로 알려져 있다. 독일에서 개발한 천막형 운동장[사진 6-43]은 전 세계에서 유일무이한 특수구조물로 플라스틱 유리로 만든 지붕을 강철선과 강철봉으로 서로 연결했으며, 전체 천막지붕[면적 7만5천m^2]을 높이가 7~80m나 되는 56개의 강철마스트로 지지한 후 강철 케이블로 지중[地中]에 설치한 흙앵커[soil anchor]에 단단하게 연결했다. 천막지붕에 덮은 플라스틱 유리는 길이와 폭이 각각 3m, 두께가 4mm로 투명해서 자연광선이 통과하므로 오후 늦게까지 전력을 절약할 수 있었다. 저자는 천막형 구조와 흙앵커에 관심을 갖고 상세하게 구경하기 위해서 경기장을 2번 방문했다.

1936년의 베를린 올림픽경기 때에는 나치스가 장엄[莊嚴]한 운동경기장[사진 6-10 참조]을 전 세계에 제시하려고 노력했다. 그 반대로 뮌헨의 올림픽경기에서는 독일의 최신기술[사진 6-44], 경제적인 구조물 그리고 잘 가꾼 올림픽 공원과 8만m^2로 큰 올림픽호수를 설치해서 자연미를 잘 조화시켰다. 알프스산에서 열풍[熱風, Föhn]이 내려 부는 날에는 뮌헨에서 남쪽으로 70km 떨어진 원경[遠景]의 카르벤델 산[알프스 산]까지 멀리 볼 수 있어 정말 장관[壯觀]이라고 하겠다.

사진 6-43 제20회 뮌헨 올림픽경기(1972년) 때 건설된 천막형 운동경기장

사진 6-44 뮌헨의 천막형 올림픽경기장(항공사진: Adam/Paul, 2001)

이 뮌헨 올림픽경기장에는 7만 명을 수용할 수 있으며, 제20회 뮌헨 올림픽경기 때 121개국에서 온 선수들이 참석했으며, 올림픽 개최開催경비는 20억 마르크가 소요되었다고 한다. 이 경기장의 잔디 밑에는 길이가 19km나 되는 난방용 파이프를 설치해서, 눈雪이 온 겨울에도 축구경기를 할 수 있도록 만들었다. 그리고 올림픽 마을에서 외국선수들이 옛날에 취침한 숙소는 현재 뮌헨대학교 학생들의 기숙사로 사용되고 있다.

6.4 쾰른

쾰른Köln은 로마제국의 수도首都로 콜로니아 아그리피넨시스Colonia Agrippinensis이란 이름으로 2천 년 전에 건설된 도시이다. 로마제국의 황후皇后 아그리피나Agrippina가 태어난 도시로 인구가 2만5천 명1248년, 6만 명1820년, 50만 명1945년에서 1백만 명으로 증가해서 독일에서 현재 4번째로 큰 도시이다.

로마시절에는 쾰른에 식수를 공급하기 위해서 88km떨어진 아이펠 산높이 400m에서 평균 0.5%로 경사진 수도水道, Roman aqueduct와 수로교水路橋, 그림 6-14를 쾰른까지 설치했다. 중세기1250년에 쾰른을 보호하기 위해서 자연적인 방어선인 라인강의 남쪽에 반월형으로 축조한 길이가 7.5km인 성벽에는 다수의 탑과 성문이 건설되었다. 이 쾰른의 성벽은 12세기에 축조된 성벽 가운데 제일 컸다고 한다. 그 당시 쾰른은 예루살렘, 콘스탄티노플현재 이스탄불과 로마와 함께 널리 알려진 성스러운sancta 성도聖都로서, 쾰른에는 150개의 교회가 있었으며, 동시에 주요한 상업도시로 북쪽에 있는 한자동맹도시의 중심지였던 독일의 항구도시 뤼베크12.4절 참조와 경쟁한 막강한 도시였다.

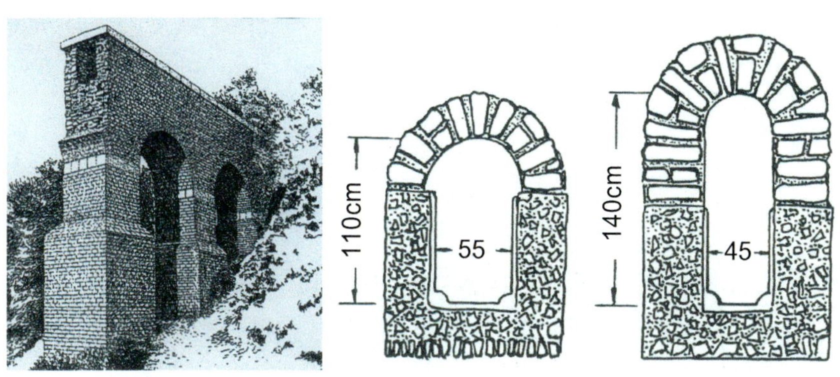

그림 6-14 로마시절에 쾰른에 식수를 공급하기 위해서 88km 떨어진 아이펠 산(山)에서 평균 0.5%로 경사지게 건설한 수로교(水路橋)와 수도(水道, Roman aqueduct)의 단면(v. Wölfel, 1997)

사진 6-45 멀리서 볼 수 있는 종탑 높이가 157m나 되는 쾰른 대성당(1248년 착공, 1880년 완공) 옆을 흐르는 라인강에 분주하게 다니는 내륙선(왼쪽)과 1998년에 쾰른을 방문한 한국 단국대학교 최문식 교수 부부(오른쪽)

쾰른은 고도[高度]가 40m로 낮은 라인강의 넓은 평야에 놓여 있어, 수십km 떨어진 교외[郊外]에서도 쾰른 대성당[사진 6-45]의 종탑꼭지를 볼 수 있다. 가족[사진 6-46]과 같이 쾰른에 갔을 때, 제일 먼저 방문한 쾰른 대성당은 길이가 144m, 폭이 41m나 되는 면적에 수백 명의 인부를 동원해서 1248년에 착공, 600여 년 후인 1880년에 높이가 157m인 두 개의 종탑을 축조해서 공사를 완료했다고 가이드가 설명해 주었다.

저자는 유학생 시절에 3개월 동안의 여름방학 기간에 오토스톱해서 독일과 유럽의 명승지를 자주 무전여행하면서 견문을 넓혔으며, 실제로 백문[百聞]이 불여일견[不如一見]이란 격언[格言]을 실감[實感]하게 되었다. 그래서 주말과 휴가 때 가족과 같이 자동차/비행기로 단거리/장거리 여행을 자주 다니면서 어릴 때부터 두 딸에게 많이 보여주어 견문을 넓히도록 했으며, 이렇게 어릴 때 여행하면서 얻은 경험이 이제 성년이 된 두 딸이 직장에서 공고한 자리를 잡는 데 큰 도움이 된 것을 볼 수 있었다.

쾰른 대성당은 독일에 건설된 제일 큰 고딕[gothic] 건물로 역사적으로 그리고 건축공학적으로 널리 알려진 건물이다. 쾰른은 대성당을 1248년에 착공할 때, 그 당시 독일에서 제일 큰 도시였으며 이 도시의 인구[2만5천 명]를 모두 수용할 수 있는 전 세계에서 제일 크고 넓은 고딕식 교회를 건설하려고 했다. 독일의 대도시[표 6-8]를 비교해 보면, 200년 후인 1450년의 쾰른 인구는 3만 명으로 계속 독일에서 제일 큰 도시였다.

표 6-8 중세기(1450년)에 독일에서 주요한 대도시의 인구

번호(큰 도시 순위)	도시이름	인구(1450년)
1	쾰른	3만
2	뤼베크	2만2천
3	스트라스부르(현재: 프랑스)	2만
4	단치히(현재: 폴란드)	2만
5	뉘른베르크	2만
9	함부르크	1만8천
11	프랑크푸르트	1만

무거운 고딕식 성당의 무게를 먼저 연약한 기초에 안전하게 분포하기 위해서 다수의 말뚝을 항타해서 지지했으며, 높이가 157m인 쌍둥이 종탑의 기초에는 정구장 3배의 넓은 면적

860m²에 지하 15m 깊이까지 굴착해서 두께가 9m인 벽을 단단하게 축조했다. 건설자재는 라인강 상류 40km 떨어진 드라헨펠스Drachenfels에서 30만여 톤의 단단한 돌을 절단/선적해서 공사장으로 갖고 왔으며, 한 개의 돌무게가 1톤이나 되어 다수의 인부들이 나무로 만든 기중기로 돌을 높이 끌어올려야 했다. 건설 도중에 여러 번 설계변경, 정치적인 불안, 경제난 등으로 여러 번 공사가 중단되어 공사기간이 모두 632년이나 걸렸으며 최종적으로 1880년에 완공되었을 때, 도시인구는 처음 인구의 5배 이상인 13만 명으로 증가했다. 프러시아가 프랑스의 나폴레옹 3세와 싸운 1871년의 보불普佛전쟁에서 승리했을 때, 포획捕獲한 프랑스 대포를 녹혀서 종鐘을 만들어 양쪽 종탑에 걸었다고 한다.

이 대성당에 설치한 천연색 창문의 면적은 1만m²이나 되어, 매년 유지/보수 작업하는 데 석공石工, 전기공, 유리공 등 60여 명의 장인匠人팀이 종사하고 있으며, 1996년에 유네스코의 고적물로 인정된 이 대성당을 방문하는 관람객은 매일 1만 명 이상이라고 가이드가 설명해 주었다.

쾰른은 독일에서 제일 큰 가톨릭교구敎區로, 서기 1164년에 삼왕三王성인의 유골이 이 대성당으로 운반되었다고 한다. 제2차대전 때 1942~1945년에 영국공군이 쾰른을 여러 번 폭격해서 전체도시의 90%가 파괴되었으며, 쾰른 대성당에는 14개의 폭탄이 떨어졌으나 북쪽 종탑만 약간 파손되었다고 알려지고 있다.

사진 6-46 겨울에 여행객이 드문 쾰른 대성당과 시내광경(1984년 촬영)

그림 6-15 독일 우편국이 1988년에 발행한 쾰른대학교 설립 600주년 기념우표(왼쪽)와
1997년에 발행한 쾰른 카니발의 175주년 기념우표(오른쪽)

저자는 시간을 할애[割愛]해서 1388년에 설립되어 설립 600주년을 기념[그림 6-15]한 독일에서 두 번째로 오래된 쾰른대학교도 방문했다. 현재 학생수는 약 5만 명, 쾰른의 다른 대학과 합친 전체 대학생수는 10만여 명[도시인구의 10%]으로 베를린, 함부르크, 뮌헨 다음으로 4번째로 큰 대학도시이다.

쾰른에서 널리 알려진 정치가와 명물로는,

쾰른의 아데나워[1876~1967년] 시장은 서독에서 1949~1963년까지 초대 수상직을 맡았다.

쾰른의 명물향수인 '4711 오 드 콜로뉴[Eau de Cologne]'는 널리 알려져 있다.

쾰른에서는 명물맥주인 쾰쉬비어[Kölsch Bier]를 전통적인 맥주주점에서 즐겨히 마신다. 이 맥주는 뒤셀도르프의 명물맥주인 'Alt'와는 맛이 많이 다르다. 쾰른에서 이 쾰쉬비어의 시음[試飮]을 권하고자 한다.

쾰른에서 1839년에 설립된 유명한 초콜릿[chocolate] 제조회사인 Stollwerck는 미국 등 전 세계에 널리 알려졌으며, 초콜릿을 좋아하는 사람은 그 박물관을 반드시 방문했었다.

쾰른은 사순절[四旬節] 때 개최되는 카니발[Fasching]의 중심지로 1997년에 쾰른의 카니발은 175주년을 기념[그림 6-15]했으며 마인츠와 뒤셀도르프에서 매년 개최되는 카니발과 함께 독일에서 제일 유명하다.

사진 6-47 독일의 오덴 산림(山林)에 있는 부헨에서 유럽 8개국에서 변장한 5천여 명이 참석해서 쇼를 보여준 555주년 카니발 행사(2002년 촬영)

독일에서는 각 도시마다 사순절 때 카니발 행사가 있으며, 독일에서 제일 오래된 카니발은 오덴 산림山林, Odenwald에 8세기에 설립된 부헨Buchen에서 거행되어, 저자도 가서 구경했다. 이 부헨에서 2002년 2월달에 555주년 카니발사진 6-47이 개최되었을 때, 독일, 오스트리아, 스위스, 프랑스, 벨기에, 이탈리아, 스페인, 헝가리 등지에서 변장한 5천여 명이 모여 하루 종일 각종 쇼를 보여주었다.

6.5 프랑크푸르트

외국여행객이 프랑크푸르트인구 66만 명를 자주 방문하는 이유는

- 중세기에 독일황제의 대관식과 국회가 개최된 1200년그림 6-16 된 도시
- 독일에서 제일 큰 프랑크푸르트 국제공항과
- 동서남북으로 고속도로와 고속전철이 잘 설치된 교통의 중심지
- 괴테 생가生家
- 유럽중앙은행과 독일 금융계金融界의 중심지
- 매년 가을에 개최되는 전 세계에서 제일 큰 서적전시회Frankfurter Buchmesse
- 국제자동차전시회(설명: 최근에 뮌헨으로 이전했음)
- 젠켄베르크 자연박물관, 야자수정원과 동물원
- 독어판 출판물이 모두 소장된 독일국립도서관이 있기 때문이다.

저자는 프랑크푸르트의 외곽도시인 바드 홈부르그에서 거주하면서 프랑크푸르트의 주요 고적물을 방문할 기회가 많았다. 여기에 이 도시의 고적물과 명승지를 정리해 보기로 한다.

그림 6-16 프랑크푸르트의 설립 1200년을 기념하기 위해 1994년에 발행된 독일우표(저자 소장)

프랑크푸르트 대성당과 시청사

독일황제의 선거가 1356년부터 1792년까지 400여 년 동안 프랑크푸르트 대성당[13~15세기에 건설, 사진 6-48]에서 실시되었다. 그리고 서기 1562년~1792년까지 200여 년 동안에 10명의 독일황제의 대관식[戴冠式]이 거행되었다. 34번째 황제인 프란츠 2세의 대관식이 1792년에 프랑크푸르트 대성당에서 제일 마지막으로 개최되었다. 그래서 옛날에 뉴른베르크와 아헨처럼 프랑크푸르트를 독일의 '황제도시[Kaiserstadt]'라고 불렀다. 프랑크푸르트 대성당의 종탑 높이는 95m로 탑의 꼭지까지 324개의 계단을 걸어서 올라가면 프랑크푸르트의 도시전경을 멀리까지 볼 수 있다. 1845년에 처음으로 프랑크푸르트 대성당의 사진을 촬영했으며, 170여 년 전에는 사진기의 노광[露光]시간이 10분 이상이나 소요되어 사진촬영이 대단히 고가였으므로, 단지 부자들만 사진을 찍었다고 한다.

프랑크푸르트 시청사[市廳舍, 사진 6-49]인 뢰머[Römer, 1405년에 건설, 15~18세기에 보수/증축]의 '황제홀'에서는 독일황제의 대관식[그림 6-17] 때, 국내외에서 온 수백 명의 귀빈이 모여 향연[饗宴, Festmahl]이 거행되었다고 한다. 제2차대전 때 연합군의 폭격으로 인해 50% 이상이 파괴된 프랑크푸르트의 중심가에 있는 아름다운 뢰머와 목골[木骨]건물[사진 6-50]은 전후에 옛날처럼 모두 재건되었다.

그림 6-17 프랑크푸르트의 시청사(1405년 건설)에서 거행된 독일황제의 대관식 광경

사진 6-48 고딕식으로 13~15세기에 건설된 프랑크푸르트의 대성당 모습(남쪽과 서쪽, 1979년; 북쪽 광경, 2021년 촬영)

사진 6-49 프랑크푸르트의 시청사(Römer)(왼쪽, 1979년; 오른쪽, 2021년 촬영)

사진 6-50 프랑크푸르트의 구시가(舊市街)에 있는 보수/재건된 17세기의 목골(木骨)건물

파울스교회

프랑크푸르트의 파울스교회[Paulskirche, 사진 6-51]는 1789~1792년에 건설되어 1848~1849년에 제1회 독일제국의 의회가 개최되었으며, 독일 민주주의의 발상지라고 하겠다. 제2차대전 때 파괴된 건물을 1948년에 보수해서 100주년 기념식을 축하했다. 요즈음 파울스교회에서는 특별한 행사만 거행되며, 매년 독일출판사연맹이 수여하는 평화상의 수상식이 여기서 개최된다.

독일제국의 의회가 처음으로 1848년에 개원[開院]된 150주년을 기념하기 위해서 프랑크푸르트에 있는 헤닝거[Henninger] 맥주공장이 1998년에 제조한 수집가[蒐集家]용 고급 맥주잔[사진 6-52]에는 전형적인 독일맥주잔에 주석[朱錫, tin]으로 만든 뚜껑을 붙였다. 이 맥주잔은 1개의 값이 289마르크[약 145유로]나 되었다.

사진 6-51 프랑크푸르트의 파울스교회(왼쪽/중간, 2021년 저자 촬영)에서 독일제국의 의회가 처음으로 1848년에 개원(開院)된 광경(오른쪽)

사진 6-52 독일제국의 의회가 개원(開院)된 150주년을 기념하기 위해서 프랑크푸르트에 있는 헤닝거 맥주공장이 1998년에 제조한 수집가(蒐集家)용 고급 맥주잔

괴테 생가(生家)

괴테1749~1832가 프랑크푸르트에서 태어난 생가生家는 요즈음 괴테박물관으로 사용되고 있다. 이 생가사진 6-53는 제2차대전 때 완전히 파괴되었으며, 전후 1947년에 전 세계에서 7천여 기관과 자선가들이 송금한 헌금으로 괴테 집을 재건하게 되었다. 괴테는 여기서 파우스트의 초고初稿 Urfaust와 베르터Werther를 집필했다고 한다.

사진 6-53 독일 프랑크푸르트에서 괴테가 1749년에 태어난 집(1982년 촬영)

프랑크푸르트에서 괴테의 탄생 250주년을 기념하는 행사가 1999년에 프랑크푸르트와 독일 각처에서 거행되었다. 매년 괴테의 생일날8월 28일에는 괴테메달Goethe-Medaillen이 수여되며, 2021년에는 카메룬의 사회경제학자, 일본의 작곡가, 중국의 무도가舞蹈家가 받게 되었다.

저자가 유할생 시절에 처음으로 1966년에 이 괴테 생가를 방문했을 때에는 방문객이 별로 없어 대단히 조용해서 거실居室, 사진 6-54에 앉아서 사진도 찍고, 서실書室의 책상, 사진 6-55에 앉아서 외국으로 보내는 엽서도 쓸 수 있었다. 그러나 30년 후 1997년의 5월 25일자 프랑크푸르트 알게마이네 신문FAZ에 따르면 괴테 집을 찾아오는 여행객이 매년 16만 명이나 되며, 그 가운데서 2/3가 외국에서 오는 여행객이라고 한다.

사진 6-54 프랑크푸르트의 괴테 생가(生家)의 거실(왼쪽)과 서재(書齋)의 서가(書架) 앞에서(1966년 촬영)

사진 6-55 프랑크푸르트의 괴테 생가(生家)의 서실(書室)에서(1966년 촬영)

스트라스부르에서 공부한 괴테는 세계문학계에서 작가, 시인, 사상가思想家로 널리 알려지고 있다. 괴테는 여행을 무척 좋아했으며, 그의 여행과 저서를 살펴보면,

괴테시절에는 장거리여행을 할 때, 보통 말馬 또는 역마차를 타고 다녔다. 그러나 괴테는 산책을 무척 좋아했기 때문에 1772년에는 여러 번 프랑크푸르트에서 남쪽으로 33km 떨어진 다름슈타트까지 장거리를 걸어서 다녔다. 괴테는 자서전인 'Dichtung und Wahrheit'에서 친우들이 괴테를 산책을 좋아하는 편답자遍踏者, Wanderer라고 불렀다고 적혀 있다.

프랑크푸르트에서 북쪽으로 84km 떨어진 베츨라Wetzlar에서 '젊은 베르타의 슬픔'Die Leiden des jungen Werthers을 1774년에 저술했으며, 괴테가 광산부鑛山部 장관長官으로 1777년에 중부 독일의 탄광지대로 출장 갔을 때는 겨울에 하르츠Harz 산의 브로켄Broken, 높이 1142m을 등산했는데, 1784년까지 모두 3번이나 이 산에 올라갔다고 한다.

괴테는 1786년 9월 3일~1788년 6월 18일까지 약 2년간 이탈리아로 수학여행을 한 후, 독일로 귀국해서 고대 로마/그리스의 고적물이 많은 '아름다운 이탈리아Bella Italia'를 보고 크게 창작력을 넓혔다고 말했다.

괴테의 이탈리아여행 경로는 알프스산의 언덕에 놓인 가다호수, 브렌너, 보첸, 트리엔트, 베로나, 베네치아, 볼로냐, 피렌체, 페루자, 아시시, 스폴레토, 로마, 교황의 여름별장이 있는 카스텔 간돌포, 나폴리, 베수비오 화산, 파에스툼을 보고 시칠리아 섬으로 건너가서 팔레르모, 세게스타, 아그리젠토, 카타니아, 정상에 눈이 덮인 에트나 화산, 타오르미나, 메시나를 방문했다. 괴테는 이탈리아에서 온화한 날씨에 활짝 펴서 향기가 좋은 레몬 꽃, 미식美食, 포도주 그리고 수없이 많은 고적물에 매혹되어 3번이나 이탈리아로 여행을 갔다. 저자는 1966년부터 50여 년 동안에 이탈리아로 15회 이상 여행하면서 위에 적은 괴테가 본 고적물과 명승지를 모두 방문했으며, 폼페이 옆에 있는 베수비오Vesuvio 화산과 시칠리아 섬에 있는 에트나 화산의 화구火口까지 올라갔다.

괴테는 제1차 이탈리아여행 도중에 'Iphigenie auf Tauris'1787년를 완성했으며, 이때 쓴 '이탈리아 여행Die italienische Reise'그림 6-18은 1816년에 출판되었다.

그림 6-18 티쉬바인이 1787년에 그린 괴테의 '이탈리아 여행'의 한 장면

괴테가 독일 바이마르에서 거주하던 1794~ 1805년까지 프리드리히 실러Schiller와 긴밀한 관계를 맺고, 많은 충동衝動을 받았다고 한다. 이때 '파우스트의 1편'1790년, 'Wilhelm Meister'1795/1796년, 'Herman und Dorothea'1798년를 집필했다.

괴테는 노년기에 'Die Wahlverwandtschaften'1809년를 저술했으며, 하르츠 산山으로 3번이나 여행하면서 'Walpurgisnacht-Szene'와 'Faust의 2편'을 1831년에 완료했다.

괴테는 넥카[Neckar] 강에 있는 낭만적인 도시인 하이델베르크를 8번이나 방문했으며, 1785년부터 1823년까지 여러 번 체코의 카를로비 바리[Karlovy Vary]와 마리안스케 라즈네 [Marianske Lasne] 온천장을 방문해서 광천수로 위장병, 담석병[膽石病], 신장병을 요양[療養]했다. 옛날부터 정부의 고위관리들과 부자들이 온천요양지에 와서 휴가를 보냈기 때문에 사교하는 데 좋은 기회가 되었다고 괴테가 자백[自白]했다. 나이가 70세가 넘은 노령에 마리안스케 라즈네 온천장에서 19살 된 젊은 여성에 매혹[魅惑]되어 청혼[請婚]했으나, 거절 당해 불행한 로맨스에 고민하면서 'Marienbader Elegie'[1823년]를 쓰게 되었다고 한다.

프랑크푸르트 국제공항

1936년에 베를린에서 개최된 제11차 국제올림픽경기 때 400km 이상 떨어진 프랑크푸르트[사진 6-56]에 국제공항을 건설한 이유는 이 도시가 독일의 중심부에 놓여있고, 동서남북으로 도로/철도가 잘 연결되어 교통이 편리하고, 바람은 주로 서풍[西風]이 불고, 횡풍[橫風]에 안전한 장점이 있었기 때문이다.

그 후 이 비행장이 계속 발달한 역사를 보면,

- 소련[러시아]이 1948에 서독에서 서[西]베를린으로 가는 도로/철도/운하를 봉쇄했을 때, 프랑크푸르트 비행장에서 11개월 동안 미국공군의 DC-3과 DC-4 비행기가 베를린시민들의 생활필수품을 공수[空輸]했으며
- 외국에서 처음으로 1949년에 미국 Pan American의 보잉 377기가 프랑크푸르트에 착륙
- 1960년에 루프트한자의 Super Constellation기가 프랑크푸르트에 착륙
- 1970년에 Pan American의 보잉 747 점보기가 프랑크푸르트에 착륙
- 승객 숫자는 1936년 초창기에 약 6만 명에서 80년 후, 2019년에 8천만 명으로 급증했다[표 6-9].

사진 6-56 루프트한자 항공회사의 주(主) 기지인 프랑크푸르트 국제비행장의 모습(1990년, 항공사진은 Lufthansa 촬영)

표 6-9 독일 프랑크푸르트 비행장(1936년 설립)의 승객숫자

1936년	1950년	1964년(+)	2000년	2010년	2019년	2020년(#)
5만8천 명	20만 명	4백만 명	4천9백만 명	5천3백만 명	8천만 명	2천만 명

설명: (+) = 저자가 독일로 유학온 해, (#) = Covid-19 때문에 승객 숫자가 격감(激減)

먼 외국에서 독일로 오는 정기定期항공기는 대부분 프랑크푸르트 국제공항에 착륙하며, 2010년에는 프랑크푸르트 비행장에서 114개의 항공회사가 110개국으로 298개의 목적지로 비행했으며, 요즈음 매일 1천 대 이상의 비행기가 이착륙하고 있다고 한다.

독일 금융계(金融界)의 중심지

프랑크푸르트가 독일 금융계金融界의 중심지사진 6-57가 된 역사를 프랑크푸르트 알게마이네 신문FAZ, 2002년 8월 31일자에서 간략하게 읽어 보면, 1402년에 도시 중심가의 길거리에 나무책상 2개를 설치한 후, 그 위에 금金과 은銀의 무게를 달 수 있는 3개의 저울을 놓고 양산을 쳐서 햇빛을 가린 다음 '환전換錢, Wechsel'이란 쪽지를 부쳐서 '은행장사'를 시작했다고 한다. 이탈리아에서는 이런 나무책상을 방코banco라고 불렀기 때문에, 이런 환전소換錢所를 그 후부터 독일말로 'Bank은행'이라고 부르게 되었다.

유럽의 각국에서 중앙은행은 1694년에 영국 런던에, 1765년에 독일 베를린에, 1800년에 프랑스 파리에, 1814년에 네델란드에, 1817년에 오스트리아의 빈과 스페인의 마드리드에 설립되었다.

프랑크푸르트는 16세기에 독일황제로부터 동전을 발행할 수 있는 주화권鑄貨權을 수여 받았으며, 황제가 허락한 개인주로 유테인만이 은행거래를 할 수 있었다고 한다. 로트쉴드Rothschild는 유명한 유태계의 은행가로서 18세기에 프랑크푸르트 본사에서 은행사업을 시작했으며, 5명의 아들은 유럽에서 각각 빈, 파리, 런던, 나폴리, 프랑크푸르트 지점을 맡고 있었다. 이 은행들은 각국의 광산과 공장, 인플라 개발에 투자하고, 프랑스 파리에서 오스만제국의 박다드길이 3천2백km까지 가는 철도건설에 투자해서 부유하게 되었다. 18~19세기에는 베트만Bethmann은행과 로트쉴드은행이 독일에서 상권商權을 쥐고, 세계적인 명성을 갖게 되었다.

사진 6-57 독일 금융계(金融界)의 중심지인 프랑크푸르트 전경(왼쪽, 1985년 저자촬영; 오른쪽, sisgeo회사 촬영)

사진 6-58 프랑크푸르트의 중심지에 건설된 독일은행 본사(왼쪽), 상업은행 본사(중간), 은행가(銀行街)에 세워진 인쇄기술을 발명한 구텐베르크 동상(오른쪽)

이제 프랑크푸르트는 유럽 금융계^金融界^의 중심지로 유럽중앙은행, 독일연방은행^Bundesbank^, 독일은행^Deutsche Bank, 사진 6-58^, 상업은행^Commerzbank, 사진 6-58^ 등 전 세계의 주요한 은행의 지점을 합쳐 2000년대에 모두 400여 개의 은행에서 6만여 명의 직원들이 근무하고 있었다.

독일에서 제일 큰 독일은행은 1994년에 사장이 신문기자들 앞에서 인터뷰할 때, 손해 본 5천만 마르크를 몇 개의 '땅콩^peanuts^'이라고 할 정도로 막강했으나, 사장의 거만한 자세 때문에 독일사회에서 크게 비평을 받게 되었다. 옛날에 이런 경제력을 이용해서 프랑크푸르트 주위에 훽스트^Hoechst^, 메르크^Merk^, 프레세니우스^Fresenius^, 슈타다^Stada^ 등 유명한 제약회사가 많이 건설되었다. 인쇄기술을 발명한 구텐베르크의 업적을 1840년에 400주년을 기념할 때, 프랑크푸르트의 은행가^銀行街^에 그의 동상^사진 6-58^이 세워졌다.

유럽중앙은행

유럽중앙은행 건물사진 6-59은 높이가 165~185m인 2개의 탑으로 구성되어 있다. 이 건물은 12억 유로의 공사비를 소비해서 2015년에 준공되었으며, 2천여 명의 은행사무원들을 수용할 수 있다. 이 은행에서는 2002년부터 유로 국가에서 통용되고 있는 5~100유로짜리 지폐그림 6-19~그림 6-23를 발행하고 있다.

사진 6-59 프랑크푸르트의 마인강변에 건설된 유럽중앙은행

그림 6-19 유럽중앙은행에서 2001년에 발행한 5유로짜리 지폐(앞뒷면)

그림 6-20 유럽중앙은행에서 2001년에 발행한 10유로짜리 지폐(앞뒷면)

그림 6-21 유럽중앙은행에서 2001년에 발행한 20유로짜리 지폐(앞뒷면)

그림 6-22 유럽중앙은행에서 2001년에 발행한 50유로짜리 지폐(앞뒷면)

그림 6-23 유럽중앙은행에서 2001년에 발행한 100유로짜리 지폐(앞뒷면)

프랑크푸르트 증권시장

프랑크푸르트의 증권시장은 1585년에 설립되었으며, 증권을 거래할 수 있는 큰 건물은 1874~1879년에 건설되었다. 증권시장의 설립 400주년을 기념하는 1985년에 건물 앞에 큰 황소와 곰의 동상[사진 6-60]을 세웠으며, 황소는 증권시세의 등귀[騰貴], 곰은 하락[下落]을 상징한다. 증권거래를 발코니에서 관람하려면 사전에 입장권을 신청해야 한다. 프랑크푸르트의 증권시장은 요즈음 전 세계에서 4~5번째로 크다.

사진 6-60 서기 1585년에 설립된 프랑크푸르트의 증권시장(왼쪽) 앞에 세워진 증권시세의 등귀(騰貴)와 하락(下落)을 상징하는 황소와 곰의 동상(오른쪽)

오페라

프랑크푸르트의 오페라[사진 6-61]는 6백만 마르크의 공사비를 들여 1880년에 건설해서 독일 황제 빌헬름 1세가 준공식을 거행했다. 이 건물은 제2차대전 때 1944년에 폭격/파괴되었으며, 1981년에 매인 홀에 2,500명의 관람객이 앉을 수 있는 오페라 건물을 재건했다.

사진 6-61 제2차대전 때 파손되어 전후에 완전히 보수/재건된 프랑크푸르트의 오페라(왼쪽, 1992년 Dr. Bremer촬영)과 국제전시장/박람회 빌딩(오른쪽, 1995년 저자 촬영)

도서전시회와 자동차전시회

매년 10월에 5일간 프랑크푸르트의 도서전시회Frankfurter Buchmesse가 개최된다. 처음 3일간은 출판사들만 방문할 수 있으며, 주말에는 2일간 일반인들에게 공개되었다. 저자는 1967년에 유학생 시절에 칼스루헤에서 오토스톱으로 여행, 처음으로 프랑크푸르트의 도서전시회사진 6-62를 방문했으며, 그 당시의 일반 방문객은 2,000명이 되지 않았다고 한다.

요즈음 이 도서전시회에는 전 세계에서 100여 개국에서 7천여 출판회사가 도서를 전시하고 있다. 2018년의 제70회 도서전시회에는 약 29만 명이 방문했다. 2019년에는 104개국에서 7,450개의 출판사가 참여했으며, 약 30만 명이 방문했다. 2021년에는 Covid-19전염병 때문에 규모를 줄여서 80여 개국에서 2천여 개의 출판사만 참여했다고 한다.

프랑크푸르트에서는 30여 개의 각종 전시회가 50만m^3의 넓은 전시장에서 매년 개최되고 있다. 그 가운데서 제일 유명한 전시회는 12세기에 시작된 프랑크푸르트 도서전시회이며, 그 역사가 이제 800여 년이나 되었다. 국제자동차전시회는 격년으로 축제 홀Festhalle에서 개최되었으나, 2020년부터 뮌헨으로 이전했다. 프랑크푸르트 전시장 탑Messeturm, 사진 6-61은 높이가 265m로 유럽에서 제일 높은 고층건물이다. 이 빌딩은 스웨덴에서 수입한 적흑색赤黑色 화강암으로 외부를 피복해서 멀리서 보면 약간 검게 보인다.

사진 6-62 저자가 1967년 유학생 시절에 처음으로 방문한 프랑크푸르트의 도서전시회 광경(FAZ 사진 인용)

젠켄베르크 자연박물관과 야자수정원

젠켄베르크Senkenberg 자연박물관1821년 설립에는 선사先史시대의 공룡恐龍 등 각종 고적물사진 6-63을 보관하고 있으며, 이 공룡恐龍은 저자가 아르헨티나의 쁘라사 후인꿀 박물관에서 관람한 세계에서 제일 큰 공룡恐龍, 사진 6-64의 크기와 비슷했다. 자연박물관 옆에 있는 1869년에 설립된 프랑크푸르트의 야자수정원Palmengarten에는 3천여 종류의 난초蘭草, 1천5백여 종류의 선인장仙人掌 등 각종 식물과 동물이 수집되어 있다. 이 자연박물관과 야자수정원은 프랑크푸르트 대학교1914년 설립에 부속되어 있다.

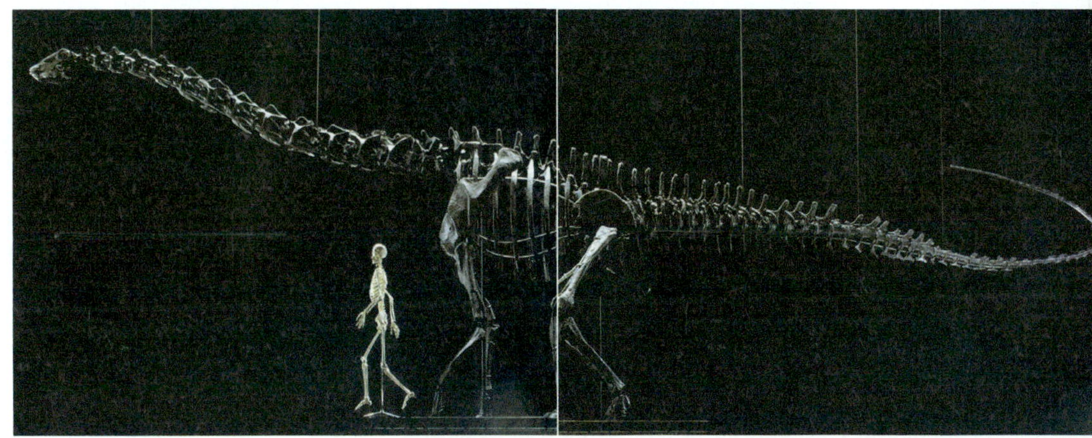

사진 6-63 프랑크푸르트의 젠켄베르크 박물관에 있는 Diplodocus(National Geographic사진 인용)

사진 6-64 저자가 아르헨티나의 쁘라사 후인꿀 박물관에서 관람한 공룡(恐龍)

독일국립도서관과 프랑크푸르트 신문

독일국립도서관Deutsche Nationalbibliotek, 사진 6-65은 제2차대전 후 1947년에 프랑크푸르트에 '독일민족의 기억력'이란 취지하에 설립되었으며, 1913년 이래 독일어와 연관된 1천만 권 이상의 독문獨文도서와 출판물을 수집해서 약 5만m^2면적의 건물에 저장되어 있다. 라이프치히에는 1912년에 설립된 독일문고文庫, Deutsche Bücherei가 있으며, 1천5백만 권 이상의 도서를 저장하고 있다.

프랑크푸르트는 19세기에 '프랑크푸르트 신문'이 발행되어, 전 세계에 신문의 도시로 널리 알려지게 되었다. 제일 유명한 독일신문의 하나인 '프랑크푸르트 알게마이네 차이퉁FAZ, 사진 3-6 참조은 프랑크푸르트, 베를린, 뮌헨에서 약 50쪽지로 인쇄되어 전 세계로 판매되며 구독자 숫자는 약 1백만 명이라고 한다. 저자는 독일의 일간지/주간지 가운데 이 신문을 제일 좋아하므로 1960년대 중반에 유학생 시절부터 지금까지 50여 년간 독일에서 체류할 때 항상 구독했다. 이 신문은 2019년 10월 1일날 창립 70주년을 기념했다.

사진 6-65 프랑크푸르트에서 1천만 권 이상의 독문(獨文)도서를 소장하고 있는 독일국립도서관

에셔서하임 성문

중세기1400~1428년에 건설된 프랑크푸르트를 둘러 싼 성벽과 보루堡壘에는 다수의 성문과 탑이 설치되었으나, 제2차대전 때 그리고 인구증가로 인해 도시가 확장됨에 따라 대부분 파괴 또는 철거되었다. 그 가운데 1426~1428년에 건설된 높이가 47m, 벽의 두께가 2.5m나 되는 에셔서하임 성문城門/탑塔, Eschersheimer Tor, 사진 6-66은 이제 프랑크푸르트에 남아 있는 몇 개의 성문/탑 가운데 하나이다.

사진 6-66 중세기에 프랑크푸르트에 건설된 성벽과 보루(堡壘) 중 아직 남아 있는 에셔서하임 대문/탑(왼쪽)과 옛날 시의회의원들의 음식점(오른쪽)

시의회음식점

프랑크푸르트 시청건물 지하에 설치된 시의회 음식점Ratskeller, 사진 6-66은 시의회의원들과 시청직원들이 식사한 곳으로 옛날에 주민들에게도 대단히 인기가 있었다. 독일의 각 도시의 시청에 건설된 시의회 음식점 가운데서 제일 오래된 음식점은 뤼베크에 있으며 13세기에 설치되었다.

프랑크푸르트의 명물

프랑크푸르트의 명물은 사과주沙果酒, Apfelwein로 프랑크푸르트 사람들은 'Ebbelwoi'라고 부른다. 이런 사과주를 예쁜 항아리Bembel, 사진 6-67에 담아서 팔고 있는 유명한 주점酒店은 대부분 작센하우젠 지역에 있다. 이 지역은 프랑크푸르크를 지나가는 마인강의 남쪽에 위치한 구역으로 18세기에는 주로 빈민들이 거주하였으며, 값싼 사과주 주점이 많아 옛날에는 프랑크푸르크의 주정꾼들이 강을 건너가서 시끄럽게 술을 마시곤 했다. 다른 명물은 프랑크푸르트 사람들이 식사 때 즐기는 쇼스Grüne Sosse이다사진 6-67.

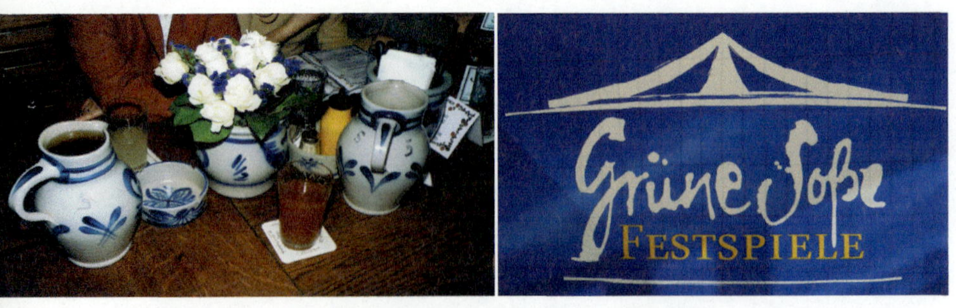

사진 6-67 항아리에 담은 프랑크푸르트의 명물인 사과주(왼쪽)와 프랑크푸르트 사람들이 식사 때 즐기는 쇼스(Grüne Sosse)의 축전 광고(오른쪽)

바드 홈부르그 집에서 1999년 8월 11일 날에 맞이한 일식(日蝕)

第7장 저자의 가족

7.1 프랑크푸르트 시절

저자는 가족과 같이 프랑크푸르트에서 약 20년, 외곽도시인 바드 홈부르그에서 30년을 거주했다. 두 딸은 프랑크푸르트에서 초등학교[사진 7-1]와 중 · 고등학교를 다녔다.

독일에서 1970~1980년대에는 겨울에 눈[雪]이 많이 와서 공원에 나가서 썰매를 자주 탈 수 있었다[사진 7-2]. 그러나 2000년대부터는 겨울에 눈이 별로 내리지 않아 아직까지 한번도 손녀들과 썰매를 타지 못했다.

사진 7-1 큰 딸과 작은 딸이 초등학교에 입학했을 때(1979년/1982년)

사진 7-2 겨울에 프랑크푸르트에 눈(雪)이 온 광경(1979년/1984년/1985년)

사진 7-3 프랑크푸르트의 성당에서 큰 딸이 별 음악사(Sternsinger)로 신자가정을 방문(왼쪽, 1987년)하고, 작은 딸이 부활절 연극에서 천사역을 맡은 장면(오른쪽, 1985년)

저자가 젊을 때, 한국의 대구 계산동 성당聖堂에서 미사복사를 했을 때에는 남자들에게만 허용되었는데, 독일에서는 젊은 여자들도 미사에서 복사를 할 수 있어 저자의 두 딸도 중·고등학교시절에 성당일에 적극적으로 참여했다사진 7-3. 독일의 가톨릭교회에서는 1월 6일 삼왕내조三王來朝때 중·고등학교의 남녀학생들이 본당신부님과 같이 신자가정을 방문해서 노래를 부르는 '별 음악사Sternsinger' 풍속이 1959년에 시작되었다. 노래를 불러서 모금한 돈을 아헨Aachen교구에 있는 어린이전도협회에서 모두 모아서 전 세계의 곤란한 어린이들을 도와주는 사업으로 2019년에는 독일가톨릭교회의 별 음악사 모금운동에서 5천만 유로를 모금했으며, 1959~2019년까지 60년 동안에 11억 유로를 모아서 아프리카, 중남미와 아시아의 빈난貧難한 어린이들을 도와주었다고 한다.

저자의 두 딸은 고교시절에 교환학생Schüleraustausch, 사진 7-4으로 영국, 아일랜드, 프랑스의 고등학교에 가서 영어와 프랑스어를 많이 배우고 그리고 매년 여름방학 동안에 외국의 어학강습소에 보내서 4주 동안 어학을 열심히 학습學習해서, 독어모국어 외에도 영어, 프랑스어, 스페인어를 아주 유창하게 구사할 수 있게 되었다. 그래서 요즈음 직장생활에서 외국으로 통신하고 출장을 다니는 데 큰 도움이 되었다.

해외에서 친지가 독일에 오면 한식韓食, 일식日食, 사진 7-5, 이탈리아 식사 외에도 프랑크푸르트의 명물인 사과주沙果酒, Ebbelwoi 주점酒店에 가서 사과주사진 7-5에 독일의 대표적인 음식인 소시지 또는 돼지족발로 만든 슈바인학세Schweinhaxe를 대접하곤 했다.

사진 7-4 큰 딸이 아일랜드의 고등학교에서 교환학생 시절을 마친 후 귀가했을 때(왼쪽, 1988년)와 프랑크푸르트에서 카니발 때(오른쪽, 1992년)

사진 7-5 프랑크푸르트의 명물인 사과주 주점(酒店)(왼쪽, 2005년)과 일식(日食) 음식점에서(오른쪽, 1989년)

7.2 바드 홈부르그 시절

저자는 가족과 같이 바드 홈부르그에서 1990년대부터 30년을 거주하면서 취미로 정원에 각종 장미꽃을 심어서 가꾸고 있으며, 독일 모젤강의 포도밭에서 갖고 온 리슬링Riesling 포도나무와 각종 딸기도 정원에 심었다사진 7-6. 이 포도나무에서 매년 9월에 달고 향기 나는 리슬링 포도를 수확하는데, 그때마다 벌써 또 1년이 지나간 것을 느끼게 된다. 옛날에 어릴 때 동지冬至에 팥죽을 먹으며 나이가 한 살 더 먹었다는 이야기를 들은 기억이 아직까지 난다.

사진 7-6 바드 홈부르그의 집에 활짝 핀 장미꽃(5월), 딸기(7월)와 독일 모젤강에서 갖고 온 포도나무에서 당분이 많은 리슬링 포도(9월)를 수확하고 있는 광경(2002년)

저자는 5개 대륙에서 100여 개국을 여행하면서 댐의 설계/시공과 수자원水資源을 자문하는 기회에 각국의 우표, 옛날지폐와 동전을 수집하는 취미를 갖게 되었다. 그리고 유럽과 북미/남미 그리고 오세아니아의 유명한 포도주산지에서 포도주도 시음했으며, 독일, 프랑스, 이탈리아 그리고 스페인의 포도주를 시음한 후 맛있는 포도주를 수집해서 집의 지하실일년 내 고정온도 11℃에 오랫동안 저장도 하고 있다. 바드 홈부르그 집에서 가족들과 같이 2014년에 50년 된 적포도주를 열어서 저자가 50년 전에 독일에 유학 온 날을 기념紀念했다사진 7-7.

사진 7-7 바드 홈부르그 집에서 가족과 함께 50년 전에 독일에 유학 온 날을 2014년에 기념하고 있는 저자(왼쪽)와 저자 집의 지하실(온도 11℃)에 저장한 포도주(오른쪽)

최근 30년 동안에 저자의 인생에 일어난 주요한 일들을 주마등走馬燈 같이 몇 개의 사진사진 7-8~사진 7-20으로 여기서 간단히 회고하고자 한다.

사진 7-8 여동생부부(한국 충북대학교 이효원 교수)가 바드 홈부르그 집을 방문했을 때(왼쪽, 1996년)와 크리스마스 때 가족과 같이(오른쪽, 1996년)(Dr. Müller 촬영)

사진 7-9 바드 홈부르그의 카니발에 참석하기 위해 준비한 큰 딸과 작은 딸(왼쪽, 1996년)과 바드 홈부르그 집에 눈이 온 설경(雪景)(오른쪽, 1995년)

사진 7-10 바드 홈부르그 집에서 1999년 8월 11일 날에 맞이한 일식(日蝕)

사진 7-11 서울에서 저자에게 제8회 해외동포상이 수여되었을 때, 5명의 수상자들과 기념촬영 (가운데 저자, 2000년 촬영)

사진 7-12 바드 홈부르그의 음식점에서 친지들과 함께 1999년(왼쪽)/2003년(오른쪽)의 연말연초를 보내면서

사진 7-13 두 딸이 프랑크푸르트/하이델베르크 대학교에서 생화학(生化學)을 전공해서 박사학위를 획득한 후 기념촬영(2002년/2005년)

사진 7-14 저자의 큰 딸 결혼식에서(2006년)

사진 7-15 바드 홈부르그의 골프클럽 파티에서(2006년)

사진 7-16 저자가 나이 70살에 처음으로 손녀를 얻은 즐거움(2010년)

사진 7-17 뮌헨 슈바빙에 있는 시청 호적사무소(Standesamt)에서 작은 딸의 공식(公式)결혼식 (2011년)

사진 7-18 독일 뮐도르프 성(城)에서 개최한 저자의 작은 딸 결혼식 파티(2011년)에서

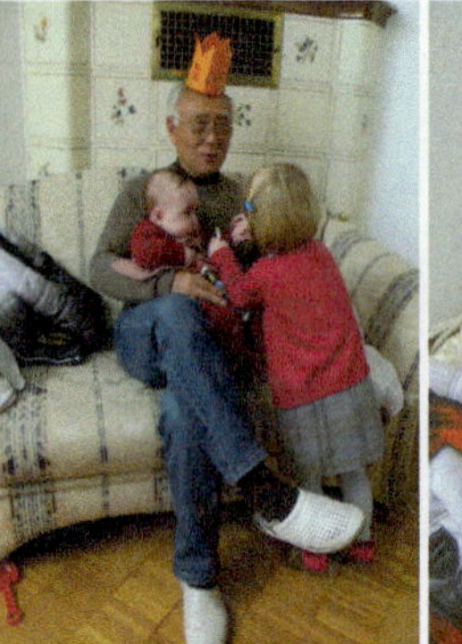

사진 7-19 바드 홈부르그 집에서 두 손녀들과 함께(2013년)

사진 7-20 전 세계에서 댐을 자문할 때 작성한 보고서와 해외에서 수집한 각종 문헌을 비치(備置)한 바드 홈부르그 집의 서재(오른쪽)와 2층의 공부방에서 손녀와 같이(왼쪽, 2014년)

바드 홈부르그의 황제 빌헬름 온천장

제8장 프랑크푸르트의 외곽도시

8.1 바드 홈부르그

바드 홈부르그Bad Homburg, 인구 5만 명는 프랑크푸르트에서 20km 떨어진 서북쪽에 놓여있으며, 독일의 과학자 훔볼트가 중형中形 산으로 제일 아름답다고 말한, 높이가 880m인 타우누스Taunus 산의 중턱에 놓여있어 여름에 아주 시원하고 공기가 좋다.

바드 홈부르그는 옛날부터 독일, 영국, 러시아 귀족들이 휴양 온 온천장으로 널리 알려져 있다. 독일의 마지막 황제 윌헬름 2세는 여기에 있는 궁전사진 8-1을 여름별장으로 사용했으며, 황제 윌헬름 온천장에서 자주 요양했다. 프랑크푸르트는 독일중앙은행과 유럽중앙은행이 있는 금융계金融界의 중심지여서 독일/유럽의 금융가金融家들이 바드 홈부르그의 수목樹木에 각자 숨겨진 별장villa에서 거주하고 있다. 그래서 2007년도 독일주민의 구매능력통계에 따르면, 바드 홈부르그는 공기가 시원하고 깨끗해서 프랑크푸르트의 은행가銀行家들이 많이 거주하고 있어 독일에서 2번째로 부자가 많은 도시로 알려져 있다표 8-1.

사진 8-1 바드 홈부르그의 온천장에서 자주 요양한 독일제국의 마지막 황제 윌헬름 2세(왼쪽, 1909년 사진)와 독일 황제들이 거주한 별장인 바드 홈부르그 성(城, 중간)과 정원에 1822년에 심은 200년 된 삼목(杉木, cedar) 고목(오른쪽)

표 8-1 독일에서 부자가 많은 도시(2007년 독일주민의 구매능력통계)

순서	도시이름	주 이름	1일당 구매능력 (유로/년)	1인당 구매능력계수
1	슈타른베르크	바이에른	26,120	145
2	바드 홈부르그	헤센	26,090	144
3	뮌헨	바이에른	24,896	138
4	에를랑겐	바이에른	22,854	127
5	독일 평균	-	-	100

바드 홈부르그의 명물과 관광지로는 다음이 있다.

바드 홈부르그의 도박장Casino은 1840년에 개원되었으며, 러시아의 작가 도스토에부스키Dostoevskii가 큰 재산을 잃어버린 후에 집필한 '도박자'에서 이 도박장이 잘 묘사되었다. 이 도박장은 모나코의 유명한 몬테 카를로Monte Carlo 도박장의 모원母院으로 알려져 있다.

1841년에 설립된 온천장에는 황제 윌헬름 1세의 온천장사진 8-2이 1887~1890년에 증축되었으며, 19세기 말부터 제1차대전이 발생하기 전까지 유럽의 황제와 왕족들이 많이 휴양休養왔으며, 길이가 2km나 되는 조용한 황제 프리드리히 산보길Kaiser Friedrich Promenade, 사진 8-3에서 귀족들이 모여서 즐겨 산책했다.

영국의 황태자Prince of Wales가 방문했을 때 이 도시의 모자 제조자가 1880년에 황태자가 쓸 실크 해트silk hat를 만든 후부터, 전 세계에서 고위 정치가와 외교관들이 일명 '홈부르그 모자Homburger Hut'라고 불리는 정장용 모자를 쓰게 되었다.

바드 홈부르그 골프장사진 8-4은 1889년에 설립되어 독일에서 제일 오래된 골프장이며, 1899년에 왕립골프클럽이 개원되었다.

러시아정교 교회사진 8-5는 러시아황제 니콜라우스 2세가 참석한 좌석에서 착공되어 그의 자금으로 1899년에 건설되었으며, 둥근 지붕은 금맥기 되어 햇빛이 나면 항상 반짝거린다.

시암Siam의 왕1853~1910년이 1907년에 이 온천장에 와서 요양했으며, 전치全治한 후 100주년을 기념/감사하기 위해서 태국의 부미폴 왕이 공사비를 지불해서 2007년에 이 도시에 타이 사원寺院이 건설되었다사진 8-3.

바드 홈부르그 성城, 사진 8-1에서 독일제국의 마지막 황제였던 빌헬름 2세가 제1차대전에서 독일이 패전하기 직전 1918년까지 거주했다. 지금까지 독일 황제가 사용했던 가구 등이 완전히 비치되어 있는 유일한 성城이다.

제2차대전 후 서독 경제부흥의 창시자[創始子]로 널리 알려진 재무상 에르하르트 교수가 1948년에 이 도시에서 비밀히 독일의 화폐개혁을 준비했으며, 그 당시 1인당 40마르크의 새로운 화폐를 교환할 수 있었다.

사진 8-2 바드 홈부르그의 황제 빌헬름 온천장(왼쪽)에서 시청 호적사무소(Standesamt)의 소장이 저자의 큰딸의 공식(公式) 결혼식(Standesamt-Hochzeit)을 집행하고 있는 광경(2005년)

사진 8-3 바드 홈부르그에 유럽의 황제들과 귀족들이 19세기에 요양하러 왔을 때 산책한 길이가 2km나 되는 황제 프리드리히 산보길(왼쪽)과 태국의 부미폴 왕이 2007년에 바드 홈부르그에 희사한 타이사원(寺院)(오른쪽)

사진 8-4 바드 홈부르그에 1889년에 설립되어 독일에서 제일 오래된 골프장

사진 8-5 러시아황제가 바드 홈부르그에 희사한 러시아정교 교회(1899년 건설)의 외부와 내부 모습

사진 8-6 바드홈부르그의 장크트 마리언 성당(왼쪽)의 성가대 회원(오른쪽)

사진 8-7 저자가 2010년에 70살 생일을 맞아, 바드 홈부르그 집에서 가족과 같이(Dr. Müller 촬영)

저자는 바드 홈부르그의 장크트 마리언 성당을 보수할 때 헌금해서 성당벽에 헌금인의 명단에 새겨져 있는 것이 큰 영광으로 생각되었다. 처妻는 이 성당의 성가대 회원으로 활약했다[사진 8-6]. 저자가 2010년에 70살 생일 때 바드 홈부르그 집[사진 8-7]에서 가족/친지와 함께 한 모임이 엇그제처럼 갈이 생각되었다.

8.2 로마제국의 장벽과 잘부르그 성곽

바드 홈부르그에서 8km, 프랑크푸르트에서 약 30km 떨어진 잘부르그Saalburg에 옛날에 건설된 로마제국의 장벽障壁, Limes이 아직 남아 있다사진 8-8. 그래서 외국에서 친지가 왔을 때, 여러 번 이 장벽을 방문해서 가이드의 설명을 듣고 상세하게 구경했다.

사진 8-8 고대 로마제국 시절에 게르만민족과의 경계선 장벽(Limes)에 설치한 잘부르그 성곽(城郭)

이 장벽을 건설한 동기는 로마제국의 전성기에 그 당시 미개인이였던 게르만민족이 북쪽의 추운 날씨와 불모지에서 잘 자라는 보리로 담은 이상한 냄새가 나는 술맥주을 마시고 아주 난폭했는데, 1세기에 도미티안 황제 때 이 미개인들을 변경邊境에서 저지해야 했기 때문이다. 그래서 독일 레마겐Remagen의 라인강에서 시작해 바드 홈부르그에서 북쪽으로 8km떨어진 잘부르그를 지나서, 도나우 강변에 놓인 독일의 레겐스부르크Regensburg까지 길이가 548km인 리메스라고 불려진 로마제국의 장벽Limes imperii romani을 건설했다그림 8-1.

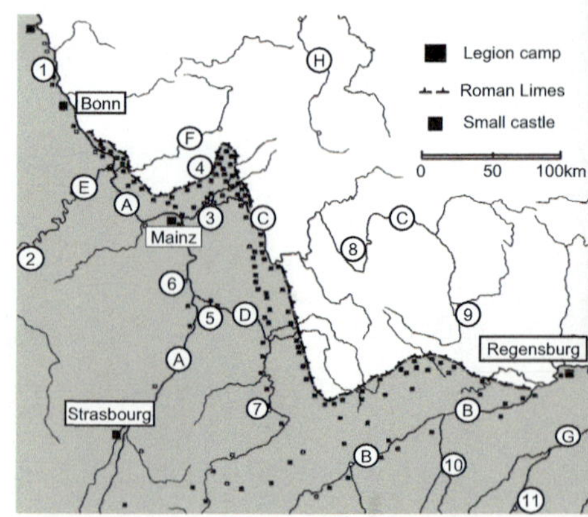

1=Köln 2=Trier 3=Frankfurt 4=Saalburg 5=Heidelberg 6=Worms 7=Stuttgart 8=Würzburg 9=Nürnberg 10=Augsburg 11=München A=Rhine river B=Danube river C=Main river D=Neckar river E=Mosel river F=Lahn river G=Isar river H=Fulda river

그림 8-1 고대 로마시절에 게르만민족과의 경계선에 설치한 길이가 548km나 되는 장벽(Limes)의 위치도

그 다음 이 장벽은 레겐스부르크에서 오스트리아 빈의 동쪽에 있는 카르눈툼Carnuntum과 헝가리의 부다페스트를 지나 루마니아의 콘스탄타Constanta까지 연결되었다.

로마군인들은 이 장벽Limes을 따라 목책木柵, 사진 8-9을 박고 또는 높이가 3m, 두께가 1m인 돌담그림 8-2을 쌓았다. 이 장벽을 따라 도랑을 굴착해서, 중간 중간에 약 600m의 등간격으로 높이가 7~8m인 초소哨所를 100여 개 설치했다사진 8-10. 지형에 따라 높이가 약 10m인 망루望樓를 모두 221개 설치하고 주야로 보초병을 세웠다. 주요한 요소要所에는 경계를 표시하는 경계석境界石, Grenzstein도 설치했다. 요즈음도 약 2천년 전에 로마제국이 게르만족의 국경선 장벽을 따라 중간 중간에 설치한 높이가 2~2.5m 되는 국경선의 경계석境界石, 사진 8-10을 볼 수 있다.

사진 8-9 고대 로마제국시절에 게르만 민족과의 경계선에 놓인 잘부르그에 설치한 장벽(Limes)

사진 8-10 로마제국과 게르만족의 국경선 장벽을 따라 약 2천년 전에 설치한 국경선의 경계석(境界石, 오른쪽)과 높이가 7~8m인 초소(哨所)/전망대(왼쪽)

그림 8-2 말뚝을 박아서 또는 돌담을 쌓아서 울타리를 만들고, 중간 중간에 망루(望樓)를 설치한 로마시절의 장벽(Baatz, 1981)

게르만민족의 급습에 대비해서 장벽을 따라 비슷한 간격으로 49개의 작은 보루堡壘와 성곽城廓을 마을부근에 건설해서 소대小隊 규모의 군대를 주둔시켰으며, 큰 도시 부근에는 대대大隊 또는 연대聯隊 규모의 캠프camp를 설치해서 모두 2만5천여 명의 로마병정을 주둔시켰다고 한다. 예컨대, 그 당시 크고 주요한 도시였던 마인츠그림 8-1, 본, 레겐스부르크 그리고 스트라스부르에는 로마제국의 군단軍團이 주둔하고 있었다. 경계선에서 남쪽으로 6km 떨어진 바이센부르크Weissenburg근처에 있는 비리시아나Biriciana, 사진 13-33 참조는 그 당시 인구 2,500명의 도시로서 공공광장, 난방장치가 된 온돌방사진 13-34 참조, 목욕탕, 교회, 호텔이 있었으며, 500명의 군대가 주둔하고 있었다고 한다. 프랑크푸르트 근처에는 라틴어로 bona mensa좋은 식탁/음식점라고 불린 여인숙이 옛날에 있었으며, 그 자리에는 이제 '보나메스Bonames'라고 부르는 외곽도시마을이 생겼다.

게르만족은 서기 260년에 로마제국의 장벽을 공격/파괴해서 로마제국을 물리쳤다. 이 장벽은 2005년에 유네스코에서 세계문화유산으로 인정했으며, 매년 약 15만 명의 관광객이 방문하고 있다. 바드 홈부르그에서 8km 떨어진 교외의 잘부르그 산등성해발 423m에는 로마제국의 장벽Limes 흔적에 맞추어 아주 완벽한 도성都城, Limeskastell, 사진 8-8이 재건되어 있어 로마고적에 관심이 있으면 한번 구경할만 하다고 본다. 이 도성은 폭이 약 150m, 길이가 220m, 돌벽의 높이는 4.8m 정도이며, 그 당시 대대大隊 크기로 5백여 명의 로마군인들이 주둔했다고 한다. 잘부르그 성곽城廓내에는 사령관 집사진 8-11도 재건되어 있다.

사진 8-11 고대 로마제국시절에 게르만족과의 경계선에 설치한 장벽(Limes)의 표지판(오른쪽)과 잘부르그 성곽(城廓) 내의 사령관 집(왼쪽)

그 당시 상수시설이 되지 않은 해외로 원정遠征나간 로마병정들이 불결한 식수를 마셔 배탈이 자주 났다고 한다. 이를 방지하기 위해서 로마 황제 시저기원전 100년의 지령에 따라 로마군인들이 매일 1리터의 포도주를 마셔 콜레라, 장티푸스, 이질에 면역성이 좋아 잘 싸웠다고 기록되어 있다.

8.3 오펜바흐

프랑크푸르트의 외곽도시인 오펜바흐Offenbach, 인구 12만 명에는 1917년에 독일 피혁皮革 박물관Deutsches Ledermuseum이 설립되었다사진 8-12. 이 박물관은 전 세계에서 유일하며, 고대 이집트와 고대로마 때부터 유럽에서 18~19세기까지 여행과 운동할 때 그리고 집에서 신는 신사/숙녀용 신발 등 각종 피혁제품이 전시되어 있다.

오펜바흐에 건설된 라인-마인-도나우RMD 강 운하의 갑문閘門시설navigation lock, 사진 8-13을 통해 루르공업지대에서 생산된 각종 공업제품이 바이에른 주를 지나서 오스트리아와 헝가리 등지로 운반되고 있다.

사진 8-12 오펜바흐에 있는 독일 피혁 박물관과 전시(展示)된 18~19세기에 신은 각종 신발 (왼쪽, 저자 촬영; 오른쪽, 박물관의 사진 인용)

사진 8-13 오펜바흐에 건설된 라인-마인-도나우 강 운하의 갑문시설에서

로마네스크 양식으로 1156년에 건설된 마리아 라흐 분도수도원의 성당

제9장 로맨틱한 라인강 여행

저자는 프랑크푸르트에서 출발해서 마인츠에서부터 로맨틱한 라인강을 따라 본과 쾰른을 지나 독일의 중공업지대인 루르지방으로 여러 번 여행했다.

라인강은 스위스의 알프스 산에서 녹은 물이 모인 보덴제[Bodensee]호수변에 놓인 콘스탄츠[Konstanz]에서 시작해서 북해까지 길이가 1,380km나 되며, 그 중 870km는 독일을 지나가는 유럽에서 제일 긴 강이다. 라인강은 유럽에서 제일 선박이 많이 다니며, 매년 6천~8천여 대의 내륙선이 네델란드의 로테르담[Rotterdam]에서 정유, 석탄, 건설자재, 곡물, 고철[古鐵], 화학재료를 스위스의 바젤[Basel]까지 운반하는 아주 주요한 유럽의 젖줄이다.

마인츠에서 쾰른까지의 중부 라인강[Mittelrhein]은 길이가 약 200km로 대단히 로맨틱한 구간이다. 자연풍경이 아름답고, 여행객들이 즐길 수 있는 명승지가 많고, 다수의 매혹적/매력적인 성과 성곽이 강변에 여기저기에 서 있으며 그 사이에는 포도밭이 깔려 있고, 중세기에 건설된 조그만한 마을에는 뾰쪽한 종탑의 교회와 그림과 같이 아름답게 잘 가꾼 흰색, 분홍색, 크림색의 시골집들이 흩어져 있다.

그래서 독일의 시인 크라이스트[1777~1811]는 라인강을 '자연이 제공한 유람공원'[natürlicher Vergnügungspark]이라고 묘사했다. 독일의 시인 괴테와 하인리히 하이네[Heine]의 서정시[抒情詩, Lyrik] 그리고 프랑스의 알렉산더 뒤마[Alexandre Dumas]와 빅터 위고[Victor Hugo]가 라인강을 소재로 글을 쓰면서 찬양했다. 작곡가로서는 멘델스존[Mendelssohn], 리스트[Liszt], 브람스[Brahms], 바그너[Wagner's tetralogy]가 라인강을 찬양하는 노래를 작곡했다. 실제로 짧은 구간에 이렇게 아름다운 강은 전 세계에서 유일하다고 이구동성으로 말하고 있다. 그래서 일년 내내 국내외에서 온 여행객을 태운 유람선, 버스와 자동차가 많이 내왕하고 있다.

그러면 마인츠에서 로맨틱한 라인강을 따라서 북쪽으로 엘트빌 – 에르바흐 수도원 – 오한니스베르크 성 – 뤼데스하임 – 니더발드 기념탑 – 빙겐 – 팔츠 성 – 로렐라이 – 코브렌츠 – 본 – 쾰른을 지나서 라인강의 하구[河口]쪽으로 가 보기로 한다.

9.1 마인츠

마인츠 대성당

라인강변에 놓인 마인츠[Mainz, 인구 19만 명]는 기원전 38년에 켈트 족이 설립한 후 기원전 13년에 로마군대가 주둔하면서, 모곤티아쿰[Mogontiacum]이란 이름으로 건설된 2000년 이상 된 도시이다. 마인츠 대성당[사진 9-1]은 사암[砂巖]으로 서기 975~1236년에 건설된 유명한 주교좌 성당으로, 독일을 선교한 성[聖]보니파티우스[675~754년]는 마인츠 교구에서 주교로 서기 754년에 순교[殉敎]했으며 그의 동상[사진 9-2]이 마인츠 대성당 앞에 세워져 있다.

사진 9-1 마인츠 대성당(왼쪽)과 안뜰을 둘러싸고 있는 회랑(廻廊)(오른쪽)

사진 9-2 독일을 선교한 성(聖)보니파티우스(675~754년)는 마인츠의 주교로 서기 754년에 순교(殉敎)해서, 그의 동상이 마인츠 대성당 앞에 세워져 있다.

구텐베르크 박물관

사진 9-3 마인츠의 구텐베르크 박물관에서 가족과 같이 구텐베르크의 옛날 인쇄기로 성경을 인쇄하는 방법을 관람(1990년 촬영)

마인츠에서 태어나서 1440년에 인쇄기술을 발명한 구텐베르크[1397~1468년]의 집은 1901년에 구텐베르크 박물관[사진 9-3과 사진 9-5]으로 개관[開館]되었다. 저자는 1983년에 가족과 같이 처음으로 이 박물관을 방문한 이래 지금까지 3번 방문했으며, 박물관 내에 설치된 옛날 인쇄기로 성경을 인쇄하는 방법을 보여주어서 흥미있게 관람했다. 이 박물관에는 구텐베르크가 개발한 인쇄기 외에도 구텐베르크가 1457년에 천연색으로 인쇄한 성경, 한국에서 출판된 서적[사진 9-4]과 이집트의 파피루스[papyrus] 종이에 쓴 각종 문서가 전시되어 흥미있게 볼 수 있어 견문을 넓힐 수 있는 좋은 기회가 되었다.

사진 9-4 가족과 같이 처음으로 방문한 마인츠의 구텐베르크 박물관에서 전시된 한국출판물(왼쪽)과 구텐베르크의 옛날 인쇄기로 인쇄한 중세기의 도서를 관람(오른쪽)(1983년 촬영)

사진 9-5 마인츠의 구텐베르크 박물관 앞에서(왼쪽, 2021년; 오른쪽, 1990년)

사진 9-6 마인츠에서 구텐베르크가 1452~1455년에 인쇄한 성경의 1면(오른쪽)과 구텐베르크 박물관에 전시된 성경(왼쪽)(Mercedes-Magazin, 2000년)

구텐베르크 박물관의 가이드 설명에 따르면, 15세기에 성경은 수도원의 수사신부들이 철필鐵筆 을 갖고 손으로 써서 만들었기 때문에 1년 이상 걸렸으며, 그 당시 비용은 50훌덴gulden으로 고가였다고 한다. 그러나 구텐베르크가 15세기에 발명한 인쇄기로 라틴어판 성경상/하 2권, 1282면, 크기 21cm x 23cm을 만드는 데 약 25일 걸렸으며, 처음 성경 값은 35훌덴, 15세기 말에는 10훌덴으로 내렸다고 한다. 구텐베르크가 서기 1452~1455년에 180권의 성경을 인쇄했으며, 현재 전 세계에 49권이 남아 있으며 그 중 2권이 구텐베르크 박물관 내에 보관되어 있다사진 9-6. 서기 1462년에 인쇄된 성경상/하 2권은 2019년에 국제경매시장에서 1백만 유로로 팔렸다고 한다.

사진 9-7 마인츠의 구텐베르크 광장에 1837년에 세워진 구텐베르크 동상

마인츠의 구텐베르크 광장에는 성경을 왼쪽 손에 들고, 이동식 활자를 오른쪽 손에 쥐고 있는 구텐베르크의 동상[사진 9-7]이 세워져 있다. 무게가 2.5톤이나 되는 이 동상을 1837년 8월달에 대리석 받침대 위에 세워서 개막했을 때는 마인츠 시민들이 모두 모여 3일간 크게 경축식[慶祝式]을 거행했다고 한다.

독일제국의 중앙은행에서는 1914~1923년의 제2차대전 전후 경제공항 때, 물가와 임금이 폭등하고 화폐의 금액이 폭락해서 구텐베르크가 개발한 이동식 활자 인쇄기로 1923년에 매월 고액의 지폐를 재빨리 인쇄했으나, 물가상승에 맞추어 필요한 지폐를 모두 발행해서 독일 전국으로 충분하게 배달할 수가 없었다. 그 결과 독일의 각 도시에서는 도시/마을에서 사용할 수 있는 대용화폐를 인쇄하게 되었는데, 마인츠 시청에서는 1923년 8월달에 시청직원들에게 봉급을 지불하기 위해서 50만 마르크짜리의 대용화폐[그림 9-1]를 구텐베르크 인쇄기로 발행했으며, 저자도 수집용으로 1매를 구입했다. 1923년 8월 17일에 발행된 이 50만 마르크짜리 지폐는 독일제국 내에서 편지 1통을 부치는 우표 값이었으며, 그 당시에 미화[美貨] 1달러를 구입하려면 6억 마르크를 지불해야 했다.

그림 9-1 독일의 경제공항기에 마인츠 시청에서 1923년에 직원들에게 봉급을 지불하기 위해서 발행한 50만 마르크짜리의 대용화폐(저자 소장)

전 세계의 주요한 카니발 행사

카니발은 라틴어로 'carne vale육류(肉類)여 안녕!'라고 하며, 서기 1091년에 그레고르Gregor교황이 가톨릭신자들에게 성회聖灰 수요일부터 부활절까지 40일간의 사육제謝肉祭 기간 동안에 금욕禁慾/금주禁酒하도록 했다. 그러므로 사육제가 시작되기 전 화요일까지 전 세계에서 특히 가톨릭국가에서 카니발을 즐겁게 보낸다. 카니발을 크게 개최하는 중심지는 독일의 쾰른, 마인츠, 뒤셀도르프와 흑림지대, 스위스의 바젤, 이탈리아의 베네치아, 브라질의 리오 데 자네이로이다.

이탈리아의 베네치아에서는 'Il Carnevale'라고 부르는 카니발은 1039년부터 시작되었다. 가면을 쓰고 산책하거나 또는 춤을 추면서 약 2주 동안 즐기며, 국내외에서 매일 10만여 명의 관광객이 온다고 한다.

독일에서 'Fasching' 또는 'Carneval'이라고 부르는 카니발은 쾰른에서는 1823년에, 마인츠에서는 1838년에 처음으로 개최되었으며, 독일우편국이 1988년에 마인츠의 카니발 150주년 기념우표그림 9-2를 발행한 바 있다. 매년 사육제 전의 월요일 날에는 카니발행진이 독일의 주요도시 중심가를 지나간다.

독일 서남부의 슈바벤Schwaben과 흑림지대에서는 '파스넷Fasnet'라고 부르는 카니발 때, 특히 유명한 로트바일Rottweil에서는 가면을 쓴 알레만 마녀魔女가 빗자루를 쥐고 그리고 가면을 쓴 남자악마惡魔들은 목과 가슴에 무거운 방울을 걸고 춤을 추면서 겨울을 몰아낸다.

스위스의 바젤에서는 19세기에 카니발을 처음으로 개최했으며, 새벽 4시에 갑자기 중심가의 전등불이 모두 꺼지면서 등불을 들고 가면을 쓰고 피리를 불면서 북/장구를 치고 3일간 돌아다닌다.

그림 9-2 마인츠의 카니발이 1988년에 150주년을 기념한 독일우표

브라질의 리오 데 자네이로에서는 1723년에 처음으로 카니발을 시작했다. 35~40℃로 무더운 날씨에 4일간 삼바춤Samba을 춘다. 마지막 날에는 14개의 삼바학교에서 출연한 남녀들이 카니발 드레스를 입고 호화찬란하게 장식한 자동차위에서 춤을 추면서 1984년에 건설된 운동장Sambodrom으로 입장해서 5만여 명의 관람객들이 모인 장소에서 서로 1등상을 획득할려고 경쟁하고 특별 쇼show를 보여준다.

그 외에, 스페인 카나리 섬의 테네리파에서도 삼바춤을 추며, 필립핀의 파나이Panay, 카리브 해海에 있는 트리니다드Trinidad에서는 진주로 장식한 호화찬란한 옷을 입고, 새 깃털을 머리에 꼽고, 캐나다의 퀘벡에서는 겨울 카니발carnaval d'hiver을 축하한다. 미국의 뉴올리언스New Orleans에서는 1837년에 처음으로 카니발을 시작했으며, 재즈밴드가 프렌치 코터French Quarter를 지나가면서 즐겁고, 슬픈 음악을 분다.

마인츠의 카니발

독일에서는 매년 사순절 전에 전 지역에서 카니발 행사가 광범위하게 거행되며, 그 중 유명한 마인츠의 카니발은 선제후選帝侯 궁전에서 개최된다. 저자는 2000년대에 가족과 같이 마인츠의 카니발 때, 정치/문화/경제적인 테마를 갖고 풍자諷刺하는 쇼show에 여러 번 참석했다그림 9-3, 사진 9-8과 사진 9-9. 지난 2020년과 2021년에는 Covid-19전염병 때문에 카니발이 취소되었다.

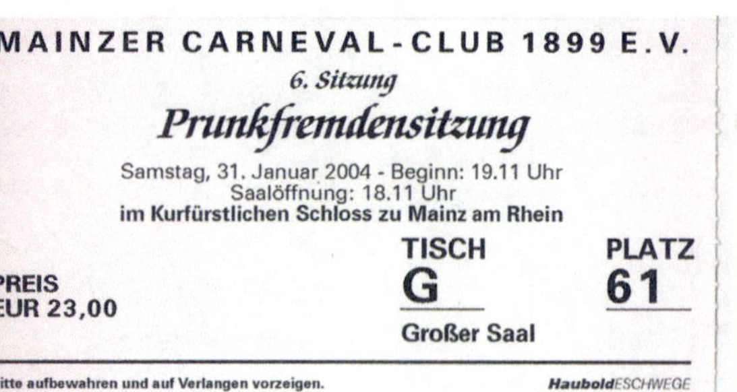
MAINZER CARNEVAL-CLUB 1899 E.V.
6. Sitzung
Prunkfremdensitzung
Samstag, 31. Januar 2004 - Beginn: 19.11 Uhr
Saalöffnung: 18.11 Uhr
im Kurfürstlichen Schloss zu Mainz am Rhein
PREIS EUR 23,00
TISCH G
PLATZ 61
Großer Saal
Bitte aufbewahren und auf Verlangen vorzeigen.
Haubold ESCHWEGE

MAINZER CARNEVAL-CLUB 1899 E.V.
9. Sitzung
Prunkfremdensitzung
Samstag, 5. Februar 2005 - Beginn: 19.11 Uhr
Saalöffnung: 18.11 Uhr
im Kurfürstlichen Schloss zu Mainz am Rhein
PREIS EUR 25,00
TISCH E
PLATZ 60
Großer Saal
Bitte aufbewahren und auf Verlangen vorzeigen.
Haubold ESCHWEGE

그림 9-3 저자가 참석한 마인츠의 카니발 입장권(2004년과 2005년)

사진 9-8 독일 마인츠에 있는 선제후(選帝侯) 궁전에서 2004년에 개최된 카니발 광경

사진 9-9 독일 마인츠에 있는 선제후(選帝侯) 궁전에서 2005년에 개최된 카니발에서

9.2 에버바흐 수도원

마인츠에서 라인강의 오른쪽 강변을 따라 서쪽으로 가면, 엘트빌Eltville 근처에 에버바흐Eberbach 수도원과 요한니스베르크Johannisberg 성城이 있는 유명한 라인가우Rheingau 포도주산지가 있다.

사진 9-10 엘니뇨현상이 일어나기 전에 추위 때문에 포도재배의 한계지점이었던 북위 50°에 위치하고 있는 유명한 독일의 라인가우 포도주산지

독일의 라인가우에서 리슬링 포도로 담은 요한니스베르크 포도주는 옛날에 미국의 토마스 제퍼슨 대통령, 독일의 괴테, 헤르만 헷세, 영국의 궁전에서 즐겨 마셨으며, 19세기에 전 세계에서 제일 비싼 포도주로서 영국런던시장에서 프랑스 보르도의 샤또 라피트 포도주보다 7배나 더 비쌌다고 한다. 지금도 이 포도주는 유럽에서는 물론, 미국, 일본 등 세계 각처에 널리 알려져 있으며, 보통 한병에 2백~1천 유로나 되어 전 세계에서 비싼 포도주에 속한다.

라인가우 포도주산지[사진 9-10]는 위도가 북위 50°로서 추위에 저항력이 큰 리슬링 백포도로 포도주를 담을 수 있는 유럽에서 제일 북쪽에 위치하고 있다. 라인가우지대에 유명한 포도주 산지가 생긴 역사를 잠깐 보면, 서기 1135년에 프랑스의 시토[Citeaux] 수사[修士]들이 와서 좋은 수도원 자리를 찾기 위해 라인강변을 헤매다가 한번은 멧돼지[독어: Eber]가 조그마한 실개천[독어: Bach]이 흐르는 에버바흐[Eberbach]에서 먹이를 찾고 있는 것을 보고, 이곳의 농토가 비옥해서 아마 농사를 잘 지을 수 있을 것이라고 생각되어 그 곳에 에버바흐 수도원을 건설하고 포도밭을 만든 것이 그 유래라고 한다.

이 라인가우 지대는 독일에서 제일 유명한 포도주산지로 점차 발전하게 되었으며, 지하실에는 최고급 슈타인베르크 포도주[Steinberger Wein] 술통이 많이 저장되어 있다[사진 9-11]. 포도주 맛이 얼마나 좋았는지를 옛날에 수도원의 수사들이 1668년에 만들어 쓰던 제일 오래된 포도 압착기[사진 9-12]에 '포도주는 사람의 마음을 즐겁게 해준다'[Vinum delectat et laetificat cor hominum]라고 적혀있는 라틴어 금언[金言]에서도 역력히 볼 수 있다.

사진 9-11 시토수사들이 12세기에 건설한 독일 에버바흐 수도원의 포도주저장고 광경
(왼쪽, 에르바흐 수도원의 사진 인용; 오른쪽, 2002년 저자 촬영)

사진 9-12 서기 12세기에 시토 수사들이 건설해서 최고급 백포도주를 생산하고 있는 독일의 에버바흐 수도원에서 포도즙을 짤 때 사용한 압축기에 적힌 라틴어 금언(金言)

에르바흐 수도원에서 800여 년이나 된 지하포도주 저장고에는 1748년부터 지금까지 수백 년된 포도주가 저장되어 있으며, 이 포도주 보물창고를 '값비싼 고가高價의 저서著書가 소장되어 있다'는 뜻에서 일명 '지하 도서관'라틴어: Biblioteca Subterranea이라고 불리고 있다.

시토 수도원의 수사들이 12세기에 에버바흐 수도원에 로마네스크식 교회를 건설할 때, 시토 수도원의 엄격한 규정에 따라 교회의 내부를 전혀 장식을 하지 않았다. 독일에서는 시토 수도원 가운데서 에버바흐와 마울브론Maulbronn 수도원이 지금까지 파괴되지 않고 제일 잘 보관된 전혀 장식이 없이 건설된 수도원의 교회이다.

사진 9-13 독일 라인가우 포도주산지에서 창립 1천주년(서기 983~1983년)을 기념하는 술통(왼쪽)과 환자들에게 매일 5리터까지 포도주를 먹여 병을 치료한 13세기에 라인가우에 건설된 병원/양노원(오른쪽)

이곳에 13~18세기에 건설된 병원과 양로원[사진 9-13]에서는 환자들에게 매일 5리터까지 포도주를 먹여 병을 '치료'했다고 한다. 이렇게 많은 양의 포도주를 먹어서 완전히 술에 취해 아픈 줄도 몰랐을거라 생각된다. 지금도 시험농장에서는 포도종자를 키우고 있으며, 이 독일 포도주 아카데미에서는 포도와 포도주 개발에 크게 기여하고 있다.

에버바흐 수도원은 길이가 1,100m, 높이가 5m인 돌담으로 둘러싸여 있다. 이 수도원은 1803년에 해체[解體]될 때까지 포도 제배와 포도주 생산/판매와 병원으로 수도원에 필요한 자금을 충당했다. 여기서 생산된 옛날 포도주를 매년 경매하며, 이때 포도주를 시음할 수 있는 기회도 있다.

움베르토 에코의 작품을 영화화 한 '장미의 이름[The Name of the Rose]'에서 영국배우 Sean Connery가 이 수도원의 지하실을 찾아 포도주의 진리를 찾고 있는 장면이 나오며, 이 영화가 촬영된 이후부터 이 수도원은 전 세계에 더 널리 알려지게 되었다.

라인가우에서는 매년 3월달에 미식가축제[Rheingau Gourmet & Wein Festival]가 2주 동안 개최되며, 유명한 요리사들이 성찬요리와 요리에 맞는 포도주를 준비해서 미식가의 향연[饗宴]을 베푼다. 그리고 에버바흐 수도원에서는 매년 여름에 라인가우 음악축제[Rheingau Musik Festival]가 개최되어, 10만여 명의 음악/포도주 애호가들이 방문하고 있다. 라인가우 음악축제를 오스트리아의 잘츠부르크[Salzburg] 축제와 독일 바이로이트[Bayreuth] 축제와 같이 표 9-1에서 비교해 보았다.

표 9-1 독일과 오스트리아에서 개최되는 유명한 하기음악축제(2002년 통계)

음악축제 이름	국가	기간	관람객(명)	예산액(유로)
잘츠부르크 축제	오스트리아	7월~8월	20만	4천5백만
바이로이트 축제	독일	7월말~8월말	6만	1천3백만
라인가우 축제	독일	6월말~9월초	13만	7백만

9.3 뤼데스하임

라인가우Rheingau에서 주운시설이 잘 된 라인강변을 따라 로렐라이와 옛날 서독 수도인 본을 지나 쾰른까지는 약 100km이다.

라인가우 포도주산지에 있는 인구가 약 8천 명 되는 유흥지 뤼데스하임Rüdesheim, 사진 9-14에는 술집이 아주 많아, 여름에 독일/외국 여행객들이 몰려와서 인구가 3배 이상 2만~3만 명으로 증가하며, 이 마을에 있는 골목길 드로셀가세Drosselgasse, 사진 9-15는 걸어갈 수 없을 정도로 초만원이 된다. 이 유흥지에 가면 주위의 술분위기에 맞추어 과음하게 되므로, 처음부터 자동차를 집에 두고 가는 것이 좋다. 가을에는 이 마을에서 4주 동안 매일 포도주 축제가 개최된다.

사진 9-14 독일의 라인강변에 놓인 유흥지 뤼데스하임(1973년)

사진 9-15 독일의 라인강변에 놓인 유흥지 뤼데스하임(왼쪽)의 골목길 드로셀가세(오른쪽)(2021년 촬영)

사진 9-16 니더발드 기념탑에 서 있는 게르마니아 여신상(왼쪽)에서 유람선이 분주하게 다니는 라인강을 내려다 본 광경(1984년 촬영)

뤼데스하임에서 라인강의 하류를 따라 로렐라이로 가는 길에 라인강의 오른쪽 언덕에 니더발드 기념탑[Niederwald-Denkmal]이 서 있다. 이 기념탑[사진 9-16]은 1871년에 프랑스와 싸운 보불[普佛] 전쟁에서 프러시아의 전승[戰勝]을 기념하기 위해서 1877~1883년에 건설되었다. 이 기념탑에는 게르마니아 여신상이 서 있고, 그 아래쪽 동판에는 황제 빌헬름 1세, 큰 공적[功績]을 세운 비스마르크제상, 왕자들/장군들과 출전하는 군인들이 묘사되어 있다.

9.4 잉겔하임

마인츠와 빙겐사이에 놓인 잉겔하임[Ingelheim]에서 1984년 6월달에 5~20세기의 한국예술전[사진 9-17, 사진 9-18과 사진 9-19]이 개최되었는데, 1980년대에 독일에서 한국예술을 전시한 기회는 드물었기 때문에 가족과 같이 방문해서 전시품을 즐겨 관람했다.

사진 9-17 독일 잉겔하임에서 5~20세기의 한국예술전이 1984년 6월에 개최된 전시관 앞에서

사진 9-18 독일 잉겔하임에서 1984년 6월에 개최된 5~20세기의 한국예술전에 전시된 한국도자기와 거북선 모형

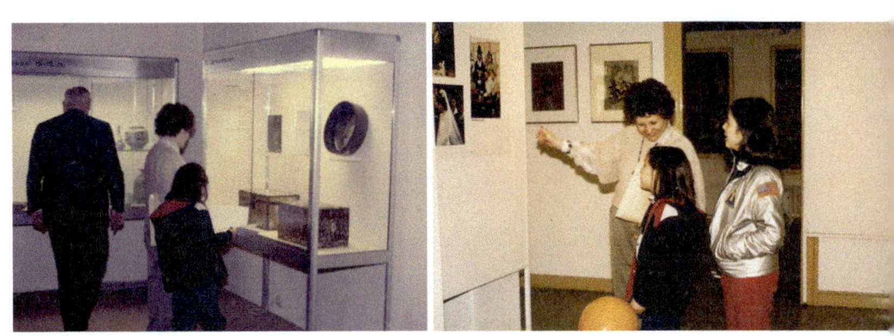

사진 9-19 독일 잉겔하임에서 개최된 5~20세기의 한국예술전에서(1984년)

9.5 빙겐에서 바하라흐까지

빙겐Bingen과 코브렌츠Koblenz 사이의 라인강에 독일에서 제일 많은 성곽이 촘촘히 건설되었다. 옛날에 라인강에 세워진 약 20개의 성곽에서 통과하는 배로부터 통행세를 수금했다고 한다.

빙겐에서 바하라흐Bacharach까지의 성과 성곽은 대부분 왼쪽 라인강변에 놓여 있으므로 뤼데스하임에서 라인강을 건너갈 때, 교량이 없으므로 페리보트사진 9-20에 자동차를 실고 건너갔다. 빙겐를 지나면 라인강의 폭이 좁아지며, 여기에 외국여행객들이 사진을 많이 찍는 생쥐탑모이제투름, Mäuseturm, 사진 9-21이 라인강의 섬 위에 서 있다.

사진 9-20 뤼데스하임에서 라인강을 건너가는 자동차 페리보트(오른쪽)

사진 9-21 빙겐 근처에 라인강의 섬 위에 건설된 생쥐탑(모이제투름)에서 옛날에 쇠사슬을 쳐서 지나가는 배의 통행세를 받았다고 한다.

16세기에 많이 생산된 각종 독일포도주는 선적船積해서 마인강, 넥카강, 라인강, 모젤강을 따라 북쪽으로 벨기에, 네델란드, 영국으로 수출되었다. 라인강변에 거주한 영주領主들은 라인강을 따라 건설한 다수의 성城과 성곽城廓에서 쇠사슬을 쳐서 통과하는 포도주 운반선으로부터 라인강 통행세를 받아 대단히 부유하게 되었다.

힐데가르트Hildegard von Bingen 수녀1098~1179년는 빙겐 근처에 1147년에 루페르츠베르크Rupertsberg 분도수도원을 설립했으며, 식물성 약을 개발해서 자연요법으로 병을 치료하는 데 크게 공헌했다. 그래서 독일 체신부에서 성인 힐데가르트 수녀를 기념하는 우표그림 9-4를 1979년에 발행했다.

그림 9-4 독일 체신부에서 자연요법으로 병(炳)을 치료하는 데 크게 공헌한 성인 힐데가르트 수녀를 기념하는 우표를 1979년에 발행했다(저자 소장).

사진 9-22 빙겐 하류의 라인강 좌안에 건설된 라인슈타인 성곽

사진 9-23 라인강의 좌안에 건설된 라이헨슈타인 성곽은 요즈음 고급 음식점으로 사용되고 있다.

빙겐에서 라인강의 하류쪽으로 가면 아스만스하우젠Assmannshausen 건너편 왼쪽 라인강변에 아름다운 라인슈타인 성곽Burg Rheinstein, 사진 9-22이 나타난다. 폐허廢墟가 된 이 성곽은 1825~1829년에 깨끗하게 재건되었다. 이 성곽에서 라인강 하류쪽에 놓인 라이헨슈타인 성곽Burg Reichenstein, 사진 9-23도 아름답게 보수된 후 요즈음 고급 음식점으로 사용되고 있으며, 항상 각종 회식會食과 모임이 많으므로 손님을 초청해서 식사하려면 사전에 식탁을 예약해야 한다.

라인강변에 놓인 바하라흐[Bacharach]는 강이 범람할 때 침수되지 않도록 전체 도시가 튼튼한 성벽과 성탑[사진 9-24]으로 둘러싸여 있다. 이 성벽에 붙인 표지[사진 9-25]를 보면, 옛날부터 라인강이 자주 범람한 것을 알 수 있었다.

사진 9-24 라인강변에 놓인 바하라흐는 강이 범람할 때 침수되지 않도록 튼튼한 성벽과 성탑으로 둘러싸여 있다.

사진 9-25 바하라흐의 성벽에 붙인 홍수위 표지로 옛날부터 라인강이 자주 범람한 것을 보여주고 있다.

바하라흐 근처에 건설된 슈탈레크 성곽[Burg Stahleck, 사진 9-26]은 전통적인 고성[古城]으로 1900년대 초반/중반에는 젊은이들이 모여 세미나와 특수한 교육을 받은 곳이다. 전후에 이 성곽은 유스호스텔[사진 9-27]로 사용되고 있으며, 옛날에는 배낭을 진 젊은이들이 많이 와서 잠을 잤으나, 요즈음은 중세기의 성곽에서 잠을 자보고 경험하기 위해서 간혹 나이가 든 중년층의 외국 여행객들도 자가용차를 타고 와서 투숙하고 있다.

사진 9-26 바하라흐 근처에 건설된 슈탈레크 성곽

사진 9-27 바하라흐 근처에 있는 슈탈레크 성곽은 독일의 전통적인 고성(古城)으로 요즈음 유스호스텔로 사용되고 있다.

9.6 로렐라이

바흐라흐에서 라인강의 따라 하류쪽으로 내려가면, 옛날에 라인강에 쇠사슬을 설치한 후 선박의 통행세를 받은 14세기에 건설된 팔츠Pfalz 성곽사진 9-28이 나타난다. 18세기에 어떤 선장은 팔츠 성곽에서 쏘는 대포탄을 맞을 각오를 하고 통행세를 지불하지 않고 배를 운전해서 도망갔다고 한다.

사진 9-28 라인강의 로렐라이를 통과하고 있는 유럽내륙선(오른쪽, 1984년)과 한국에서 여행 온 동생인 단국대학교 최문식교수 부부와 같이 중세기에 라인강에 쇠사슬을 설치해서 선박의 통행세를 받은 팔츠 성곽 앞에서(왼쪽, 1998년)

로맨틱한 라인강의 상징인 로렐라이Lorelei, Loreley, 사진 9-28는 곡선이 진 좁은 강변에 놓인 높이가 132m인 절벽의 석산石山으로, 옛날에 금발미녀가 이 돌산 위에 앉아서 노래를 부르면서 금색의 빗으로 머리를 빗었다고 한다. 배를 타고 라인강을 지나가든 선장들은 이 노래에 매혹되어 급류에 놓인 위험하고 삐쭉한 규암硅巖바위를 유의하지 않아 배가 좌초坐礁되어 파괴되었다고 하인리히 하이네가 시詩를 읊었다.

라인강의 교통량이 급증해서 로렐라이의 급류에 놓인 위험한 바위를 일부 발파해서 제거했으나, 요즈음도 유럽내륙선이 로렐라이에 접근하면 하인리히 하이네의 시詩 'Ich weiss nicht, was soll es bedeuten, dass ich so traurig bin.'를 음률적으로 작곡한 마이크 소리가 나와 강에 놓인 위험한 바위를 경고하고 있다.

로렐라이 부근의 라인강은 대단히 좁으므로 컨테이너를 실은 큰 선박이 내려오면, 빨간 신호등으로 상류 라인강 쪽으로 올라가는 배를 모두 정지시킨다.

여름휴가철에는 장크트 고아르하우젠St. Goarshausen의 선박장과 로렐라이 산정山頂 사이에 여행객용 셔틀shuttle버스가 왕래하고 있다. 로렐라이 산정에 올라가면 라인강의 아름다운 경치를 즐길 수 있으며, 관심이 있는 여행객은 여기에 있는 로렐라이센터에 가서 로렐라이의 신화Mythos와 주위의 지질/식물/동물을 다룬 전시품을 관람할 수 있다.

장크트 고아르St. Goar에는 라인펠스Rheinfels 성곽이 있으며, 건너편에 놓인 장크트 고아르하우젠에는 서로 공수攻守하기 위해서 2개의 카츠Katz 성곽과 마우스Maus 성곽이 라인강의 오른쪽 강변에 건설되었다. 옛날에 이 성곽에서도 라인강을 지나가는 배에 통행세를 수금했다. 서기 1393년에 건설된 카츠 성곽은 1806년에 나폴레옹 군대가 공격해서 파괴되어 1898년에 재건되었다.

로렐라이와 보파르트Boppard를 지나면 렌즈Rhens건너편 라인강변의 산봉우리에 13세기에 건설된 마르크스 성곽Marksburg이 나타난다. 이 성곽은 라인강에서 점령되지 않고 부서지지 않은 유일한 중세기의 성곽으로, 독일 체신부에서 기념우표도 발행했다. 이 성곽에 설치된 큰 포대砲臺와 기원전 6세기에서 기원후 15세기까지의 각종 무기가 전시된 기사실騎士室은 장관이라고 하겠다. 이 성곽 내에 있는 '독일성곽협회'는 독일의 전체 성과 성곽을 모두 조사해서 문서에 기록하고 있다. 조사결과에 따르면 지난 1천여 년 동안에 독일에 약 2만 개의 성과 성곽이 건설되었다고 한다.

라인강에서 견인선으로 운반하는 화물의 하중은 4,400톤으로 이런 화물을 철도로 운반하려면 110대의 화차가 필요하며, 트럭으로 운반하려면 220대의 화물자동차가 필요하다. 유럽에서는 내륙선의 운수비運輸費가 제일 저렴하므로 라인강은 곡물, 정유, 석탄, 건설자재, 모래, 고철古鐵 등을 운반하는 내륙선박사진 9-29으로 항상 붐빈다. 그리고 프랑크푸르트비행장에서 필요한 비행기휘발유는 네덜란드의 로테르담에서 2,000톤짜리 유조선사진 9-29으로 운반한다.

사진 9-29 휘발유, 정유, 곡물, 건설자재, 고물 등을 운반하는 내륙선으로 항상 붐비는 라인강
(왼쪽, 유조선; 오른쪽, 컨테이너선)

9.7 코블렌츠

코블렌츠Koblenz는 기원전 9년에 로마제국 때, 라인강과 모젤강이 합류하는 요지要地에 로마제국의 보루堡壘로 설립되었다. 이 합류점에 도이체스 에크Deutsches Eck이라고 불려지는 '독일 모퉁이'에 독일제국의 빌헬름 1세의 기마상騎馬像이 1897년에 세워졌다. 이 기마상은 제2차대전 때 파괴된 후 독일의 통일에 대한 경고의 표지로 주춧대臺만 재건되었다.

코블렌츠인구 약 10만 명를 흘러가는 라인강의 물량은 평상시에 2,000m^3/sec 정도이나, 홍수가 지면 7,000m^3/sec1995년으로 3배 이상 급증하며, 이때 하류에 놓인 쾰른과 옛날 서독의 수도였던 본의 중심가가 일부 수장되기도 했다.

프러시아Prussia, Preussen는 1832년에 나폴레옹 군대를 방어하기 위해서 모젤강이 라인강에 유입하는 전략적인 코블렌츠의 산정山頂에 에렌브라이트슈타인Ehrenbreitstein 요새要塞, 사진 9-31를 공고하게 건설했다. 이 요새에서 멀리까지 잘 볼 수 있으므로 요즈음도 많은 관광객들이 케이블카를 타고 또는 등산해서 올라와서 원경遠景을 즐기고 있다.

사진 9-30 각종 화물을 실고 라인강과 모젤강의 합류점(왼쪽)에 놓인 '독일 모퉁이(Deutsches Eck)'를 지나서 모젤강으로 진입하고 있는 유럽내륙선(오른쪽, 저자 소장)

사진 9-31 모젤강이 라인강에 유입하는 지점에 설립된 코브렌츠(왼쪽)의 산정에 1832년에 건설된 프러시아의 에렌브라이트슈타인 요새(오른쪽)

9.8 마리아 라흐 분도수도원

코블렌츠를 지나 옛날 서독의 수도 본으로 가는 길에 라인강을 벗어나 코블렌츠에서 20km 떨어진 서쪽에 있는 유명한 마리아 라흐Maria Laach 분도수도원을 방문했다. 이 수도원은 1093년에 경치가 좋고 조용한 라흐 호수변에 설립되었다. 그 옆에 있는 로마네스크 양식의 성당바질리카, Basilika, 사진 9-32은 1156년에 응회암凝灰巖과 현무암玄武巖 건설재료로 아름답게 건설되었다. 독일 체신부에서는 1993년에 마리아 라흐 수도원의 설립 900년을 기념하는 우표사진 49-33를 발행했다. 이 수도원에는 2012년에 50명의 수사가 종사從事했다고 한다.

마리아 라흐 분도수도원은 독일에 건설된 로마네스크 양식의 건물 가운데 제일 유명한 건물이다. 이 교회에는 에덴동산을 묘사한 '라흐의 천국'사진 9-33이 설치되어 있으며, 옛날 석수공의 아름다운 예술품1932년 제작을 볼 수 있었다.

사진 9-32 로마네스크 양식으로 1156년에 건설된 마리아 라흐 분도수도원의 성당 외부와 내부 모습

사진 9-33 마리아 라흐 분도수도원(1093년 설립)의 '천국 안마당'에 있는 사자우물(왼쪽, 1932년 제작)과 설립 900년을 기념한 독일우표(오른쪽, 저자 소장)

이 수도원에는 토마스 아퀴나스[Thomas Aquinas, 1225~1274] 책 등 중요한 고적서적이 26만 권이나 소장되어 있다고 한다. 이 수도원 옆에 있는 라흐 호수에서는 요즈음도 잉어를 사육[飼育]하고 있으며, 가톨릭교회에서 육류가 금지된 40일간의 봉재 때 잉어를 잡아서 육류의 담백질을 대신하고 있다.

이 수도원의 벽에는 괴테[사진 9-34]가 1815년에 수도원을 방문했다고 적혀있다. 독일에서 스페인의 산티아고 데 콤포스텔라까지 가는 야코보 순례길은 이 마리아 라흐 수도원을 지나간다는 것을 '조개 표지'[사진 9-34]로 알려주고 있다.

사진 9-34 괴테가 1815년에 마리아 라흐 수도원을 방문했다는 표지(왼쪽)와 이 수도원을 지나가고 있는 스페인의 산티아고 데 콤포스텔라까지 가는 야코보 순례길의 표지(오른쪽)

사진 9-35 나치스가 1933년에 정권을 잡았을 때, 파면된 아데나워 쾰른 시장이 1933~1934년에 피신한 마리아 라흐 분도수도원의 야경(왼쪽, 저자 촬영)과 그 스토리가 담긴 책(Sick, 2021)

아데나워 서독 초대수상은 젊을 때 쾰른 시장이었다. 나치스가 1933년에 정권을 잡았을 때, 쾰른 시장을 파면罷免시켰으며 자신의 신분身分이 대단히 위험해서 1933~1934년까지 본에서 남쪽으로 약 60km 떨어진 마리아 라흐 수도원에 피신사진 9-35해 있었다는 스토리가 담긴 책Sick, 2021이 최근에 출판되어 저자는 흥미있게 읽었다.

9.9 레마겐

마리아 라흐 수도원을 방문한 후 다시 라인강을 따라 북상하면서 레마겐Remagen을 지나갔다. 본에서 23km 남쪽에 있는 레마겐은 로마시절에 건설된 마을로, 제2차대전 때 라인강에서 파괴되지 않은 유일한 레마겐 교량을 미군이 정복해서 연합군이 라인강을 건너갈 수 있는 교두보橋頭堡를 우안右岸에 구축할 수 있어 전 세계에 널리 알려진 도시이다. 그 후 이 교량은 무거운 교통량에 견디지 못해 며칠 후 1945년 3월 17일 스스로 무너졌다고 한다.

제1차대전 때 대량의 금속재료가 필요했기 때문에 독일제국에서 유통되는 동전을 모두 수집해서 무기와 포탄을 제조하는 데 사용했다. 독일이 패전한 후, 1921년에 시청 직원들과 노동자들에게 임금을 줄 때 동전이 부족해서 코브렌츠와 레마겐 시청에서 25~50페니히짜리의 대용지폐와 상품권을 발행해서 지불했다고 한다. 저자는 발견하기 어려운 이 대용지폐와 상품권그림 9-5을 다행히 레마겐에서 구입할 수 있었다.

그림 9-5 제1차대전에서 패전한 후, 1921년에 시청 직원들과 노동자들에게 임금을 줄 때 부족한 동전을 대신해서 코브렌츠(왼쪽)와 레마겐(오른쪽)에서 발행한 25~50페니히짜리의 대용지폐와 상품권(저자 소장)

9.10 본

본[Bonn]은 로마제국때 서기 12년에 설립되어 연대[聯隊]가 주둔하고 있었던 오래된 도시이며, 통독되기 전에 1949년~1990년까지 서독의 수도였다. 제2차대전 후, 1949년에 본과 프랑크푸르트를 투표해서 서독의 수도를 결정할 때 33표 대 29표로 본이 결정되었다. 그 당시 독일인들은 언젠가는 통독을 희망했기 때문에 본은 항상 '임시수도'라고 생각했었다. 베를린으로 수도를 천도[遷都]하기 전에 본의 인구 32만 명 가운데 7만 명이 공무원 그리고 3만 명이 대학생이었다고 한다.

베토벤[1770~1827년]은 본에서 태어났으며, 베토벤의 생가[사진 9-36]는 현재 박물관으로 개조되어 옛날에 베토벤이 소지한 보청기[補聽器], 각종 악기와 악보가 보관되어 있다. 매년 10만 명의 여행객이 방문한다고 가이드가 설명했다. 본에서는 매년 가을에 4주 동안 베토벤축제가 개최되며, 2019년에는 약 2만 명이 47개의 콘서트를 방문했다고 한다. 2020년에 본에서 베토벤의 생일 250주년을 기념하는 우표[그림 9-6]가 발행되었으며, 큰 축제가 개최될 예정이였으나, 코비드-19 전염병으로 취소되었다.

사진 9-36 베토벤이 본에서 1770년에 태어난 생가(왼쪽)와 우편국 앞에 세워진 베토벤 동상(오른쪽)

그림 9-6 베토벤이 본에서 태어난 250주년을 기념하기 위해서 독일 체신부가 2020년에 발행한 베토벤 특별우표(저자 소장)

사진 9-37 서기 1818년에 설립된 본 대학교을 가족과 같이 1984년에 방문했으며(왼쪽), 2018년에 200주년을 기념하기 위해서 깨끗하게 단장한 광경(오른쪽)

프리드리히 빌헬름 본 대학교는 1818년에 설립되어, 선제후選帝侯가 건설한 아름다운 로코코식 궁전1697~1725년을 대학건물사진 9-37로 사용하고 있다. 서독의 아데나워 수상은 본 대학교에서 법학을 공부했으며, 카를 막스Karl Max도 여기서 공부했다.

그 외에 본에서 자주 방문하는 관광지는

- 대성당11세기에 건설, 사진 9-38
- 베토벤 홀과 그 앞에 있는 베토벤 머리
- 베토벤 생가 옆에 16세기에 설립된 예수회 수도원의 성당1698년 건설, 사진 9-38
- 시청사와 시청광장에서 주말에 개최되는 콘서트사진 9-39
- '역사의 집Haus der Geschichte' 박물관

이 '역사의 집' 박물관에는 지금까지 역임한 독일 수상首相의 풍자화諷刺畵 등 약 300여 개의 캐리커처caricature가 걸려있다. 초대수상인 아데나워 수상은 '현명한 여우', 콜 수상은 '배Birne, pear', 메르켈 여수상은 '검정 과부'로 그려져 있다.

1990년에 수도를 베를린으로 천도한 후, 옛날 독일정부청사는 요즈음 유엔 건물로 사용되고 있으며 약 1천 명이 근무하고 있다고 한다.

사진 9-38 본의 대성당(왼쪽)과 베토벤 생가 옆에 있는 예수회 성당(1698년 건설)의 외부와 내부 모습(중간/오른쪽)

사진 9-39 본의 시청사(왼쪽)와 시청 광장에서 주말에 개최되는 야외 콘서트

9.11 쾰른

독일에서 5개 대도시의 하나인 쾰른[6.4절 참조]을 지나가는 라인강의 수심은 약 4.5m로서 독일에서 생명의 젖줄이라고 할 정도로 많은 내륙선이 화물을 북해의 네델란드에서 루르지방, 쾰른, 마인츠, 칼스루헤를 거처 스위스의 바젤까지 운반하고 있다. 그리고 단거리 또는 장거리 유람선[사진 9-40]도 라인강에 많이 다닌다.

사진 9-40 네덜란드, 독일, 프랑스와 스위스의 라인강변에 놓인 유명한 관광지를 방문하는 라인강 유람선

쾰른의 역사와 기상보고서를 보면 1540년의 여름은 아주 덥고, 가물어 라인강물이 거의 말라버려 처음으로 걸어서 라인강을 건너갈 수 있었다고 한다. 따라서 식수가 귀해 포도주의 값이 더 쌌다고 한다. 가을까지 계속 내리쬐는 햇볕에 포도가 잘 익어서 당분함량이 아주 높아졌으며, 포도주가 꿀을 먹는 것과 같이 달았다고 한다. 그 후 저자가 본 바에 의하면, 2018년에도 대단히 가물어서 10월 달에 라인강의 수위가 0.8m로 내려갔으며, 폭이 150m인 라인강 중심부의 수심이 1.8m로 줄어져 키가 큰 젊은이들이 걸어서 라인강을 건너갈 정도로 얕아져 내륙선의 통행에 큰 지장이 생겼다. 제일 추웠던 겨울기상보고를 보면 1927년의 겨울에 기온이 영하 20℃까지 내려가서, 폭이 600m나 되는 라인강이 완전히 동결되어 걸어서 건너갈 수 있었다고 한다.

그러나 저자가 목격한 1993년 그리고 1995년에 2번이나 생긴 '백년홍수'에서는 강의 수위가 10.7m로 3배나 증가했으며, 이때 쾰른의 중심가가 일부 수장되었다. 그 당시 인접한 서독의 수도인 본에서는 국회의사당과 주위 건물들이 침수될 위험에 직면해서 급히 가구를 피난시키는 소동도 일어났다. 그리고 홍수기간 동안에 2주간 유럽내륙선의 운항이 완전히 중단되었다. 그래서 2005년에 고정식/이동식 벽을 라인강변에 설치해서 수위가 11.9m가 될 때에도 도시중심지가 수장되지 않도록 만들었다.

9.12 아헨

쾰른에서 서쪽으로 여행하면서 벨기에와 네덜란드의 3개국 국경선에 위치하고 있는 아헨 Aachen, 인구 25만 명을 방문했다. 아헨은 유명한 공과대학교1870년 설립가 있는 학술도시이며, 1950년부터 유럽의 평화와 통합에 공헌한 국내외 인사에게 매년 카를 상賞을 수여하고 있다.

아헨은 로마시대부터 온도가 74℃나 되는 유럽에서 가장 뜨거운 유황천硫黃泉이 지상으로 흘러나오는 온천장으로 유명했으며, 이 광천수는 병을 치료하기로 널리 알려져 로마군인들이 자주 휴양한 곳이다. 이 온천수는 루마치스, 관절통, 좌골坐骨신경통, 피부병을 치료하는 데 양호했으며, 나이가 50살이 된 카를 대왕Karl der Grosse, 747~814년도 여기에 자주 와서 휴양해서 9세기에 대단히 드문 고령인 67세까지 살았다고 한다.

카를 대왕은 아헨에 왕성王城을 건설해서, 프랑켄 제국das Fränkische Reich의 수도로 만들었다. 이 왕성에는 8각형의 왕성교회Pfalzkapelle, 사진 9-41를 서기 800년에 건설했으며, 이 해에 카를대왕은 로마황제로 즉위卽位했다. 그 후 936년~1531년까지 600년 동안 아헨의 왕성교회에서 카를 5세등 32명의 독일왕의 대관식戴冠式이 거행되었다. 아헨의 왕성교회는 1978년에 유네스코의 세계문화유산으로 인정되었으며, 이 교회 안에는 카를 대왕이 안장安葬되었다.

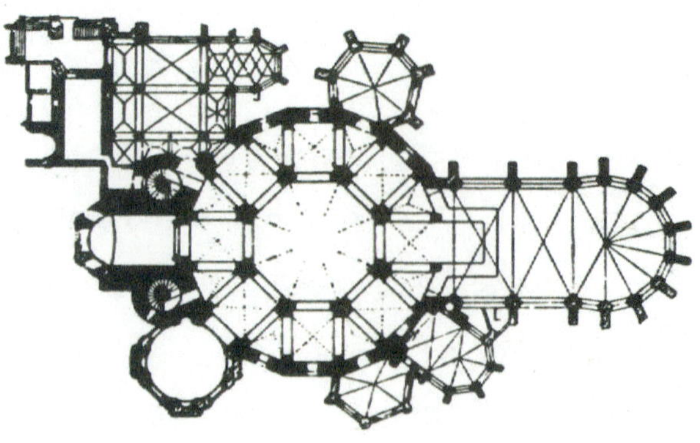

사진 9-41 독일의 카를 대왕이 로마황제로 즉위(卽位)한 서기 800년에 아헨에 건설한 8각형의 왕성교회(Pfalzkapelle)

사진 9-42 아헨 대성당의 외부 전경(왼쪽)과 서기 1020년경에 성당안에 설치된 제대(祭臺)(오른쪽)

아헨 대성당사진 9-42은 카를 대왕의 작은 왕성교회 자리에 둥근 지붕건축으로 8세기에 공사를 착공해서 대성당의 연약한 기초에는 말뚝을 박아서 지지하고 1200여 년 동안 공사해서 1884년에 완공되었다. 아헨은 서기 1562년부터 독일황제의 대관식을 거행하는 권한을 프랑크푸르트6.5절 참조에게 상실되었다.

가톨릭교회에서는 중세기에 예루살렘, 이탈리아의 로마, 스페인의 산티아고 데 콤포스텔라 그리고 독일의 아헨이 성지순례지로 널리 알려졌다. 아헨 대성당에는 4개의 성유물聖遺物이 보관되어 있으며, 전설에 따르면 (1)마리아의 옷, (2)예수의 기저귀, (3)요안 세자洗者의 참수斬首천과 (4)예수의 허리에 두른 옷이라고 한다. 이 성유물聖遺物은 서기 1349년부터 매 7년마다 아헨 대성당으로 성지순례 온 순례자들에게 보여주었으며, 2021년에는 코비드-19 전염병 때문에 취소되었다.

이 대성당의 보물고寶物庫는 면적이 600m²로, 서기 814년에 입관入棺된 카를 대왕의 금골金骨, 대리석관棺과 금맥기한 흉상胸像 등이 비치되어 있다. 이 대성당에는 1,000m² 이상의 천연색 창문사진 9-43이 아름답게 걸려 있어, 일명 '유리집'이라고 불리고 있다. 카를 대왕이 앉은 대리석 왕좌王座는 대성당 내의 8각형 방에 비치되어 있다.

독일의 뉴른베르크에서 태어난 화가 알브레히트 뒤러Dürer가 1520년 10월 24일 카를 5세의 대관식에 와서 아헨 대성당에 소장된 성유물을 관람하고서 세계에서 볼 수 없는 값비싼 보물이라고 그의 '네덜란드 여행일기'에 기록하면서 감탄했다.

사진 9-43 아헨 대성당의 아름다운 천연색 창문(왼쪽)과 카를 대왕의 대리석 왕좌(중간)와 대성당 옆에 있는 중세기의 여인숙에 걸린 역마차 표지(오른쪽)

아헨에는 중세기에 2개의 외부/내부 성벽城壁과 11개의 성문 탑이 건설되었다. 그 중 13세기에 외부 성벽을 만들 때, 건설된 2개의 성문 탑만 부서지지 않고 아직까지 남아 있다. 그리고 시청사 앞에는 옛날 도이취 황제의 권력의 상징이었던 지구의地球儀, Reichsapfel와 왕홀王笏, Zepter을 들고 있는 카를 대왕의 동상이 서있다.

독일제국의 중앙은행에서는 1914~1923년의 경제공황기에 물가와 임금이 폭등하고 화폐의 금액이 폭락해서 1923년에는 매월 고액의 지폐를 발행했으나, 물가상승에 맞추어 필요한 지폐를 모두 발행해서 전국에 배달할 수가 없었다. 그 결과 독일의 각 도시에서는 도시/마을 안에서 사용할 수 있는 긴급화폐를 인쇄했다. 아헨시청에서는 1923년 7월 달에 공무원들과 노동자들에게 봉급/임금을 지불하기 위해서 아헨시내에서만 사용할 수 있는 10만 마르크와 1억 마르크짜리의 상품권Gutschein을 대용화폐그림 9-7로 발행했다. 1억 마르크짜리의 상품권이 발행되었을 때, 시장에서 100개의 버터를 구입할 수 있었으나, 한달 후에는 독일 국내에서 편지 5통을 부칠 수 있는 가치價値로 떨어졌으며, 독일제국 마르크Reichsmark의 값이 폭락한 것을 볼 수 있다. 수집하기 위해서 저자는 귀한 대용화폐를 구입했다.

그림 9-7 독일의 경제공황기에 아헨시청에서 공무원들과 노동자들에게 봉급과 임금을 지불하기 위해서 1923년에 7월 달에 대용화폐로 발행한 10만 마르크(왼쪽)와 1억 마르크(오른쪽)짜리의 상품권(저자 소장)

9.13 뒤스부르크

쾰른에서 하인리히 하이네가 태어난 뒤셀도르프Düsseldorf를 지나면, 라인강은 독일의 주요 광산지, 제철소/제강소 등 중공업이 집중된 루르지방을 관통해서 흐른다. 루르지방의 에센Essen에 있는 촐페라인Zollverein 광산Zeche에는 전 세계에서 최신 석탄운반시설이 설치되어 1851~1986년까지 운영되었으며, 7천여 명의 광부들이 일했던 큰 광산으로 2001년에 유네스코의 세계문화유산으로 인정되었다.

라인강의 주요 내륙항內陸港은 뒤스부르크Duisburg, 쾰른, 칼스루헤, 루드비히스하펜Ludwigshafen, 만하임으로서, 제일 큰 내륙항은 루르지방에 있는 뒤스부르크 항港이다. 저자는 라인-마인-도나우 강 운하의 설계를 자문할 때 이 내륙항을 방문한 적이 있다. 이 내륙항의 면적은 10km^2나 되며, 약 4만 척의 내륙선박이 계류繫留할 수 있다고 가이드가 설명해 주었다. 항상 석탄, 중유重油, 휘발유, 공업제품 등을 실은 유럽내륙선이 분주하게 입항/출항하고 있었다사진 9-44. 18세기에 항구의 부두에 건설한 곡물창고는 이제 사용하지 않으므로, 주택난을 감소하기 위해서 아파트로 개조되었다고 한다.

사진 9-44 독일에서 라인강의 내륙항(內陸港)으로 제일 큰 뒤스부르크 항과 19~20세기 초반에 다닌 옛날 증기선(오른쪽)

9.14 라인강의 하구

라인강은 독일의 뒤스부르크를 지나서 네덜란드에서 북해로 진입한다. 라인강의 하구河口 델타에는 매년 약 2천만m^3의 모래가 퇴사되므로 배가 통행할 수 있도록 이를 항상 준설해야 한다.

라인-마인-도나우 강RMD 운하의 북해입구인 네덜란드 로테르담에는 유로포트Europoort 항港이 1950/1960년대에 건설사진 3-21 참조되었으며, 그 후 유조선油槽船이 1960~1970년대에 점차 대형화됨에 따라 흘수吃水가 점차 커져, 더 깊은 컨테이너 부두사진 9-45가 건설되었다. 로테르담은 그 동안 계속 전 세계에서 제일 큰 항구로 확장되어, 이제 35만 톤짜리 유조선길이 400m, 폭 60m, 흘수 24m이 정박할 수 있게 되었다.

사진 9-45 네덜란드의 로테르담 항구(왼쪽)에서 적재한 콘테이너 선(船)이 라인강의 하구(河口, 오른쪽)를 지나 북해(北海)로 나가고 있다.

사진 9-46 독일과 네덜란드의 국경선을 지나 항해하고 있는 라인강의 내륙운하선

사진 9-47 라인강에 다니는 내륙유조선과 자갈 등 건설자재를 운반하는 내륙화물선(왼쪽)과 여행객을 실은 유람선(오른쪽)

로테르담에는 매일 80대 이상의 대형 유조선과 컨테이너 선[船]이 계류[繫留]해서 300대 이상의 내륙운하선[1,350~2,100톤]에 하역[荷役]하며, RMD 운하를 통해 저렴한 운반비로 독일, 프랑스, 스위스, 오스트리아, 헝가리, 루마니아 등 유럽의 내륙지방으로 화물을 운반하고 있다[사진 9-46]. 1996년도의 통계에 따르면 북해에서 내륙으로 화물을 운반할 때 60%가 라인강의 내륙 운하선[사진 9-47]으로, 35%는 화물자동차로 그리고 5%는 기차로 운반했다고 한다.

네덜란드에서는 1950년대에 북해에서 일어난 해일[海溢]로 해안제방이 많이 파괴되고, 120km^2의 넓은 폴더지대가 수몰되어 인명과 재산의 피해가 막대했다. 그 대책으로 1990년대까지 막대한 경비를 소비해서 델프트[Delft] 공과대학교의 수리모형시험소에서 시험해서 성공적으로 새로운 제방을 건설하고, 옛날 해안제방도 보강했으며, 전 세계에서 국가적인 대규모 수공사업의 귀감[龜鑑]이 되고 있다.

사진 9-48 해일(海溢)피해를 방지하기 위해서 1997년에 네덜란드의 로테르담 근처에 건설된 Maeslant장벽시설 (왼쪽 항공사진: Glüsing, 2000) (오른쪽, 저자 촬영)

앞으로 북해해상에 폭풍으로 큰 해일海溢이 생길 때, 네덜란드의 해안지방에 거주하는 1백만 명의 주민을 보호하기 위해서 1997년에 대형 Maeslant장벽障壁시설사진 9-48을 라인강의 하구河口에 건설했다. 저자는 독일 킬 운하회의 회원들과 같이 이 장벽시설을 방문해서 상세하게 가이드의 설명을 들었다. 가이드 설명에 따르면 이 시설은 요즈음 약 10년마다 1회 정도 가동되고 있다고 한다.

모젤강변에 놓인 트리어

제10장 모젤강 여행

10.1 코블렌츠

모젤강은 라인강의 지류길이 545km로서 코블렌츠Koblenz에서 라인강으로 유입流入한다. 코블렌츠9.7절 참조에서 모젤강의 상류에 놓인 로마제국때 설립된 트리어Trier까지는 거리가 약 200km가 된다. 이 모젤강 계곡에는 독일의 유명한 리슬링 백포도주 산지가 여기저기에 있어, 가을에 리슬링 포도주를 시음試飮하기 위해서 저자는 자동차 또는 관광객 유람선을 타고 여러 번 트리어까지 여행했다.

모젤강은 완전히 운하화 되어 다수의 갑문시설navigation lock이 설치되었으며, 갑문의 크기는 길이 170m, 폭 12m 그리고 깊이 7.5m로서 길이가 85m인 유럽운하선무게 1,350~2,100톤, 사진 10-1이 2대 동시에 들어갈 수 있다. 그 옆에는 모젤강에 다니는 소형 요트와 모터보트가 통과할 수 있는 작은 갑문시설사진 10-2을 설치해서 작은 선박을 통과시킬 때에 물의 소비량을 절약시켰다.

사진 10-1 길이가 85m, 무게가 1,350톤인 유럽운하선이 모젤강 운하의 갑문시설에 진입하고 있는 광경

사진 10-2 모젤강 운하에서 작은 요트와 모터보트는 소형 갑문시설로 통과시켜 물을 절약한다.

사진 10-3 모젤강의 운하망(運河網)을 통해 제일 저렴한 비용으로 고철(古鐵), 석탄, 정유, 곡물, 시멘트, 건설재료 등을 운반하는 유럽운하선과 관광객을 실은 유람선 광경(최형식, 2013)

사진 10-4 모젤강의 갑문시설을 통과하기 위해서 줄을 서서 기다리고 있는 다수의 유럽운하선

독일에 거미줄 같이 설치된 내륙운하망運河網을 통해 제일 저렴한 비용으로 고철古鐵, 석탄, 정유, 곡물, 시멘트, 건설재료 등을 실은 수많은 유럽운하선과 관광객을 실은 유람선이 모젤강사진 10-3, 라인강과 다뉴브강 등지로 운항하고 있다. 모젤강을 따라 상류 쪽으로 여행하면, 모젤강 운하의 갑문시설을 통과하기 위해서 줄을 서서 기다리고 있는 유럽운하선을 자주 볼 수 있었다사진 10-4.

10.2 모젤 포도주

고대 로마시절에 해외로 파견된 로마병정들과 공무원들이 매일 상당한 양의 포도주를 마셨기 때문에 어마어마한 포도주 소비량을 충당하기 위해서, 이탈리아에서 마차로 운반한 포도주를 라인강과 모젤강을 따라 그 당시 로마제국의 3번째 수도首都였던 독일의 트리어Trier까지 운반하는 포도주 선船, 사진 10-5이 줄을 지어 다녔다고 한다. 돌로 조각한 이런 모형배길이 3m는 노이마겐Neumagen에 전시되어 있다.

이탈리아에서 상당한 양의 포도주를 계속 장거리 운반하기가 힘들어 로마제국의 황제는 그 당시 모젤강변의 울창했던 산림을 모두 벌목한 후, 포도나무를 심도록 했다고 로마의 시인 아우소니우스Ausonius가 4세기에 모젤강/라인강을 여행하면서 쓴 'Mosella모젤강'에 기록되어 있다.

현재 고고학자들은 그 당시 라인강변에 자라고 있었던 야생포도나무와 로마제국에서 갖고 온 포도나무를 교배交配시켜 북쪽의 추위에 강한 포도를 재배한 것으로 추측하고 있다. 모젤강과 라인강변에서 잘 자라는 리슬링Riesling 포도는 아주 추운 날씨에도 면역성이 크며, 독일에서 1978년에 온도가 섭씨 10℃에서 갑자기 영하 20℃로 내려갔을 때, 다른 포도 종류는 모두 얼어버렸으나, 리슬링 포도에는 피해가 없었다고 한다.

사진 10-5 저자가 가족과 같이 자동차로 모젤강을 따라 여행할 때, 고대 로마시절에 트리어 부근의 모젤강에서 포도주 술통을 운반한 선박을 돌로 조각한 모형배(길이 3m)도 구경했다(1984년 촬영).

사진 10-6 모젤강 언덕에 점판암 편석(오른쪽)이 깔려 밤 늦게까지 보온이 잘 되어 아주 우수한 백포도주가 생산되는 리슬링 포도밭 전경

사진 10-7 햇볕이 많이 쪼이는 25°~45°로 급하게 경사진 모젤강의 남향 언덕에서 우수한 백포도주가 생산되는 리슬링 포도주산지에서

모젤강의 언덕 경사사진 10-6가 25°~45°로 급해서 남향 포도밭에는 햇볕이 많이 쬔다. 그래서 모젤강변의 언덕사진 10-7에 깔린 점판암粘板岩, slate 편석片石과 검은 풍화토가 낮에 태양열을 잔뜩 흡수했다가 덥혀진 온돌방처럼 밤 늦게까지 포도나무에 오랫동안 열熱을 공급해주고 보온이 잘되어 리슬링 포도가 잘 자라며, 풍화토에는 각종 광물질이 많아 포도주에 특이한 맛을 낸다고 한다. 모젤강변에 많이 재배하는 리슬링 포도주는 라인강변의 라인가우9.2절 참조 리슬링 포도주와는 달리 약간 화기火氣가 있어 포도주 애호가들이 좋아하는 술이다.

모젤강변의 언덕 경사가 대단히 급한 포도밭에서는 가을에 포도를 수확할 때, 이동식 케이블카를 설치하는 곳도 있다. 포도밭의 표토表土가 얇아서 경사가 60°~70°나 되는 사면에서도 산사태가 잘 일어나지 않으며, 세운 나무말뚝을 따라 포도줄기가 올라가면서 성장하도록 하고 있다.

10.3 모젤강의 점판암

모젤강 주위에 널리 깔려 있는 점판암[粘板岩]은 흑회색[黑灰色]으로 윤택이 나고, 이질[泥質]로 세립자가 밀집해서 불투수성이고 보온이 잘 되므로, 유럽에서는 바람이 많이 부는 벽촌[僻村]의 산악지대와 해안지대에서 옛날부터 집의 지붕과 벽돌재료로 많이 사용되었다. 점판암으로 건설한 벽돌집은 100년이 지나도 벽에 페인트를 전혀 칠할 필요가 없고, 차수[遮水]가 잘 되어 집의 운영비가 대단히 저렴하므로, 특히 모젤강 지대에서는 주위에 흔한 점판암을 사용해서 교회[사진 10-8], 가옥의 벽[사진 10-9]과 지붕[사진 1-10]을 건설했다. 그리고 점판암은 열[熱]을 잘 전달하므로 고대 로마시대부터 중세기까지 목욕탕의 온돌로 많이 사용되었다.

사진 10-8 모젤강에 흔한 보온이 잘 되는 점판암 편석(片石)으로 건설한 교회

사진 10-9 모젤강 지대에 흔한 점판암(粘板岩)으로 벽을 만들어 보온이 잘 되어 따뜻한 가옥

사진 10-10 차수(遮水)와 보온(保溫)이 양호한 점판암(粘板岩)으로 덮은 집의 지붕

사진 10-11 낮에 태양열을 받아 따뜻해진 점판암이 밤늦게까지 포도나무를 잘 보온해서 리슬링 포도가 잘 자라는 독일 모젤강 지대의 포도밭

전술한 바와 같이 낮에 태양열을 받아 따뜻해진 점판암은 밤늦게까지 포도나무를 보온해준다. 그래서 2천 년 전부터 독일 모젤강의 점판암지대[사진 10-11]에서는 점판암 조각이 들은 표토에 심은 포도가 잘 자라 최고급 리슬링[Riesling] 포도주가 생산되어 세계적으로 유명하다[최형식, 2003]. 그리고 모젤강의 급 경사진 계곡에 계단식으로 만든 포도밭에 5~10m 높이의 옹벽을 축조할 때, 포도밭 주위를 보온[保溫]하는 미기상[微氣象, microclimate]을 형성하기 위해서 옹벽의 건설재료로도 점판암이 널리 사용되고 있다.

10.4 코헴

코헴[Cochem]은 모젤강변에 놓인 아름다운 포도주 도시로 여름과 가을에 국내외에서 여행객들이 많이 온다. 중세기에 모젤강변의 언덕 위에 팔츠 백작[伯爵]이 거주했던 제국 성곽[城廓]이 멀리서 보였다[사진 10-12].

사진 10-12 코헴을 흐르는 모젤강의 언덕 위에 팔츠 백작(伯爵)이 거주했던 제국 성곽(1984년 촬영)

10.5 베른카스텔

모젤강의 리슬링 포도주는 맛도 좋고, 건강에도 좋아서 중세기에 유럽의 궁정에서 고관들이 즐겨히 마셨다고 한다. 중부 모젤강 지대의 베른카스텔Bernkastel에서 생산되는 포도주를 마시고 옛날에 가톨릭교의 뵈문드 2세Boemund II. 대주교가 불치병不治病을 완치했다고 해서 '베른카스텔 의사' 포도주라고 불려지고 있으며, 포도주 애호가들이 많이 찾는 포도주이다. 15세기에 건설된 많은 양로원/요양원에서는 부유한 노인들에 하루에 포도주를 5리터까지 많이 먹여 치료한 것으로 알려지고 있다. 이렇게 술을 많이 마시는 풍습을 묘사한 조각품이 베른카스텔인구 7천 명의 중심가사진 10-13에 세워져 있다.

사진 10-13 중세기에 고관들이 궁정에서 포도주를 즐겨히 마신 풍습을 묘사한 조각품(왼쪽)이 중심가에 세워져 있으며, 요즈음도 부등침하로 찌그러진 술집 앞에서 포도주를 즐겨 마시고 있는 고객들(오른쪽)

사진 10-14 모젤강변에 있는 트라벤 트라르바흐에 가면, 저녁에 마을의 성문을 잠근 다음 밤 늦게까지 포도주를 즐겨 마시고 춤을 춘 장면이 교량/성문에 조각되어 있다.

이 '베른카스텔 의사' 포도주는 프랑스 부르고뉴Bourgogne 지방의 포도주와 같이 고급 포도주로서 지난 수백 년 동안 독일은 물론 유럽의 왕, 귀족, 정치가, 예술가들이 주치의主治醫의 권유에 따라 양약良藥으로 자주 마시는 포도주이다.

매년 9월달에 포도주 축제祝祭가 개최되면 많은 여행객들이 이 도시에 온다. 저자는 가족과 같이 리슬링 포도주를 시음하기 위해서 여러 번 갔었다. 고객들이 부등침하不等沈下로 찌그러진 술집 앞에서 집의 안전에 관심을 두지 않고 술집 내부와 바깥에 종일(?) 앉아서 즐겨히 포도주를 마시면서 환담하고 있는 광경을 볼 수 있었다. 흙과 기반암이 불균일한 모젤강 언덕에 놓인 베른카스텔에 건설된 집들은 상이한 부등침하가 생겨 이탈리아의 피사Pisa 탑처럼 경사지고 찌그러진 가옥이 허다한 것을 볼 수 있다.

그리고 모젤강변에 있는 트라벤 트라르바흐Traben-Trarbach에 가면, 옛날 저녁에 마을의 성문을 잠그고 밤 늦게까지 포도주를 즐겨 마시고 춤을 춘 장면이 교량/성문에 조각되어 있는 것을 볼 수 있다.

사진 10–15 모젤강이 범람할 때, 강변에 놓인 도시를 보호하기 위해서 설치한 철문시설(왼쪽)과 가족과 같이 방문한 베른카스텔(오른쪽)에서(1984년 촬영)

사진 10–16 모젤강이 범람할 때, 운하의 수력발전소(왼쪽)가 침수되는 것을 방지하기 위해서 설치된 철문시설(오른쪽)

1995년 1월에 발생한 '백년홍수' 때에는 유명한 모젤강 포도주산지의 도시들이 40%나 수몰水沒되었다. 그 후에 모젤강변에서 고도가 낮은 지역에는 높은 돌벽과 철문을 설치해서 홍수기에는 철문사진 10–15을 닫아서 마을을 보호하고 있다. 그리고 운하에 설치된 수력발전소에도 단단하게 철문사진 10–16을 닫아서 발전소가 침수되는 것을 방지하고 있다.

방문한 모젤강의 판켈Fankel갑문시설의 벽에는 라틴어로 '포도주에 진리가 있다in vino veritas' 라고 적혀 있으며, 정말 포도주는 유럽의 문명과 문화에 크게 영향을 미친 것을 지난 50여 년 동안 자주 남부/중부유럽에서 여행하면서 실제로 체험하게 되었다.

10.6 이다르 오버슈타인

모젤강변의 베른카스텔에서 동남쪽으로 40km 떨어진 이다르 오버슈타인Idar Oberstein에서는 해발 200~600m에 놓인 광산에서 옛날에 각종 보석을 채광했으며, 독일에서 각종 보석을 가공하고 조각彫刻한 도시로 널리 알려졌다. 박물관에는 7천여 개의 각종 보석을 상이하게 갈아서 연마鍊磨한 보석제품이 전시되어 있다. 이 광산의 동굴에 교회가 설치되었다.

사진 10-17 해발 200~600m에 놓인 광산에서 보석을 채광한 이다르 오버슈타인(왼쪽)에 건설한 동굴교회 입구(오른쪽) (M. Choi 촬영)

사진 10-18 이다르 오버슈타인에서 옛날에 금광석을 씻을 때 사용한 물레바퀴(왼쪽)와 박물관에 보관된 채광한 보석 덩어리(오른쪽) (M. Choi 촬영)

10.7 2천 년 된 트리어

모젤강은 코블렌츠에서 아주 구불구불하게 미앤더meander형으로 우곡迂曲하면서 상류 쪽으로 110km를 흘러서 2천 년의 긴 역사를 갖인 트리어Trier를 지나간다.

트리어는 로마제국의 아우구스투스 황제가 기원전 16년에 건설할 때, 아우구스타 트레베로룸Augusta Treverorum이라고 불러진 로마제국에서 4개의 수도首都가운데 하나로 독일에서 제일 오래된 도시의 하나이다. 서기 395년까지 400년 동안 이 도시에서 6명의 로마황제가 거주하면서 로마제국을 관할管轄했다고 한다. 서기 314년에는 트리어에 카톨릭 주교좌主教座가 설립되었으며, 독일에서 제일 오래된 주교좌에 속한다.

사진 10-19 가족과 함께 1984년에 방문한 트리어의 포르타 니그라(왼쪽, 2세기에 건설)와 바실리카 교회 (오른쪽, 4세기에 건설)

트리어에 서기 170년에 건설된 '검정문' 포르타 니그라Porta Nigra, 사진 10-19는 길이가 6.4km인 성벽의 북쪽 성문높이 30m으로 이제 1850년이나 된 독일에 남아 있는 로마시대의 제일 주요한 고적물이며, 트리어의 상징이다. 이 검정문의 이름은 흰색의 사암砂巖으로 건설한 돌의 표면에 수백 년 동안에 검게 변한 고색古色에서 유래한다. 무게가 6톤이나 되는 사암을 모르타르mortar를 사용하지 않고 꺽쇠로 서로 연결해서 축조했다. 이 포르타 니그라, 대성당Dom과 성모성당Liebfrauenkirche은 1986년에 유네스코의 세계문화유산으로 인정되었다. 트리어의 바실리카Basilica 교회사진 10-19는 4세기서기 310년에 콘스탄틴 대왕이 빨간 벽돌로 건설한 후, 12세기에 확장되었다.

사진 10-20 모젤강변에 놓인 트리어(왼쪽)의 모습과 모젤강을 건너기 위해 로마공병단이 건설한 튼튼한 석교(石橋, 오른쪽)는 요즈음도 도로교로 사용되고 있다.

고대 로마시대에 로마공병단이 트리어에 돌다리를 건설할 때, 먼저 나무말뚝을 항타해서 단단하게 사다리꼴의 돌기초로 교각橋脚을 만들어 강물에 쇄굴되는 것을 방지했다. 이런 방법으로 7개의 단단한 교각 위에 건설한 모젤강을 건너가는 석교石橋, 사진 10-20는 17세기에 프랑스의 '태양왕'으로 알려진 루이 14세의 군대가 침입했을 때, 폭약으로 이 교량을 파괴하려고 시도했으나 성공하지 못했다고 한다. 이 교량은 요즈음도 도로교로 사용되고 있다.

로마제국이 2~3세기에 건설한 목욕탕시설에는 온수탕溫水湯, 냉수탕冷水湯, 2개의 온수 수영장 그리고 각종 도구가 준비된 운동실이 있었다고 한다. 특히 인상적인 것은 지하에서 목욕탕에 불을 태우는 시설이었다. 약 2만 명의 청중이 앉을 수 있는 반월형 원희장圓戱場, Amphitheater도 이 시대에 건설되었다.

로마제국 때 트리어의 역사를 읽어 보면, 트라얀Traian 황제가 처음으로 온돌식 난방장치가 된 물을 덥힌 공중公衆목욕탕thermae을 서기 109년에 개관해서 크게 인기가 있었다고 한다. 그 당시 목욕과 올리브유 마사지는 일상생활에 속했으며, 로마제국의 전성기에는 로마에만 8백여 개의 공중목욕탕이 있었다고 한다. 식민지였던 스페인, 프랑스, 독일에 '로마식 공중목욕탕'을 수없이 건설해서, 지금도 각처에서 남은 흔적을 볼 수 있다. 독일의 트리어에는 호화찬란하게 건설한 황제 목욕탕사진 10-21의 잔적을 볼 수 있다.

사진 10-22 서기 3세기에 로마제국이 트리어에서 발행한 금전(金錢)(트리어 박물관 소장)

사진 10-21 3세기 로마제국 때 트리어에 건설된 황제 목욕탕의 폐허(廢墟)

공중목욕탕에는 거친 수건, 부드러운 수건, 일명 부석(浮石)이라고 부르는 속돌(pumice stone), 요법성 점토(療法性 粘土, therapeutic clay)와 그 당시 처음으로 개발된 비누가 비치되어 있어, 올리브유로 마사지한 후 속돌로 때를 씻어내는 데 아주 편리했다고 한다. 목욕탕 휴게실에는 반질반질하게 닦은 대리석 의자(椅子)가 여기저기에 비치되어 있었고, 더운 공기가 온돌을 따라 잘 순환되어 의자의 돌이 차고 거칠지 않아서, 오랫동안 앉아서 정담(情談)을 즐길 수가 있었다고 한다.

서기 3세기에 로마제국이 트리어에서 발행한 금전(金錢, 사진 10-22)이 유통(流通)되어 식민지에서도 공무원들이 호화찬란한 생활을 유지할 수 있었다고 한다.

트리어는 서기 5세기에 훈족(Hunne)의 추장 아틸라(Attila, 406~453)가 공격해서 크게 파괴되어 로마제국은 트리어에서 완전히 후퇴하게 되었다. 그 후 12세기에 가톨릭교회의 대주교가 트리어를 재건하기 시작했으며, 이때 요즈음의 대성당(사진 10-23)도 건설했다.

사진 10-23 트리어의 대성당(12세기 건설)

사진 10-24 트리어에서 1818년에 태어난 카를 막스의 생가

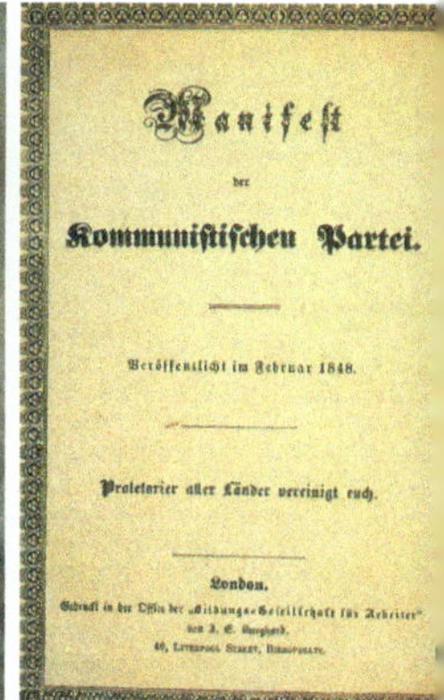

그림 10-1 카를 막스와 엥겔스의 초상화(왼쪽/중간)와 1848년에 독일말로 발표한 공산당 선언문의 표지(오른쪽, Duroselle, 2000)

트리어에서 유명인사로 카를 막스[Karl Max, 1818년~1883]가 태어났으며, 그의 생가[사진 10-24]는 최근 박물관으로 개조되어 공산당 선언문 등 각종 서류와 서신교환한 다수의 편지가 전시되어 있어, 옛날부터 외국에서 공산당지휘자들과 사회주의자들이 많이 방문하고 있다. 카를 막스와 프리드리히 엥겔스[Friedrich Engels, 1820~1895년]는 1848년에 공산당 선언문[그림 10-1]을 발표했다.

독일제국의 중앙은행에서는 1914~1923년의 경제공황기에 물가와 임금이 폭등하고 화폐의 금액이 폭락해서 1923년에는 매월 고액의 지폐를 발행했으나, 물가상승에 맞추어 필요한 지폐를 모두 발행해서 전국에 배달할 수가 없었다. 그 결과 독일의 각 도시에서는 도시/마을 안에서 사용할 수 있는 대용화폐와 상품권을 인쇄했다. 트리어에서는 1923년 8월 달에 공무원과 노동자들에게 봉급/인금을 지불하기 위해서 500만 마르크짜리의 대용화폐[그림 10-2]를 발행했으며, 저자는 수집하기 위해서 이 도시에서 발행한 옛날 대용화폐를 1매 구입했다.

그림 10-2 독일의 경제공황기에 트리어에서 1923년에 공무원/노동자들에게 봉급/인금을 지불하기 위해서 발행한 500만 마르크짜리의 대용화폐(저자 소장)

10.8 모젤강의 어로시설

모젤강에는 상류까지 갑문시설에 어로魚路, pool-slot fishway, 사진 10-25를 설치해서 연어가 산란기産卵期에 하류의 북해北海에서 라인강을 지나서 모젤강의 상류까지 강을 거슬러 올라가 알을 낳아서 잘 부화孵化할 수 있도록 만들었다. 그 결과 모젤강의 코블렌츠 갑문시설에서 최대 길이가 1m, 무게가 7.5kg나 되는 큰 연어Lachs, salmon를 1994년에 잡았으며, 강 송어松魚, Forelle, trout도 많이 잡혔다고 한다.

사진 10-25 모젤강에 건설한 갑문시설(왼쪽)에 어로(魚路, 오른쪽)를 설치해서 연어가 산란기에 상류까지 강을 거슬러 올라가 알을 낳아서 잘 부화(孵化)할 수 있도록 만들었다.

Schaumburg-Lippe 후작(侯爵)이 거주하는 1304년에 건설된 뷔케부르크 성문(城門)

제11장 중부와 북부독일 여행

11.1 기센

저자가 북부독일과 북해안/동해안의 뤼베크Lübeck와 킬Kiel까지 약 600km의 거리를 자동차로 10번 이상 여행하면서 역사적인 명승지는 대부분 방문했다. 기센Giessen은 프랑크푸르트에서 북쪽으로 약 60km 떨어져 있으며, 1197년에 설립되어 8백여 년의 역사를 갖고 있는 도시이다. 옛날 성Altes Schloss은 1330에 건설되었으며, 16세기1535년에 건설된 새로운 성Neues Schloss은 1607년에 설립된 기센대학교사진 11-1가 현재 사용하고 있다.

기센대학교에서는 리비히Liebig 교수와 뢴트겐Röntgen 교수가 강의하고, 연구했었다. 리비히 교수그림 11-1는 1840년에 처음으로 인조비료를 발명해서 농산물의 생산량을 증가시키는 데 크게 공헌하게 되었다. 독일에서 인조비료가 발명되기 전 19세기 초반까지 가축의 변便과 칠레/페루에서 마젤란Magellan 해협을 통과해서 어렵게 갖고 온 초석硝石, 사진 1-260 참조을 비료로 사용했기 때문에 비료의 부족으로 농사를 짓기가 힘들었으며, 그로 인한 식량부족이 독일 사람들이 많이 미국 등지로 이민을 가게 된 이유가 되었다.

사진 11-1 리비히 교수가 인조비료를 발명해서 19세기에 농산물의 수확량을 크게 증가시킨 기센대학교 (1607년에 설립) 모습

그림 11-1 기센대학교에서 인조비료를 발명해서 19세기 중반부터 농산물의 수확량을 크게 증가시킨 화학자 리비히 교수의 초상화(왼쪽)와 그의 연구소 광경(오른쪽)

독일에서 19세기 중반부터 제1차대전이 발생한 1914년까지 흉년과 불경기로 실직자가 많이 생겨 해외로 이민간 통계[표 11-1]를 보면 1천만 명 이상이나 되었다. 그래서 리비히 교수의 위대한 업적을 기념하기 위해서 그의 이름을 붙여 기센대학교를 Justus Liebig 대학교라고 부르고 있다.

표 11-1 독일에서 19세기에 해외로 간 이민숫자

번호	년도	미국으로 이민간 숫자	전체 이민숫자
1	1820~1830	590만	>600만
2	1840~1860	110만	130만
3	1861~1870	68만	78만
4	1871~1880	56만	63만
5	1881~1890	124만	134만
6	1891~1900	48만	53만
7	1901~1913	31만	35만
	총계		1천만 명 이상

제2차대전 때 기센의 아름다운 구시가[舊市街]의 70%가 파괴되어, 전후에 현대식 건물로 재빨리 재건되었다. 그래서 유감스럽게도 옛날 건물은 별로 볼 수 없게 되었다.

11.2 마르부르크

기센을 떠나 북부독일로 가는 길에 30km 떨어진 거리에 있는 마르부르크Marburg의 성 엘리자베트 교회사진 11-2는 중세기에 가톨릭교회의 유명한 순례지로 널리 알려졌다. 마르틴 루터가 1517년에 시작한 종교개혁20장 참조 이후, 독일의 기독교회가 1527년에 이 도시에 최초로 마르부르크 대학교사진 11-2를 설립했다. 이 대학교에서는 독일의 유명한 동화작가인 그림형제가 1802년에 법학을 공부했으며, 21.2절에서 더 상세히 다루기로 한다.

사진 11-2 중세기에 가톨릭교회의 유명한 순례지로 널리 알려진 마르부르크의 성 엘리자베트 교회(왼쪽)와 종교개혁 후, 독일에서 기독교회가 1527년에 최초로 설립한 마르부르크 대학교(오른쪽)

11.3 에더댐

마르부르크에서 북쪽으로 70km 가면, 유람지인 에더Eder 호湖가 있다. 이 호수는 1914년에 에더댐그림 11-2을 건설해서 형성되었다. 이 댐높이 47m, 길이 400m, 저수용량 2억m³은 제2차대전 때,

1943년에 영국공군이 원통형 회전[回轉]폭탄을 던져 일부 파괴되었으며 그로 인해 저수지 물의 80%가 흘러나와 하류 쪽으로 홍수파[높이 9m]가 지나가면서 큰 참사[사진 11-3]를 일으켰다[최형식, 2000]. 그 후 이 댐은 여러 번 보수/보강[사진 11-4]되었으며, 저자는 댐전문가로서 이 댐을 보수할 동안에 여러 번 방문했다.

그림 11-2 에더댐(1914년 건설)의 100주년을 축하하는 기념우표(저자 소장)

사진 11-3 에더댐이 1943년에 파괴되어 참사가 일어났을 때, 다행히 홍수파를 모면(謀免)한 옛날 도시의 모습

사진 11-4 제2차대전 때 파괴된 에더댐의 보수공사 광경(1997년 촬영)

11.4 크라우스탈

사진 11-5 독일에 유일한 광산대학교가 있는 크라우스탈 시가에 세워진 광부(鑛夫) 동상

에더 호湖에서 북쪽으로 카셀Kassel과 유명한 대학도시인 괴팅겐Göttingen을 지나서 150km 떨어진 크라우스탈Claustahl까지 갔다. 1898년에 이 광산도시사진 11-5에 설립된 광산전문학교는 2000년대에 독일의 유일한 광산대학교로 승급昇級되었다. 저자가 크라우스탈에 간 이유는 이 도시에서 괴테와 하인리히 하이네가 하르츠 산山으로 등산한 길을 따라 등산하기 위해서였다.

크라우스탈에서 태어난 독일의 유명 인사로는 세균학자인 로베르트 코흐Koch, 1843~1910년를 들 수 있겠다. 코흐는 괴팅겐 대학교에서 의학을 공부한 후, 1880~1904년에 베를린대학교 교수와 동 대학교 위생연구소의 소장으로 재직하면서 비장균脾臟菌, 결핵병균, 콜레라균을 발견해서 전염병 예방에 크게 기여했다. 그의 장기간의 연구업적으로 1905년에 노벨의학상을 수여 받았으며, 지금까지 베를린에 있는 로베르트 코흐 연구소는 전염병의 예방에 주력하고 있다. 크라우스탈에 있는 로베르트 코흐의 생가사진 11-6에 가 보니, 거실과 서재가 아주 깨끗하게 잘 정리되어 있었다.

사진 11-6 크라우스탈에 있는 세균학자 로베르트 코흐의 생가(왼쪽), 집 앞에 세워진 코흐 동상(중간)과 독일 체신부에서 발행한 코흐 기념우표(오른쪽, 저자 소장)

11.5 하르츠 여행

괴테1749~1832, 그림 11-3는 광산부鑛山部 장관長官으로 하르츠지방의 탄광지대로 출장 갔던 나이 28살에 처음으로 겨울에 하르츠Harz 산의 브로켄Brocken에 등산했으며, 1784년까지 모두 3번이나 이 산에 올라갔다. 하인리히 하이네1797~1856, 그림 11-3는 나이 30살에 하르츠 산을 여행하면서 1827년에 '하르츠 여행Harzreise'을 집필할 때, 크라우스탈에 있는 골데네 크로네Goldene Krone 호텔사진 11-7에서 투숙한 것으로 전해지고 있다. 이 호텔은 1690년에 건설되었으며, 저자가 2007년에 나이 67살에 2번 괴테와 하이네의 하르츠 여행길을 따라 하르츠 산을 등산했을 때 이 호텔에서 투숙한 바 있다.

그림 11-3 괴테(왼쪽, 28살)와 하이네(오른쪽, 30살)가 하르츠 산을 여행했을 때의 젊은 모습(Filmer und Mayr, 1997)

사진 11-7 하인리히 하이네가 '하르츠 여행'(1827년)을 집필할 때, 투숙한 크라우스탈에 있는 골데네 크로네 호텔(2007년 촬영)

중부독일에 있는 하르츠는 주위의 저지低地에서 삐쭉하게 솟아난 돌 섬과 같은 산이다. 서쪽에 있는 위쪽 하르츠Oberharz에는 침엽수림針葉樹林이 울창하고 높이가 1143m로 제일 높은 브로켄Brocken이 있고, 동쪽에 있는 아래쪽 하르츠Unterharz에는 주로 활엽수闊葉樹가 넓은 간격으로 심어져 있으며, 산정에는 나무가 자라지 않아 한 그루도 없다. 하르츠는 독일에서 강우량이 제일 많은 지대로 정상頂上인 브로켄에는 비가 일년에 1500mm나 내린다. 요즈음도 하르츠 산에는 겨울에 눈이 많이 내리므로 스키ski도 탈 수 있다. 그러므로 등산할 때 옷과 신발을 계절에 잘 맞춰야 하며, 바람이 많이 불기 때문에 우산은 전혀 도움이 되지 않는다.

하르츠는 지첩地疊, Horstgebirge으로, 1천여 년 전부터 광산에서 은銀, 납Blei, 동, 아연亞鉛, Zink 등 각종 광석을 채광採鑛했으며, 크라우스탈Clausthal, 첼러펠드Zellerfeld, 고슬라르Goslar에서는 요즘도 광산이 가동되고 있다.

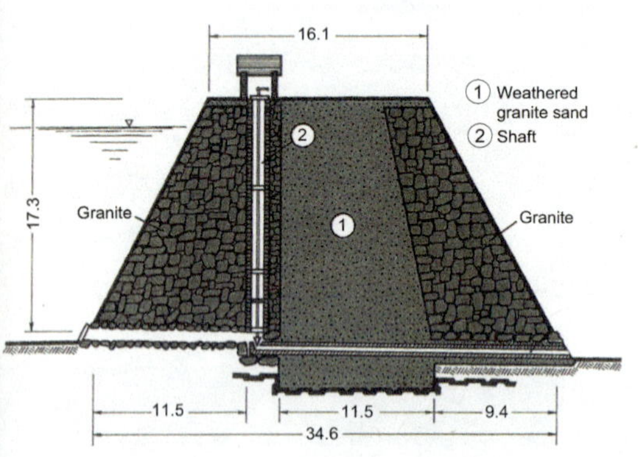

그림 11-4 서기 1722년에 화강암으로 건설된 독일에서 제일 오래된 댐의 하나인 오더 댐의 단면

독일에서는 식수와 농업/공업용수를 공급하고 전력을 생산하기 위해서 옛날부터 댐을 많이 건설했다. 예컨대, 오더 댐높이 22m, 사진 11-8은 하르츠지방의 광산에 필요한 물을 공급하기 위해서 300년 전 1722년에 건설되었다. 그 사이에 독일의 고적댐들은 모두 최신안전기법에 따라 보수/보강해서 아름답게 미화美化되었다. 오더 댐그림 11-4을 보수/보강할 때에는 댐의 마루에 산책객들이 번갯불을 피할 수 있는 아름다운 피난처사진 11-8까지 추가로 설치했다.

사진 11-8 독일의 고적댐을 미화(美化)할 때, 오더 댐(1722년 건설)에 설치된 산책객들이 번갯불을 피할 수 있는 피난처(오른쪽)(최형식, 2013)

11.6 하노버

하노버Hannover, 인구 50만 명는 독일에서 유일한 광산대학교가 설립된 크라우스탈에서 약 100km 떨어져 있다. 이 도시는 니더작센Niedersachsen 주의 수도사진 11-9이며, 1991년에 도시 설립 750주년그림 11-5을 기념했다. 매년 5월달에 하노버메세Hannovermesse라고 불려지는 전 세계에서 제일 큰 산업전시회展示會가 개최되며, 2000년에는 세계무역박람회그림 11-5가 개최되었다. 구시가舊市街에 있는 옛날 시청사, 오페라, 교회 건물 등은 제2차대전 때 파괴되어서 모두 재건되었다. 저자는 하노버 공과대학교의 연구소를 방문하기 위해서 이 도시를 2번 들렀다.

사진 11-9 하노버의 성(城)과 도시 전경

그림 11-5 2000년에 개최된 세계무역박람회 광고(왼쪽)와 독일 체신부가 1991년에 발행한 하노버 설립 750년 기념우표(오른쪽, 저자 소장)

11.7 폭스바겐 공장

하노버에서 90km 떨어진 볼프스부르크[Wolfsburg, 인구 12만 명]에는 독일의 폭스바겐[Volkswagen] 자동차공장이 있다. 저자는 북부독일로 여행할 때 폭스바겐 자동차공장을 2번 방문했다.

폭스바겐의 초기 역사를 잠깐 보면, 히틀러가 제2차대전 전에 막대한 국가자금으로 폭스바겐 공장을 후원할 때 제시한 전제조건은

- 4명이 탈 수 있는 국민자동차[사진 11-10]의 값이 최대 990제국[帝國]마르크 이하이며,
- 고속도로에서 시속 100km로 달릴 수 있으며,
- 100km를 달릴 때 휘발유의 소비량은 7리터 이하이며
- 엔진에서 생기는 열[熱]은 공기로 냉각할 수 있는 자동차를 제조하도록 지령[指令]했다고 한다.

물로 냉각하는 자동차는 소련에서 추운 겨울에 동결되기 때문이다. 소련을 공격했을 때, 공기로 엔진을 냉각한 군용차[Kübelwagen]는 문제가 없었다고 한다.

사진 11-10 포르쉐 교수(왼쪽)가 1936~1938년에 폭스바겐의 국민자동차를 개발해서 처음으로 생산한 국민차인 '딱정벌레(Käfer)'(오른쪽)

제2차대전 후에 볼프스부르크[사진 11-11]에서 국민자동차로 만든 딱정벌레[Käfer]는 대단히 단단하고 성능이 좋고 값이 저렴해서, 1972년까지 1천5백만 대 이상을 생산해서 크게 성공한 자동차이다. 저자가 유학생 시절에 프랑스의 스트라스부르 대학교의 연구원 친구와 같이 1969년에 폭스바겐의 중고[中古] 딱정벌레를 타고 스페인 경유 모로코[사진 11-12]까지 왕복 7,500km 이상을 여행한 경험을 기억하면, 모로코에서 아스팔트 도로가 없는 반사막지대를 장기간 달렸으나 자동차에 조금도 문제가 생기지 않았다.

독일의 폭스바겐 공장에서는 딱정벌레 자동차의 제조를 1978년에 중단했으며, 그 후신으로 골프[Golf]를 생산했다. 그러나 멕시코, 브라질, 나이지리아, 포르투갈, 베네수엘라, 우루과이, 필리핀의 해외공장에서는 2003년까지 계속 딱정벌레 자동차를 생산했다고 한다.

사진 11-11 볼프스부르크에 있는 폭스바겐 자동차공장

사진 11-12 폭스바겐의 중고 딱정벌레(Käfer) 자동차를 타고 독일에서 아프리카의 모로코까지 7500km 왕복여행(카사블랑카의 주유소 앞에서 1969년 촬영)

11.8 첼레와 빗체 유전

하노버에서 북부독일[그림 11-6]로 여행하면서 40km 떨어진 첼레[Celle]를 방문했다. 인구가 약 8만 명인 첼레는 제2차대전 때 거의 파손되지 않아서 구시가에 16~18세기에 건설된 아름다운 목골[木骨] 건물[사진 11-13]이 500여 개나 아직까지 남아 있어 전체도시가 그림을 그린 것 같이 아름다웠다.

사진 11-13 첼레에 16~18세기에 건설된 아름다운 목골(木骨) 건물(2003년 촬영)

그림설명

원형번호: 도시이름

1 = Celle
2 = Soltau
3 = Heide
4 = Uelzen
5 = Lüneburg
6 = Mölln
7 = Lübeck
8 = Travemünde
9 = Oldenburg
10 = Kiel
11 = Laboe
12 = Fehmarn섬
13 = 동해 (Ostsee)

사각형번호: 고속도로번호

1 = Lübeck–Bremen
7 = Kiel–Hannover
20 = Lübeck–Rostock
27 = Walsrode–Bremen
210 = Kiel–Rendsburg

그림 11-6 저자가 첼레(번호 1번)에서 북부독일과 동해(발트 해)로 여행간 길

첼레에서 남쪽으로 10km 떨어진 빈하우젠[Wienhausen] 수녀원에는 중세기에 만든 귀한 조각품과 그린 그림이 많으며, 그 당시 수녀원[修女院]에 입원[入院]할 때 젊은 입원생[入院生]들이 갖고 온 지참금[持參金]을 넣은 수백 년 된 나무상자가 진열되어 있는 것도 볼 수 있었다.

사진 11-14 원유를 1920~1960년대에 펌프한 독일의 빗체 유전(油田) 광경(왼쪽, 빗체 원유 박물관 제공; 오른쪽, 2003년 저자 촬영)

사진 11-15 이제 고갈(枯渴)된 독일의 빗체 유전의 펌프시설(왼쪽)과 빗체 원유박물관의 간판 (2003년 저자 촬영)

첼레에서 서쪽으로 20km 떨어진 빗체Wietze, 사진 11-14는 1920년대에 석유를 펌프한 독일의 유전油田으로, 점차 고갈枯渴되어 1963년부터는 원유原油를 더 이상 펌프할 수 없게 되었다. 여기에 요즈음 독일 원유박물관사진 11-15이 설치되어 있다.

11.9 훈데르트바서 공예작품

첼레에서 북쪽으로 50km 떨어진 윌첸Uelzen에 가면, 오스트리아에서 태어난 미술가/공예조각가인 훈데르트바서Hundertwasser, 1928~가 유겐트Jugend식 공예工藝로 전체 윌첸 정거장사진 11-16을 예술작품으로 만들어 둔 것을 볼 수 있다. 그 외에도 오스트리아의 수도 빈을 흐르는 도나우강변에도 훈데르트바서 조각품사진 11-17이 설치되었다. 그리고 저자가 뉴질랜드에 여행갔을 때에도, 훈데르트바서가 1999년에 뉴질랜드의 카비카바사진 11-18에서 만든 조각품은 남반구南半球에 처음으로 설치된 작품이었다.

사진 11-16 북부독일의 전체 윌첸 정거장에 설치된 훈데르트바서 조각품

사진 11-17 오스트리아의 수도 빈을 흐르는 도나우강변에 설치된 훈데르트바서 조각품

사진 11-18 뉴질랜드의 카바카바에 1999년에 세워진 훈데르트바서 조각품은 남반구(南半球)에 처음으로 설치된 작품이다.

11.10 뤼네부르크 황무지

북부독일에는 1천 년 전에 참나무Eiche, oak 숲이 울창했으나, 10세기부터 수백 년 동안 나무를 벌목해서 뤼네부르크의 지하에서 흘러나오는 염분이 있는 광천수를 216개의 솥에서 끓여서 '흰색의 금金'이라고 불린 소금을 제조해서 한자도시인 뤼베크Lübeck와 한자동맹국에 판매해서 아주 부유한 도시가 되었다. 뤼네부르크에서 생산한 소금은 옛날의 '소금 길'을 따라 북쪽 해안가로 운반해서 멀리 소련의 노브고로드Nowgorod까지 수출했다. 그러나 16세기에 한자동맹이 해체解體됨에 따라, 값싸게 소금을 생산하는 국가가 생겨 1980년부터 뤼네부르크에서 값비싸게 제조하는 소금생산이 중단되었다.

이 지대에서 수백 년 동안 참나무를 모두 벌목했기 때문에, 풀과 관목灌木이 자라는 넓은 뤼네부르크 황무지荒蕪地, Lüneburger Heide, 사진 11-19로 변했다. 이 황무지의 면적은 1750년대 초창기에 4,000km^{2}나 되었으나, 이제 약 200km^{2}로 줄었다.

사진 11-19 작은 양(羊)이 히이스 풀을 먹고 잘 자라는 북부독일의 뤼네부르크 황무지(荒蕪地)에서

사진 11-20 뤼네부르크 황무지(荒蕪地)에서 잘 자라는 작은 양(羊)과 뤼네부르크 주위에 많은 양고기 전문 음식점(오른쪽)

매년 늦여름에 넓은 뤼네부르크 황무지荒蕪地에 빨간/보라색 꽃사진 11-19이 만발하면, 자연미가 아주 아름답다. 수많은 작은 양羊들이 히이스 풀Heidekraut, heather과 만발한 빨간/보라색 꽃을 먹고 잘 자란다. 이 황무지에서 덤불을 뜯어 먹고 잘 자란 양羊, Heidschnucke을 구운 양고기는 주위의 솔타우Soltau 음식점사진 11-20에서 주문할 수 있다. 근년에 양고기가 건강식이라고 알려져 여행객들이 많이 주문하고 있다.

저자가 북부독일로 여행할 때마다 이 양고기를 시식試食한 바로는 이 '덤불 양고기'에 향기가 있어 그 맛이 아주 좋았다. 독일의 덤불 양고기는 프랑스의 노르망디Normandie와 브르타뉴Bretagne의 해안가에서 소금기가 있는 영양분이 많은 풀과 잡초를 뜯어 먹고 통통하게 살쪄 진미珍味로 전 세계에 널리 알려진 양고기의 향기와는 많이 다른 것을 느꼈다.

11.11 게슈타흐트

뤼네부르크 황무지荒蕪地에 있는 솔타우Soltau에서 약 80km 떨어진 함부르크를 지나서 외곽 도시인 게슈타흐트Geestacht에 가서, 함부르크로 가는 엘베 운하에 건설된 갑문시설사진 11-21과 원자력발전소에서 밤중에 남은 전력으로 물을 상류저수지로 양수揚水해서 낮에 전력이 많이 필요할 때 가동하는 양수발전소를 방문했다.

사진 11-21 게슈타흐트에서 함부르크로 가는 엘베 운하에 건설된 갑문시설(오른쪽)과 원자력발전소에서 밤중에 남은 전력으로 물을 상류저수지로 양수(揚水)해서 낮에 전력이 많이 필요할 때 가동하는 양수발전소(왼쪽)

게슈타흐트사진 11-22는 스웨덴의 화학자 알프레드 노벨1833~1896이 1867년에 다이나마이트dynamite를 발명해서 특허를 낸 도시로 널리 알려졌다. 노벨은 1867년에 11톤의 다이나마이트를 그리고 20년 후인 1887년에는 7천 톤을 생산해서 단단한 암반에 터널과 각종 공동空洞 구조물을 아주 용이하게 굴착할 수 있게 되었으며, 도로공사에도 크게 기여하게 되었다. 제2차대전 때에는 이 도시에 750여 개의 공장에서 9천여 명의 직원들이 폭약 제조에 종사했다고 한다.

사진 11-22 게슈타흐트에서 1867년에 다이나마이트를 발명해서 특허를 낸 알프레드 노벨의 위업(偉業)을 기념하기 위해서 설치된 그의 흉상(胸像)

11.12 민덴과 중앙공업지대 운하

사진 11-23 포르타 베스트파리카에 1896년에 세워진 독일황제 빌헬름 1세의 기념동상(2002년 촬영)

북부독일에서 프랑크푸르트로 귀가하는 길에 뤼네부르크 황무지를 지나서 솔타우에서 120km 떨어진 포르타 베스트파리카Porta Westfalica까지 갔다. 이 도시에 1896년에 세워진 높이가 88m되는 독일황제 빌헬름 1세의 기념동상사진 11-23을 구경한 다음, 이 도시의 북쪽주변에 1천2백 년 전 카를 대왕이 성곽도시로 건설한 민덴Minden을 방문했다.

카를대왕이 서기 800년경에 설치한 민덴 주교좌主教座에는 10세기에 로마네스크식으로 대성당사진 11-24이 튼튼하게 건설되었다. 이 도시에 1682년에 설립된 사격클럽Schützenverein은 유명하며, 매년 여름에 회원들이 모여 며칠 동안 사격경기사진 11-24와 사진 11-25가 거행된다.

사진 11-24 민덴 대성당(왼쪽)과 민덴 사격클럽의 사격경기 개막식(중간/오른쪽)

사진 11-25 독일에서 유명한 민덴 사격클럽의 모임(2002년 촬영)

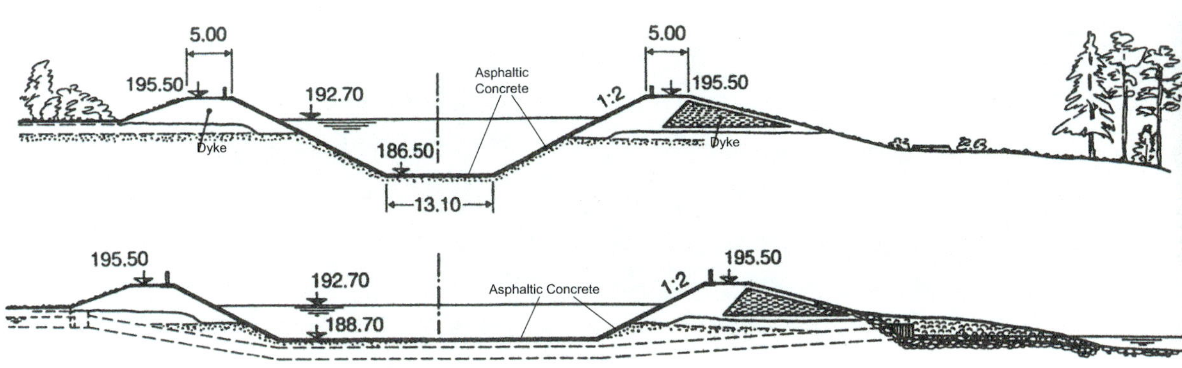

그림 11-7 길이가 321km로 1938년에 완공된 독일에서 제일 긴 중앙공업지대 운하의 표준단면 (Strabag회사; 최형식, 2006)

민덴 부근에서 베저Weser강과 독일에서 제일 긴 중앙공업지대 운하Mittellandkanal, 길이 321km가 교차한다. 이 교차점에는 길이가 375m나 되는 운하교량canal bridge, 사진 11-26을 건설해서 깊이 14m 아래에서 베저강과 서로 만나도록 설계되었다. 이 운하를 통과하는 선박이 14m 아래쪽에 있는 베저강의 공업지대로 내려가려면 길이가 85m, 폭이 10m인 갑문시설사진 11-27을 이용한다. 이 중앙공업지대 운하그림 11-7는 1천 톤짜리 내륙운하선으로 독일을 동서東西로 횡단하는 주요한 운하로 베를린에서 하노버와 민덴을 통과해서 뒤스부르크에서 라인강에 연결된다.

사진 11-26 베저강(왼쪽)과 중앙공업지대 운하(오른쪽)가 교차하는 지점에 건설된 길이가 375m인 운하교량(canal bridge)

사진 11-27 중부독일의 공업지대를 관통하는 중앙공업지대 운하(오른쪽)와 선박이 깊이 14m까지 내려갈 수 있는 갑문시설(왼쪽)(최형식, 2013)

사진 11-28 민덴 근처를 지나가는 베스트파렌 방앗간 도로에 있는 풍차(2002년)

민덴 주위에는 항상 서풍西風이 불기 때문에 옛날에 풍차로 가동한 방앗간이 많이 설치되었다. 저자는 다른 여행객들과 같이 '베스트파렌 방앗간 도로Westfälische Mühlenstrasse'에 남아 있는 풍차/방앗간사진 11-28을 방문해서 가이드로부터 그 역사를 상세히 들을 수 있었다.

11.13 뷔케부르크 궁전

독일황제 빌헬름 1세의 기념동상이 서 있는 포르타 베스트파리카에서 동쪽으로 10km 떨어진 곳에 서기 1304년에 건설된 Schaumburg-Lippe 후작侯爵이 거주하는 뷔케부르크Bückeburg 성城이 있어 가이드의 설명을 들으면서 흩어져 있는 궁전, 별장別莊, villa과 부속건물을 방문했다사진 11-29, 사진 11-30과 사진 11-31.

사진 11-29 Schaumburg-Lippe 후작(侯爵)이 거주하는 1304년에 건설된 뷔케부르크 성문(城門)과 궁전(宮殿)

사진 11-30 뷔케부르크 성(城) 근처에 흩어진 궁전과 별장(別莊, villa)

사진 11-31 동부 베스트파렌의 성(城)에서 사육하는 경마(競馬)의 마굿간과 헛간

11.14 토이토부르크 숲

중부독일의 민덴에서 약 50km 떨어진 데트몰드Detmold 근처에 있는 토이토부르크 숲Teutoburger Wald에서 서기 9년에 게르만족의 아르미니우스 장군이 로마제국의 바루스 장군이 지휘한 정예精銳군단1만8천 명을 매복지埋伏地로 유도해서 몰살시켰다. 그 이후에 로마제국은 게르만족이 살고 있는 북쪽으로 영토확장을 포기하게 되었다. 정예군단이 몰살된 패전소식을 멀리 로마에서 듣고, 아우구스투스 황제는 크게 한탄했다고 한다.

독일은 이 역사적 전승지인 토이토부르크 숲에 헤르만Hermann 기념비를 1838~1875년에 세웠다. 먼저 높이가 31m인 둥근 주춧대를 축조한 후, 그 위에 길이가 7m나 되는 대검大劍을 들고 있는 높이가 26m로 큰 아르미니우스 장군의 동상사진 11-32을 세웠다. 독일에서 이곳은 대단히 역사적인 지역이므로 학생들과 여행객들이 많이 방문하고 있으며, 저자도 독일의 역사에 관심을 갖고 헤르만 기념비와 이웃에 있는 엑스테른슈타이네Externsteine를 방문했다.

사진 11-32 게르만족이 서기 9년에 로마제국의 정예(精銳)군단을 매복지(埋伏地)로 유도해서 몰살시켜 전승한 토이토부르크 숲에 1838~1875년에 세워진 헤르만 기념비

사진 11-33 게르만족이 옛날에 제사를 지냈던 13개의 사암덩어리가 군집한 엑스테른슈타이네 광경

헤르만 기념비에서 동쪽으로 5km 떨어진 엑스테른슈타이네Externsteine, 사진 11-33에는 높이가 약 20~40m나 되는 13개의 사암砂巖덩어리가 군집群集하고 있으며, 옛날에 게르만족은 여기서 제사를 지냈다고 한다. 이곳에는 옛날에 이교도異敎徒의 교회도 있었다고 한다. 파더보른Paderborn의 분도수도원 수사들이 1115년에 여기에 조그마한 성당을 건설한 이후부터 중세기에 가톨릭교회의 유명한 순례지가 되었다.

쿡스하펜에서 헬고란드 섬으로 가는 페리보트

제12장 독일의 북해안과 동해안 여행

12.1 킬 군항
12.2 슈레스비크-홀슈타인 운하
12.3 킬 운하
12.4 뤼베크
12.5 트라베뮌데
12.6 페네뮌데
12.7 쿡스하펜
12.8 헬고란드 섬
12.9 실트 섬
12.10 독일의 북해안 해수욕장
12.11 프리드리히슈타트
12.12 친환경 갈대지붕
12.13 북해의 해일 방어장벽

북부독일의 북쪽과 동쪽에는 깊이가 200m 이하로 천해[淺海]인 북해[北海, Nordsee]와 동해[東海, Ostsee]가 있다. 동해는 일명 발트 해[海]라고도 부른다. 이 바다의 주요 데이터는 표 12-1과 같다.

표 12-1 독일의 북해(北海)와 동해(東海)의 주요 데이터

번호	주요 데이터	북해(北海)	동해(東海)
1	면적	55만km^2	40만km^2
2	평균깊이	100m	71m
3	1리터의 해수에 함유된 소금량	35g	8g
4	조수(潮水)의 간만(干滿)	2~3m	없음
5	겨울에 결빙(結氷)	얼지 않음	4~6개월 동안 결빙

동해[발트 해]는 미국대륙을 발견하기 전, 15세기까지 한자[Hansa]동맹국가 간의 통상으로 전 세계에서 제일 선박의 교통량이 많은 바다였다. 동해에는 청어[靑魚], 대구[大口], 뱀장어, 가자미[flounder]등 물고기가 많았다. 이 바다에서 잡힌 청어는 보통 식초에 절이거나 또는 훈제해서 독일에서 많이 판매했다. 그러나 요즈음 청어는 고갈되어 무척 드물어졌다.

12.1 킬 군항

옛날 한자동맹에 속했던 킬[인구 약 28만 명]은 13세기에 설립되어 독일에서 옛날부터 제일 주요한 군항[軍港]이었다[사진 12-1]. 제2차대전 때 연합군의 심한 폭격으로 인해 킬의 구시가는 완전히 파괴되어 전후에 모두 새로 건설했으며, 이제 볼만한 고적물은 하나도 없다. 단지 킬의 외곽 도시인 라보에[Laboe]에 1929년~1939년에 세워진 높이가 85m나 되는 독일해군의 전사자 기념비[Marine-Ehrenmal, 사진 12-2]는 아직까지 남아 있다.

사진 12-1 킬 군항에 정박한 독일해군 전투함(왼쪽)과 HDW회사의 건선거(오른쪽)에서 건조(建造) 중인 독일해군의 최신잠수함

사진 12-2 킬의 외곽도시인 라보에에 1939년에 세워진 높이가 85m나 되는 독일해군의 전사자 기념비 (왼쪽, UP-Verlag의 항공사진 인용; 오른쪽, 저자촬영)

제2차대전 때 독일잠수함은 길이가 약 67m, 폭이 6m, 높이가 10m, 외부 강철판의 두께가 20.5mm이였으며, 시방서에 따르면 잠수할 수 있는 허용깊이는 200m, 응급 시에 실제로 잠수한 깊이는 240m나 되었다고 한다. 해상에서 시속은 17노트, 수중에서는 7.6노트이었다. 탑승원은 4명의 해군장교를 포함해서 모두 45~52명이었다. 잠수하는 데 3초 정도로 짧아서, 그 성능이 대단히 우수했던 것으로 알려지고 있다. 제2차대전 때 사용한 독일잠수함 U-995 사진 12-3과 그림 12-1가 라보에에 전시되어 있어, 구경하러 간 적이 있다.

사진 12-3 라보에에 전시된 제2차대전 때 사용한 독일잠수함 U-995(진수, 1943년)

그림 12-1 라보에에 전시된 제2차대전 때의 독일잠수함 U-995(UP-Verlag의 엽서)

제2차대전 때 독일의 해군사령부가 킬 군항에 있어서 연합군의 폭격이 대단히 심했다. 그래서 도시아파트 바로 옆에 방공호를 여기저기에 건설했으며, 해군사령부 건너편에도 벙커Bunker가 설치되었다. 이 방공호/벙커는 철근콘크리트 구조構造로 대단히 단단하게 건설되어 전후戰後에 도심지에서 폭파/제거할 수가 없었다. 그러나 이 고층 방공호사진 12-4는 평화시대에 주택지역에서 보기가 흉하므로, 천연색으로 색칠하고 각종 그래피티graffiti를 그려서 카무플라주camouflage했다.

1882년에 시작된 유명한 킬의 요트 경조회競漕會, Regatta는 킬의 피오르드fjord에서 매년 개최되고 있다. 올림픽 요트경주가 1936년과 1972년에 킬에서 개최된 이래 전 세계에서 많은 요트가 방문해서, 매년 레이스race에 참여하고 있다. 그 외 킬의 피오르드에는 독일해군사관학교의 교육용 요트인 'Gorch Fock'가 정박해 있다. 이 배는 나무로 제조한 돛배로서 풍속이 5일 때, 약 12노트의 속도로 항해할 수 있다고 한다.

킬의 스웨덴부두사진 12-5에서는 Festival, Color Line, Stena Line 등 페리보트ferry boat가 스톡홀름, 헬싱키, 리가, 탈린, 상트 페테르부르크 등 스칸디나비아, 발트 3국, 러시아 등지로 운항하고 있다. 저자가 가족과 같이 스웨덴, 핀란드 등지로 여행할 때에 여기서 페리보트를 타고 갔다.

사진 12-4 제2차대전 때 킬의 도시아파트 옆에 건설한 5층짜리 방공호(왼쪽)와 해군사령부 건너편에 있는 벙커(오른쪽)는 대단히 단단한 철근콘크리트 구조로 파괴할 수 없어 천연색으로 색칠하고 그래피티(graffiti)를 그려서 카무플라주(camouflage)해서 아직까지 시내에 남아 있다.

사진 12-5 킬의 스웨덴부두에 정박한 스칸디나비아행 페리보트(ferry boat)

사진 12-6 빨간 벽돌로 건설한 킬의 페트루스 교회는 북부독일의 전통적인 교회양식이다.

북부독일에는 옛날부터 빨간 벽돌로 교회와 주택을 많이 건설했다. 이런 사례는 킬의 페트루스 교회[사진 12-6]에서도 볼 수 있다. 12세기부터 동해에서 청어를 많이 잡아서 킬에서 훈제한 '킬의 청어[Kieler Sprotten]'는 옛날에 독일에서 대단히 유명했다. 그러나 요즈음 청어가 점차 고갈되어 옛날에 훈제하는 과정을 흥미진진하게 구경한 청어훈제공장은 이제 거의 없어져 버렸다.

12.2 슈레스비크-홀슈타인 운하

뤼네부르크[Lüneburg]에서 14세기부터 생산한 소금을 엘베-뤼베크[Elbe-Lübeck] 운하를 통해 한자동맹의 중심지인 뤼베크로 운반해서 발트지역의 한자동맹도시로 수출/판매했다. 이 당시 뤼네부르크에서 90km의 포장이 되지 않은 '소금도로'를 따라 마차에 소금을 실어서 뤼베크로 운반하기가 어려웠으므로, 14세기에 갑문시설이 많은 엘베-뤼베크 운하를 건설해서 배로 소금을 값싸게 운반할 수 있었다.

그리고 1784년에 수면폭이 31m, 깊이가 3.5m인 슈레스비크-홀슈타인 운하[사진 12-7]를 건설해서 말[馬]로 끌은 돛배가 운항했으며, 독일 체신부에서 1984년에 200주년 기념우표를 발행했다.

사진 12-7 서기 1784년에 건설된 독일의 슈레스비크-홀슈타인 운하(왼쪽)와 200주년 기념우표 (오른쪽, 저자 소장)

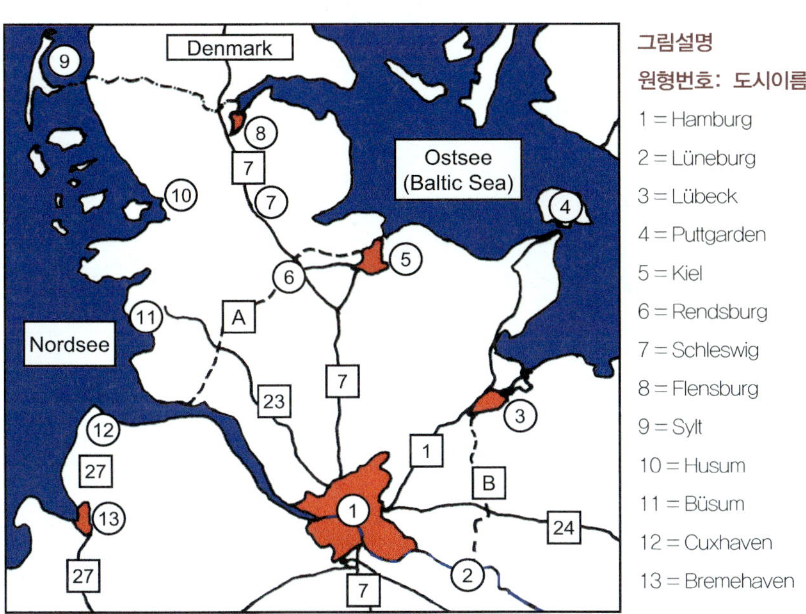

그림설명

원형번호: 도시이름

1 = Hamburg
2 = Lüneburg
3 = Lübeck
4 = Puttgarden
5 = Kiel
6 = Rendsburg
7 = Schleswig
8 = Flensburg
9 = Sylt
10 = Husum
11 = Büsum
12 = Cuxhaven
13 = Bremehaven

사각형번호: 고속도로번호

1 = Lübeck–Bremen
7 = Kiel–Hannover
23 = Hamburg–Heide
24 = Hamburg–Berlin
27 = Cuxhaven–Bremen

사각형번호: 운하

A = Nord–Ostsee–Kanal (킬운하)
B = Elbe–Lübeck–Kanal

그림 12-2 북부독일에 놓인 슈레스비크-홀슈타인 주와 북해/동해의 지도

12.3 킬 운하

킬 운하Nord-Ostsee-Kanal, 사진 12-8는 길이가 약 100km로서 1895년에 건설 당시 독일의 동해발트 해와 북해를 연결하는 아주 전략적인 운하였다. 프랑스 기술자들이 이집트에 스웨즈 운하를 건설1859~1869년한 이래 비스마르크 제상帝相은 '프러시아의 국력을 신장시키는데 독일에 킬 운하의 건설이 필수불가결하다'고 주장하면서 프러시아 황제의 승인을 받아 1887년에 킬 운하공사를 착공해서 1895년에 완공했다. 이 킬 운하는 2020년에 125주년을 기념했으며, 현재 전 세계에서 배의 운행이 제일 빈번한 운하로 알려지고 있다. 전 세계에 건설된 4개의 유명한 운하를 표 12-2에서 비교해 보았다.

표 12-2 전 세계에 건설된 유명한 운하의 비교

번호	운하 이름	국가	공사기간	길이(km)	최소깊이(m)	폭(m)
1	스웨즈	이집트	1859~1869	171	13	160~200
2	킬	독일	1887~1895	99	11	162
3	파나마	파나마	1906~1914	82	42	90~300
4	RMD강(+)	유럽 9개국	1959~1992(#)	3500	4.25	43~55

설명: (+) RMD = 라인-마인-도나우 강 운하

(#) RMD강 운하의 마지막으로 남은 구간인 독일의 마인-도나우 강 운하의 공사기간

사진 12-8 킬 운하의 입구에 설치된 선박의 출입을 안전하게 유도(誘導)하는 목재말뚝(오른쪽)

사진 12-9 킬 운하의 북해안 입구(왼쪽)와 발트 해 입구에 있는 갑문시설 앞에서(오른쪽)

저자는 1984년에 킬 운하에 회원사진 12-9으로 가입했으며, 30여 년 동안 각종 행사에 참여하면서 킬 운하의 역사, 설계, 시공을 상세히 견문할 수 있는 기회를 갖게 되었다.

킬 운하의 이점

건설 당시 정치, 경제, 군사적인 면에서 킬 운하의 이점은 다음과 같았다.

발트 해海에서 북해의 함부르크 항으로 운항하는데 킬 운하는 300~400마일 마일의 항로를 단축시키며,

- 운항시간도 3일을 절약할 수 있으며,
- 봄, 가을과 겨울에 덴마크와 노르웨이 사이에 있는 스카게라크Skagerrak 해협에는 자주 태풍이 불고 안개가 끼여 아주 험한 해협이므로, 덴마크의 스카겐Skagen을 빙둘러 가는 어려운 항로를 피할 수 있으며,
- 독일은 전시에 군함을 비밀리에 발트 해에서 북해로 이동시킬 수 있어, 아주 전략적인 운하였다.

초창기의 킬 운하

킬 운하를 19세기 말 설계할 때, 제일 큰 6,000톤급 해군전투함이 통과할 수 있도록 운하와 갑문시설의 폭과 단면이 결정되었다. 운하의 수면폭표 12-3은 66.5m, 저폭은 22m, 깊이는 9m로 결정했다. 발트 해와 북해의 수위 차이 때문에 발트 해와 북해의 입구에 각각 하나씩 건설된 갑문시설은 길이가 125m, 폭이 25m, 깊이가 9.8~10.2m로 결정되었다.

킬 운하의 사면과 수면적水面積은 스웨즈 운하와 비슷하게, 깊이는 무거운 6,000톤급 대형 군함이 통과할 수 있도록 스웨즈 운하보다 1.1m 더 깊은 9m로 결정했다.

표 12-3 킬 운하의 단면과 확장공사 비교

내용	1895년(개통)	1914(1차 확장)	1966(2차 확장)
수면폭(m)	66.5	102.5	162
저폭(m)	22	44	90
깊이(m)	9	11	11
공사기간	1887~1895(8년)	1907~1914(7년)	1960년 이래
공사비(마르크)	1억4천만	2억4천만	2000년까지 10억 이상

킬 운하의 중앙구간에서 대형선박이 서로 왕복통행할 수 있도록 길이 600m 구간에 폭을 넓혔으며, 아우도르프 호湖에서는 배가 회전할 수 있도록 설계되었다.

킬 운하를 통과할 때 중간에 쉽게 배를 계류繫留할 수 있도록 열대지방에서 수입한 통나무를 땅속에 깊이 항타抗打해서 돌핀dolphin을 설치했으며, 100여 년이 된 통나무가 아직 쉬지 않은 것을 볼 수 있다. 요즈음 돌핀을 보수할 때에는 열대지방에서 벌목과 통나무수입이 금지되어서 독일, 오스트리아, 노르웨이에서 통나무를 벌목한 후 최소 1년 동안 바다 소금물에 포화시켜서 말뚝으로 사용하고 있다.

초창기에 바다와 운하 내의 수위 차이를 정확하게 측정하기 위해서 높이가 15m나 되는 대형 피에조미터 탑[塔]을 건설해서 갑문의 통제탑에 앉은 조종사가 쉽게 육안으로 수압의 차이를 읽을 수 있도록 했다. 요즈음 수위측정기는 1만 배 이상으로 작아졌으며, 완전히 자동화되었다. 대형 피에조미터 탑이 제2차대전 때 다행히 폭격되지 않아, 이 탑은 이제 조상들의 위업을 후세에게 보여주는 '박물관'으로 만들었다.

킬 운하의 1차 확장공사

킬 운하를 처음 설계할 때 운하통행선박이 하루에 최대 100대, 일년에 최대 3만대로 추정했다. 그러나 운하를 1895년에 개통하고 8년 후 1903년에 선박통행량이 허용치를 훨씬 초과했으므로 운하를 시급히 확장해야 했다.

독일은 제1차대전 때 제해권을 쥐기 위해서 군함숫자를 2배로 증가시키고, 대형군함이 운하에서 쉽게 양방통행할 수 있도록 1차 대전 직전까지 킬 운하의 수면폭[표 12-3]을 102.5m, 저폭을 44m, 깊이를 11m로 확장했다. 그리고 6대의 대형군함이 동시에 들어갈 수 있도록 길이 330m, 폭 45m, 깊이 14m의 새로운 갑문시설[사진 12-10과 표 12-4]을 건설했다. 제2차대전 후 재차 폭을 162m[그림 12-3]로 넓히고 계속 준설/확장했다.

표 12-4 킬 운하의 갑문시설 비교

번호	내용	1895년(개통)	1914(1차 확장)
1	길이(m)	125	330
2	폭(m)	25	45
3	깊이(m)	9.8~10.2	14
4	갑문의 배수시간(분)	30	45

사진 12-10 킬 운하의 북해입구에 건설된 6대의 대형군함이 동시에 들어갈 수 있는 갑문시설(왼쪽)과 갑문시설 내에 정박한 2대의 화물선(오른쪽)

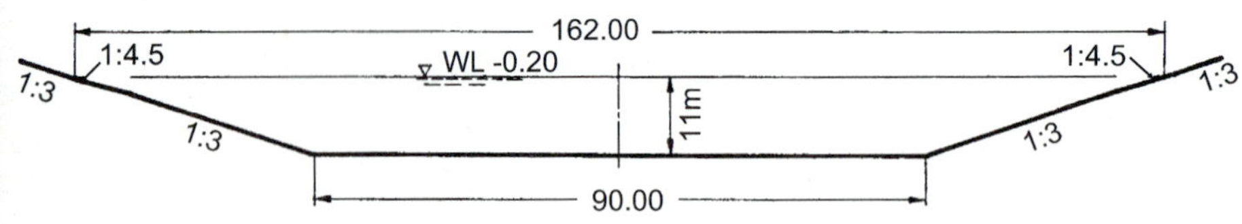

그림 12-3 수면폭(水面幅)이 162m, 저폭(底幅)이 90m인 킬 운하의 단면

사진 12-11 킬 운하의 통제탑(오른쪽)에서 갑문을 열고 있는 광경(왼쪽)

발트 해와 북해쪽에 각각 2중 갑문시설을 설치해서, 작은 배가 통행할 때 중간문을 폐쇄해서 갑문안에 채우는 물량을 줄여 짧은 시간 내에 갑문을 열 수 있도록 만들었다. 갑문시설의 수문은 수평이동식 구조[사진 12-11]로서 전쟁 때 폭격으로 수문시설의 파손이 우려될 때, 상·하류 쪽의 수문을 단단한 철근콘크리트 벙커 내에 집어 넣어 보호하고 중간에 있는 보조[補助]수문으로 운하 내의 수위를 조절했다.

독일이 제2차대전을 준비할 때, 킬 군항의 호발트 조선창에서 만든 그 당시 세계 최대의 전투함이 였던 비스마르크[Bismark]는 배가 너무 무거워 킬 운하에서 규정된 허용흘수[吃水] 때문에 함포[艦砲]를 설치하지 않고, 먼저 킬 운하를 통과한 후 함부르크 항구로 운항해서 그곳에서 각종 함포를 모두 설치하고 또 포탄을 만재했다고 한다.

킬 운하를 통과하는 배의 허용속도는 6.5~8.1노트이며, 1만5천~3만 톤짜리 선박[사진 12-12]이 통과할 수 있다. 킬 운하를 통과하는 데 소요되는 시간은 선박의 크기에 따라 6~8시간이다. 킬 운하의 통과비가 비싸므로, 스웨즈/파나마 운하와는 달리 유조선과 컨테이너 선의 크기와 선주[船主]의 수지계산에 따라 '곁길[側路, by-pass]'로 사용되고 있다.

길이가 약 100km인 킬 운하를 건너가는 교량은 2개의 고속도로교량과 1개의 철도교량이 있다. 렌츠부르크[Rendsburg]에 있는 철도교량[사진 12-12]은 제1차대전 직전인 1913년에 건설되었다. 이 철교는 운하의 수면에서 42m 위에 놓여 있으며, 자동차는 페리 차[車, 사진 2-13]에 실어서 철교밑으로 운반하도록 되어있다. 그 외에 다른 곳에서 킬 운하를 건너가려면 약 5~6km의 간격으로 14개 지점에서 페리 선[船]을 이용한다[사진 2-14]. 킬 운하 변[邊]에는 선장 집[사진 2-15]과 운하 파이럿[pilot, Lotse] 집[사진 12-16]을 지어서 킬 운하에 종사하는 간부직원들의 복지[福祉]에도 유의했다.

사진 12-12 킬 운하를 통과하고 있는 화물선과 NATO군함(왼쪽)과 렌츠부르크에 있는 철도교량(오른쪽)(최형식, 2013)

사진 12-13 킬 운하를 통과하는 자동차는 페리 차(車)에 실어서 렌츠부르크 철교 밑으로 운반한다.

사진 12-14 킬 운하를 건너가는 페리 선(船)에서

저자가 킬 운하의 모임에 갈 때마다 운하 주위에서 추운 겨울에 자주 시식試食한 그린콜 Grünkohl 음식이 기억난다. 독일의 북해안지대에서 늦가을에 오그라기 양배추Grünkohl를 수확해서 소시지Pinkel 또는 소금에 절인 돼지 갈빗살Kasseler과 같이 삶아서 그린콜 음식을 만든다. 이 음식은 영양가가 아주 많아 비가 오는 쌀쌀한 추운 겨울에 북부독일인들이 올덴부르크Oldenburg, 시청 근처 음식점, 렌츠부르크Rendsburg 등지의 북부독일에서 많이 먹는다.

사진 12-15 킬 운하 변(邊)에 빨간색 개와(蓋瓦)를 덮은 선장 집의 모습

사진 12-16 킬 운하의 파이럿(pilot) 가족이 거주할 수 있도록 운하변에 건설한 2종류의 벽돌 집(왼쪽)과 갈대지붕 집(오른쪽)

12.4 뤼베크

함부르크에서 동북쪽으로 60km 떨어진 뤼베크[Lübeck, 인구 약 25만 명]는 동해[발트 해]에 있는 항구도시로 1143년에 설립되어, 프리드리히 2세 황제가 1226년에 자유 제국도시로 선언했다. 중앙광장에 있는 시청사[사진 12-18]는 1230년에 착공하고 300여 년 동안 공사해서 16세기에 완공되었다.

중세기 한자동맹의 중심지

중세기에 뤼베크에는 한자동맹의 본부가 설치되었으며, 이 도시를 한자동맹의 여왕이라고 불렀다. 한자동맹은 1356년에 독일의 항구도시와 내륙도시가 공동으로 설립한 상인들의 조합[그림 12-4]으로 17세기까지 북해와 발트해 연안의 여러 도시로 넓게 전파되었으며, 전승기에는 16개국에서 194개의 한자동맹도시가 서로 수입/수출세금을 면세해서 통상과 무역을 완전히 독점했으므로 정치적인 권력이 막강했으며 모두 대단히 부유한 도시로 발전하게 되었다.

한자동맹은 전통적인 100톤 짜리의 화물 범선[帆船]을 제조해서 필요에 따라 서로 대여[貸與]하면서 통상에 사용했으며, 이 동맹은 중부/북부유럽 국가의 도시 간에 체결된 일종의 경제협력체였다. 요즈음 자동차를 일정한 기간 동안 임대[賃貸, lease]하는 것처럼, 중세기에 화물 범선의 임대는 한자동맹에서 대단히 유행했다.

그림 12-4 중세기의 한자동맹 도시에서 근무한 상인들의 제복(制服)(Zweiburgen 출판사, 1987)

한자도시는 주위에서 생산되는 상품과 곡물을 위주[爲主]해서 각자 전문분야가 있었다. 중세기에 유럽 각국에 설치된 한자동맹의 도시, 대리점과 전문통상분야는 표 12-5와 같았다. 예컨대, 뤼베크는 백화[百貨]전문, 쾰른은 포도주전문, 브라운슈바이크[Braunschweig]는 가구전문, 단치히[Danzig]는 곡물전문, 함부르크는 맥주전문, 마그데부르크[Magdeburg]는 빵/제과전문, 로스토크[Rostock]와 뤼네부르크[Lüneburg]는 소금전문, 슈테틴[Stettin]은 어물전문, 리가[Riga]는 마[麻]와 면직전문, 탈린[Tallin]은 밀랍[蜜蠟]전문, 크라쿠프[Krakow]는 동[銅]전문, 비스뷔[Visby]는 역청[瀝靑]전문이었다.

표 12-5 중세기에 유럽 각국에 설치된 한자동맹의 주요도시, 대리점과 주요통상분야

한자도시와 대리점(#)	국가	주요통상분야
뤼베크	독일	백화(百貨)전문
함부르크, 브레멘		맥주전문
쾰른		포도주전문
슈테틴		어물전문
로스토크, 뤼네부르크		소금전문
브라운슈바이크		가구전문
마그데부르크		빵/제과전문
단치히, 마리엔부르크	독일(현재 폴란드)	곡물전문
쾨니히스베르크	독일(현재 러시아)	곡물전문
리가	리투아니아	마(麻)/면직전문
탈린	에스토니아	밀랍(蜜蠟)전문
스톡홀름, 칼마르, 비스뷔	스웨덴	역청(瀝靑)전문
크라쿠프	폴란드	동(銅)전문
하프나르프예두르	아이슬란드	어물전문
베르겐(*), 오슬로(*)	노르웨이	어물전문
보르도(*)	프랑스	포도주전문

설명: (*) = 중세기에 한자대리점이 설치된 도시
(#) = 저자가 방문한 한자동맹의 도시와 대리점

중세기에 각국에서 갖고 온 각종 백화百貨상품과 뤼네부르크에서 갖고 온 비싼 소금을 뤼베크의 창고에 저장해 두었다가 필요시 한자동맹도시로 팔아서 크게 부유하게 되었다. 요즈음도 뤼베크에 가면 중세기에 유럽의 각처로 통상한 한자상인들의 사무소 건물과 상품/소금 창고사진 12-17를 볼 수 있다.

사진 12-17 서로 통상(通商)해서 부유했던 한자동맹의 중심지 뤼베크에 있는 상품/소금 창고와 유럽에서 온 한자상인들의 옛날 사무소 건물

사진 12-18 중세기에 한자동맹회의가 개최된 뤼베크 시청사와 13세기에 건설되어 독일에서 제일 오래된 시의회음식점

뤼베크는 중세기1450년에 독일에서 주요한 대도시표 6-8 참조 가운데서 두번째로 큰 도시였다. 뤼베크를 중심한 한자도시들은 1361년에 스웨덴과 노르웨이와 한자동맹을 채결했으며, 뤼베크의 상인들은 노르웨이의 베르겐, 스웨덴의 칼마르와 비스비, 폴란드, 에스토니아의 레발Reval, 러시아의 노브고로드Novgorod, 프랑스의 보르도, 영국의 런던 등지에 대리점을 설치해서 통상했다. 옛날에 한자동맹회의가 개최되면 뤼베크의 시청사사진 12-18 2층에서 70여 개의 한자도시들의 대표자들이 모여 회의했다. 이 도시에서 한자동맹의 제일 마지막 모임이 1669년에 개최되었다고 한다. 독일에서는 옛날부터 각 도시의 시청사에 시의회음식점Ratskeller이라고 불려진 레스토랑이 설치되었으며, 여기서 시장, 시의회 의원과 시청직원들이 식사를 했다. 뤼베크에 13세기에 열린 시의회음식점사진 12-18은 한자동맹시절에도 개점開店되어 독일에서 제일 오래된 역사적인 음식점이며, 요즈음은 시민들에게도 개방되어 저자도 한번 들러서 음식을 시식해 보았다.

뤼베크에는 13세기에 북부독일의 전통적인 빨간 벽돌을 사용해서 고딕식 마리아 성당사진 12-19이 아름답게 건설되었다. 그 후에 이와 비슷한 구조의 성당이 독일, 폴란드, 발트 3국의 발트 해안도시에 많이 건설되었으며, 예컨대 슈트랄준드, 콜베르크, 단치히, 리가, 레발 등지에서 볼 수 있다.

뤼베크의 유명한 홀스텐 문Holstentor도 구운 빨간 벽돌로 1466~1478년에 건설되었으며, 중세기에 독일에서 제일 유명한 성문사진 12-19으로 널리 알려졌으며, 이 성문은 옛날 독일의 50마르크짜리 지폐에도 인쇄되었다. 이 성문에 부등不等침하沈下가 생긴 것이 대단히 인상적이었다.

사진 12-19 뤼베크에 13세기에 빨간 벽돌로 건설된 마리아 대성당(왼쪽, 1988년) 15세기에 건설된 홀스텐 문 앞에서(오른쪽, 2003년)

선장회 집회소(레스토랑)

유럽에서는 주로 서풍西風이 불기 때문에 도시의 서쪽에 있는 가옥에서 생긴 굴뚝연기와 나쁜 공기가 동쪽으로 흘러가므로 동쪽 구역의 땅값이 저렴했다. 그래서 뤼베크에서는 부자 상인들의 집, 사무소와 은행은 도시의 서쪽구역에 그리고 수공업에 종사한 장인匠人과 일꾼들은 동쪽구역에 분리해서 살았다고 한다.

뤼베크의 구시가는 1942년에 영국공군의 폭격으로 옛날에 한자동맹으로 부유할 때 건설한 중세기의 교회들과 아름다운 집들이 거의 대부분 소실되었다. 그 후 남은 구시가의 고적물은 잘 보수/보호되어서, 1987년에 유네스코 세계문화유산으로 인정되었다그림 12-5.

그림 12-5 유네스코가 1990년에 뤼베크의 구시가를 세계문화 유산으로 인정했을 때, 독일 체신부가 발행한 기념 우표(저자 소장)

뤼베크의 명물은 편도扁桃와 설탕으로 만든 마르치판과 적포도주이다. 이 과자를 만드는 기술은 15세기에 동양에서 뤼베크로 수입되었다고 하며, 초기에는 약방에서 일종의 약으로 판매했다고 한다. 그러나 장사하는 데 능통한 한자Hansa상인들이 이 과자를 '마르치판Marzipan' 또는 '마가 빵marci panis'으로 대량 생산해서 다른 한자동맹 도시로 판매해서 옛날부터 스페인의 톨레도Toledo에서 만드는 유명한 마르치판처럼 유럽에 널리 알려졌다. 그리고 프랑스의 보르도에서 수입한 적포도주를 저장고에서 오랫동안 양생養生해서 로트슈폰Rotspon이라고 부른 적포도주를 만들어 발트해연안과 멀리 러시아의 노브고로드 등 한자동맹 도시로 수출했으며, 러시아의 황제와 귀족들도 이 적포도주를 즐겨 마셨다고 한다.

뤼베크에 1535년에 설립된 선장회船長會, Schiffergesellschaft 집회소集會所, 사진 12-20는 식료품의 공급이 어렵고 부족한 시절에 장기간 항해를 한 후에 선주와 선장들이 이 집회소에 모여서 미식美食의 식사를 하고 술을 마시고 취침했기 때문에 일종의 고급레스토랑 겸 숙소이었다. 이 집회소에는 그 당시 선장들이 전 세계를 항해할 때, 사용했던 일상생활용품이 많이 전시되어 있으며, 그 당시 생활상을 보여주는 역사적인 음식점으로 알려져 있다. 이 선장회 집회소는 중세기에 선박조합회가 공동기금으로 지은 빌딩으로 이제 거의 500년이나 된 건물이다. 옛날에 선주와 선장들이 앉은 긴 오크oak식탁과 걸상이 아직까지 남아 있다. 이 음식점의

사진 12-20 한자동맹의 중심지인 뤼베크에 서기 1535년에 설립된 선장회 집회소(요즘은 음식점, 2003년 촬영)

명물은 옛날에 선주와 선장들이 장기간 항해한 후에 주문해서 먹은 고기와 감자가 들은 랍스카우스Labskaus라고 불리는 푸짐한 식사이며, 요즘도 주문할 수 있다. 저자는 킬 운하의 회원으로 학회모임에 갈 때마다 뤼베크의 선장회 음식점사진 12-21을 들러서 옛날에 선장들이 먹었던 각종 음식을 시식試食해 보았다.

사진 12-21 한자동맹의 뤼베크에 있는 거의 500백년 된 선장회 음식점의 내부광경

뤼베크에서 유명한 홀스텐 문, 시청사, 마리아 성당 외에 부덴브록 하우스는 뤼베크에서 제일 유명한 건물의 하나이다. 부덴부룩 하우스Buddenbroockhaus, 사진 12-22는 1758년에 로코코Rokoko식으로 건설되었으며, 1842~1891년까지 토마스 만의 가족이 거주한 집이다. 이 건물은 요즈음 토마스 만 센터로 사용되고 있다. 토마스 만이 1901년에 나이 26살에 뤼베크의 한 문벌가족門閥家族의 부흥과 몰락을 묘사해서 쓴 '부덴브록 하우스'로 1929년에 노벨문학상을 받게 되었다. 토마스 만은 받은 노벨상금으로 1930년대에 북동부 유럽의 발트해변에 별장別莊을 건설했다. 별장 주위는 경치가 아주 아름답고 조용해서 책을 쓰기에 좋은 곳이라고 사료되었다. 저자가 10여 년 전에 이 별장사진 1-95 참조에 갔을 때가 어저께 같이 생각된다.

사진 12-22 토마스 만의 가족이 거주한 뤼베크의 부덴브록 하우스(1758년 건설)

그림 12-6 경제공황기에 뤼베크 시청에서는 1921년에 직원들에게 봉급을 지불하기 위해서 50페니히짜리의 대용지폐를 발행했다(저자 소장).

독일제국의 경제공황기에 뤼베크 시청에서는 1921년 5월~9월 달에 직원들에게 봉급을 지불하기 위해서 50페니히짜리의 대용지폐를 발행했다. 저자가 뤼베크에 갔을 때, 이 귀한 대용지폐를 발견해서 수집을 위해서 2매 구입했다.

12.5 트라베뮌데

사진 12-23 발트 해의 트라베뮌데 항구에 정박한 4개의 돛이 달린 19세기의 범선(帆船) 파사트

뤼베크 만[灣]의 트라베뮌데[Travemünde]는 뤼베크에서 북쪽 20km 떨어진 곳에 모래사장이 있는 유명한 해수욕 휴양지로 매년 여름에 15~20만 명의 휴가객들로 항상 대만원이다. 트라베뮌데 항구에는 19세기에 상선[商船]으로 사용된 4개의 돛이 달린 범선[帆船] 파사트[Passat]가 1960년부터 정박해 있다[사진 12-23]. 저자가 가족과 같이 자동차를 실은 페리선[ferry boat]으로 스칸디나비아, 핀란드, 발트 3국, 러시아로 여행할 때에는 발트 해에서 제일 큰 항구의 하나인 트라베뮌데[사진 12-24]의 스칸디나비아 부두에서 출발했다.

사진 12-24 북부독일의 푸트가르덴에서 줄을 서서 덴마크의 뢰드뷔로 가는 페리보트를 기다리고 있는 자동차들(오른쪽)과 독일 북해안의 트라베뮌데 항구에서 자동차를 실은 스칸디나비아 행(行) 페리보트에 승선(乘船)(왼쪽)

독일에는 70여 개의 등대가 있으며, 트라베뮌데의 해변가에 있는 높이가 118m인 마리팀 호텔의 옥상에 설치된 등대는 전 세계에서 제일 높은 등대로 알려져 있다. 이 등대불은 30해상마일에서도 볼 수 있다고 한다. 독일에서 제일 오래된 등대는 엘베강의 입구에 있는 노이베르크Neuwerk 섬에 빨간 벽돌로 1299~1312년에 건설한 성곽에 설치한 등대이다. 이 등대는 1970년대부터 완전히 자동화된 무인無人 등대이며, 일부 등대에서는 신혼부부들이 투숙할 수 있도록 가구가 설치되어 예약하려면 줄을 서서 기다려야 한다.

12.6 페네뮌데

독일의 발트해안을 여행할 때, 뤼베크에서 260km 떨어진 페네뮌데Peenemünde를 방문해서 제2차대전 때 로켓rocket V1 기지基地에도 가 보았다사진 12-25. 현재 이 기지는 V1 로켓의 정보 센터로 견문을 넓힐 수 있었다. 제2차대전 때 페네뮌데에서 로켓 V1과 V2를 영국의 런던 주위로 발사해서 많은 건물을 파괴했었다.

이 V1 로켓은 길이가 7.9m, 850kg의 폭약을 실은 로켓의 무게가 약 2.2톤, 3,000m의 상공에서 비행하는 속도가 656km/h, 사정거리는 약 330km이었다. 이 로켓은 카셀Kassel에 있었던 피스러공장에서 개발/제조되어, 1942년부터 독일의 페네뮌데와 프랑스의 칼레Calais에서 8천6백여 개를 영국으로 발사했다고 한다. 제2차대전 후 독일의 로켓 전문가 브라운박사가 V2 로켓에서 미국의 최신인공위성을 개발했다.

사진 12-25 제2차대전 때 독일에서 개발해서 페네뮌데에서 영국으로 발사한 로켓 V1의 모형

12.7 쿡스하펜

독일의 북해에 놓인 헬고란드 섬에 가려면 함부르크에서 서쪽으로 120km 떨어진 엘베강 입구에 있는 쿡스하펜Cuxhaven 항港에서 페리보트사진 12-26를 타고 간다. 이 섬은 쿡스하펜에서 약 70km 떨어져 있으며, 항해시간은 약 2시간 30분 걸린다. 그 외에 함부르크에서 쾌속정快速艇을 타고 또는 프랑크푸르트에서 소형 세스나 비행기를 타고 갈 수도 있다. 쿡스하펜은 독일에서 2번째로 큰 어항이며, 제2차대전 때 건설한 방어시설이 아직까지 남아 있다사진 12-27.

사진 12-26 쿡스하펜에서 헬고란드 섬으로 가는 페리보트에서

사진 12-27 엘베강의 입구에 놓인 쿡스하펜에 아직까지 남아 있는 제2차대전의 방어시설(2003년 촬영)

12.8 헬고란드 섬

독일은 옛날에 영국이 소유한 헬고란드[Helgoland] 섬[사진 12-28]을 1890년에 독일의 식민지였던 탄자니아의 잔지바르[Zanzibar] 섬[사진 12-29]과 교환했다. 그래서 독일사람들은 1891년부터 여름에 쿡스하펜에서 70km 떨어진 헬고란드 섬으로 휴가여행을 많이 갔었다. 독일은 제2차

대전 때 이 섬에 비행기로 폭파하기 어려웠던 잠수함기지를 건설했다. 전후에 포츠담조약에 따라 영국은 헬고란드 섬의 여러 곳에 6천 톤 이상의 폭탄을 설치/폭파시켜 헬고란드를 지도에서 삭제하려고 시도했으나 성공하지 못했다고 한다. 지금도 헬고란드 섬에 가면 달月의 표면처럼 지표면에 폭탄의 구멍과 함정陷穽이 많이 생긴 것을 볼 수 있다. 제2차대전 후 탄자니아 등 아프리카의 국가들이 해방될 때, 영국은 잔지바르 섬을 상실했지만 독일은 헬고란드 섬을 계속 소지하게 되었다.

사진 12-28 독일의 쿡스하펜에서 70km 떨어진 북해에 놓인 면적이 2km^{2}로 작은 헬고란드 섬(항공사진, 우편엽서 인용)

사진 12-29 저자가 탄자니아의 수도 달레살람 앞바다에서 90km 떨어진 잔지바르 섬을 방문할 때 타고 간 옛날에 소련해군에서 구입한 쾌속정(왼쪽)과 외국여행객들이 많이 방문하는 잔지바르 섬의 '돌마을(Stone Village)'(중간/오른쪽)(1993년 저자 촬영)

바닷물이 대단히 차가운 헬고란드 근해에는 옛날에 큰 가재lobster가 많았다. 1930대에는 헬고란드 근해에서 수만 마리의 가재를 잡아서 진미로 전 세계에 수출도 했다고 한다. 그러나 제2차대전 때 이 섬에 건설된 독일 잠수함기지 때문에 연합군의 폭격을 많이 받아서 가재의 서식처棲息處가 파괴되고 바닷물의 오염으로 어류가 고갈枯渴되어, 가재가 요즈음 1,000마리 이하로 별로 잡히지 않는다고 한다.

면적이 2km^2로 작은 헬고란드 섬의 현재인구는 1,400명2021년으로 술, 담배, 초콜릿chocolate 등 기호품嗜好品에 관세를 지불하지 않으므로, 쿡스하펜과 함부르크에서 페리보트를 타고 와서 면세된 상품을 구입하기 위해서 하루동안에 다녀가는 여행객들이 주로 대부분이며, 일년에 약 50~100만 명의 여행객이 방문한다고 한다. 저자도 가족과 같이 쿡스하펜에서 페리보트를 타고 가서 헬고란드 섬을 상세히 구경했다사진 12-30.

사진 12-30 헬고란드 섬의 외항(外港)에 도착한 페리보트에서 작은 배로 바꿔 탄 광경

사진 12-31 헬고란드 섬의 부두에서 삶은 큰 가재를 팔고 있는 가재가게와 음식점

헬고란드 섬의 외항[外港]에 도착한 페리보트에서 작은 배로 바꿔타고 욧트항 옆에 있는 부두에 도착하면, 삶은 큰 가재를 팔고 있는 가재가게와 음식점[사진 12-31]이 많이 있었다. 삶은 큰 가재[lobster]가 여행객의 구미를 돋궈주고 있어, 방금 잡은 싱싱한 가재를 시음해 보니 정말 진미라고 생각되었다.

제2차대전 때 건설한 헬고란드 섬의 잠수함기지를 전후에 파괴한 자리에 욧트항[사진 12-32]이 건설되었다. 이 섬의 유명인사로서 팔레르스레벤[Fallersleben]은 독일 국가[國歌]의 가사[歌詞]를 쓰고, 요셉 하이든의 멜로디와 같이 작곡[作曲]해서 1922년부터 독일 국가로 부르고 있다. 그의 업적을 기념하기 위해서 그의 동상[사진 12-32]이 섬의 중심가에 세워져 있다.

사진 12-32 헬고란드 섬에 건설한 독일의 잠수함 기지를 전후에 연합군이 폭파시킨 후, 설치한 욧트항구(왼쪽)와 독일 국가를 작곡한 팔레르스레벤의 동상(오른쪽)

사진 12-33 북해의 헬고란드 섬에 돌출한 '긴 안나'라고 불려지는 빨간 사암덩어리(왼쪽/중간)와 헬고란드 섬의 상징이 그려진 독일우표(오른쪽)

헬고란드 섬은 공기 요양지Luftkurort이므로 소금기가 많은 바람을 맞으며 섬을 일주一周해서 멀리 보이는 해변가에 돌출한 빨간 사암덩어리사진 12-33까지 산책했다. 이 돌 덩어리를 섬주민들은 애칭愛稱으로 '긴 안나Lange Anna'라고 부르고 있으며, 헬고란드 섬의 상징이 되었다.

12.9 실트 섬

실트Sylt 섬은 길이가 38km, 최대 폭幅이 12km, 최소 폭이 0.5km이며, 면적은 100km^{2}으로, 약 2만 명이 거주하고 있다. 이 섬은 멕시코만류의 영향을 받아서 겨울에 많이 춥지 않고, 여름에는 너무 덥지도 않다. 바다의 공기에는 습도와 염분함량이 높고 또 적외선이 강해서 각종 병을 치료하고 요양하는 데 대단히 양호하므로, 매년 수백만 명의 여행객들이 와서 휴가를 보낸다. 지중해에 놓인 모나코와 프랑스의 니스Nice처럼, 실트 섬은 독일에서 제트족jet set의 섬으로 널리 알려져 있다.

북해안에서 실트 섬까지 자동차로 갈수 있도록 1927년에 길이가 11km인 제방을 건설해서 그 위에 철도노선을 설치했으며, 자동차를 화물열차사진 12-34에 실어서 간다. 그 외에 프랑크푸르트, 함부르크와 베를린에서 작은 세스나Cessna 비행기를 타고 또는 함부르크에서 쾌속快速 페리보트사진 12-35를 타고 갈 수도 있다. 저자는 가족과 같이 1980년대에 자동차를 타고 실트 섬에 휴가를 갔을 때, 북해안변의 니뷜Niebüll 정거장에서 자동차를 화물열차사진 12-36에 싣고 30분 걸려 실트 섬의 카이툼Keitum까지 갔다.

사진 12-34 북해안에서 실트 섬으로 통행하는 자동차를 실은 화물열차(Bildatlas Nordsee, 1985)

사진 12-35 독일 북해의 섬 사이를 내왕하는 Frisia회사의 페리보트(왼쪽)와 실트 섬까지 장거리를 왕복하는 쾌속(快速) 페리보트(오른쪽)

사진 12-36 북해안의 니빌 정거장에서 화물열차에 자동차를 싣고 북해에 놓인 실트 섬으로 여행 중 (1988년 촬영)

실트 섬의 베스터란드Westerland에는 베를린의 '쿠담'Kurfürstendamm의 약자처럼 젊은 여행자들이 많이 모여 떠들썩하게 소일한다. 그 반대로 캄펜Kampen에는 독일의 부유한 사업가들이 갈대지붕Reetdach의 집 정원사진 12-37에 모여서 사업에 관한 이야기를 나누고 있다. 그 외에 실트 섬에는 해변가의 모래사장을 따라 먼거리를 산책하면서 염분함량이 높은 공기를 호흡하면서 자연을 조용하게 즐기려는 스트레스stress에 지친 대도시의 직장인들도 많다. 이 섬에는 강한 비바람이 자주 불기 때문에 장시간 해변가의 모래사장沙場을 산책할 때에는 방수防水가 잘 된 비옷을 입고 산책한다사진 12-38. 겨울에 폭풍이 불면 실트 섬의 일부 모래사장이 씻겨 나가므로 매년 폭풍이 지나간 후 준설浚渫한 모래를 채워서 잃어버린 모래사장을 비싸게 보수하는 데 많은 경비를 소비하고 있다.

사진 12-37 실트 섬에 많은 전통적인 갈대지붕(Reetdach)의 집(왼쪽)

사진 12-38 실트 섬에는 강한 비바람이 자주 불기 때문에 방수(防水)된 비옷을 입고 산책한다.

실트 섬의 명물은 훈제한 뱀장어와 후라이판에 튀긴 혀가자미sole가 유명하다. 오후에 실트 섬사람들이 좋아하는 차茶에는 빙당氷糖, candy과 크림을 많이 넣어서 마신다. 비바람이 불어 날씨가 추울 때는 럼주酒, rum에 뜨거운 설탕물을 탄 그로그grog술 또는 알코올 함량이 많은 독한 소주도 즐겨 마신다.

12.10 독일의 북해안 해수욕장

보르쿰 섬

전술한 헬고란드 섬과 실트 섬처럼, 독일 북해안에 있는 보르쿰Borkum 섬은 염분이 많이 함유된 바다공기를 흡입해서 기관지병을 고치는 데 좋은 요양지사진 12-39이다. 멕시코만류의 영향을 받아서 겨울에도 별로 춥지 않고, 여름에는 별로 덥지 않다. 그러므로 일년 내내 독일의 내륙지방에서 많은 여행객들이 와서 요양하고 있다. 저자는 가족과 같이 뒤스부르크Duisburg에서 260km 떨어진 엠덴Emden 항港까지 자동차로 가서 페리보트를 타고 50km 떨어진 보르쿰 섬면적 30km²에 가서 3주간 휴가를 보냈다.

보르쿰 섬의 모래사장은 대단히 길어서 먼거리를 산책하면서 자연을 조용하게 즐기려는 휴가객들이 와서 요양하고 있었다. 독일의 북해안北海岸에 있는 조그마한 도시들과 섬들은 모두 염분이 많은 공기를 호흡해서 기관지병을 치료하는 요양지이다. 그래서 독일의 내륙지방에서 다수의 휴양객들이 휴가 와서, 썰물 때 사주砂洲, Watt가 수면에 나타나면 1~2시간 동안 맨발로 모래사장을 돌아다니면서 모래에 묻힌 조개를 찾고 있는 광경도 볼 수 있었다.

사진 12-39 보르쿰 섬은 염분이 많이 함유된 깨끗한 바다공기를 흡입해서 기관지병을 고치는 데 좋은 요양지이다.

뷔숨 해수욕장

뷔숨Büsum은 인구가 5,000명이지만 여름에는 해수욕장사진 12-40에 휴가객들이 몰려와서 해변가에 설치한 바구니형 등의자Strandkorb를 몇 주씩 빌려 앉아서 염분이 많은 바다공기를 호흡하면서 휴양하는 바람에 인구가 3~4배로 증가한다고 한다. 이 바구니형 등의자는 처음으로 독일에서 1880년대에 개발되어 이제 그 역사가 140년이나 되었다. 2인용 등의자를 만드는 데 격자모양으로 짜는 등藤나무가 550m, 목재가 18m, 천이 7m 정도 필요하며, 세공細工작업이 약 2일간 걸린다고 가이드가 설명했다.

뷔숨은 작은 게Krabben, crab를 잡는 어항사진 12-41으로 널리 알려져 있으며, 게 요리를 시식하기 위해서 많은 여행객이 들린다. 그 외에 독일의 북해와 동해안에서는 훈제燻製한 뱀장어도 유명하다.

사진 12-40 북해의 뷔숨 해수욕장 해변가에 설치한 바구니형 등의자에 앉아 종일 소일하면서 기관지병 치료에 좋은 염분의 바닷바람을 잔뜩 즐기고 있는 휴가객들

사진 12-41 북해에서 게(crab) 잡이 어항으로 알려진 뷔숨

12.11 프리드리히슈타트

함부르크에서 북쪽으로 실트 섬으로 가는 길목에 약 140km 떨어진 곳에 있는 프리드리히슈타트Friedrichstadt, 사진 12-42는 1621년에 네델란드에서 추방된 종교개혁자들과 재세례再洗禮논자들이 설립한 도시로 네델란드에서처럼 좁은 집에 박공膊栱지붕을 설치했으며, 편석片石으로 길을 깔고 도로와 운하는 모두 바둑판형으로 정방형으로 배치했다. 그래서 독일에서 이 도시를 일명 네델란드 도시라고 불리고 있다.

사진 12-42 북해안의 프리드리히슈타트(1621년 설립)의 중심가에 네델란드 식으로 지은 좁은 집들(왼쪽)과 변두리 해변가의 어촌 광경(오른쪽)

사진 12-43 북해안의 타팅 어촌에 빨간 벽돌로 지은 옛날 어부집들

사진 12-44 독일 북해안의 슈레스비크(오른쪽)와 타팅(왼쪽) 어촌에 있는 18세기에 빨간 벽돌로 건설한 교회와 어부집들

독일 북해안의 프리드리히슈타트, 타팅[Tating], 후줌[Husum], 슈레스비크[Schleswig] 등 어촌[漁村]에 가보면, 18~19세기에 전통적인 빨간 벽돌로 지은 건물[사진 12-43, 사진 12-44]이 많다. 기초지반이 연약해서 부등침하되어 어떤 건물과 벽은 약간 경사진 곳도 있다.

제1차대전 때, 독일에서 대량의 금속재료가 필요했기 때문에 독일제국에서 유통되는 동전을 모두 수집해서 무기와 포탄을 제조하는 데 사용했다. 패전한 후 동전이 부족해서 독일의 각 도시와 마을에서 대용지폐를 발행했다. 예컨대, 북해의 해변가에 위치한 소도시인 후줌[인구 2만 명] 시청에서 발행한 25페니히짜리의 상품권[그림 12-7]을 대용지폐로 사용했다. 귀한 대용지페이므로 수집하기 위해서 1매를 구입했다.

그림 12-7 제1차대전에서 패전한 후, 부족한 동전을 보충하기 위해서 후줌에서 발행한 25페니히짜리의 대용지폐인 상품권(저자 소장)

12.12 친환경 갈대지붕

북부독일의 슈레스비히-홀슈타인Schleswig-Holstein에서는 옛날부터 주위에서 잘 자라는 갈대를 수확해서 건조시킨 후 지붕을 덮은 집Reetdachhaus, 사진 12-45들이 많이 건설되었다. 이 갈대는 한국의 농가에서 지붕에 덮는 짚보다 강도, 탄성력과 지지력이 더 크다. 특히 눈, 비, 더위, 추위 등의 자연환경에서 서서히 풍화되므로, 갈대지붕의 수명이 30~50년이나 된다. 갈대지붕은 여름에 햇빛을 반사해서 내부로 열을 전달하지 않으므로 집안이 시원하고, 겨울에는 보온이 잘 되어 난방비용을 절약할 수 있는 친환경적인 재료이다.

사진 12-45 북부독일에 흔한 갈대로 18세기에 지붕을 덮은 친환경적인 갈대지붕 가옥(2003년 촬영)

독일에서는 갈대가 많이 자라는 북독에서 주로 갈대지붕 가옥을 지으며, 특히 전술한 실트 섬에서는 주위의 자연환경에 잘 맞는 갈대지붕을 덮도록 시청에서 규정하고 있다. 그래서 옛날부터 갈대지붕을 덮는 전문 장인匠人직업까지 생겼다. 갈대지붕을 덮는 비용은 요즈음 약 3만 유로이며, 북독에서 생산량보다 갈대의 수요가 훨씬 더 커서 우크라이나, 루마니아, 헝가리 등 동구東歐에서 갈대를 수입하고 있다.

북독에서 전통적인 갈대지붕을 덮는 방법을 보면 사진 12-46과 같다. 갈대지붕을 덮을 때, 경사는 45° 이상을 시방서에서 규정하고 있다. 그 이유는 비가 올 때 빗물이 갈대를 따라 빨리 아래쪽으로 흘러내려가서 지붕밑에 습기가 차이지 않아 부식을 방지한다. 그리고 겨울에 눈雪이 오면 쉽게 미끄러져 내려가므로 무거운 설하중雪荷重이 지붕에 작용하지 않기 때문이다. 사진 12-47에서는 1749년에 건설되어 250년 이상 된 옛날 집을 보수하기 위해서 오래된 갈대를 제거하고 있는 광경을 볼 수 있다.

사진 12-46 북부독일의 해안지방에서 갈대를 수확해서 건조시킨 후 빨간 벽돌집의 지붕을 덮고 있는 광경

사진 12-47 갈대로 새집의 지붕을 덮는 광경(왼쪽/중간)과 250년 이상 된 옛날 집을 보수하기 위해서 오래된 갈대를 제거하고 있는 광경(오른쪽)

12.13 북해의 해일 방어장벽

아이데르슈테트Eiderstedt는 그 면적이 300km^{2}으로 독일의 북해에 놓여 있는 조석간만潮汐干滿이 큰 반도이다. 아이데르Eider강江이 북해로 유입되는 곳에 해일海溢과 조석간만 때 밀려오는 밀물을 저지하기 위해서 거대한 방어장벽과 길이가 약 5km인 아이데르 제동制動구조물 Eidersperrwerk, 사진 12-48과 사진 12-49이 1960~1970년대에 건설되었다. 저자는 토목기술자로서 관심을 갖고 이 구조물을 방문해서 가이드guide의 상세한 설명을 들었다.

사진 12-48 독일의 아이데르강이 북해로 유입되는 곳에 설치된 해일(海溢)과 조석간만(潮水干滿) 때 밀물을 저지하는 아이데르 제동(制動)구조물(2003년 저자 촬영)

사진 12-49 독일의 북해에서 조수간만(潮水干滿) 때, 밀물을 저지하는 아이데르 제동(制動)구조물(왼쪽)과 선박의 통행이 가능하도록 설치된 갑문시설(항공사진, 독일 DSD Noell회사 사진 인용)

사진 12-50 1994년에 건설된 영국의 카디프 만(灣) 입구(왼쪽, 1994년 건설, 저자 촬영)와 런던의 템스 강에 건설된 밀물을 저지하는 제동(制動)구조물(오른쪽, 영국의 Daily Mail신문사진 인용)

유럽의 해안에서 해일을 방어하는 구조물은 근년에 여러 나라에 건설되었으며, 예컨대 네덜란드의 북해로 유입하는 라인강의 하구^사진 9-48 참조^, 영국 카디프^Cardiff^ 만^灣^ 입구와 런던의 템스강^사진 12-50^, 이탈리아의 베네치아 등지에서 볼 수 있다.

레그니츠 강에 다니는 유람선

제13장 라인-마인-도나우강 여행

마인츠를 지나서 프랑크푸르트에서 라인-마인-도나우강RMD, Rhein-Main-Donau 운하를 따라 레겐스부르크까지 약 400km의 거리에 있는 주요한 명승지를 방문하기로 한다.

13.1 카를 운하

뉘른베르크 남쪽에 있는 바이센부르크Weissenburg 근처에서 라인강의 지류인 알트뮐Altmühl 강과 도나우강의 지류인 레차트Rezat강이 약 2km까지 서로 접근하며 수위 차이는 약 10m 정도로 줄어든다. 이렇게 유리한 자연적인 조건에 착안着眼해서 독일의 카를 대왕은 이 지류를 서로 연결시켜 라인강에서 도나우강까지 배가 다닐 수 있도록, 서기 793년에 카를 운하Fossa Carolina, 사진 13-1, 그림 13-1의 굴착을 시작했다. 1200여 년 전에 수천 명의 노동자와 병정兵丁을 동원해서 삽과 곡괭이로 수백 미터를 굴착했으나, 공사가 너무 어려워 운하계획을 포기하게 되었다. 저자가 라인-마인-도나우강 운하를 자문할 때, 카를 대왕이 포기한 카를 운하사진 13-2의 흔적을 답사했다.

사진 13-1 독일의 카를 대왕이 서기 793년에 카를 운하(Fossa Carolina)의 굴착을 시작한 시골마을

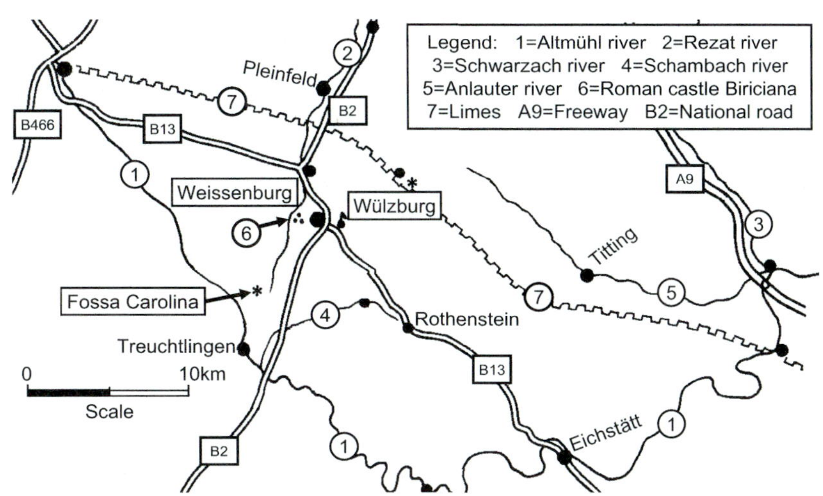

그림 13-1 라인강의 지류인 알트뮐강(번호 1번)과 도나우강의 지류인 레차트강(번호 2번)을 연결하는 카를 운하의 위치도

사진 13-2 독일에서 서기 793년에 라인강과 도나우강을 연결하기 위해서 삽과 곡괭이로 수백 미터를 굴착한 후 카를 운하의 공사가 너무 어려워 포기한 흔적

13.2 루드비히 운하

카를 운하Fossa Carolina의 꿈이 8세기에 포기되고 1천 년이 지난 후에 바이에른 왕 루드비히 1세1786~1868년가 이 운하계획을 재차 실현하기 위해서 1836년에 프랑크푸르트에 있는 로트

쉴드Rothschild은행에 위탁해서 운하증권을 발행하도록 했다. 6천~9천 명의 노동자가 동원되어 9년 동안 1천8백만 굴덴Gulden을 소비해서 밤베르크Bamberg와 뉘른베르크 사이에 100여 개의 갑문시설을 설치해서 길이가 173km인 루드비히 운하공사를 완료했으며, 1846년에 에를랑겐Erlangen에서 준공식이 거행되었다. 이 운하의 수심이 1.5~2.4m이므로 길이가 24m, 폭이 4.3m인 120톤짜리 내륙선박이 그 당시에 항해할 수 있었다. 이 루드비히 운하를 통해 1850년대에는 일년에 20만 톤의 화물을 운반했으며, 1862년까지 흑자운영을 할 수 있었다고 한다.

그러나 갑문시설에서는 말馬이 1마력馬力, HP의 힘으로 120톤짜리 배를 끌어서 통과해야 했으므로 운반시간이 오래 걸리고 작은 선박으로 운반할 수 있는 화물량이 너무 작았다. 화물량이 점차 증가함에 따라 1844년에 독일의 밤베르크와 뉘른베르크 사이에 철도가 개통되어 1850년까지 독일에 길이 6,000km의 철도노선이 설치되어 기차로 대량의 화물을 짧은 시간 내에 운반할 수 있게 되어 루드비히 운하를 통한 선박운반보다 훨씬 더 경제적이었다.

제2차대전 때, 기차화물운반과 경쟁하기 위해서 폴란드의 전쟁포로를 강제노동자로 사용해서 루드비히 운하의 확장공사를 시작했으나 효과가 좋지 않아 곧 중단되었다고 한다. 종전 때, 연합군의 폭격으로 이 운하의 갑문시설이 다수 파괴되어 운하를 더 이상 사용할 수 없게 되었다. 선박의 운항이 중단되어 운하에 고정된 물이 겨울에 얼어서 7~8cm 두께의 얼음이 운하노선에 생겨서 무료스케이트장으로 이용되었다. 요즈음도 150여 년 전에 건설한 루드비히 운하 구간이 일부 폐허사진 13-3되어 남아 있는 상태를 볼 수 있다.

사진 13-3 독일의 마인강과 도나우강을 연결하기 위해서 바이에른 왕 루드비히 1세가 150여 년 전에 건설/폐허된 루드비히 운하의 잔적

13.3 RMD 운하

독일의 카를 대왕이 서기 793년에 카를 운하(Fossa Carolina)의 굴착을 시작해서 라인강과 도나우강을 연결하려는 소원은 1,200여 년의 세월이 지나 1992년에 달성되었다. 독일에서 라인-마인-도나우 강(RMD) 운하의 설계와 공사를 자문할 때 저자는 이 운하구간을 따라 루마니아의 흑해까지 여러 번 여행한 적이 있다.

길이가 3,500km나 되는 라인-마인-도나우강 운하에서 제일 어려운 독일의 마인 운하구간(길이 171km)에서 243m의 낙차 차이를 극복하기 위해서 16개의 갑문시설(사진 13-4)을 설치해야 했으므로 공사기간이 32년이나 걸렸다. 1992년 9월 25일에 마인 운하가 개통(사진 13-5)되어, 이제 북해연안의 네덜란드 로테르담에서 독일, 오스트리아, 슬로바키아, 헝가리, 세르비아, 불가리아를 거쳐 루마니아와 우크라이나 등 10개국을 통과해서 흑해까지 1,350톤짜리 유럽선이 항해할 수 있게 되었다. 이 유럽선의 크기는 길이가 80m, 폭이 9.5m, 흘수(吃水)가 2.5m 밖에 되지 않는 특별히 설계된 내륙선박이다.

사진 13-4 라인-마인-도나우강 운하의 마인 운하를 1980년대 중반에 건설하고 있는 광경(왼쪽 항공사진, Wasserwirtschaft, 1988)과 공사 중인 디트푸르트 갑문시설(오른쪽, 저자 촬영)

사진 13-5 독일의 라인-마인-도나우강 운하제방에 아스팔트 차수벽을 1984년에 설치한 후 차수효과를 체크하기 위해 시험 저수한 광경(왼쪽/중간)(최형식, 2006)과 1992년에 준공한 후 1,350톤짜리 유럽선이 운하를 항해하고 있는 광경(오른쪽)(최형식, 2013)

사진 13-6 라인-마인-도나우 강 운하에서 독일의 알트뮐 계곡을 횡단하는 데 공사비의 10%인 6억 마르크가 주위의 자연미를 고려한 인도교(人道橋, 왼쪽)와 개구리(오른쪽), 나비 등 친환경 동물보존사업에 소비되었다.

독일의 마인 운하구간에서는 20여 년 동안 계획, 설계, 공사했으며, 공사비는 약 60억 마르크[30억 유로]가 소비되었다. 그 중 10%인 6억 마르크는 독일 알트뮐 계곡을 통과하는 운하 주위의 각종 환경조화/정리에 소비되었다. 예컨대, 보행자와 자전거만 통과할 수 있는 인도교[人道橋]는 친환경적으로 특히 자연미를 고려해서 설치되었다[사진 13-6]. 그리고 개구리[사진 13-6]가 자동차 도로를 무사히 통과할 수 있는 특별한 길도 만들어졌다.

이 운하의 특징은 마인강과 도나우강을 연결시키는 171km의 마인 운하구간에는 그 지류[支流]에 흐르는 유량[流量]이 적고 물이 귀하므로 물의 낭비를 방지하기 위해서 밤베르크와 디트푸르트 등지에 '물을 절약하는 갑문시설'[독어: Sparschleuse, 영어: water-saving lock, 사진 13-7]이 설치되었다. 물절약 갑문시설에는 높이가 상이한 3개의 수조[水槽]를 설치해서 약 60%의 물을 절약할 수 있게 되었다.

사진 13-7 독일의 라인-마인-도나우강 운하에서 밤베르크(왼쪽)와 디트푸르트(오른쪽)에 설치된 물을 절약하는 갑문시설과 배기통

사진 13-8 독일의 라인-마인-도나우강 운하에서 제일 높게 24.7m를 끌어 올리는 갑문시설(왼쪽)과 프랑크푸르트/오펜바흐 갑문시설내에 정박한 1,350톤짜리 운하선(오른쪽)

독일에서 이 운하공사에 소비된 비용은 1km당 2,750만 마르크였다. 독일의 고속도로 Autobahn와 고속전철ICE의 공사비와 비교하면 고속도로의 비용은 1km당 1천~2천만 마르크였으며, 고속전철의 비용은 1km당 9,570만 마르크였다. 1992년에 개통된 후 1996년부터 독일의 RMD 운하구간은 흑자黑字 운영되었다. 1990년대 초반의 1톤의 화물운반비는 1km당 내륙 운하선박이 4페니히, 화물열차가 12페니히, 화물자동차가 25페니히로 내륙선박이 제일 저렴해서 경제적으로 제일 유리했다.

갑문시설의 폭은 12m, 길이는 185m로 최대 24.7m까지 배를 끌어올릴 수 있는 갑문시설사진 13-8이 설치되었다. 갑문시설 내부에는 길이가 90m인 2대의 1,350톤짜리 내륙선사진 13-8을 수용할 수 있으며, 또는 길이가 185m, 적재화물이 3,500톤인 편대編隊를 수용할 수도 있다.

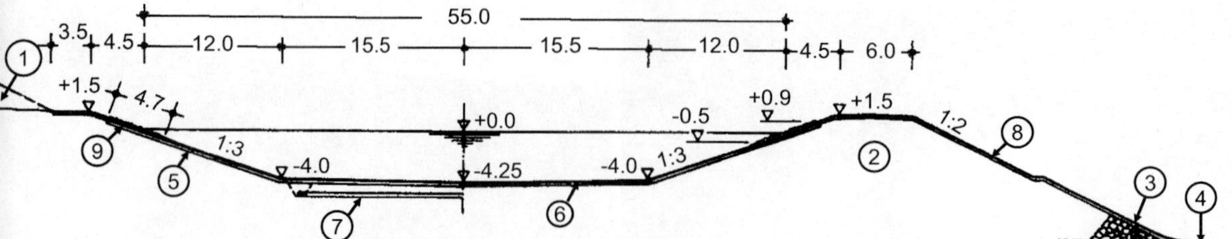

Note: 1=Canal excavation 2=Dyke embankment 3=Rock toe 4=Drainage trench 5=Asphalt concrete sealing(8cm thick) 6=Bitumen sand layer(4cm thick) 7=Drain 8=Top soil layer(20cm thick) 9=Riprap(15cm thick) in bitumen bed

그림 13-2 라인-마인-도나우강 운하의 마인 운하공구의 단면(최형식, 2013)

1,350톤을 적재한 내륙선이 통과할 수 있도록 마인 운하의 깊이는 4.25m, 운하사면의 경사는 1:3, 폭은 55m로 설계해서 건설되었다[그림 13-2]. 운하 내에서 선박의 시속은 최대 12노트[22km/h]까지 허용되며, 운하선박으로 운송하는 시간이 자동차와 기차에 비해 제일 오래 걸렸다. RMD 운하가 개통[1992년]될 때까지 독일의 화물운송량의 발당상황은 표 13-1과 같다.

표 13-1 RMD 운하가 개통(1992년)될 때까지 독일의 화물운송량의 발당상황

번호	년도	화물운송량(톤 · 킬로미터)		
		화물자동차	기차	내륙 운하
1	1950	10억	38억	18억
2	1965	30억	58억	40억
3	1980	78억	65억	50억
4	1993	148억	51억	53억

운하의 갑문시설에는 시간이 지남에 따라 바닥에 유사[流砂]가 깔려지고, 갑문시설 내의 벽에는 이끼가 끼므로 주기적으로 청소를 해야 한다. 예컨대, RMD 운하에서 보면 독일의 마인 운하공구를 1992년에 개통, 20년 동안 운영한 후 2012년에 디트푸르트와 아이바흐 갑문시설 내에 퇴적된 9,000톤의 모래와 잡물을 제거하고 갑문 벽에 끼인 이끼를 일주일 동안 완전히 청소했다[사진 13-9와 사진 13-10].

사진 13-9 RMD 운하의 마인 운하공구를 1992년에 개통한지 20년 후에 디트푸르트 갑문 시설 내에 퇴적된 모래와 잡물을 제거하고 갑문 벽에 끼인 이끼를 청소하고 있는 광경

사진 13-10 마인 운하공구를 개통한지 20년 후에 디트푸르트 갑문시설 내에 퇴적된 잡물을 제거/청소(왼쪽)한 후, 다시 개통되어 갑문시설 내로 운하선이 진입하고 있는 광경(오른쪽)

13.4 밤베르크

프랑크푸르트에서 RMD 운하의 마인 운하구간을 따라 여행하면, 약 40km 떨어진 곳에서 아샤펜부르크Aschaffenburg의 요한니스부르크Johannisburg를 지나간다. 이 성城은 신성로마제국의 선제후選帝侯, Kurfürst가 1605~1614년에 마인강변에 건설한 웅장한 궁전이다. 여기서 약

80km 떨어진 뷔르츠부르크의 마인강 왼쪽 언덕 위에 5각형의 마리엔베르크Marienberg 성곽사진 18-6 참조이 1천여 년 전에 건설되었으며, 여기서 13세기부터 500여 년 동안 후작주교侯爵主教들이 거주하면서 집권했다. 이 성곽을 지나서 마인 운하를 따라 약 100km 여행하면서 황제 하인리히 2세가 10세기에 수도로 건설한 밤베르크Bamberg에 도착했다.

독일에서 카를 대왕Karl der Grosse이 8세기에 아헨에 성곽과 대성당사진 9-42 참조을 건설해서 주主거주지로 만든 것처럼 황제 하인리히 2세는 10세기에 레그니츠Regnitz강변에 있는 밤베르크를 수도로 만들었다. 이 도시의 구시가에는 지난 1천여 년 동안에 로마네스크, 바로크 등 각종 건축양식으로 가옥들이 아름답게 건설되었다. 밤베르크에는 카톨릭 주교좌主教座의 대성당사진 13-11이 1225~1237년에 건설되었으며, 다행히 제2차대전 때 전혀 폭격/파괴되지 않은 독일에서 제일 큰 도시로 2천여 개의 옛날 집들이 잘 보존되어 있어 1993년에 유네스코의 세계문화유산으로 인정되었다.

밤베르크는 학자의 도시로 대성당 소속학교에서 교육을 받은 신학생神學生들이 많이 주교로 서품을 받게 되었다. 밤베르크의 주교 가운데서 11세기에 교황 클레멘스Klemens 2세로 등위해서 바티칸성당 밖같에 독일의 밤베르크 대성당에 안장安葬된 유일한 교황이었다. 이 대성당의 벽에 있는 말馬을 탄 기사騎士의 동상1230년경 제조은 독일국보로 알려진 유명한 조각품이다. 저자는 1968년 유학생 시절에 처음으로 이 대성당을 방문해서 말을 탄 기사Bamberger Reiter, 사진 13-12앞에서 사진을 찍은지도 이제 50여 년이 지난 것을 회상한다.

사진 13-11 밤베르크 대성당(왼쪽, 13세기 건설)에 안장된 교황 클레멘스 2세의 묘지(오른쪽)

사진 13-12 밤베르크 대성당(왼쪽, 1968년 촬영) 안에 있는 말(馬)을 탄 기사(騎士)의 동상(오른쪽, 2021년 촬영)

밤베르크의 구舊 시청사사진 13-13는 15세기에 레그니츠 강에 단단하게 박은 말뚝기초 위에 골격骨格건물로 건설되었으며, 이 건물은 대성당에 있는 말馬을 탄 기사騎士의 동상과 같이 밤베르크의 상징이다. 이 도시의 명물은 잉어요리와 화기火氣가 나는 맥주가 널리 알려져 있다.

이 도시 주위에는 100여 개의 맥주공장이 있으며, 연기 맛이 나는 검정맥주의 제조방법은 보리를 햇빛에 건조시키지 않고 너도밤Buche, beech 나무를 태운 건조로乾燥爐 위에서 훈증燻蒸한 맥아麥芽, Malz, malt로 연기냄새가 나는 맥주Rauchbier, smoked beer를 만든다. 이런 연기 맛이 나는 검정맥주는 수백 년 된 검은 나무천장 밑에 식탁이 놓여 있는 슈렌케를라Schlenkerla 맥주홀사진 13-14에서 마실 수 있으며, 항상 초만원이므로 사전에 식탁을 예약해야 한다. 연기냄새가 나는 이 맥주를 처음 마시면, 맥주맛이 약간 이상하므로 진미를 알게 되려면 시간이 좀 지나야 한다.

사진 13-13 레그니츠 강에 건설된 밤베르크의 구(舊)시청사(왼쪽)와 레그니츠 강에 다니는 유람선(오른쪽)

사진 13-14 밤베르크에서 1405년부터 연기 맛이 나는 검정맥주를 양조해서 판매하는 슈렌케를라(Schlenkerla) 맥주홀(왼쪽), 맥주홀 간판(중간)과 검정 맥주병(오른쪽)

13.5 바이로이트

12세기에 숲이 많은 피히텔[Fichtel]산 주위에 설립된 바이로이트[Bayreuth]는 바그너의 축제로 유명한 인구 7만 명의 작은 도시이다. 이 도시의 오페라는 1745~1748년에 건설되어 전 세계에서 제일 아름다운 바로크식 극장의 하나로 알려져 있다. 저자가 RMD 운하를 자문할 때, 밤베르크에서 60km 떨어진 이 음악의 도시를 여러 번 방문했었다.

리하르드 바그너[Richard Wagner, 1813~1883년]는 동독에 있는 라이프치히[Leipzig]에서 태어나서, 오페라와 음악극의 작곡가[사진 13-15]로 유명해졌다. 바이에른 왕 루드비히 2세의 후원으로 1876년에 바이로이트에 바그너의 축제극장[Festspielhaus, 사진 13-15]이 건설되어, 개막[開幕]할 때 바그너의 역작인 니벨룽겐의 반지[Der Ring der Niebelungen]가 연주되었다. 오스트리아의 잘츠부르크[사진 13-16]와 독일의 에버바흐 수도원[사진 13-17]과 같이, 바이로이트에서는 매년 여름에 음악 축제[표 13-2]가 개최되며 트리스탄과 이졸데[Tristan und Isolde], 파르지팔[Parsifal], 방황하는 화란[和蘭]인[Der Fliegende Holländer], 로엔그린[Lohengrin], 지크프리트 목가[Siegfried Idyll], 발퀴리, 탄호이저, 리엔치 등이 연주되므로 전 세계에서 음악애호가들이 많이 참석하고 있다.

사진 13-15 전 세계에서 제일 아름다운 바로크식 극장의 하나로 알려진 바이로이트의 오페라 하우스(1748년 건설)(왼쪽)와 바이로이트 정원에 세워진 리하르드 바거너 동상(오른쪽)

이 도시의 오일레Eule 음식점에는 오페라에서 노래한 가수들이 서명한 사진이 벽에 많이 걸려 있다. 그리고 바그너가 거주한 집 'Haus Wahnfried'는 요즈음 박물관으로 개관되어 있다.

표 13-2 독일과 오스트리아에서 여름에 개최되는 유명한 음악축제(2002년 통계)

번호	축제 이름	국가	기간	관람객(명)	예산액(유로)
1	잘츠부르크 축제	오스트리아	7월~8월	20만	4천5백만
2	바이로이트 축제	독일	7월중순~8월말	6만	1천3백만
3	라인가우 음악축제	독일	6월말~9월초	13만	7백만

사진 13-16 오스트리아에서 매년 음악축제가 개최되는 잘츠부르크 축제홀

사진 13-17 매년 라인가우 음악축제가 개최되는 독일의 에버바흐 수도원 모습

13.6 뉘른베르크

뉘른베르크Nürnberg는 밤베르크에서 남쪽으로 RMD 운하를 따라 내려가면 약 60km의 거리에 있다. 뉘른베르크는 서기 11세기에 페그니츠Pegnitz강의 돌·언덕 위에 처음에 백작성伯爵城으로 설립되었으며, 그 후 12~15세기에 황제성皇帝城, Kaiserburg, 사진 13-18으로 증축되어 장기간 다수의 독일황제들이 거주했다. 그래서 뉘른베르크는 프랑크푸르트와 아헨처럼 '황제도시'로 널리 알려졌다.

사진 13-18 뉘른베르크의 상징인 황제성(왼쪽/중간)과 독일 체신부가 발행한 기념우표(오른쪽, 저자 소장)

이 황제도시는 공성攻城되었을 때에도 장기간 식수를 공급할 수 있도록 성내城內에 우물을 깊이 50m까지 대단히 깊게 굴착했으며, 황제성의 탑은 망루望樓, 사진 13-18로 원거리까지 볼수 있도록 높이를 25m까지 높게 축조했다.

15세기 중엽에 완성된 4각형 모양으로 둘러쌓인 성벽城壁, 사진 13-19은 외부와 내부성벽으로 구성되어 있으며, 모두 67개의 방어/전망 탑이 설치되었다. 성벽의 각 모퉁이에는 포탄砲彈에 견딜 수 있도록 두께가 6m나 되는 뚱뚱한 탑이 4개 축조되었다.

뉘른베르크는 중세기에 면직과 식기食器제조 등 수공업과 상업도시로 크게 발달했으며, 제2차대전 때 크게 폭파되어 파손되기 전까지 독일에서 목골木骨건출물이 많은 가장 아름다운

사진 13-19 동서남북이 완전히 성벽(城壁)과 성탑(城塔)으로 둘러 쌓인 뉘른베르크

도시의 하나였다. 그러나 뉘른베르크의 성벽은 제2차대전 때 거의 부서지지 않아 독일 대도시에서 아직까지 남아 있는 유일한 성벽이므로, 관심을 갖은 여행객이 많이 구경하려고 온다.

뉘른베르크인구 50만 명에는 전 세계적으로 유일한 명물, 유명한 명승지와 박물관이 다수 있으니 아래에서 간략히 보기로 한다.

장난감과 인형집

뉘른베르크에서는 14세기부터 어린이 장남감을 제작하기 시작했다. 1863년에 설립된 Bing회사는 1914년에 5천여 명의 직공들이 장난감을 만들었으며, 전 세계에서 제일 큰 장난감회사로 발달했다. 뉘른베르크에서 만든 각종 장난감과 거실, 침실, 욕실, 부엌 등이 설치된 인형집Puppenhäuser이 옛날부터 유명했다. 부유한 재벌의 집에서는 처녀들이 뉘른베르크에서 만든 장난감 인형집으로 놀면서 앞으로 결혼한 후, 부유한 집에서 가사家事일을 효율적으로 처리하는 방법을 배웠다고 한다. 1950년부터 이 도시에서 매년 개최되는 국제장남감 박람회는 전 세계에 널리 알려져 있다.

알브레히트 뒤러

이 도시에서 독일의 유명한 화가 알브레히트 뒤러Albrecht Dürer, 1471~1528년가 태어났다. 뒤러가 젊을 때1498년, 그린 자화상自畵像은 현재 스페인의 마드리드에 있는 프라도 박물관사진 13-20에 소장되어 있다. 뒤러가 1509~1928년까지 거주한 목골가옥사진 13-21은 요즈음 박물관으로 사용되고 있다.

사진 13-20 독일에서 유명한 화가 알브레히트 뒤러(1471~1528년)가 1498년에 젊을 때, 그린 자화상(自畵像, 오른쪽)은 스페인 마드리드의 프라도 박물관(왼쪽)에 소장되어 있다.

사진 13-21 뉘른베르크에 있는 독일의 유명한 화가 뒤러 생가(生家)와 뒤러 동상

아기예수시장

크리스마스 전 4주 동안의 강림降臨/장림將臨시기에 독일의 큰 도시에서 개막되는 크리스마스 시장 가운데서 뉘른베르크의 아기예수시장Christkindlesmarkt과 드레스덴의 성탄과자시장Striezelmarkt이 제일 유명하다. 15세기부터 유럽의 주요 도시에 크리스마스 시장市場, Weihnachtsmarkt이 열렸으며, 유럽에서 제일 오래되고 유명한 3개의 크리스마스 시장은

- 독일의 드레스덴1434년
- 프랑스의 스트라스부르1570년
- 독일의 뉘른베르크1628년에서 열렸다. 뉘른베르크의 아기예수시장에는 매년 크리스마스 때, 수백만 명2019년 통계이 방문한다.

뉘른베르크-퓌르트 철도노선

독일에서 1835년에 처음으로 뉘른베르크-퓌르트Fürth까지 6km 구간에 철도가 개통되었다. 개통식 때, 독수리Adler기차그림 13-3는 2백여 명의 고위관리들을 태우고, 시속 약 35km/h로 달렸다고 독일 철도역사에 기록되어 있다. 이 기차는 1869년에 뉘른베르크에 건설된 교통박물관사진 13-22에 전시되어 있다. 독일 체신부에서는 150주년의 독일철도Deutsche Eisenbahn를 기념하기 위해서 기념우표그림 13-3를 발행했다. 독일에서 1923년 경제공황 때, 매일 화폐의 값이 폭락했으므로, 독일제국 철도청에 종사하는 인부들에게 아침/저녁으로 봉급을 주기위해서 철도청이 100조10 Billion 마르크짜리 대용지폐사진 13-22를 발행했다. 주(註): 독일어로 Billion은 미국어로

1000 Billion에 해당함. 저자가 이 귀한 대용지폐를 뉘른베르크에서 발견해서 수집하기위해서 1매를 구입했다.

유럽의 각국에서 초창기[1825~1840년]에 처음으로 건설된 철도노선을 표 13-3에서 비교해 보았다. 그리고 유럽에서 70년 이후 1850~1914년까지 건설된 철도노선의 길이와 비교해 보면, 제1차대전[1914년] 직전에 독일의 철도노선이 6만3천km[표 13-4]로 유럽에서 제일 길었다.

그림 13-3 독일에서 처음으로 1835년에 뉘른베르크에서 퓌르트까지 6km구간에 운행된 독수리 기차(汽車)의 풍자화(諷刺畫)와 독일 체신부에서 1985년에 발행한 독일철도의 150주년 기념우표(저자 소장)

표 13-3 유럽에서 초창기(1825~1840년)에 건설된 철도노선의 길이

번호	건설년도	국가	철도구간	철도길이(km)
1	1825	영국	스톡턴 - 달링턴	44
2	1832	프랑스	생 에티엔느 - 리옹	56
3	1835	벨기에	브뤼셀 - 메셀런	17
4	1835	독일	뉘른베르크 - 퓌르트	6
5	1837	소련	상트 페테르부르크 - 차르스코예 · 세로	27
6	1839	네델란드	암스테르담 - 하를럼	18
7	1839	이탈리아	나폴리 - 포르티치	8

표 13-4 유럽에서 1850~1914년까지 건설된 철도노선의 길이 비교

번호	국가	철도노선의 길이(km)	
		1850년	1914년
1	영국	10,000	38,500
2	독일	5,470	63,000
3	프랑스	3,500	39,500
4	벨기에	800	8,800
5	이탈리아	120	18,000
6	스페인	102	10,800

사진 13-22 뉘른베르크에서 퓌르트까지 1835년에 처음으로 운행된 기관차(機關車)가 전시된 교통박물관(ibw, 1985)(왼쪽)과 독일에서 1923년 경제공항 때, 독일제국 철도청이 철도직원들에게 봉급을 주기 위해서 발행한 100조(10 Billion) 마르크짜리 대용지폐(저자 소장)

지멘스 전기회사

전 세계에 널리 알려진 지멘스Siemens 전기회사가 1875년에 처음으로 발전기를 개발했으며, 프리드리히 알렉산더Friedrich-Alexander대학교는 1743년에 설립되어 현재 뉘른베르크의 외곽도시인 에를랑겐Erlangen, 인구 10만 명에 소재하고 있다. 지멘스 회사의 역사를 간단히 보면, 베르너 지멘스1816~1892는 처음에 베를린공대에서 토목공학을 공부하려고 했으나, 부모들이 학비를 보조할 수 없어 고등학교 교사의 추천에 따라 프러시아공병대에 입대해서 4년 후에 포병대 장교가 되었다. 지멘스는 나이 24살1840년에 은과 금으로 도금鍍金하는 기술을 발명한 후, 1847년에 개인전신電信회사를 개업해서 북부독일에 전신망電信網과 처음으로 해저케이블을 설치했다. 이 회사는 그 후 약전弱電, 강전强電, 의료기계와 친환경전력분야에서 세계굴지의 전기회사로 발달하게 되었다.

게르만족의 국립박물관

1852년에 뉘른베르크에 건설된 게르만족의 국립박물관Germanisches Nationalmuseum에는 120만여 개의 각종 미술, 조각, 발명품들이 전시되어 현재 독일어 지역에서 제일 큰 박물관이다.

지구의와 뉘른베르크의 달걀

뉘른베르크에서 세계최초의 지구의地球儀를 만들었으며, 16세기에 만든 '뉘른베르크의 달걀Nürnberger Ei'은 세계 최초의 회중시계懷中時計로 널리 알려졌다.

성모성당과 로렌츠교회

뉘른베르크의 성모성당사진 13-23은 프랑켄 성모 가도街道, 19장 참조의 순례지이다. 이 성모성당이 있는 광장에서 매년 크리스마스 때 전술한 아기예수시장이 열린다. 그리고 13~15세기에 건설된 고딕식 로렌츠교회사진 13-24 앞 광장에서는 주말에 시장市場이 열려 뉘른베르크 주위의 농촌에서 생산된 각종 야채와 과일을 농부들이 팔고 있다.

사진 13-23 뉘른베르크에 있는 성모성당은 프랑켄 성모 가도(街道)의 순례지이다.

사진 13-24 뉘른베르크의 고딕식 로렌츠 교회(왼쪽)와 백색(白色) 탑(오른쪽)

5백여 년 된 약방

뉘른베르크에서 1486년에 설립된 'Zum Heiligen Geist'약방[사진 13-25]은 지금까지 500여 년 동안 영업을 계속하고 있다.

사진 13-25 뉘른베르크에 1486년에 설립되어 지금까지 500여 년 동안 영업을 계속하고 있는'Zum Heiligen Geist'약방

소시지와 꿀 · 호두 과자

뉘른베르크에서 유명한 음식은 소시지[Rostbratwurst]와 꿀 · 호두와 조미료를 넣은 과자인 렙쿠헨[Lebkuchen]이다. 이 과자회사는 서기 1610년에 설립되어, 지난 400여 년 동안 전 세계에 널리 알려진 렙쿠헨[사진 13-26]을 제조/판매하고 있다.

사진 13-26 뉘른베르크의 명물인 꿀·호도와 조미료를 넣어서 만든 렙쿠헨(Lebkuchen, 오른쪽)을 판매하는 과자전문점(왼쪽)

사진 13-27 뉘른베르크에서 600여 년 전에 개업한 소시지 구이 전문음식점(1419년 설립)의 외부와 내부 모습

뉘른베르크의 구운 소시지Bratwurst는 대단히 유명하며, 소금에 절여 발효醱酵시킨 양배추Sauerkraut 또는 감자 샐러드Kartoffelsalat와 같이 먹는다. 600여 년 전 1419년에 설립된 역사적인 소시지 음식점사진 13-27에서 구운 소시지를 주문하면, 주석朱錫 쟁반Zinnteller에 담아준다사진 13-28. 소시지의 크기가 작으므로 최소 4개 이상 주문한다. 뉘른베르크에서 제일 오래된 음식점의 하나인 유명한 목화솜Zur Baumwolle 음식점사진 13-29에서는 프란켄 지방의 전통적인 음식을 주문할 수 있다.

사진 13-28 뉘른베르크의 소시지 구이 전문음식점(1419년 설립)에서 점심식사로 구운 소시지(왼쪽)를 주문하면, 소금에 절여 발효(醱酵)시킨 양배추에 양념겨자(오른쪽)가 나온다.

사진 13-29 뉘른베르크에서 제일 오래된 음식점의 하나인 15세기에 설립된 목화솜(Zur Baumwolle) 음식점의 외부/내부 모습

연철 현수교

뉘른베르크의 황제성 내부에서 페그니츠 강을 건너가기 위해서 케텐슈테크Kettensteg를 19세기 말에 건설했다. 이 체인다리는 유럽 최초의 연철 현수교사진 13-30로 요즈음도 사용되고 있다.

사진 13-30 뉘른베르크의 황제성 내부에서 페그니츠 강을 건너가기 위해서 19세기 말에 건설된 유럽 최초의 연철 현수교

나치스 전당대회 광장과 전쟁범 재판소

뉘른베르크의 나치스전당대회 광장(폭 300m, 길이 300m, 사진 13-31)에서 1933~1938년까지 매년 50여만 명이 참가한 나치스전당대회가 개최되었다. 저자가 유학생으로 1966년에 처음으로 뉘른베르크에 갔을 때에는 이 광장이 개방되어 있어, 무인無人의 무대에 올라가서 전체 광장을 볼 수 있었다. 그러나 최근에 갔을 때에는 광장의 입구가 봉쇄되어 일부만 볼 수 있었다. 그 외 이 도시의 유명한 역사는 제2차대전 후 1946~1949년까지 나치스전쟁범 재판소가 여기서 개최되었다.

사진 13-31 요즈음 보수중에 있어 일부만 개방되어 있는 뉘른베르크의 나치스전당대회 광장과 건물(2021년 촬영)

13.7 바이센부르크

전술한 카를 운하[그림 13-1 참조]의 근처에 고대 로마제국과 게르만족의 경계선 장벽[Limes, 사진 13-32]이 지나간다.

사진 13-32 로마제국이 게르만족과의 국경선 장벽(障壁)에 설치한 높이가 7~8m인 전망대/초소(哨所)

뉘른베르크에서 RMD 운하를 따라 레겐스부르크로 가는 길목에 놓인 바이에른의 바이센부르크[Weissenburg]에는 서기 130년에 로마병정들이 30,000m^2의 넓은 면적에 건설한 비리시아나[Biriciana] 성곽[사진 13-33]이 있어 방문해서 상세히 구경했다. 이 성곽 내에는 토론광장, 교회, 음식점, 온돌방, 목욕탕[사진 13-34] 등 각종 시설이 완전히 구비되어 2,500명의 주민이 거주하고, 경계선 장벽에 파견된 480명의 로마병정이 주둔하고 있었다고 한다. 이 성곽은 서기 250년에 게르만족이 공격/정복해서 폐허가 되었으나, 약 2천 년 전에 로마제국의 북쪽 추운 변방[邊方]에서 로마병정들이 호화 생활을 한 것을 볼 수 있는 잔적이 남아 있다.

사진 13-33 고대 로마제국과 게르만족의 경계선 장벽에서 6km 떨어진 곳에 30,000m^2의 넓은 면적에 건설된 비리시아나 성곽의 잔적

사진 13-34 고대 로마제국과 게르만족의 경계선 장벽에 서기 130년에 건설된 비리시아나 성곽의 온돌방과 목욕탕시설의 잔적

13.8 뷜츠부르크

바이센부르크 옆에 있는 뷜츠부르크Wülzburg 성곽은 1588년에 높은 언덕 위에 오각형五角形, pentagon으로 단단하게 건설된 요새要塞로서, 탈출하기가 어려워 19~20세기에는 형무소刑務所로 사용되었다. 제1차대전 때, 1918년에 프랑스 탱크부대의 드골 대위가 독일의 전쟁포로로

체포되었을 당시 이 형무소에 구금되었다. 저자는 바이센부르크의 로마고적을 방문했을 때 그 옆에 있는 뷜츠부르크 성곽도 방문했다.

이 요새要塞에 감금되었던 드골 대위는 탈출을 시도했으나 실패했으며 독일이 제1차대전에 패전敗戰한 후 석방되었다고 한다. 프랑스 대통령에 당선된 후에 이 성벽城壁에 드골대통령을 기억하는 문패門牌, 사진 13-35가 새겨졌다.

사진 13-35 제1차대전 때, 프랑스 탱크부대의 드골 대위가 전쟁포로로 감금된 독일의 뷜츠부르크 요새(왼쪽)에 새겨진 드골 대통령을 기억하는 문패(중간)

13.9 해방홀

마인 운하는 켈하임Kehlheim 근처에서 도나우강에 진입進入한다. 켈하임에서 서쪽으로 5km 떨어진 도나우강변에 있는 높이가 126m인 미헬스베르크Michelsberg 산에는 옛날 켈트족의 신전神殿이 있었다고 한다.

이 자리에 바이에른 왕 루드비히Ludwig 1세는 독일이 1814~1815년에 프랑스의 나폴레옹 군대와 싸운 해방解放전쟁에서 독일을 해방시킨 것을 기념하기 위해서 높이가 45m, 외경外徑이 60m, 내경內徑이 29m나 되는 해방홀Befreiungshalle, 사진 13-36을 1842년에 착공, 20년 후 1863년에 완공했다. 이 홀에는 높이가 6m나 되는 18명의 게르만족의 거녀巨女와 34명의 여신女神을 세워 두었다. 이 여신사진 13-37은 건설 당시 독일이 34개의 소국가로 구성된 것을 상징했다. 저자는 이 해방홀이 서 있는 높이 126m의 미헬스베르크 산 위에 올라가서 해방홀에서 독일의 역사를 배운 다음, 아래에 조용하게 흐르는 아름다운 도나우강을 내려다 보면서 원경遠景을 즐겼다.

사진 13-36 바이에른 왕 루드비히 1세가 나폴레옹 군대와 싸운 해방전쟁에서 전승을 기념하기 위해 도나우강변의 산 위에 1863년에 건설한 높이 45m의 해방홀

사진 13-37 바이에른 왕 루드비히 1세가 도나우강변에 건설한 전승기념 해방홀에서

13.10 벨텐부르크 수도원

도나우강이 켈하임에서 마인 운하와 만나기 직전에 단단한 석회암 협곡을 통과한다. 이 협곡은 길이가 약 5km 구간에서 강폭[江幅]이 70m로 좁아져 강물이 빨리 통과하지 않으므로 홍수 때 도나우강이 여기서 자주 범람했다. 이 협곡에 벨텐부르크[Weltenburg] 분도수도원[사진 13-38]이 3백여 년 전[1713년]에 건설되었으며, 켈하임에서 서남쪽으로 8km 떨어져 있다.

사진 13-38 독일의 도나우강에서 폭이 70m로 좁아지는 협곡(왼쪽)에 1713년에 건설된 벨텐부르크 분도수도원(오른쪽 항공사진, 수도원의 우편엽서)

도나우강에서 홍수가 질 때, 벨텐부르크 수도원의 벽[사진 13-39]을 지나가는 홍수위가 4~5m나 상승했다. 그래서 1999년의 홍수기에는 수도원이 일부 침수되었으며, 2002년에는 도나우강의 수위가 7.20m로 상승할 것으로 예상되어 수도원 주위에 모래주머니를 높이 1.8m까지 쌓았다고 한다.

벨텐부르크 수도원에서 양조하는 맥주는 대단히 유명해서 지나가는 여행객들이 수도원의 정원맥주점을 들러서 맥주를 즐긴다. 저자도 도나우강의 협곡과 오래된 분도수도원을 방문한 기회에 정원맥주점[사진 13-40]에서 흑맥주를 시음[試飮]해 보니, 정말 맥주맛이 좋았다고 아직까지 기억에 남아 있다.

사진 13-39 독일의 도나우강에서 폭이 70m로 좁은 협곡을 통과하는 유람선(왼쪽)과 지난 150여 년 동안 강이 여러 번 범람했을 때 수도원 벽에 표시한 홍수위(오른쪽)

사진 13-40 도나우강의 협곡에 1713년에 건설된 벨텐부르크 수도원에서 양조하는 맥주는 유명해서 여행객들이 여행 도중에 쉬어서 갈 때, 수도원의 정원맥주점에서 흑맥주를 즐긴다.

13.11 레겐스부르크

8.2절에서 다룬 바와 같이, 고대 로마제국이 북쪽의 게르만족의 공격을 방어하기 위해서 서기 1세기에 게르만족과의 경계선을 따라 길이가 548km나 되는 장벽Limes을 축조했다그림 8-1 참조.

이 장벽은 라인강변에 있는 레마겐Remagen에서 시작해서, 도나우강변에 놓인 레겐스부르크Regensburg까지 와서 Porta Praetoria 성문城門, 사진 13-41이 종점終點이었다. 레겐스부르크는 2세기에 사단師團크기의 로마군대 주둔지Castra Regina로 면적이 25만m^2나 되는 큰 도시였다.

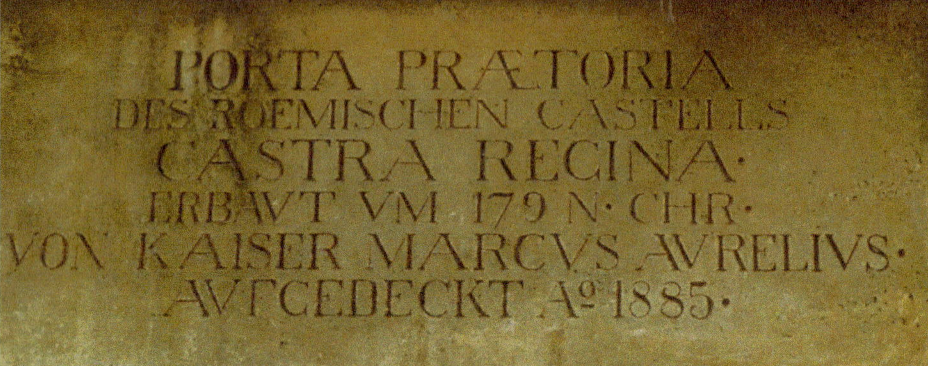

사진 13-41 고대 로마제국이 게르만족의 공격을 방어하기 위해서 1세기에 축조한 경계선 장벽(Limes)의 종점(終點)인 레겐스부르크의 Porta Praetoria 성문(왼쪽)과 벽에 새겨진 로마군대 주둔지 설명(오른쪽)

12세기에 레겐스부르크에서 도나우강을 건너가기 위해서 참나무 말뚝을 박아서 15개의 두꺼운 교각을 1135년에 축조한 후, 11년이나 걸려 1146년에 길이가 310m나 되는 긴 '돌다리Steinerne Brücke, 사진 13-42를 건설했을 때, 도시주민들은 세계의 기적이라고 불렀다고 한다. 이 돌다리는 포병대의 대포大砲를 실은 포차砲車 등 60톤의 무게를 지지할 수 있으며, 지난 8백여 년 동안 무너지지 않고 지금까지 튼튼하게 서 있어 독일에서 사용할 수 있는 교량 가운데 제일 오래된 교량이다. 그러나 이 돌다리는 낮고 교각 사이가 좁아서 1980~1990년대에 라인-마인-도나우강RMD 운하를 건설할 때 고적다리를 보존하기 위해서 도나우강 옆에 새로 보조수로bypass를 굴착해서 RMD 운하에 연결시켰다.

레겐스부르크 대성당사진 13-43은 서기 1260년에 착공했으며, 높이가 105m인 고딕식 종탑은 건설하기가 힘들어 수백 년이나 걸려 19세기에 완공되었다. 이 대성당에서 매주 일요일 9시 대大미사 때 노래를 부르는 유명한 어린이합창단은 애칭愛稱으로 '대성당의 참새'Domspatzen라고 불려지고 있으며, 서기 975년에 창립創立되어 1천 년 이상의 역사를 갖고 있다. 이 합창단은 전 세계에 널리 알려져 있으며, 매년 6월에는 대성당에서 바흐 음악축제가 개최된다.

사진 13-42 라인-마인-도나우강(RMD) 운하를 건설할 때, 레겐스부르크에 800여 년 전에 건설된 돌다리(왼쪽)를 보존하기 위해서 그 옆에 새로 보조수로(bypass)를 굴착해서 운하에 연결했다.

사진 13-43 전 세계에서 가톨릭 어린이합창단(Domspatzen)으로 유명한 레겐스부르크 대성당(13~19세기에 건설)

레겐스부르크는 옛날 시청에서 1663~1806년까지 140여 년 동안 제국의회Reichstag가 개최된 독일에서 주요한 도시였다. 레겐스부르크현재인구 13만 명의 집들은 다른 도시의 집들과는 달리 모두 돌로 지었으므로 중세기에 자주 일어난 화재 때에도 집들이 소실燒失되지 않아 레겐스부르크에는 수백 년이나 된 1,400여 개의 아름다운 돌집들이 잘 보존되어 있다. 예컨대, 레겐스부르크 대성당과 돌다리 옆에 돌로 축조한 8층짜리 옛날 소금창고Salzstadel, 사진 13-44가 있다. 이 소금창고는 요즈음 음식점과 커피숍으로 사용되고 있다. 그 옆에는 역시 돌로 건설한 800여 년이나 된 독일에서 제일 오래된 '역사적인 소시지 전문음식점historische Wurstküche'

이 있다. 여기서 음식을 주문하면 뉘른베르크의 소시지 음식점[사진 13-28 참조]처럼 소시지를 소금에 절인 양배추[Sauerkraut]와 양념겨자[mustard]를 같이 쟁반에 담아서 준다. 이 소금에 절인 양배추는 독일사람들이 자주 먹는 고춧가루가 들어가지 않은 일종의 독일식 '김치'라고 하겠다.

레겐스부르크에서 있었던 유명한 옛날 에피소드를 들어보면 1546년에 카를 5세 황제가 레겐스부르크를 방문했을 때 젊고 예쁜 바르바라와 같이 하루저녁을 취침하도록 레겐스부르크의 고위 시청직원이 주선해 주었다고 가이드가 설명해 주었다. 그 후 태어난 사생아 돈후안[Don Juan] 다우스트리아가 1571년에 스페인과 베네치아 동맹국의 갤리선[galley]을 지휘해서 치열했던 레판토[Lepanto] 해전[海戰, 사진 13-45]에서 오스만제국의 함대[艦隊]를 물리쳐서 유럽이 회교국[回敎國]에 정복되는 것을 방지했다고 한다. 돈후안[Don Juan]의 위업[偉業]을 영원히 기념하기 위해서 레겐스부르크의 중심가에 그의 동상[사진 13-46]이 세워져 있다.

사진 13-44 레겐스부르크 대성당 옆에 있는 8층짜리 옛날 소금창고

사진 13-45 레판토 해전(海戰)이 벌어진 그리스의 나프팍토스 항구(왼쪽/오른쪽)와 이 해전에 참전(參戰)해서 부상을 당한 스페인의 유명한 돈키호테 작가 세르반테스를 기념하기 위해 세워진 동상(오른쪽)

사진 13-46 그리스 해안에서 벌어진 레판토 해전(海戰)에서 오스만제국의 함대를 물리친 카를 5세 황제의 사생아인 돈후안을 기념하기 위해 레겐스부르크에 세워진 동상(왼쪽)과 유명한 호텔 비숍스호프(Bischofshof)의 간판(오른쪽)

13.12 발할라 신전

레겐스부르크에서 도나우강을 따라 10km를 동쪽으로 내려가면, 도나우강변의 경치 좋은 언덕 위로 발할라Walhalla 신전神殿이 나타난다. 바이에른 왕 루드비히 1세가 1813년에 라이프치히 근처에서 나폴레옹 군대를 물리쳐 독일을 해방시킨 17주년 기념일날1830년 10월 18일에 착공해서 1842년 10월 18일날 거대하게 준공식을 거행한 신전이다.

독일의 위인偉人들을 경모하는 발할라 신전사진 13-47에는 64명의 유명한 독일 정치가, 예술가와 과학자의 이름 판板과 124개의 대리석 흉상胸像이 비치되었다. 그 후 물리학자 아인슈타인과 서독수상 아데나워의 이름이 추가되었다. 저자는 가족과 같이 이 신전에 올라가서 전시된 독일 위인들의 흉상사진 13-48을 보고 역사를 배웠다.

사진 13-47 도나우강변에 세워진 발할라 신전(1830~1842년 건설)에는 저자가 가족과 같이 2회 방문했다(1984년/1986년 촬영).

사진 13-48 도나우강변에 있는 발할라 신전에 비치된 독일의 유명한 정치가, 예술가와 과학자의 대리석 흉상

13.13 독일의 도나우강

도나우강[길이 2,888km]은 유럽에서 소련의 볼가[Volga]강 다음 두 번째로 긴 강이다. 나폴레옹은 유럽의 여러 나라로 원정[遠征]갈 때, 아름다운 도나우강을 처음 보고 '강의 여왕'이라고 부르면서 감탄했다고 한다.

이 도나우강이 독일의 도나우에싱겐Donaueschingen에서 발상發祥해서 600km의 거리를 흘러가는 동안 시그마링겐Sigmaringen 성城, 아인슈타인이 태어난 울름Ulm, 아우디Audi자동차공장이 있는 잉골슈타트Ingolstadt, 폭이 70m로 제일 협곡인 벨텐부르크 수도원 그리고 유네스코의 고적물로 인정된 레겐스부르크 등 주요한 도시와 고적물을 지나간다. 시그마링겐에는 11세기에 건설된 후 호헨촐레른Hohenzollern의 왕후王侯들이 19세기에 증축한 웅장한 성城이 있다.

울름에는 14세기에 설계해서 1890년에 완공된 전 세계에서 종탑높이 161m이 제일 높은 울름 대성당이 있다. 도나우강에서는 울름의 어부들과 선원들이 매년 긴 막대기로 상대방 배에 탄 어부를 배에서 서로 밀어 물에 떨어트리는 유희遊戱, Fischerstechen를 개최하며, 제일 마지막으로 배에 남은 어부가 승리하는 게임이다.

레겐스부르크에서 동남쪽으로 120km 떨어진 파사우Passau, 사진 13-49는 도나우강과 지류인 일츠Ilz강과 인Inn강이 합류하는 곳에 놓여 있으며, 오스트리아와 접한 국경도시이다. 3개의 강에서 홍수가 일어나면, 파사우의 중심가가 수장될 정도로 도나우강의 수위가 급증急增한다. 파사우의 슈테판 대성당에는 17,774개의 음관音管과 233개의 음전音栓이 있는 세계에서 제일 큰 풍금風琴이 설치되어 있어 음악애호가들이 자주 방문하는 성당이다.

사진 13-49 지류인 인(Inn)강과 일츠(Ilz)강이 도나우강에 유입하는 지점에 놓인 독일의 파사우(Passau)

그리스도의 수난극이 17세기부터 지금까지 매 10년마다 개최되는 바이에른의 오버아머가우 마을 모습

제14장 뮌헨 – 알프스 산 여행

14.1 슈타른베르크
14.2 안덱스 수도원
14.3 바드 뵈리스호펜
14.4 오버아머가우의 수난극
14.5 미텐발드의 바이올린
14.6 알고이지방의 소 몰기
14.7 바드 라이헨할과 베르히테스가덴

뮌헨에서 알프스 산 쪽으로 남쪽으로 여행하다 보면 다음과 같은 점들이 인상적이다.

- 여름에도 눈이 덮인 높은 산봉우리,
- 산과 산의 중간에 놓인 깨끗한 물이 차인 다수의 산악호수Bergsee,
- 들판에서 사람과 같이 큰 낫으로 풀을 자르고 있는 힘찬 부녀자들,
- 언덕에서 유유히 풀을 뜯어 먹고 있는 소의 목에 달린 종소리,
- 바로크와 로코코식 성당의 종탑의 양파Zwiebel형 지붕,
- 오버아머가우Oberammergau에서 매 10년마다 거행되는 수난극에 등장하기 위해서 수염을 기룬 배우들,
- 성체축제일Fronleichnam-Fest 등 많은 가톨릭교회의 휴일에는 예복Tracht 또는 각 지방의 풍습에 따라 복장을 하고 십자가/성모상을 들고 종교적 행렬Prozession에 참여하는 가톨릭신자들,
- 오후 간식間食때에는 전통적인 가죽바지Lederhosen를 입고 야외음식점의 나무식탁에 앉아서 맥주를 마시고, 흰 소시지Weisswurst 또는 산중山中 공기에 건조시킨 또는 훈제燻製한 햄을 즐겨먹고 있는 튼튼한 바이에른 사람들이 특히 인상적이었다.

사진 14-1 바이에른의 마을에 세우는'5월 목주(木柱)'

겨울이 완전히 지나간 5월 달에는 바이에른의 각 마을에서 독일 소나무Fichte에 리본으로 장식한 높이가 10~15m나 되는 '5월 목주木柱, Maibaum를 세운 후, 이 기둥을 돌아다니면서 춤을 추는 풍속이 있다. 이 축제는 17세기부터 악마惡魔를 마을에서 몰아내는 풍속으로 요즈음도 각 마을에서 거행되고 있다.

14.1 슈타른베르크

뮌헨에서 남쪽으로 30km 떨어진 슈타른베르크 호[湖, Starnberger See]는 길이가 20km, 폭이 5km, 면적이 57km^{2}나 되는 아름다운 호수이다. 19세기 중반에 뮌헨에서 이 호수변에 있는 슈타른베르크[사진 14-2]까지 철도가 개통됨에 따라 뮌헨의 부자들이 이곳에 별장을 지어서 휴가를 보냈다. 전체길이가 47km나 되는 호수변에는 그림책과 같이 아름답게 가꾼 공원과 다수의 성[城]이 있고, 프랑스에서 1880~1905년대처럼 벨에폭[belle epoque] 스타일로 깨끗하게 미장[美裝]된 별장[Villa]들이 많고, 독일에서 부자가 제일 많은 도시[표 8-1 참조]로 알려져 있다.

슈타른베르크의 땅/집 값이 독일에서 제일 비싸며, 두 번째는 프랑크푸르트에서 서북쪽으로 20km 떨어진 바드 홈부르그, 그 다음은 뮌헨, 슈투트가르트의 순서로 알려져 있다.

사진 14-2 많은 가로수(街路樹) 사이에 19세기 말의 벨에폭(belle epoque) 스타일로 깨끗하게 건설된 별장(Villa)들이 많은 독일에서 제일 부유한 슈타른베르크의 모습

14.2 안덱스 수도원

뮌헨에서 50km 떨어진 아머 호Ammersee 옆에 놓인 안덱스Andechs 수도원은 가톨릭 순례교회15세기 건설로 매년 약 150만 명의 순례자들이 방문하며, 이 기회에 이 수도원에서 1455년부터 양조하는 유명한 안덱스 맥주를 즐겨마신다. 저자도 한국에서 여동생이 방문했을 때 이 순례지를 방문했으며, 항상 초만원인 수도원 맥주점사진 14-3에서 인기있는 안덱스 맥주를 시음해 보았다.

사진 14-3 항상 초만원인 안덱스 수도원의 맥주점에서

14.3 바드 뵈리스호펜

바드 뵈리스호펜Bad Wörishofen은 인구가 1만6천 명으로 뮌헨에서 서쪽으로 약 80km 떨어져 있는 요양지이다.

바드 뵈리스호펜에서 근무한 크나이프 신부1821년~1897는 크나이프 식式 물요양법을 개발했으며, 1886년에 '크나이프 수료법'水療法, Kneipp-Kur이란 책을 집필했다. 이 수료법은 맨발로 도랑 또는 풀밭을 걸어서 치료하는 건강법이다. 그 외에 크나이프 신부는 약초藥草요법을 널리 적용했기 때문에 '약초신부'Kräuterpfarrer라는 별명까지 받게 되었다. 그 당시 크나이프 신부사진 14-4는 로마교황과 미국대통령처럼 전 세계에 널리 알려졌다. 19세기에 바드 뵈리스호펜의 인구가 1천 명이었으나, 1910년대에는 물 치료법으로 요양하기 위해서 매년 1만 명 이상, 요즈음은 매년 약 7만 명 이상의 요양객이 온다고 한다.

이 도시에는 다수의 요양소사진 14-5가 있으며, 크나이프 우물과 크나이프 수료법으로 걸어 다니는 도랑이 설치되어 있다. 공원에 있는 장미꽃 정원은 독일에서 제일 크며, 500여 종류의 장미꽃이 8,000개 이상 심어져 있다. 크나이프 박물관에서는 크나이프 요법이 시작된 역사를 상세히 설명해 주고 있다.

사진 14-4 독일에서 맨발로 도랑을 걸어서 치료하는 수료법(水療法)을 개발한 크나이프 신부의 동상(오른쪽)과 바드 뵈리스호펜에서 크나이프식 수료법에 따라 맨발로 차운 물이 흐르는 도랑을 걸어가는 요양객들(왼쪽)

사진 14-5 바드 뵈리스호펜에서 크나이프 수료법으로 치료하는 요양소(왼쪽)와 요양소로 가는 도로표지(오른쪽)

14.4 오버암머가우의 수난극

바이에른의 오버아머가우Oberamergau는 경치가 좋은 높이가 840m나 되는 시원한 알프스 산의 중턱에 놓여있다사진 14-6. 인구가 약 5천 명인 조그마한 마을로 목조품木彫品 기술과 그리스도의 수난극受難劇, Passionsspiel으로 유명하다.

중세기에 도시와 마을에서는 불결한 물을 마시고, 쥐들이 대단히 많아서 콜레라, 흑사병黑死病, pest 등 각종 질병이 널리 유행했다. 그 당시에 흑사병으로 사망한 사람들은 마을에서 멀리 떨어진 교외에 흑사병 전문묘지에 안장安葬했다. 요즈음도 바이에른 주로 여행하면 이런 흑사병 묘지의 흔적을 시골마을의 교외사진 14-7에서 자주 볼 수 있다.

남부독일의 오버아머가우에서 1633년에 흑사병이 유행했을 때, 마을사람들이 모두 성당에 모여서 기구祈求하면서 그리스도의 수난극Leiden und Sterben Christi을 매 10년마다 개최하기로 서약誓約했다. 이 마을에서 흑사병黑死病을 무사히 모면한 이후, 1634년부터 지금까지 매 10년마다 노인, 젊은이, 어린이들로 구성된 1천여 명의 주민들이 배우로 참여하는 민속극民俗劇, 사진 14-8이 5월에서 10월까지 약 5개월 동안 개최되고 있다.

사진 14-6 그리스도의 수난극이 17세기부터 지금까지 매 10년마다 개최되는 바이에른의 오버아머가우 마을 모습

사진 14-7 중세기에 흑사병(黑死病)으로 사망한 사람들을 마을에서 멀리 떨어진 교외에 안장(安葬)했으며, 바이에른에 흩어져 있는 흑사병 묘지(Pestfriedhof)(중간/오른쪽)와 흑사병 묘지로 가는 길안내 표시(왼쪽)

사진 14-8 오버아머가우에서 매 10년마다 그리스도의 수난극이 개최되는 민속극장

2000년의 수난극에 출연한 나이가 제일 많은 노인은 93세, 나이가 제일 젊은 어린이는 6살이었다고 한다. 무대에 한꺼번에 출연한 인원은 750명이나 되었다고 한다. 이 수난극은 1주에 5일간, 아침 9시 30분에 시작해서 3시간의 점심시간 동안 브레이크타임을 갖고 저녁 6시 15분까지 연극이 하루종일 계속된다. 이 그리스도의 수난극사진 14-9과 사진 14-10은 전 세계에서 제일 유명한 성경을 주제로 한 연극이다.

사진 14-9 오버아머가우에서 2000년에 개최된 그리스도의 수난극 장면(Mercedes잡지, 2000)

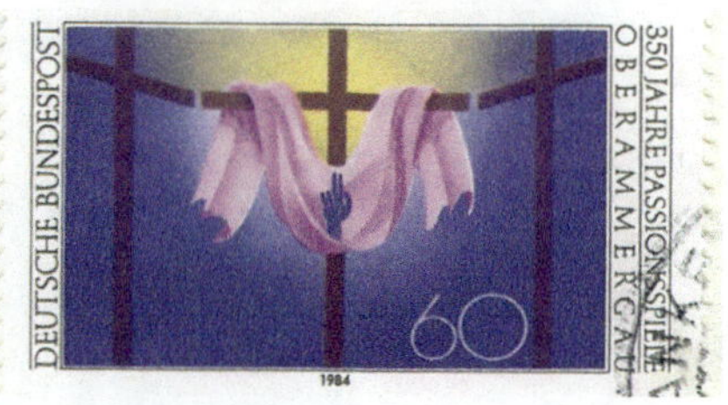

사진 14-10 오버아머가우에서 2000년에 개최된 그리스도의 수난극 장면(Mercedes 잡지, 2000)과 수난극의 350주년 기념 우표(1984년 발행, 저자 소장)

2020년의 수난극은 5월 16일~10월 4일까지 개최될 예정이었다. 저자는 2019년 여름에 2020년 6월 10일날 공연되는 수난극의 입장권을 2매 구입했다. 2019년 가을에 저자가 오버아머가우를 방문했을 때, 마을인구[5천 명]의 약 절반인 2,500명이 배우로 출연하기 위해서 1년 전부터 머리를 깎지 않고, 남자들은 수염을 길게 길러서 연극준비를 하고 있었다. 이 민속극을 볼려고 전 세계에서 입장권을 많이 신청해서 2020년 초에 벌써 표가 완전히 매진되었다고 한다.

중국에서 시작된 코비드-19 전염병이 2020년에 유럽으로 전파되어 유럽전역에 여행이 금지됨에 따라 유감스럽게도 42회째 수난극을 2022년 5월 14일~10월 2일로 연기하기로 했다. 이와 비슷한 사례는 제1차대전이 1918년에 종전되었을 때, 마을의 많은 배우들이 전사[戰死]해서 1920년에 수난극을 상세하게 준비할 수 없어 1922년으로 연기한 사례가 있었다고 한다.

사진 14-11 중세기(1700년대 초반)에 콜레라와 흑사병을 방지하기 위해서 독일의 도시에 설치한 목재 수도관이 전후에 파괴된 집을 보수할 때 지하에서 간혹 발견되었다.

남부독일의 도시에서는 1700년대 초반부터 콜레라/흑사병 등 점염병을 방지하기 위해서 목재로 만든 상수도용 파이프를 지하에 설치했으며, 이런 250년이나 된 옛날 목재 수도관[水道管, 사진 14-11]이 전후에 파괴된 집을 보수할 때 지하에서 간혹 발견되었다.

오버암머가우에서 야외로 5km 떨어진 높이 880m의 알프스 산 중턱에 1330년에 설립된 작은 에탈Ettal 마을인구 1천 명에는 둥근 지붕cupola의 높이가 68m나 되는 장엄한 분도수도원의 교회가 1752년에 건설되었으며, 이 교회는 순례지로 유명했다.

14.5 미텐발드의 바이올린

뮌헨에서 약 100km 남쪽에 있는 미텐발드Mittenwald는 중세기에 푸거Fugger 재벌로 유럽에서 널리 알려진 아욱스부르크Augsburg에서 알프스 산을 넘어서 이탈리아로 가는 상업도로에 놓여있다. 미텐발드사진 14-12는 인구가 약 7천 명2018년으로 알프스 산의 중턱 해발 900m에 놓인 작은 마을로 바이올린 제작으로 유명해서 전 세계에 널리 알려져 있다. 이 마을에서는 1685년부터 바이올린을 제작하기 시작했으며, 지금까지 300여 년의 긴 역사를 갖고 있다.

사진 14-12 바이올린 제작으로 전 세계에 널리 알려진 독일의 미텐발드 마을풍경

저자는 1965년 여름방학 동안에 20km 떨어진 발헨제Walchensee의 어학강습소에 다닐 때 그리고 1966년에 유학생 시절에 이탈리아로 여행갈 때부터 지금까지 이 마을을 4번 방문했으며, 2006년과 2019년에는 미텐발드에 1930년에 설립된 바이올린 박물관Geigenbaumuseum, 사진 14-13을 들러 바이올린 제조방법 등 가이드의 설명을 상세히 들었다.

독일의 미텐발드에서 제조된 바이올린과 각종 악기樂器는 1750년대부터 대단히 유명했으며, 18~19세기에 미국, 영국, 소련 등지로 많이 수출되었다. 예컨대, 1850년에 미국 워싱턴에서 6상자의 바이올린과 1상자의 악기를 주문하는 편지가 왔다고 한다. 모차르트도 미텐발드에서 제조한 바이올린으로 연주했다고 한다. 요즈음 10여 개의 바이올린 제조업자violin maker들이 각자의 조그마한 가내家內공장에서 바이올린을 제조하고 있다. 이 마을에서 매 4년마다 국제 바이올린 제조자의 기술경쟁技術競爭 모임이 개최된다. 1858년에 설립된 악기제조학교에서는 요즈음 약 50명의 학생들이 악기제조기술을 배우고 있다고 한다.

괴테가 프랑크푸르트에서 독일의 미텐발드와 오스트리아의 인스부르크를 지나서 이탈리아로 여행갈 때, 이 미텐발드에서 여장을 풀었다고 한다사진 14-14. 그 다음날, 괴테는 바이올린 제조자 Sprenger의 워크숍workshop, 사진 14-15에 들러 바이올린 제조에 관심을 갖고 환담하면서 견문을 넓혔다고 한다.

사진 14-13 독일의 미텐발드에 1930년에 설립된 바이올린 박물관에서

사진 14-14 괴테가 이탈리아로 여행갈 때 미텐발드에서 여장을 푼 집

사진 14-15 괴테가 이탈리아로 여행갈 때 들린 독일 미텐발드에 있는 바이올린 제조자 Sprenger의 워크숍

사진 14-16 미텐발드의 장크트 페터 성당(1740년 건설)에서는 마을사람들이 미사에 참여할 때, 자기 이름이 붙인 지정된 좌석에 앉았다.

1740년에 건설된 미텐발드의 장크트 페터 성당[사진 14-16]에서는 국제 오르간축제가 여름에 개최된다. 이 성당에 가보면 옛날부터 가톨릭신자 가정이 지정된 좌석에 앉을 수 있도록 신자들의 이름이 나무좌석에 적혀 있는 것이 대단히 인상적이었다.

14.6 알고이 지방의 소 몰기

바이에른 주의 알고이Allgäu지방에서는 농부들이 매년 5월에 소를 몰고 알프스 산의 중턱으로 올라가서 각종 잡초가 잘 자라는 고원高原농장에서 방목사진 14-17하면서 짠 우유로 크고 둥근 산악치즈를 만든다. 여름 동안에 방목시켜 살이 통통하게 찐 소를 10월 달에 몰고 농가로 내려오는 날사진 14-18에는 큰 천막 안에 친지들과 동네사람들이 같이 모여 밤늦게까지 맥주를 마시면서 즐겁게 보낸다.

사진 14-17 남부 바이에른 주의 알고이 지방에서 농부들이 매년 5월에 소를 몰고 각종 잡초가 자라는 알프스 산의 고원(高原)농장으로 올라가서 소를 방목하고 있는 광경

사진 14-18 각종 잡초가 자라는 알프스 산의 중턱에서 여름동안에 방목시켜 살이 통통하게 찐 소를 10월 달에 몰고 농가로 내려오는 중요한 연중행사 광경

사진 14-19 알고이 지방에서 매년 10월달에 개최되는 소 몰기 행사 때, 소를 몰고 귀가한 농부들이 동네사람들과 같이 큰 천막에 앉아서 맥주를 즐기고 있는 광경

눈이 내리기 전 10월달에 소를 몰고 농가로 귀가해서 내년 늦봄까지 소를 헛간에서 키우며, 봄이 추워서 산에 깔린 눈이 늦게 녹을 때에는 6월달에 소를 몰고 다시 산정山頂으로 올라간다. 매년 반복되는 이런 '소 몰기Almabtrieb'는 알고이 지방의 각 마을에서 거행되는 주요한 연중행사의 하나이다. 저자는 가을에 알고이 지방을 여행하면서, 이런 소 몰기 행사를 여러 번 구경했으며, 큰 천막 안에 농부들과 같이 앉아서 맥주도 마셨다사진 14-19.

14.7 바드 라이헨할과 베르히테스가덴

뮌헨에서 130km 떨어진 바드 라이헨할Bad Reichenhall로 가는 고속도로는 킴제 호湖, Chiemsee, 사진 14-20를 지나가며, 옛날에 빙하시대에 형성된 바이에른 주에서 제일 큰 호수면적 80km^2, 수심 70m이다. 이 호수에 있는 2개의 섬 가운데 헤렌킴제Herrenchiemsee에는 바이에른 왕 루드비히 2세가 1867년에 건설한 왕성王城, Königschloss이 있으며, 프라우엔킴제Frauenchiemsee에는 8세기에 건설된 분도수녀원이 있는 아주 아름다운 관광지이다.

사진 14-20 바이에른 주에 있는 안개가 낀 킴제 호(湖)에서(1978년 10월)

바이에른 주의 동남쪽 오스트리아의 경계선 근처에 있는 바드 라이헨할은 오래된 제염製鹽도시로서, 염천鹽泉에서 흘러나오는 물에는 염분의 함량이 24%로 유럽에서 염분이 제일 많아서 옛날 켈트시절부터 식용소금을 제조했으며, 염천 휴양지는 옛날부터 기관지병을 치료하기로 유명했다.

사진 14-21 동남부 독일의 베르흐테스가덴에 있는 흥미진진한 암염(巖鹽)광산을 방문해서 가이드의 설명을 들으면서 촬영한 방문객들의 기념사진

14세기에 소금은 유럽에서 조미료와 방부제로 필수불가결 했다. 바드 라이헨할 옆에 있는 1100년에 설립된 인구가 9,000명인 베르히테스가덴Berchtesgaden, 해발 570m은 주위에 있는 암염巖鹽광산鑛山에서 16세기부터 채광한 '흰 금'白金이라고 그 당시에 불려진 소금을 판매해서 대단히 부유해졌다. 이 소금광산은 지금까지 4백여 년간 운영하고 있으며, 저자는 가족과 같이 이 광산에 들어가서 흰색/검정색의 광산복사진 14-21으로 모두 바꿔입고 구경하면서 가이드의 설명을 흥미있게 듣고, 광산박물관도 방문했다.

베르히테스가덴은 독일에서 나치스시절때 널리 알려진 휴양지였다. 주위에 있는 오버잘츠베르크Obersalzberg의 산정山頂에 히틀러는 1934년에 정권을 잡은 후, 큰 산악저택Berghof을 건설해서, 여기서 나치스정권의 고위간부들과 세계의 정치가들이 모여 자주 환담歡談과 외교회

합會合을 했다. 이 히틀러 저택은 제2차대전 종전 때 미군의 폭격으로 완전히 파괴었으며 이 자리에 1999년에 나치즘 기억관記憶館이 설치되었으며, 2021년에는 그 옆에 큰 역사관歷史館이 건설되었다.

나치스정당이 '독수리 집Adlerhorst'이라고 부른 해발 1834m의 산정山頂에 '다방Teehaus'을 건설해서 히틀러에게 50살 생일 선물로 기증했다. 이 주위는 경치가 아주 좋고, 이 '다방'은 아직까지 파괴되지 않고 남아 있어 여름에 전 세계에서 여행객들이 많이 방문하고 있다. 저자도 가족과 같이 1984년에 베르히테스가덴 산속에 건설된 터널 입구까지 버스를 타고 가서, 급한 산정에 있는 '다방'까지 마지막 100m는 엘리베이터사진 14-22를 타고 올라갔다. 요즈음 켈슈타인하우스Kehlsteinhaus, 사진 14-23라고 불려지고 있는 이 '다방'에서는 멀리 오스트리아의 잘츠부르크와 알프스 산까지 볼 수 있으며, 주위의 파노라마panorama가 정말 장관壯觀이었다.

사진 14-22 제2차대전 때, 히틀러의 '다방'(요즈음 켈슈타인하우스라고 부름)으로 올라가는 베르히테스가덴 산속에 건설된 터널(왼쪽/중간)과 엘리베이터(오른쪽)

사진 14-23 여름에 많은 관광객이 방문하는 제2차대전 때 히틀러의 '다방'이라고 불린 켈슈타인하우스(해발 1,834m)를 가족과 같이 방문했다.

넥카강을 건너가는 옛날 다리(Alte Brücke)와 좌안의 하이델베르크 성

제15장 하이델베르크 여행

15.1 철학자의 길
15.2 하이델베르크 성
15.3 하이델베르크 대학교
15.4 하이델베르크의 구시가
15.5 하이델베르크의 넥카강

15.1 철학자의 길

저자가 1967년 유학생 시절에 하이델베르크Heidelberg를 지나가는 넥카Neckar강의 오른쪽 산에 있는 철학자의 길徒, Philosophenweg에 처음으로 올라가서 산책한 것이 어저께 같은데, 벌써 50여 년의 세월이 흐른 것을 재인식하게 되었다. 철학자의 길사진 15-1은 체코 프라하의 카를교량처럼 너무 붐비지 않아서, 조용하게 오솔길을 따라 산책하면서 아래쪽에 조용하게 흐르는 넥카강, 미국영화 '황태자의 첫사랑'Alt Heidelberg에 나오는 옛 다리Alte Brücke, 사진 15-2 그리고 왼쪽 언덕에 놓인 800년이나 된 고성古城 등을 보면서 자연환경을 마음껏 즐길 수 있었다. 철학자의 길은 옛날에 괴테, 헤겔, 야스퍼스 등 독일의 문학가/철학가/사상가들이 산책한 곳이다.

1967년 유학생 시절에 철학자의 길을 올라갔을 때 독일의 체펠린Zeppelin, 1838~1917년 백작이 1874년에 발명한 엽궐련같이 생긴 유명한 비행선飛行船, 사진 15-1이 하이델베르크 성의 상공에서 비행하면서 상품광고를 하고 있었는데, 지금까지 그림에서만 본 비행선을 그 당시에 처음으로 볼 수 있었다.

사진 15-1 넥카강의 우안에 있는 철학자의 길(徒)에서 건너다 본 좌안의 하이델베르크 성과 공중에 뜬 체펠린(Zeppelin) 비행선(1967년 촬영)

저자는 지금까지 친지들과 같이 모두 4번이나 철학자의 길에 올라갔다. 넥카강에서 오른쪽 산언덕으로 올라가려면 경사가 45° 이상이나 되는 백여 개의 계단階段을 걸어서 올라가야 하므로 젊을 때는 한번에 올라갔지만, 나이가 70살이 넘어 갔을 때에는 마지막 발걸음이 숨차서 도중에 몇 번이나 쉬어야만 했었다. 나이가 많은 방문객들이 넥카강변에서 급경사진 계단을 걸어서 철학자의 길로 올라가기가 힘들면, 좀 멀지만 Albert-Ueberle도로를 걸어서 편안하게 철학자의 길로 빙돌아 올라갈 수도 있다.

15.2 하이델베르크 성

빨간 사암砂巖으로 13세기에 건설한 아름다운 하이델베르크 성城은 17세기에 팔츠Pfalz왕위계승전쟁 때 프랑스의 루드비히 14세의 군대에 의해서, 그리고 18세기에는 벼락이 떨어져 심하게 파괴되었으며, 19세기 말에 성의 일부만 보수하고 나머지는 지금 폐허가 된 상태에 있다.

매년 3백여만 명의 여행객이 방문하는 하이델베르크인구 14만 명는 1996년에 설립 800주년을 기념했으며, 독일체신부에서 기념우표사진 15-2도 발행했다. 옛날에 하이델베르크를 기념하기 위해서 발행된 은전직경 40mm, 무게 25g, 사진 15-3과 금전직경 26mm, 무게 10~14g은 이제 모두 매진되었으나, 골동품骨董品상점에서 간혹 찾을 수가 있다.

사진 15-2 넥카강을 건너가는 옛날 다리(Alte Brücke)와 좌안의 하이델베르크 성(왼쪽)과 독일체신부가 1996년에 발행한 하이델베르크 설립 800주년 기념우표(오른쪽, 저자 소장)

사진 15-3 옛날에 발행된 하이델베르크를 기념하는 은전(직경 40mm, 무게 25g)의 전면과 후면

사진 15-4 하이델베르크 성의 입구 성문 벽에 서 있는 보초병(1996/2006년 촬영)

사진 15-5 하이델베르크 성(城)안에 있는 큰 나무술통(용량 22만 리터, 왼쪽) 안에 들은 포도주를 난쟁이(중간)가 하루저녁에 모두 마셨다고 하는 술통 앞에서 충북대학교 이효원 교수와 여동생과 함께(1996년)

하이델베르크에는 저자의 두 딸이 하이델베르크 대학교의 암연구소에서 생화학분야의 박사학위과정에 있을 때 10번 이상 갔었다. 그리고 해외에서 친지가 왔을 때, 하이델베르크 성城을 같이 4번 방문했다. 하이델베르크 성문 벽에 보초병 동상사진 15-4이 서 있는 입구를 지나서 내부로 들어가면 하이델베르크 성 안에는 옛날에 영주領主가 공물貢物로 받은 포도주를 저장하기 위해서 1750년에 제조한 큰 포도주술통사진 15-5이 있다. 술통용량이 221,726리터나 되어 독일에서 현재 남아 있는 제일 크고 또 오래된 나무술통이다. 이 하이델베르크의 술통보다 더 큰 작센Sachsen주의 쾨니히슈타인Königstein 포도주술통은 1725년에 제조되었으며, 이 술통 위에서 포도주를 마시면서 즐겁게 춤을 출 수 있을 정도로 술통이 크고 폭이 넓었다고 한다. 이 술통은 제2차대전 때 폭격으로 완전히 파괴/소실되었다고 한다.

매스컴에서는 fake[페이크]라고 부르는 거짓말뉴스가 가끔 있었지만, 옛날 사람들은 과장된 전설을 후세들에게 즐겨 전파한 것으로 보인다. 옛날에 하이델베르크 성안에서 익살 광대로 행사하면서 포도주 술통을 지키고 있었던 난쟁이[이름: 페르케오, 사진 15-5]가 하룻밤 사이에 술통[높이 7m, 길이 8.5m, 술용량 22만 리터]에 들은 포도주를 혼자 모두 마셨다는 과장된 전설도 있다.

옛날 사람들은 술을 많이 마신 것으로 널리 알려지고 있다. 그 당시 대학생들이 포도주를 과음한 사례를 책에서 읽어 보면, 프랑스의 스트라스부르[Strasbourg] 대학교에서 16세기에 창립된 소뿔 주우회[酒友會]에서는 입회조건에 따라 4리터짜리 소뿔 포도주잔에 담은 포도주를 대학생의 은어[隱語, Jargon]로 'Ex'[한꺼번]에 마실 수 있는 대학생만 회원이 될 수 있었다[사진 15-13 참조]. 이렇게 매일 술을 많이 마셔서, 그 당시 주우회 회원들의 수명이 30세를 넘지 못했다고 한다.

사진 15-6 하이델베르크 성 내부에 있었던 중세기의 약방과 제약도구는 요즈음 박물관으로 개조(改造)되어 있다.

하이델베르크 성[城] 안에는 18~19세기에 각종 약과 제약도구가 비치된 약방이 있었으며, 이 시설은 요즈음 박물관[사진 15-6]으로 개조해서 중세기에 사용한 각종 약 종류와 제약도구가 전시되어 있다. 아시아, 아프리카, 오세아니아에서 사용했던 각종 약도 여기에 전시되어 있다. 특이한 시설로 중세기에 사용한 수세식[水洗式]이 아닌 간이 변소[便所, 사진 15-7]는 외부에서만 볼 수 있었다.

사진 15-7 하이델베르크 성의 2층에 설치된 수세식(水洗式)이 아닌 중세기의 간이 변소(便所)의 외부 광경(왼쪽)과 변소 도면(오른쪽)

사진 15-8 하이델베르크 성의 내부 모습(왼쪽)과 한국 충북대학교에서 독일을 방문한 이효원 교수 부부와 같이 가이드의 설명을 들으면서(1996년)

사진 15-9 하이델베르크 성 내부에 설치된 성의 모형 앞에서 가이드의 설명을 듣고 있는 독일/외국 방문객들(1992년)

하이델베르크 성의 내부사진 15-8를 구경하고, 성城 모형 앞에서 가이드의 설명사진 15-9을 들은 후, 방문이 끝나면 독일/외국 방문객들과 함께 기념촬영한 사진을 한 장씩 받았다. 저자는 하이델베르크 성을 방문할 때마다 찍은 기념사진 4매를 갖고 있으며, 그 가운데서 1971년과 1996년에 찍은 사진을 아래에 간추려 보았다.

사진 15-10 하이델베르크 성을 방문한 후, 독일/외국여행자들과 함께 찍은 기념촬영(왼쪽, 1971년) (오른쪽, 1996년, 한국 충북대학교의 이효원 교수 부부와 아내와 함께)

15.3 하이델베르크 대학교

하이델베르크는 독일에서 가장 오래된 하이델베르크 대학교[1386년 설립], 독일연방암연구소 Deutsches Krebsforschungszentrum 그리고 5개의 유명한 막스 플랑크[Max-Planck] 연구소가 있어 학문의 전당[殿堂]으로 전 세계에 널리 알려져 있다. 참고로 14~16세기에 독일에 설립된 제일 오래된 인문/자연과학대학교는 표 15-1과 같다.

표 15-1 독일에서 14~16세기에 설립된 제일 오래된 인문/자연과학대학교

번호	인문/자연과학대학교(#) 이름	설립년도	학생수
1	하이델베르크	1386	30,000
2	쾰른	1388	46,000
4	에르푸르트(+)	1392	6,000
4	뷔르츠부르크	1402	19,000
5	라이프치히(+)	1409	27,000
6	로스톡(+)	1419	15,000
7	그라이프스발트(+)	1456	10,000
8	프라이부르크	1457	21,000
9	뮌헨	1472	45,000
10	트리어	1473	14,000
11	마인츠	1477	35,000
12	튀빙겐	1477	25,000
13	마르부르크	1527	19,000

설명: (#) = 독일에서 제일 오래된 공과대학교는 표 2-1 참조
(+) = 1945~1999년에 동독(東獨)

하이델베르크의 역사와 통계를 보면 16세기에 하이델베르크의 인구는 3천~4천 명 정도였으며, 대학생수는 도시인구의 6%인 약 220명이었다. 1850년에는 27명의 교수, 37명의 부교수/조교수, 학생수는 520명 정도였다. 1919년에는 56명의 석좌교수, 107명의 부교수/조교수, 학생수는 3,400명이었다. 교수 1명이 약 20명의 대학생을 지도하므로 면학[勉學] 할 수 있는 천국이라고 하겠다.

사진 15-11 하이델베르크 대학교의 옛날 대학건물(왼쪽, 1735년 건설)과 철학자 카를 야스퍼스 교수가 강의하고 각종 행사가 거행된 대학교 대강당(오른쪽)

사진 15-12 하이델베르크 대학박물관(왼쪽)과 대학교 광장에 세워진 지구의(地球儀)와 왕홀(王笏)을 들고 있는 사자 동상(오른쪽)

하이델베르크 대학교는 요즈음도 문학, 철학은 물론 의학, 생화학 등 자연과학분야에서도 전 세계에 널리 알려져 있다. 현재 대학생수는 약 3만 명으로 도시인구의 20% 정도이다.

초창기에 Domus Wilhelmiana라고 불린 구[舊]대학[Alte Universität]건물은 1712~1735년에 바로크식으로 건설되었다[사진 15-11]. 대학교 광장[Universitätsplatz]에는 선제후[選帝侯, Kurfürst]의 사자가 도이취 제왕의 권력의 상징이었던 지구의[地球儀, Reichsapfel]와 왕홀[王笏, Zepter]를 들고 있다[사진 15-12]. 대학교 도서관 건물은 1901~1905년에 건설되었으며, 대학교의 학생수가 점차 증가함에 따라 1930년대부터 교외에 큰 강의실과 연구소 등을 신축한 신[新]대학[Neue Universität]건물이 필요했다.

사진 15-13 하이델베르크 대학교의 학생 조합에서 19세기에 회원들이 모여 한담하면서 4ℓ짜리 소뿔 포도주잔으로 과음하고 있는 광경(Bucher, 2000)

하이델베르크 대학교의 평의원회가 1856년부터 대학생 조합Burschenschaft, Korporation을 허용했다. 이 조합의 대학생들은 제모制帽, Burshen-Hut를 쓰고, 시내에 있는 단골 주점酒店에 자주 모여서 친목을 도모했다. 19세기의 하이델베르크 대학생 조합의 모임사진 15-13을 보면, 4리터liter짜리 소뿔 포도주잔으로 과음하고 있는 광경을 볼 수 있다.

독일에서 대학생 조합의 회원들은 용감성을 과시하기 위해서 2인이 날카로운 펜싱 칼fencing로 결투했으며, 상대방의 얼굴에 먼저 상처사진 15-14를 입힐 때 승리한 것으로 판단되었다. 하이델베르크에 있는 히르시가세Hirschgasse, 현재 고급호텔는 독일에서 제일 오래된 대학생들의 펜싱결투장이었다고 한다. 저자가 1964년에 독일에 유학왔을 때, 옛날에 대학생시절에 펜싱 결투를 해서 얼굴에 상처를 입은 대학졸업자들을 길거리에서 자주 볼 수 있었다.

대학생들 간의 펜싱결투Mensur 때 부상자들이 자주 생겨서 1914년까지 재판권을 소지한 대학교의 평의원회에서는 이 펜싱을 금지했다. 심사관이 주기적으로 시내에 감찰監察하러 나가서 대학교의 규율을 위반해서 펜싱을 하고 있는 대학생들을 목격하면, 즉시 체포해서 대학생 감금실監禁室, Studentenkarzer에 구속했다고 한다. 그리고 대학교에서 교수의 강의를 방해하거나, 학교규칙을 어기고, 주정뱅이로 싸우기를 좋아

사진 15-14 하이델베르크 대학교의 학생 조합 회원들이 19세기에 펜싱 결투를 준비하고 있는 광경(Bucher, 2000)과 젊을 때, 펜싱 결투에서 부상을 당한 얼굴(Carol Reed, 2000)

하는 대학생들도 이 감금실에 며칠간 감금해서 외출을 금지시켜 술을 퍼먹지 못하도록 처벌했다. 감금실은 2층/3층에 여러 개 있으며, 각 감금실에는 딱딱한 침대 1개, 나무 책상과 걸상이 하나씩 비치되어 있었다. 구속기간은 보통 2~3일간, 어떤 대학생은 재학시절에 몇 번이나 구속되었으며 이런 재범자再犯者에게는 구속기간이 1~3주까지 연장되었다고 한다.

저자는 1712~1914년까지 200여 년 동안 운영된 이 감금실에 들어가서 상세히 구경했다. 구속기간 동안에 식사로는 물과 빵만 주어서 배가 고픈 대학생들이 자신의 신세身世를 한탄하면서, 각종 그림과 비방문誹謗文을 감금실의 벽에 낙서落書, graffiti, 사진 15-15한 것을 흥미있게 읽었다. 구금된 대학생들이 이 감금실의 벽에 자기이름을 적고 그 당시의 기분/불평을 후세에 영원히 남겨두기 위해서 제명題名, Inschrift한 것을 많이 볼 수 있었다. 벽에 낙서한 내용 가운데서, '3주간 1류호텔 체류', '방금 의사개업'이란 낙서도 보였다. 하이델베르크 시내에 있는 예수회 수도원Jesuitenkloster 성당사진 15-16 옆에 있는 이 대학생 감금실은 요즈음 해외에서 오는 여행객들이 즐겨 들리는 하이델베르크의 관광명소觀光名所가 되었다.

사진 15-15 하이델베르크 대학교의 규율을 위반한 학생들이 대학생 감금실(監禁室, Karzer)에 구속되었을 때, 감금실 벽에 그린 그림과 낙서한 비방문(誹謗文)

사진 15-16 하이델베르크 대학교의 대학생 감금실은 예수회 수도원 성당(18세기 건설) 옆에 있다.

하이델베르크 대학교의 학생조합 출신 가운데에는 독일제국의 쿠노cuno수상, 그리스 왕 콘스탄틴 1세, 독일작곡가 로베르트 슈만 등 유명한 정치인, 음악가, 서정시인抒情詩人, 역사가들이 많이 있었다. 그리고 하이델베르크 대학교의 교수 가운데서 세계적으로 유명한 철학자, 신학자, 법학가, 의학자, 화학자가 배출輩出되었으며, 그 가운데서 지금까지 13명이 노벨상을 받았다고 한다. 예컨대, 독일의 유명한 철학자인 칼 야스퍼스 교수가 강의를 했을 때, 전통적인 대학강당Alte Aula, 사진 15-11이 초만원이였으며, 여기서 요즈음 자주 콘서트가 개최되고 있다.

15.4 하이델베르크의 구시가

하이델베르크의 구시가舊市街에는 15~18세기에 설립되어 이제 3~4백 년이나 된 오래된 음식점과 주점이 많이 남아 있다. 17세기에 팔츠Pfalz왕위계승전쟁 때 프랑스의 루드비히 14세의 군대가 하이델베르크 성과 구시가를 크게 파괴했을 때, 중앙도로Hauptstrasse에 있는 zum Ritter건물1592년 설립은 유일하게 남은 민가民家였다. 이 건물은 호텔/음식점사진 15-17으로 지금까지 영업하고 있다. 그 외에 중앙도로에는 17세기에 설립된 Weisses Rössel사진 15-18, 18세기에 설립된 zum Seppl과 zum Roten Ochsen 등 오래된 음식점도 있다.

사진 15-17 하이델베르크의 중앙도로에 있는 1592년에 설립된 리터 호텔(왼쪽)과 옛날 대학생주점을 현대식으로 개조(改造)한 레스토랑에서(오른쪽, 2001년 촬영)

사진 15-18 하이델베르크의 중앙도로에 있는 Weisses Rössel 음식점(17세기 설립)에서(2022년 촬영)

이 Seppl과 Roten Ochsen은 옛날부터 널리 알려진 대학생들의 주점사진 15-19으로 요즈음도 향수에 젖은 옛날 대학생들이 동창들과 또는 가족들과 같이 찾아와서 술을 마시면서 옛날 이야기를 나누곤 한다. Seppl음식점에 가면 옛날 대학생 조합의 학생예복을 입고 색이 진한 모자를 쓴 대학생들을 가끔 만날 수 있어 외국여행객들이 구경할 겸 술을 마시기 위해서 많이 들린다. 저자도 친지들과 같이 하이델베르크에 갈 때마다 이런 오래된 대학생 음식점에서 밤늦게까지 저녁식사를 했다.

사진 15-19 하이델베르크의 중앙도로에 있는 18세기에 설립된 Seppl음식점(왼쪽)과 Roten Ochsen음식점(중간)과 한국에서 방문한 여동생과 같이 하이델베르크의 음식점에서(오른쪽, 2006년 촬영)

사진 15-20 하이델베르크의 시장광장에 있는 1441년에 건설된 성령(聖靈, Heiliggeist)교회는 종교개혁 후 200여 년 동안 종교투쟁으로 교회의 중간에 벽을 쌓아서 절반은 성당, 다른 절반은 예배당으로 사용되어 유명했다.

하이델베르크의 시장市場광장에 있는 성령聖靈, Heiliggeist교회사진 15-20는 1398년에 착공, 1441년에 완공되었으며, 선제후選帝侯들이 이 성당의 제단祭壇 옆에 매장되었다. 이 성당은 종교개혁 후 200여 년 동안 종교투쟁으로 교회 내부의 중간에 벽을 쌓아서 절반은 성당, 다른 절반은 예배당으로 사용해서 유명해졌으며, 나치스시절에 1936년에 이 벽을 제거한 후 완전히 예배당으로 바뀌었다.

시장광장은 대단히 크며, 하이델베르크의 근교近郊에서 친환경적으로 재배/수확한 농산물을 농부들이 주말에 갖고 와서 판매하느라 대단히 분주해진다. 이 시장광장사진 15-21에서는 앞 산에 세워진 하이델베르크 성城도 바라볼 수 있다.

사진 15-21 하이델베르크의 시장(市場)광장에서 본 산 위에 있는 성(城)(왼쪽)과 넥카강의 우안(右岸)에서 본 성 모습(오른쪽)

사진 15-22 중세기(14세기)에 건설된 높이가 34m인 성탑은 요술을 부리는 마녀(魔女)를 자주 감금했으므로 마녀 탑(Hexenturm)이라고 불렸다.

중세기에 독일의 여러 도시와 마을에 건설된 성탑에는 요술을 부려 민심을 교란시킨 마녀魔女들을 구금하는 풍습이 있었다. 예컨대, 14세기에 하이델베르크에는 도시를 둘러쌓은 성벽과 망루望樓로 사용하기 위해 높이가 34m인 성탑이 건설되었다. 이 탑에는 요술을 부리는 마녀魔女를 자주 감금했으므로, 마녀 탑Hexenturm, 사진 15-22이라고 불렸다. 그 후 15세기에는 도둑을 구금拘禁하는 형무소로 병용되었다.

15.5 하이델베르크의 넥카강

하이델베르크의 넥카강에 건설된 옛날 나무다리는 지난 수백 년 동안에 일어난 홍수와 화재, 겨울에는 얼음이 부딪쳐 여러 번 부서졌다. 그래서 1786~1788년에 단단한 돌 다리石橋, 사진 15-23

가 건설되어 이제 2백여 년이나 되었다. 하이델베르크의 옛날 판화[사진 15-24]를 보면, 성[城]과 옛 다리[Alte Brücke]가 그동안 거의 변하지 않은 모습을 보여주고 있다.

하이델베르크 성에서 내려다 보면 구시가, 넥카강에 있는 옛 다리와 우안 언덕에 있는 철학자의 길[徒]이 보인다[사진 15-25]. 하이델베르크를 흐르는 넥카강에는 1921년에 운하시설[사진 15-26]이 착공되었으나 제2차대전 후인 1968년에 완공되었으며, 그 후 1980년대에 발전소 시설이 연결되었다.

사진 15-23 미국영화 '황태자의 첫사랑'에 나오는 하이델베르크의 옛 다리(Alte Brücke, 왼쪽)와 교각에 기록된 지난 200여 년 동안 넥카강에 진 홍수위의 높이(오른쪽)

사진 15-24 하이델베르크의 성(城)과 넥카강을 건너가는 옛 다리의 판화

사진 15-25 하이델베르크 성에서 내려다 본 넥카강에 설치된 운하시설

사진 15-26 넥카강변에서 본 하이델베르크의 옛 다리(왼쪽)와 운하의 갑문시설(오른쪽)

슈파이어 성벽의 서대문(西大門)

제16장 다름슈타트-슈투트가르트 여행

16.1 다름슈타트

프랑크푸르트에서 고속도로를 따라 남쪽으로 가면 약 35km 떨어진 곳에 다름슈타트인구 14만 명가 있다. 저자는 1970년대 중반에 다름슈타트Darmstadt 공과대학교사진 16-1에서 연구원으로 근무할 때 독일 연구위원회DFG, Deutsche Forschungsgemeinschaft의 연구비를 받고 댐의 수치 해석數值解析과 댐재료시험에 종사한 바 있다.

독일의 뮌헨에서 1890~1910년까지 20년의 짧은 기간에 표현주의 전파前派라고 하는 유겐트Jugend 식 예술이 일어났을 때 건축가, 미술가, 조각가, 예술가들이 다름슈타트의 마틸데 언덕Mathildenhöhe에 군집群集해서 거주하면서 다섯손가락 탑일명 결혼식 탑이라고 부름, 사진 16-2, 러시아정교 교회사진 16-3, 각종 건물과 조각품, 공원 등을 아름답게 창조創造했었다. 이 건축물/조각품들은 19세기 말에 현대미술/건축으로 변천하는 20년의 짧은 과도기에 일어난 예술/건축 풍조風潮여서 2021년에 유네스코에서 문화기념물로 인정했다.

사진 16-1 저자가 1970년대에 연구원으로 근무한 독일의 다름슈타트 공과대학교를 15년 후에 가족과 같이 방문 (왼쪽, 1991년; 오른쪽, 2021년 촬영)

사진 16-2 다름슈타트 공과대학교의 연구원시절에 저자의 아파트에서 바라본 다섯손가락 탑(왼쪽, 1977년)과 유네스코가 문화기념물로 인정한 1890~1910년대의 유겐트식 건축물(오른쪽, 2021년 촬영)

사진 16-3 유네스코의 문화기념물로 인정된 독일 다름슈타트의 마틸데 언덕에 있는 러시아정교 교회의 외부와 내부 모습(2021년 촬영)

16.2 바드 뒤르크하임

다름슈타트에서 60km 떨어진 하이델베르크를 지나서 라인강을 따라 남쪽으로 여행할 때, 루터가 1521년에 황제와 로마교황의 사절이 참석한 좌석에서 자기의 95개 논제제20장 참조를 취소하는 것을 거절했기 때문에 루터를 국외로 추방하는 황제의 칙유勅諭가 선포된 보름스Worms 대성당을 지나서, 독일포도주 가도Deutsche Weinstrasse, 사진 16-4에 있는 바드 뒤르크하임Bad Dürkheim에 갔다.

사진 16-4 독일에서 유명한 포도주 산지를 따라 가는 독일 포도주 가도(街道)에 설치된 표시판

하이델베르크에서 50km 떨어진 바드 뒤르크하임은 석회석에서 풍화한 흙이 깔려 포도가 잘 자라는 포도주 산지이다. 이 도시에서 가을에 일주일 동안 전 세계에서 제일 큰 뒤르크하임 소시지시장市場, Dürkheimer Wurstmarkt과 포도주 축제가 개최된다. 통계에 따르면 이 축제는 4만5천m^2의 넓은 장소에 50여만 명의 방문객이 몰려들어 일주일 동안에 평균 25만 리터의 포도주를 마시고, 20만kg의 소시지를 소비하는 아주 큰 술잔치이며, 매년 뮌헨에서 개최되는 맥주축제Oktoberfest와 같이 유명하다. 여기 팔츠Pfalz에서는 옛날 독일 콜 수상이 즐겨했던 유명한 사우마겐Saumagen도 시식할 수 있다. 이 음식은 돼지고기, 감자와 조미료를 위장 안에 넣어서 삶은 후 얇은 조각으로 잘라 프라이팬에 따끈하게 구어서 먹는다. 저자도 이 사우마겐을 대단히 좋아하므로 팔츠지방에 갈 때마다 전통적인 음식점사진 16-5에서 팔츠 포도주와 같이 자주 시식試食했다.

전 세계에서 제일 큰 바드 뒤르크하임의 포도주축제는 코비드-19 전염병 때문에 2020년과 2021년 9월달에 개최되지 않았다.

바드 뒤르크하임에서 북쪽으로 5km 떨어진 팔츠 포도주 가도에 놓인 칼슈타트Kallstadt, 사진 16-5에는 2002년에 가서 맛이 좋은 적포도주를 마시면서 이 지방의 명물名物인 사우마겐을 즐긴 적이 있었다. 그 후에 미국 트럼프 대통령이 2016년에 당선되었을 때 이 조그마한 마을에서 출생한 트럼프대통령의 선조들이 19세기에 미국으로 이민을 간 것을 알게 되었다.

사진 16-5 독일에서 옛날에 사용한 큰 포도주 술통을 개조해서 만든 전통적인 음식점(왼쪽)과 팔츠 포도주산지에 있는 칼슈타트(미국 트럼프대통령 선조의 출생지) 포도주 음식점에서(오른쪽, 2002년 촬영)

사진 16-6 독일의 다이데스하임에 있는 '검정 닭' 레스토랑에서 친지들과 같이 저자의 70살 생일을 축하하는 피로연에서

바드 뒤르크하임의 외곽도시인 다이데스하임Deidesheim은 팔츠 포도주 산지에 놓여 있으며, 도시의 중심가에는 골격건물이 많고 '검정 닭'Schwarzer Hahn이란 유명한 레스토랑이 있다. 독일의 콜 수상首相은 옛날에 외국에서 왕, 대통령, 수상 등 귀빈이 독일을 방문했을 때 자기 집 근처의 이 음식점에 초청해서 자주 같이 식사를 했다. 이 회식에는 콜 수상이 좋아했던 사우마겐Saumagen이 항상 나왔으나, 영국의 대처Thatcher 수상은 이 음식을 시식하지 않았다고 한다. 저자는 70살 생일 때 친지를 다이데스하임에 있는 이 미식美食 레스토랑사진 16-6에 초청해서 같이 저녁식사를 한 적이 있다.

사진 16-7 독일에서 19세기에 사용한 300리터짜리 표준 포도주 술통(왼쪽)과 포도주 술통을 만들기 위해서 참나무를 장기간 건조시키고 있는 광경(오른쪽)

사진 16-8 양식(養殖)시킨 포도주를 150~600리터짜리 참나무 술통에 담아서 술통째로 팔고 있는 포도주 양조장의 표지판

독일포도주 가도에서는 요즈음도 오랫동안 참나무[사진 16-7]를 건조시켜, 크고 작은 포도주 술통을 만들어 포도주를 양식시키고 있는 것을 볼 수 있다. 옛날에 제조한 큰 포도주 술통이 이제 냄새가 나서 더 이상 사용할 수 없을 때에는 이를 개조해서 포도주와 음식을 파는 주점을 만든 사례[사진 16-5]도 많다. 오래된 작은 포도주 술통은 포도주 산지의 장식용으로 정원과 길거리에 설치한 사례[사진 16-7]도 있다.

독일포도주 가도를 따라 여행하면, 양식[養殖]시킨 포도주를 150~600리터짜리 참나무 술통에 담아서 술통째[사진 16-8]로 팔고 있는 포도주 양조장도 보였다.

16.3 슈파이어

바드 뒤르크하임에서 남쪽으로 40km 떨어진 슈파이어Speyer, 인구 5만 명는 2천 년 전에 설립된 독일에서 제일 오래된 도시의 하나이다. 이 도시는 13세기에 독일의 황제도시로 승급되어 1570년까지 제국의회가 50여 회 개최되었다. 슈파이어에 1025년에 엷은 황회색黃灰色과 적색赤色의 사암砂巖을 사용해서 로마네스크식으로 착공한 대성당은 길이가 134m, 폭이 55m, 교회내부의 높이가 30m로 그 당시 세계의 기적이라고 부를 정도로 큰 대성당사진 16-9이 었으며, 공사가 80여 년이나 걸려 1106년에 완공되었다. 이 성당의 지하실에는 4명의 프랑켄 황제와 4명의 독일 왕王의 묘가 안치安置되어 있다.

프랑크푸르트에서 슈파이어까지 거리는 110km로서 자동차로 약 1시간 걸린다. 호화찬란했던 슈파이어는 17세기의 왕위계승전쟁 때 프랑스의 루드비히 1세 군대가 대부분 파괴해서 대성당만 건설한 상태로 남게 되었다. 이 대성당은 1981년에 유네스코의 세계문화유산으로 인정되었다.

사진 16-9 서기 1106년에 건설된 슈파이어 대성당(왼쪽)과 1990년에 슈파이어의 설립 2천주년을 기념하는 독일우표(저자 소장)

사진 16-10 슈파이어 성벽의 서대문(西大門)은 13세기에, 상층의 행랑(行廊)은 16세기에 건설되었으며 탑에 붙은 시계(오른쪽)는 18세기에 설치되었다.

사진 16-11 독일에서 미터제도가 도입되기 전 19세기 초까지 사용한 슈파이어의 측도(測度)용 신발(1개 신발=약 28cm)

슈파이어는 옛날에 완전히 성벽으로 둘러싸여 있었으나, 이 성벽은 대부분 파괴되어 이제 13세기에 건설된 서대문西大門, 사진 16-10만 남아 있다. 이 대문탑의 상층 행랑行廊은 16세기에 건설되었으며, 탑에 붙은 시계는 18세기에 설치되었다.

서대문의 벽에 붙어 있는 슈파이어의 측도測度용 '신발'Speyerer Schuh, 사진 16-11은 독일에서 미터제도가 도입되기 전 19세기 초까지 길이를 측정할 때 사용되었다. 그 당시 슈파이어 신발은 약 28cm였다.

중세기에 독일의 황제도시인 슈파이어에서 약 2,000km 떨어진 스페인의 산티아고 데 콤포스텔라Santiago de Compostela까지 장거리를 수개월 동안 맨발로 걸어서 또는 마차를 타고 야코보 성지순례지를 많이 다녔다. 이 성지聖地 순례자를 기념하기 위해서 슈파이어의 중심가에 동상사진 16-12이 세워져 있다.

사진 16-12 중세기에 독일의 슈파이어에서 약 2천km 떨어진 스페인의 산티아고 데 콤포스텔라까지 걸어서 야코보 성지순례지를 다녔다.

그 외 슈파이어의 명물은 이 도시의 포도주 박물관에 로마제국 때 생산한 세계에서 제일 오래된 포도주가 들어 있는 로마포도주병이 소장되어 있다. 이 로마포도주병은 서기 3세기 로마시절에 사망한 포도주 애호가의 석관石棺에 넣어둔 예물禮物이었다고 한다.

독일제국의 중앙은행에서는 1914~1923년의 경제공항기에 물가와 임금이 폭등하고 화폐의 금액이 폭락해서 1923년에는 매월 고액의 지폐를 발행했으나, 물가상승에 맞추어 필요한 지폐를 모두 발행해서 전국에 배달할 수가 없었다. 그 결과 독일의 각 도시에서는 도시/마을 안에서 사용할 수 있는 긴급대용화폐Notgeld를 인쇄했다. 슈파이어에서는 1923년 8월 달에 공무원과 노동자들에게 봉급을 지불하기 위해서 1천만 마르크짜리 고액 대용화폐그림 16-1까지 발행했다. 귀한 지폐를 슈파이어에서 발견해서 수집하기 위해서 1매 구입했다.

그림 16-1 독일제국의 경제공항기에 슈파이어에서 1923년 8월 달에 공무원과 노동자들에게 봉급을 지불하기 위해서 발행한 1천만 마르크짜리 대용화폐의 전후면(前後面)(저자 소장)

16.4 마울브론 수도원

독일에서 12세기에 설립된 가톨릭교회의 주요한 시토수도원Zisterzienserkloster 가운데서

- 살렘 수도원1134년 설립은 1804년에 폐쇄되어 현재 일부는 교회, 박물관 그리고 학교로 사용
- 마울브론 수도원1138년 설립은 종교개혁으로 1557년에 폐쇄되어 현재 기독교신학교로 사용
- 오터베르크 수도원1145년 설립은 종교개혁으로 1560년에 폐쇄되어 현재 기독교와 가톨릭 교회로 사용
- 베벤하우젠 수도원1190년 설립은 종교개혁으로 1560년에 폐쇄되어 현재 박물관으로 사용하고 있다.

1993년에 유네스코가 세계문화유산으로 인정한 마울브론Maulbronn의 시토수도원사진 16-13 교회는 서기 1138~1147년에 주위의 사암채석장에서 채취한 사암砂巖을 건설재료로 사용해서 시토수도원의 규칙에 따라 튼튼하고 검소하게 로마네스크 식으로 건설되었다. 이 수도원은 슈투트가르트에서 서북쪽으로 40km, 슈파이어에서 동남쪽으로 70km, 프랑크푸르트에서 남쪽으로 약 140km 떨어져 있다. 저자는 이 수도원의 역사에 관심을 갖고 1983년~2022년까지 여러 번 방문했다.

사진 16-13 서기 1147년에 건설되어 1993년에 유네스코의 세계문화유산으로 인정된 마울브론의 시토수도원에서(1988년/2022년 촬영)

시토수도원이 생긴 역사를 간략하게 보면, 서기 1098년에 프랑스의 시토Citeaux에 설립된 개혁분도수도회Der Benediktinische Reformorden는 베른하르드 폰 클래르보Bernhard von Clairvaux, 1090~1153의 원장시절에 크게 확장되었다. 이 수도원은 중세기에 주로 프랑스와 독일에 집중되었으며, 북부유럽의 아일랜드에서 중동中東의 시리아까지 넓은 지역에 모두 742개의 시토수도원이 세워졌다. 이 시토수도회의 수사修士들은 검소하고, 엄격한 생활을 했으며 교회의 전례典禮를 간이화했다. 교회에는 호화찬란한 천연색 창문이 없고, 장식이 없이 검소하게 건설했으며, 공사비가 많이 소요되는 높은 종탑 대신에 단지 용마루의 소루小樓, Dachreiter만 허용했다. 비싼 건설재료를 사용하지 않았으며, 건물은 튼튼하고 검소하지만, 깨끗하게 건축미에 특히 유의해서 지었다.

16세기에 종교개혁 후, 마울브론의 시토수도원은 기독교교회로 바뀌졌으며, 1557년에는 기숙사가 있는 고등학교사진 16-14가 설립되었다. 이 기숙학교Internat, boarding school에서 1946년에 노벨문학상을 받은 독일의 시인/소설가 헤세Hesse, 1877~1962가 공부했으며, 그의 저서 'Unterm Rad'1905년에서 이 학교에서 받은 엄격한 교육과 체험한 경험을 묘사하고 있다. 그리고 헤세는 그의 소설 'Narziss und Goldmund'에서도 마울브론의 시토수도원의 엄격한 교육방법을 다루고 있다.

사진 16-14 종교개혁 후 1557년에 마울브론의 시토수도원에 설립된 유명한 기숙학교에서 독일의 시인/소설가 헤세(1877~1962)가 공부했다.

마울브론의 시토수도원에서 생긴 2개의 에피소드를 보면,

이 수도원의 수사들이 봉재 때 통닭 한 마리를 선물 받았다. 봉재 때 금요일은 육류의 시식이 엄격하게 검지되었으므로 이를 회피하기 위해서 통닭을 작게 자른 후 채소를 많이 넣어 육류를 거의 찾아볼 수 없는 만두요리를 만들어서 수도원의 전체 수사들이 꿀맛같이 먹었다고 한다. 이를 계기로 해서 만두요리를 '마울 주머니Maultasche'라고 부르며, 독일에서 바덴뷔르텐베르크 지방의 명물이 되었다.

시토수사들은 서기 850년경에 마울브론 수도원 옆 언덕사진 16-15에 포도를 제배/수확해서 포도주를 담았다. 가톨릭교회에서 봉재 때에는 오전중에 금식禁食을 했다. 그러나 포도주는 음료수이므로 술잔으로 마시지는 못하나, 손가락을 하나씩 술잔에 담겨 손가락을 빨아 먹는 것은 허용되었다. 그래서 한 수사修士가 10개 대신에 '11개의 손가락'이 있었으면 하고 소원했다고 한다.

사진 16-15 마울브론의 시토수사들이 포도주를 담기 위해 서기 850년경에 수도원 옆 언덕에 포도를 재배해서 이제 1천 년 이상 된 옛날 포도밭 광경(2022년 촬영)

사진 16-16 마울브론 수도원을 둘러싼 두꺼운 성벽

사진 16-17 마울브론 수도원의 입구에 있는 수위실과 숙소

사진 16-18 마울브론 수도원의 현관(왼쪽)과 옛날에 수사들이 머리의 중앙부를 삭발한 팔각형 우물 집(중간)과 안뜰을 둘러 싼 회랑(廻廊)(오른쪽)

마울브론 수도원의 두꺼운 성벽사진 16-16과 입구사진 16-17를 통과해서 넓은 수도원 마당에 들어가면, 12세기에 건설된 튼튼하고 검소한 로마네스크식 교회사진 16-13가 앞에 보였다. 수도원 안에는 수도원장/방문객 숙소사진 16-19, 수사들의 숙소Dorment와 식당Refektorium, 옛날에 수사들이 머리의 중앙부를 삭발한 팔각형 우물 집과 안뜰을 둘러싼 회랑廻廊, 사진 16-18, 과일/포도주저장고, 가축사료저장고, 고등학교 기숙사사진 16-20 등이 건설되어 있고, 각종 농장과 가축사육장Schafshof이 있어 모든 것이 잘 구비된 조그마한 마을을 형성하고 있었다. 저자는 관심을 갖고 이 건물들을 상세하게 구경했다.

수도원 마당에 1648년의 붸스트파렌 평화조약체결을 기념하기 위해서 심은 보리수菩提樹, 사진 16-19는 이제 350여 년이나 되었다.

독일은 겨울이 대단히 추워서 난방이 되지 않은 방에서는 생활하기가 어렵지만, 시토수도원에는 전혀 난방장치가 되어 있지 않았다. 단지 마울브론 수도원에서 새벽 일찍 일어나서 미사를 드리는 신부들의 숙소사진 16-21에만 1210년에 벽난로壁煖爐가 설치되어 약한 난방煖房이 되어 있었다고 한다.

사진 16-19 마울브론 수도원 내에 있는 수도원 원장과 방문객 숙소(왼쪽)와 1648년의 붸스트파렌 평화조약체결을 기념하기 위해서 수도원 마당에 심은 보리수(菩提樹)(오른쪽)

사진 16-20 수사들이 농장에서 수확한 각종 과일, 담은 포도주와 가축사료를 보관하는 저장고(왼쪽)와 고등학교의 기숙사(오른쪽)

사진 16-21 새벽 일찍 일어나서 마울브론 수도원의 성당(오른쪽)에서 미사를 드리는 신부들의 숙소에만 벽난로(壁煖爐)가 설치되어 약한 난방(煖房)이 된 유일한 집(왼쪽)

사진 16-22 가톨릭교회에서 육류(肉類)가 금지된 봉재 때 잉어 등 물고기를 사육해서 먹기 위해서 12세기에 수도원 옆에 굴착한 연못

그림 16-2 수도원에서 수사(修士)가 성경책을 철필(鐵筆)로 복사하고 있는 광경 (Belser 출판사, 2004)

가톨릭교회에서 육류肉類가 금지된 봉재 때, 육류를 대신하기 위해서 12세기에 수도원 옆에 큰 연못을 굴착해서 잉어 등 물고기를 사육했다. 요즈음도 이 연못에서는 잉어를 키우고 있다. 그리고 수도원에서는 작은 실개천을 저수해서 약 3~5m의 수위 차이를 이용해서 10~20kW 정도의 소수력발전소를 가동해서 수도원에서 필요한 전력을 자급자족自給自足했으며, 물레방아를 돌려서 곡물을 찧고, 철공소鐵工所에서는 옛날에 농장에서 필요한 각종 쇠도구를 제조했다.

옛날에 마인츠에서 구텐베르크가 인쇄기술사진 9-3 참조을 발명하기 전에는 성경책을 대부분 수도원에서 수사修士들이 철필鐵筆로 복사판을 만들었다. 성경책을 복사하는 광경을 영국 캠브리지 대학교 트리니티 대학도서관에 소장된 Edwinus의 시편詩篇, Psalter에 그려진 그림 16-2Belser, 2004에서 볼 수 있다.

마울브론은 조용한 작은 마을인구 6천 명로서 2백~3백년 전에 아름답게 지은 목골木骨, Fachwerkhaus, half-timbered house가옥사진 16-23이 많아서 전체 마을이 보기가 아주 좋았다.

사진 16-23 조그만한 마울브론 마을(인구 6천 명)에 2~3백여 년 전에 아름답게 지은 목골(木骨)가옥(1988년/2022년 촬영)

16.5 마르바흐

슈투트가르트에서 북쪽으로 약 40km 떨어진 넥카강변에 놓인 마르바흐Marbach am Neckar에서 18세기에 독일의 유명한 시인/극작가 실러Schiller, 1759~1805가 태어났다. 이 소도시사진 16-24는 서기 972년에 성벽으로 완전히 둘러 쌓아서 건설된 1천 년이나 된 작은 마을이다. 실러의 생가사진 16-25가 아직까지 남아 있고, 실러국립박물관과 독일 문고文庫가 있어, 저자는 상세하게 보고 배우기 위해서 슈투트가르트공대 유학생 시절 때부터 지금까지 모두 3번 방문했다.

사진 16-24 성벽과 성탑으로 완전히 둘러 쌓아서 1천여 년 전에 건설된 작은 마르바흐 마을

사진 16-25 독일의 시인/극작가인 실러(1759~1805)가 태어난 마르바흐(Marbach)의 생가

실러는 어릴 때부터 목사가 되기를 원했으나, 부모의 소망에 따라 군의관軍醫官이 되었다. 대학생 시절부터 연극에 크게 관심을 갖고 도둑Die Räuber의 각본脚本을 쓰기 시작했으며, 1782년에 만하임Mannheim에서 초연初演되어 크게 각광을 받게 되었다. 그 후 계속 연극'Die Verschwörung des Fiesco zu Genua'1783, 'Kabale und Liebe'1784, 돈 카를로스Don Carlos, 1787가 발표되었다.

실러는 1794년부터 괴테와 친밀한 인연을 맺은 후에 합스부르크 백작Der Graf von Habsburg, 'Der Taucher', 'Der Ring des Polykrates', 'Die Bürgschaft' 등 다수의 담시譚詩를 발표했다. 그 다음 실러의 연극 가운데서 제일 주요한 연극인 'Trilogie Wallenstein'1796/1797, 마리아 스튜어트Maria Stuart, 1800, 'Die Jungfrau von Orleans'1801, 'Die Braut von Messina'1803, 빌헬름 텔Wilhelm Tell, 1804이 순서대로 발표되었다. 바이마르Weimar에서는 독일에서 제일 유명한 두 시인/극작가의 위업을 기념하기 위해서 국민극장 앞에 괴테와 실러가 같이 서 있는 동상사진 16-26을 세웠다.

사진 16-26 바이마르의 국민극장 앞에 서 있는 괴테와 실러동상(왼쪽, 저자 촬영)과 실러의 나이가 21살(1780년)일 때 화가 베크베를린이 그린 실러의 초상화(Duroselle, 2000)

마르바흐는 자기 마을에서 태어난 독일 극작계의 거장巨匠인 실러의 탄생 100주년을 기념하기 위해서 실러언덕Schillerhöhe 위에 실러 동상사진 16-27을 1859년에 착공, 1876년에 개막했다. 이 동상 앞에 실러국립박물관Schiller-Nationalmuseum, 사진 16-28과 독일 문고文庫, Deutsche Literaturarchiv, 사진 16-28가 건설되었다. 이 실러 동상의 복사판copy은 미국의 시카고Chicago와 세인트루이스St. Louis에도 설치되었다.

사진 16-27 마르바흐의 실러국립박물관과 독일 문고가 건설된 실러언덕에 세워진 실러 동상

사진 16-28 마르바흐에 있는 실러국립박물관(왼쪽)과 독일 문고(文庫)(오른쪽)

1955년에 마르바흐에 설립된 독일 문고[文庫, DLA]에는 서기 1750년 이래 독일의 시인/작가들이 필적[筆跡]으로 남긴 2천5백만여 개의 편지, 초안, 원고 등 각종 서류가 책장에 진열[陳列]되어 있어 독일의 문학서적을 연구하는 데 많은 도움을 주고 있다. 그리고 실러국립박물관 옆에는 현대문학박물관[Literaturmuseum der Moderne, 사진 16-29]도 건설되었다.

사진 16-29 마르바흐의 실러언덕에 세워진 현대문학박물관

16.6 슈투트가르트

자동차 공업도시

슈투트가르트Stuttgart, 인구 55만 명는 메르체데스 벤츠Mercedes Benz와 포르쉐Porsche자동차 공장이 있어 독일의 주요한 자동차 공업도시사진 16-30과 사진 16-31이다.

사진 16-30 독일에서 자동차 공업도시인 슈투트가르트의 중심가(왼쪽)와 인도(人道)인 쾨니히슈트라세(오른쪽) 모습

사진 16-31 슈투트가르트에 있는 벤츠 자동차 공장 모습

사진 16-32 독일에서 처음으로 1886년에 다임러-벤츠 자동차를 개발한 이후 125주년을 기념한 2011년에 생산된 벤츠차(왼쪽, 벤츠회사 제공)와 1888년의 벤츠차 판매광고(오른쪽)(Stepan, 1983)

독일에서 자동차가 개발된 역사를 보면, 슈투트가르트에서 다임러[1834~1900]와 마이바흐[1846~1929]가 처음으로 1883년에 엔진을 개발해서 보트, 오토바이와 마차에 설치했다. 그리고 벤츠[1844~1929]도 만하임에서 독립적으로 휘발유 엔진을 개발해서 1885년에 3바퀴[Dreirad] 자동차[사진 16-32]를 만들었으며, 19세기 말에 슈투트가르트의 벤츠회사는 세계에서 제일 큰 자동차 회사이었다.

다임러 기사[技士]와 벤츠 기사가 자동차를 개발해서 특허를 받은 후, 1886년에 처음으로 제조한 3바퀴 벤츠차는 시속 12km/h의 속도로 달릴 수 있었으며, 차값은 2,750마르크로 대단히 비쌌다. 그 당시 노동자의 월급은 50~100마르크 정도였으므로 이 벤츠차를 구입하기 위해서는 약 2~5년 동안 열심히 일을 해서 월급을 소비하지 않고 모두 저축해야만 했다. 10년 후에 개발된 벤츠차는 약 40km/h의 빠른 속도로 경주할 수 있었다고 한다.

디젤[1858~1913년]은 독일 뮌헨공대에서 기계공학을 공부한 후, 1897년에 디젤엔진[diesel engine]을 처음으로 개발했다. 이 디젤엔진의 성능이 대단히 우수해서 1900년의 파리무역박람회에서 디젤기사에게 최우수상[Grand Prix]이 수여되었다. 이 디젤엔진은 1910년에 처음으로 선박에 설치되었으며, 1912년에 디젤엔진으로 가동된 열차가 제조되었다. 독일의 벤츠자동차 회사에서는 1920년에 처음으로 디젤엔진으로 가동된 벤츠차 260D를 제조했다.

사진 16-33 저자가 칠레/아르헨티나/파라과이에서 1980년 여름휴가 때 자동차로 1개월 동안에 7,000km 이상의 장거리를 여행하면서 디젤엔진의 성능이 아주 우수한 것을 실제로 체험한 독일 벤츠회사의 디젤 자동차(200D)

저자가 1970년대 말에 세계은행의 컨설턴트로 파견되어 아르헨티나/파라과이에서 3년간 채류하면서 길이가 70km나 되는 야시레타댐의 설계/시공을 자문했을 때, 1개월 동안의 여름휴가를 이용해서 독일에서 갖고 간 벤츠회사의 디젤 자동차 200D[사진 16-33]를 타고 칠레의 반사막지대와 안데스 산맥를 넘어서 아르헨티나의 대초원[pampas]과 파라과이의 황야[荒野]로 7,000km 이상의 장거리를 여행하면서 디젤엔진의 성능이 아주 우수한 것을 실제로 체험하게 되었다.

슈투트가르트에는 메르세데스 벤츠 자동차박물관이 있으며, 초기의 벤츠차에서부터 최신 자동차까지 모두 전시되어 있다. 그리고 포르쉐 자동차박물관에는 1934년에 포르쉐[1875~1951년]기사가 개발한 최초의 폭스바겐도 전시되어 있다.

슈투트가르트 공과대학교

슈투트가르트는 독일의 주요한 자동차 공업도시이므로 제2차대전 때 심하게 폭격을 받아 크게 파괴되었다. 중심가에 건설된 궁전[1746~1807년 건설]도 크게 파손되어, 1956~1964년까지 완전히 새로운 궁전으로 재건/보수되었다. 그 옆에 있는 실러광장에는 실러동상사진 16-34이 1839년에 설립되었다. 저자가 1964년에 슈투트가르트 공과대학교에 유학왔을 때, 제2차대전 때 많이 파괴된 이 도시를 20년 동안 부지런하게 재건하고 보수해서 전쟁의 흔적을 하나도 볼 수 없었으며, 궁전사진 16-34도 아주 깨끗하게 재건되어 있었다.

저자는 슈투트가르트 공과대학교1876년 설립, 사진 16-35에서 유학할 때, 프리스트레스콘크리트prestressed concrete, Spannbeton분야에서 세계적인 권위자였던 레온하르트교수공대총장의 강의를 듣고 지도를 받을 수 있어 크게 영광으로 생각되었다.

사진 16-34 슈투트가르트의 중심가에 1807년에 건설된 궁전(왼쪽, 저자 촬영)과 그 옆의 실러광장에 세워진 실러 동상(오른쪽, W. Kunth 출판사, 2006)

사진 16-35 슈투트가르트 공과대학교의 총장/교무처 건물(왼쪽)과 건설공학과 건물(오른쪽)

슈투트가르트의 날씬한 TV탑

슈투트가르트에 건설된 날씬한 TV탑높이 217m, 사진 16-36은 슈투트가르트 공과대학교의 은사인 레온하르트교수가 설계했으며, 전 세계에서 처음으로 프리스트레스트콘크리트구조構造로 건설된 제일 높은 탑이었다. 이 TV탑의 직경은 11m저부와 5m상부, 무게는 4,600톤으로 정부에 있는 전망탑에는 레스토랑과 커피숍이 있으며 수백 명을 수용할 수 있다. 시속 14.4km/h의 엘리베이터로 전망탑까지 올라가는 데 약 50초 정도 걸린다.

사진 16-36 슈투트가르트 공대의 레온하르드 교수가 설계한 높이 217m의 TV탑. 1960년/2000년대의 전경(독일 동기동창생 촬영)

고속전철의 통과형(通過形) 정거장

독일에서 처음으로 뉘른베르크에서 퓌르트까지 1835년에 기차그림 13-3 참조가 운행된 지 150년 후인 1985년에 만하임-슈투트가르트 간의 고속전철ICE공구가 완공되었다. 저자는 1980년대 초반에 독일 만하임에서 슈투트가르트 중앙정거장까지 거리가 99km인 ICE철도구간사진 16-37을 설계/공사감리한 컨설턴트팀에서 자문했다.

사진 16-37 뉘른베르크에서 처음으로 기차가 1835년에 개통된 후 1985년에 150주년 기념 때, 완공된 만하임-슈투트가르트 간의 고속전철(ICE)구간

슈투트가르트의 중앙역사진 16-38은 종착형終着形 정거장길이 160m, 탑 높이 58m으로 1백년 전 1914~1927년에 직방체直方體의 패각석회암을 사용해서 건설되었다. 프랑크푸르트 중앙정거장처럼 종착형 정거장에서는 고속전철이 도시중심지로 서서히 들어와서 다시 나가는 데 시간을 많이 손실하므로, 요즈음 이 역驛시설을 '통과형通過形 정거장'으로 개조/확장하고 있으며, 옛날 고적물을 보존하기 위해서 많은 경비와 오랜 공사기간을 감수甘受하고 있다.

8.1절에서 다룬 바와 같이 독일에는 온천장이 대단히 많으며, 예컨대 슈투트가르트의 변두리에 있는 바드 칸슈타트Bad Cannstatt의 온천장에서 흘러나오는 따뜻한 광천수의 물량은 유럽에서 헝가리의 부다페스트 다음으로 많아서 이 광천수를 3개의 큰 야외수영장에 공급해서 늦가을에도 야외에서 수영할 수 있어 주민들에게 많은 도움이 되고 있다.

사진 16-38 슈투트가르트에서 1914~1927년에 직방체(直方體)의 패각석회암을 쌓아서 건설한 중앙역인 종착형(終着形) 정거장(왼쪽)과 지하철(오른쪽)

16.7 튀빙겐

튀빙겐Tübingen, 인구 8만5천 명은 슈투트가르트에서 남쪽으로 40km 떨어져 있으며, 제2차대전 때 거의 파괴되지 않아, 요즈음도 중세기의 골격骨格건물이 꽉 찬 도시전경을 그대로 볼 수 있는 아주 조용한 대학도시이다.

중세기1477년에 인구가 3,000명인 소도시에 튀빙겐대학교가 설립되었을 때, 300명의 대학생이 처음으로 등록했다고 한다. 독일의 유명한 철학자 헤겔Hegel, 1770~1831이 이 대학교에서 공부한 후 예나1805년, 하이델베르크1816년와 베를린대학교1818년의 교수로 임명되었다. 이 튀빙겐대학교는 1977년에 설립 500주년을 기념할 때 독일 체신부에서 기념우표사진 16-39도 발행했으며, 대학교가 점차 크게 확장사진 16-40되어 현재 대학생수는 23,000명으로 도시인구의 1/3에 해당한다.

사진 16-39 튀빙겐 중심가의 도시 모습과 대학교가 1977년에 설립 500주년을 기념할 때, 독일 체신부가 발행한 기념우표(저자 소장)

사진 16-40 서기 1477년에 설립된 이래 크게 확장되어 대학생 수가 도시인구의 1/3로 증가한 튀빙겐대학교의 자연과학대 전경

마이센 대성당과 Albrechtsburg성곽이 높은 언덕 위에 세워진 마이센 도시 모습

제17장 동부독일 여행

17.1 포츠담

포츠담Potsdam, 현재인구 약 13만 명 근처에는 프리드리히 대왕의 상수시 궁전과 체칠리엔호프 궁전 그리고 아름다운 공원들이 많다.

체칠리엔호프 궁전

포츠담의 체칠리엔호프Cecilienhof 궁전사진 17-1은 제2차대전 후 미국 트루먼 대통령, 영국 처칠 수상과 소련 스탈린 당수가 모여 1945년 7월 17일~8월 2일까지 포츠담회의사진 17-2가 개최된 곳으로 널리 알려져 있다. 체칠리언호프 궁전은 약 100헥타 정도로 넓으며, 프러시아Preussen 황제 프리드리히 빌헬름 2세가 황태자에게 준 결혼선물로서 제1차대전에서 독일이 패전할 때까지 황태자부부 빌헬름Wilhelm과 체칠리에Cecilie가 거주했다.

사진 17-1 1945년 7~8월달에 포츠담회의가 개최된 체칠리엔호프 궁전 모습(2003년 촬영)

체칠리엔호프 궁전에는 포츠담회의 때 사용한 트루먼방, 처칠방, 스탈린방이 있으며 트루먼 대통령과 처칠수상의 침실에는 방문이 하나뿐이었다. 그러나 스탈린은 항상 의심이 많아 응급 시에 다른 문을 이용해서 회피回避할 수 있도록 방문이 2개 있는 침실을 사용했다고 한다. 저자는 2003년에 포츠담에 휴가를 가서 이 궁전을 방문했을 때, 미국 트루먼 대통령방사진 17-3에 투숙한 적이 있다.

사진 17-2 포츠담회의 때, 1945년에 체칠리엔호프 궁전(宮殿)의 테라스에 앉은 참석자의 모습

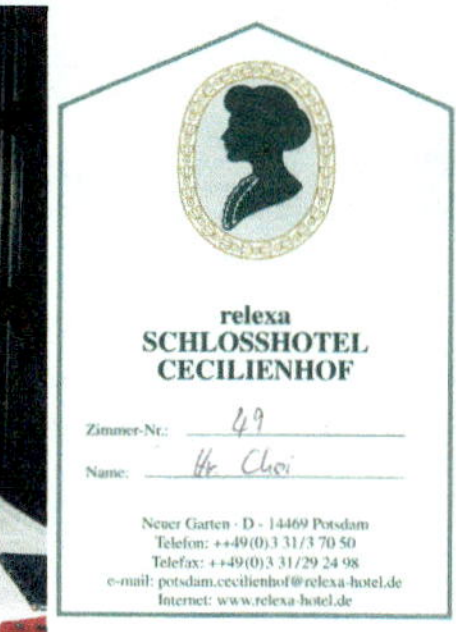

사진 17-3 체칠리엔호프 궁전에서 포츠담회의 때, 미국 트루먼 대통령이 사용한 침실(왼쪽)과 트루먼/처칠/스탈린이 같이 식사한 궁전의 레스토랑에서(오른쪽)

상수시 궁전

프리드리히 2세는 1740년에 프러시아의 왕좌에 즉위即位한 후, 주말에 정치를 떠나 편안하게 쉴 수 있도록 1745~1748년에 포츠담 근처에 테라스 형으로 만든 포도밭 공원면적 2.9km^{2}에 길이가 150m나 되는 '걱정 없이 편안한'sans souci 궁전사진 17-4을 건설했다. 이 상수시 궁전의 내부에는 알현실謁見室, audience room, 콘서트홀, 서재, 도서관, 볼테어 방 등이 있었다. 프리드

리히 대왕은 상수시 궁전에서 음악가들과 프랑스의 볼테어 등 철학가들과 같이 모여 대화를 하면서 소일했으며, 피리[Flöte] 음악회[그림 17-1]를 즐겼다고 한다. 그리고 1755~1764년에 상수시 궁전에 설치된 화랑[畫廊]에는 처음으로 시민들에게 관람이 허락된 미술품들이 진열되었다고 한다.

사진 17-4 프러시아의 프리드리히 2세가 18세기에 건설한 상수시(sans souci) 궁전과 공원

그림 17-1 프리드리히 대왕이 상수시 궁전에서 피리음악회를 즐기는 광경(왼쪽, 1852년 Menzel의 유화)과 상수시 궁전에 있는 개인 서재(書齋)에서 독서하고 있는 프랑스 철학가 볼테어(오른쪽, 1874년 Borckmann의 유화)(Duroselle, 2000)

프리드리히 대왕은 상수시 공원에 묻히기를 유서에서 소망했다고 한다. 이 유서에 따라 독일의 콜[Kohl] 수상은 통독[統獨]된 후 1990년에 프리드리히 대왕의 유해[遺骸]를 서독의 호헨촐레른 조상[祖上]성곽에서 동독[東獨]의 상수시 공원으로 이장/안치했다. 포츠담에 있는 상수시 궁전과 공원 그리고 체칠리엔호프 궁전은 1990년에 유네스코의 세계문화유산으로 인정되었다.

사진 17–5 포츠담의 상수시 공원에 있는 프리드리히 대왕의 묘지에 갖고 간 감자

유럽에서 묘지를 방문할 때 일반적으로 꽃다발 또는 화분花盆을 갖고 가며, 유태인들은 조그만한 돌을 갖고 간다. 그러나 상수시 공원에 있는 프리드리히 대왕의 묘지를 방문할 때 꽃 대신에 감자를 갖고 가는 풍습이 있다. 그 이유는 흉년에 농산물이 부족할 때 프리드리히 대왕이 국민들에게 감자를 먹도록 권장해서 흉년을 극복할 수 있었으며, 독일에 감자가 주식으로 보급되는 데 크게 기여했기 때문이었다. 저자도 상수시 궁전과 프리드리히 대왕의 묘지를 방문했을 때, 감자사진 17–5를 하나 들고 가서 묘석墓石 위에 놓아 두었다.

독일에서 감자를 처음으로 1647년에 재배하고 수확했을 때는 주로 왕과 귀족들만이 식용했다. 프리드리히 대왕은 흉년에 밀, 보리 등 잡곡이 부족할 때 국민들에게 감자를 먹도록 권장해서 흉년을 극복할 수 있었으며, 독일에 감자가 주식으로 보급되는 데 크게 기여했다. 독일 체신부에서는 1997년에 감자수확 350주년을 기념하기 위해서 기념우표그림 17–2를 발행했다.

그림 17–2 독일에서 1647년에 처음으로 감자를 수확한 350주년을 기념하기 위해서 1997년에 독일 체신부가 발행한 기념우표(저자 소장)

17.2 비텐베르크

비텐베르크[Wittenberg]는 마르틴 루터가 1517년에 면죄부[免罪符] 판매[Ablasshandel]를 반대하는 도발적[挑發的]인 95개의 논제를 이 도시에 있는 성[城]교회[Schlosskirche, 사진 17-6]의 북쪽 문[門]에 붙여서 종교개혁이 시작된 유명한 도시이다.

저자가 비텐베르크에 갔을 때, 높이가 88m나 되는 성 교회의 종탑이 먼 거리에서 제일 먼저 보였다. 이 교회에는 루터의 묘지가 있으며, 이 교회 앞의 시청광장[사진 17-7]에는 루터와 메란흐톤[Melanchthon] 동상이 서 있었다. 그리고 500여 년 전 15세기에 아주 단단한 돌 조각[片石]으로 광장[廣場]과 도로를 포장해서 아직까지 잘 보존되어 있는 것을 볼 수 있었다.

사진 17-6 비텐베르크에 있는 성(城) 교회의 종탑(왼쪽), 그 앞에 설치된 루터 동상(중간)과 루터가 1517년에 도발적인 95개의 논제를 붙인 성 교회의 북쪽 문(門)(오른쪽)

사진 17-7 비텐베르크의 시청과 성모교회(왼쪽)와 신성로마제국의 황제 카를 5세, 스웨덴 왕 카를 12세, 러시아의 피에트로 대황제가 종교개혁의 도시로 알려진 비텐베르크를 방문했다는 이름 판(版)이 벽(사진 17-8 참조)에 붙여진 관방장(官房長) 건물(오른쪽)

사진 17-8 비텐베르크의 관방장 건물 벽(壁)에 신성로마제국의 황제 카를 5세(1547년), 스웨덴 왕 카를 12세(1707년), 러시아의 피에트로 대황제(1711년)가 비텐베르크를 방문한 연도가 기록된 이름 판(版)

비텐베르크의 옛날 아우구스티너 수도원[루터 집]에는 1524년부터 루터가 거주한 거실[居室]이 있다. 이 집은 1983년에 루터의 5백주년 생일을 축하할 때 루터박물관으로 개조[改造]되었으며, 루터가 대학교에서 토론한 강단[講壇]이 비치되어 있다.

17.3 토르가우

독일에서 종교개혁이 일어난 후 1526년에 기독교를 보호하기 위해서 토르가우[Torgau] 동맹이 체결되었다. 이 도시에는 15~17세기에 성[사진 17-9], 시청과 성 교회 등 주요 건물들이 건설되었다.

사진 17-9 토르가우에 15~17세기에 건설된 성(城)과 성문

사진 17-10 제2차대전 종전 때, 미군과 소련군이 1945년 4월 25일날 엘베강에 있는 토르가우에서 처음으로 만난 광경 (Duroselle, 2000)

사진 17-11 제2차대전 종전 때, 서쪽에서 진군한 미군과 동쪽에서 진군한 소련군이 엘베강(왼쪽)이 흐르는 토르가우에서 처음으로 만난 곳에 세워진 기념비에서

제2차대전이 종전되었을 때 서쪽에서 진군한 미군[美軍]과 동쪽에서 진군한 소련군이 엘베강이 흐르는 토르가우에서 1945년 4월 25일날[사진 17-10] 서로 만나게 되었다. 이 자리에는 그 당시를 기념하는 기념탑[사진 17-11]이 세워져 있다.

그림 17-3 경제공황기에 독일의 토르가우에서 1923년에 시청 공무원들에게 봉급을 지불하기 위해서 발행한 100만 마르크짜리 대용화폐(저자 소장)

독일제국의 중앙은행에서는 1914~1923년의 경제공황기에 물가와 임금이 폭등하고 화폐의 금액이 폭락해서 1923년에는 매월 고액의 지폐를 발행했으나, 물가상승에 맞추어 필요한 지폐를 모두 발행해서 전국에 배달할 수가 없었다. 그 결과 독일의 각 도시에서는 도시/마을 안에서 사용할 수 있는 긴급화폐를 인쇄했다. 토르가우 시[市]에서도 1923년 8월 달에 시청 공무원에게 봉급을 지불하고 노동자들에게 임금을 주기 위해서 100만 마르크짜리[그림 17-3]의

대용화폐까지 발행했다. 저자가 도르가우에 갔을 때 귀한 지폐를 발견해서 수집하기 위해서 1매 구입했다.

17.4 라이프치히

- 중세기에 라이프치히[현재인구 약 50만 명]는 교통과 통상의 중심지에 놓여 있었다.
- 오스트리아의 수도 빈[Wien]에서 체코의 수도 프라하를 지나서, 북부독일의 함부르크와 뤼베크로 가는 길
- 중부독일의 프랑크푸르트에서 풀다[Fulda]와 에르푸르트[Erfurt]를 지나서, 폴란드의 크라쿠프[Krakow]와 동프러시아의 단치히[Danzig]로 가는 길 그리고
- 이탈리아에서 독일의 아욱스부르크[Augsburg]와 뉘른베르크[Nürnberg]를 지나서, 베를린과 발틱 해[海]로 가는 길에 놓여 있었다.

라이프치히에는 1409년에 유명한 대학교가 설립되었으며, 이 도시는 책과 전시장의 도시로 중세기부터 널리 알려져 있었다. 라이프치히 대학교의 본관건물은 1973년에 새로 건설되었으며, 건물모양이 '열어 놓은 책'[geöffnetes Buch, 사진 17-12]과 같이 보인다. 이 대학교에서는 괴테, 레싱[Lessing] 등 독일의 저명한 문학가들이 공부했다.

사진 17-12 열어 놓은 책과 같이 보이는 라이프치히 대학교의 본관건물(왼쪽, 1973년 건설)과 옛날에 동독 박람회/전시장을 방문한 외국인들이 전용으로 사용한 호텔(오른쪽)

사진 17-13 라이프치히의 옛날 증권시장(1678년 건설, 왼쪽)과 그 앞에 세워진 괴테동상(오른쪽)

이탈리아 도미니카 수도원 수사들의 예언豫言서적이 출판되어 이 도시에서 1481년 가을 전시장에 처음으로 전시되었다. 구텐베르크가 1440년에 인쇄기술을 발명한 이후 1485년에 처음으로 라이프치히에 인쇄소가 설치되었으며, 16세기에는 그 당시 '검정예술'Schwarze Kunst 이라고 부른 인쇄소가 독일에서 라이프치히에 제일 많이 설치되었다. 이 도시에서 1650년에 전 세계에서 제일 처음으로 일간신문이 발행되었으며, 1732년에는 처음으로 완벽한 독일어 대사전이 출판되었다. 18세기에는 라이프치히에 있는 유명한 출판소에서 괴테, 실러 등 명작가들의 저서가 출판되었다. 제2차대전 후 45년 동안 공산당체제하에서 옛날에 유명했던 출판사들이 모두 없어져 이제 기억에만 남게 되었다.

1585년에 설립된 프랑크푸르트의 증권시장사진 6-60 참조 다음으로 1678년에는 라이프치히에 증권시장사진 17-13이 열렸다.

라이프치히의 토마스교회사진 17-14는 1212년 건설되었으며, 요한 세바스티안 바흐는 1723~1750년까지 27년 동안 이 교회 합창단의 지휘자였다. 요한 세바스티안 바흐JSB가 자기 이름의 약자를 영상映像해서 손수 만든 봉인封印은 사진 17-14와 같다. 이 교회 안에는 바흐의 묘지가 있으며, 교회 바깥에는 1908년에 만든 바흐동상이 서 있다. 매년 개최되는 바흐의 국제음악축제에는 토마스교회의 합창단도 참여한다. 2020년 6월에 계획한 98회 바흐음악축제는 코비드-19 때문에 2022년 6월 10일~19일로 연기됐다. 그리고 라이프치히에 있는 바흐 문고文庫, Bach-Archiv가 개최하는 바흐 음악 경연회競演會, Bach-Wettbewerb에는 전 세계에서 114명의 음악가가 참여할 예정이었으나, 코비드-19 때문에 취소되었다.

사진 17-14 라이프치히의 토마스교회 앞에 세워진 바흐 동상(왼쪽, 저자 촬영)과 바흐의 봉인(封印, 오른쪽; Ruf, 2017)

사진 17-15 라이프치히의 매드러 통로(通路)에 서 있는 괴테의 파우스트에 나오는 메피스토 동상(왼쪽)과 독일 우편국의 파우스트(Faust) 우표(저자 소장)

라이프치히의 매드러 통로通路, Passage에 있는 'Auerbachs Keller' 레스토랑1530년 설립의 입구에는 괴테의 드라마 파우스트Faust에 나오는 메피스토Mephisto 동상사진 17-15이 1913년에 설치되었다. 옛날에 괴테가 이 음식점사진 17-16에서 자주 식사했으며, 러시아의 표트르Pyotr대제大帝 등 유럽의 귀족들도 자주 들러 식사했다. 저자가 라이프치히에 여행갔을 때 이 음식점사진 17-17을 들러서 옛날에 괴테가 자주 먹은 음식을 시식試食해 보았다.

라이프치히에 있는 'Haus zum Kaffeebaum'은 1500년에 설립되어 독일에서 두 번째로 오래된 커피숍이다. 이 커피숍은 17세기부터 널리 알려진 음식점으로 귀족들은 물론 음악가 리차드 바거너와 로버트 슈만, 문학가 레싱, 프란츠 리스트와 괴테가 자주 들렀다고 한다.

사진 17-16 라이프치히에서 괴테가 자주 들러 식사한 음식점(Auerbachs Keller)에 있는 괴테의 방과 괴테 식탁/좌석

사진 17-17 옛날에 괴테가 자주 들렀던 라이프치히의 음식점(Auerbachs Keller)에서

사진 17-18 독일에서 1915년에 건설되어 그 당시 제일 컸던 라이프치히 정거장(왼쪽)과 이탈리아 밀라노의 강구조(鋼構造) 통로처럼 라이프치히 정거장에 옛날에 설치한 강(鋼)지붕 구조(중간/오른쪽)

라이프치히 정거장[사진 17-18]은 1915년에 건설되어 독일에서 그 당시 제일 큰 정거장이었다. 이탈리아 밀라노에 건설된 강구조鋼構造 통로通路, Passage처럼 라이프치히 정거장에도 옛날에 강鋼구조로 지붕을 만들었다. 옛날 나치스 시절에 고급관리들이 타고 다녔던 독일제국철도Deutsche Reichsbahn의 최속最速/최고급最高級 열차는 1936년부터 최대시속 160km/h로 베를린, 함부르크, 쾰른, 프랑크푸르트, 슈투트가르트, 뮌헨 구간을 통행했다. 이 열차는 전기 또는 디젤로 가동했으며, 그 당시 전 세계에서 제일 빨리 달려 '날아가는 열차'Fliegender Zug라고 별명別名이 붙었으며, 저자가 방문했을 때 라이프치히 정거장에 전시[사진 17-19]되어 있었다.

사진 17-19 옛날 나치스시절에 고급관리들이 타고 다녔던 독일 제국철도의 최속(最速)/최고급(最高級) 열차

사진 17-20 라이프치히 백화점 앞에 있는 강철로 만든 레닌 조각품은 통독(統獨) 이후 파괴할 수 없어 남겨둔 상태에 있다.

그림 17-4 제1차대전에서 패전한 후 라이프치히에서 공무원들에게 봉급을 지불하기 위해서 발행한 50페니히 짜리의 대용지폐(저자 소장)

라이프치히에는 1913년에 독일 도서관이 개원되었다. 그 외 전술한 프랑크푸르트에도 제2차대전 후 1947년에 독일국립도서관[사진 6-65 참조]이 설립되었다.

독일의 붸츠라르[Wetzlar]에 있는 라이츠[Leitz]회사가 새로 발명한 소형 라이카[Leica]카메라를 1925년의 라이프치히 춘계[春季]전시장에서 처음으로 전시했다. 이 라이카는 작은 24mm× 35mm의 필름으로 36장의 사진을 찍을 수 있었으며, 지금까지 전 세계에서 제일 유명한 카메라로 발전했다.

라이프치히에서 이색적인 광경은 옛날 동독시절에 한 백화점 앞에 설치한 강철로 만든 레닌 조각품[사진 17-20]으로, 통독[統獨]된 후에 파괴할 수 없어 그냥 남겨둔 상태에 있다.

제1차대전 때 무기를 생산하기 위해 대량의 금속재료가 필요했기 때문에 독일제국에서 그 당시 유통되는 동전을 모두 수집해서 포탄을 제조하는 데 사용했다. 독일이 패전한 후 라이프치히 시청에서 공무원들에게 봉급을 지불하기 위해서 50페니히짜리의 대용지폐[그림 17-4]를 발행했다.

라이프치히 주위 지방은 나무가 없는 황토[黃土, loess]가 덮인 곡창지대로 밀, 감자, 사탕무 등 각종곡물이 잘 자란다. 이 황토가 깔린 지하에는 칼리염[鹽, Kalisalz]이 두껍게 깔려 있으며, 그 아래에는 암염[巖鹽, Steinsalz]과 갈탄[褐炭]이 두껍게 저장되어 있다. 독일에서 요즈음 화력[火力]이 약한 갈탄을 노천광산[사진 17-21]에서 쉽게 채광해서 연료로 태워서 화력발전소[사진 17-21]를 가동하고 있으며, 일부는 가정의 난방용으로 사용할 수 있도록 부리케트 연탄을 만든다.

옛날에는 이 갈탄으로 비료와 인조석유를 제조했으며, 그리고 칼리Kali를 혼합해서 인조고무를 생산했다. 제2차대전 때 연합군의 해상봉쇄海上封鎖로 해외에서 석유와 고무를 수입하기가 어려워지자 부나Buna와 로이나Leuna화학공장에서 갈탄으로 제조한 인조석유와 인조고무로 자동차의 타이어와 휘발유를 생산해서 제2차대전에 사용한 적도 있었다.

사진 17-21 독일에 흔한 화력(火力)이 약한 갈탄(褐炭)을 태워서 발전하는 화력발전소(왼쪽)와 대형 굴착기로 노천(露天)광산에서 채광(採鑛)하고 있는 광경(중간/오른쪽)

17.5 드레스덴

드레스덴Dresden, 인구 49만 명은 서기 1206년에 설립되었으며, 츠빙거Zwinger 궁전, 성모교회, 젬퍼오페라, 카톨릭 궁정교회, 군주君主 행진Fürstenzug 등 아름다운 건축물이 많이 있어 '엘베강의 피렌체Elbflorenz'라고 불릴 정도로 독일에서 제일 아름다운 도시의 하나이다.

이 도시의 성모교회높이 93m는 1726~1743년에 건설되어 오랫동안 드레스덴의 상징이었다. 나폴레옹이 1813년에 유럽의 여러 나라로 원정遠征갈 때, 이 교회를 위수병원衛戍病院과 감옥소로 사용했다고 한다. 제2차대전 때 연합군의 폭격으로 1945년 2월에 드레스덴의 건물이 대부분 소실燒失, 사진 17-22되면서 성모성당도 심하게 파괴되어, 1990년대까지 45년 이상 파괴된 폐허상태로 남아 있었다. 통독統獨 후 먼저 2만6천 톤의 파괴된 교회건물의 편석片石을 골라서 번호를 붙여 초기설계대로 재활용再活用하고, 2억5천만 마르크의 막대한 공사비를 소비해서 이 교회의 재건공사사진 17-22를 1994년에 시작, 드레스덴 설립 800주년을 기념하는 2006년에 완공하게 되었다.

사진 17-22 제2차대전 때 연합군의 불폭탄으로 드레스덴의 건물이 검게 탄 모습(왼쪽, 1995년 촬영)과 연합군의 폭격으로 심하게 파손되어 2003년에 재건공사 중인 성모교회(오른쪽)

사진 17-23 젬퍼오페라(왼쪽, 1878년 건설)와 그 옆에 설치된 건축 설계자인 고트프리드 젬퍼의 동상(오른쪽)

그림 17-5 독일에서 2003년에 발행된 드레스덴의 젬퍼오페라(1878년 설립) 125주년 기념우표(저자 소장)

드레스덴에 있는 유명한 젬퍼오페라Semperoper는 1841년에 건설되었으나, 화재로 1869년에 소실되었다. 그 후 1871~1878년에 재건된 오페라는 제2차대전 때 다시 완전히 파괴되었으며 현재의 오페라건물은 전후 30년 후인 1977년에 옛날 설계에 따라 재건사진 17-23되었다. 이 오페라는 유럽에서 제일 아름다운 오페라 건물의 하나로 알려져 있으며, 지금까지 괴테의 'Torquato Tasso', 'Iphigenie auf Tauris', 리차드 바거너의 'Tannhäuser' 등 유명한 작품이 이 오페라에서 공연되었으며, 2003년에 125주년을 기념할 때에는 기념우표그림 17-5가 발행되었다.

드레스덴의 츠빙거 궁전Zwinger, 사진 17-24은 1728년에 건설되었으며, 궁전 내부에 있는 미술관에는 널리 알려진 크라나흐Cranach, 뒤러Dürer, 카날레토스Canalettos, 렘브란트Rembrandt, 티치안이 그린 유명한 그림과 라파엘이 그린 식스틴 성당의 성모상 등이 소장되어 있다. 괴테는 라이프치히 대학교에서 공부하던 젊은 시절에 미술에도 대단히 관심을 갖고 있었다. 그래서 나이 18살에 처음으로 라이프치히에서 120km 떨어진 드레스덴의 미술관을 방문했으며, 1768~1813년까지 모두 일곱 번이나 이 미술관을 관람하기 위해서 드레스덴에 왔다고 한다.

사진 17-24 드레스덴의 츠빙거 궁전(왼쪽)과 궁전(宮殿) 교회(오른쪽)

사진 17-25 드레스덴의 중심가에 그려진 '군주 행진'의 벽화

드레스덴의 중심가를 산책하면, 건물의 벽에 아름답게 그려진 '군주君主 행진Fürstenzug'을 감상할 수 있다. 이 그림은 마이센Meissen의 도자기공장에서 구워서 만든 24,000개의 벽돌사진 17-25을 붙여서 만들었다.

독일의 큰 도시에서는 크리스마스 전 4주 동안의 강림降臨/장림將臨시기에 크리스마스 시장이 개막된다. 그 가운데서 1434년에 처음으로 열린 드레스덴의 성탄과자시장Striezelmarkt과 1628년부터 열린 뉘른베르크의 아기예수시장Christkindlesmarkt이 제일 유명하다.

독일에서는 크리스마스 때 밀가루, 달걀, 건포도Rosine, 편도扁桃, Mandel 등을 넣어서 구운 크리스마스 빵Christstollen을 먹는 풍습이 있다. 드레스덴에서는 매년 슈트리첼Striezel이라고 부르는 대형 크리스마스 빵을 구워서 크리스마스 시장에서 판매하고 번 돈을 자선사업에 사용한다. 예컨대 2019년에 제과점업자들이 공동으로 만든 대형 크리스마스 빵은 무게가 4톤, 길이가 4.1m, 폭이 1.7m이었다고 한다. 이 크리스마스 시장Weihnachtsmarkt에는 수백만 명이 방문했다고 한다.

드레스덴에는 18세기에 가스gas 가로등街路燈, 사진 17-26이 처음으로 설치되었으며, 지금까지 사용되고 있다. 저자는 통독 이후에 지금까지 드레스덴을 3번 방문했으며, 2003년에는 최악의 가뭄으로 인해 드레스덴을 지나가는 엘베강 수위가 대단히 낮아져 장기간 엘베강 유람선사진 17-27의 항해가 금지되었다.

사진 17-26 드레스덴에 18세기에 설치된 가스(gas) 가로등

사진 17-27 최악의 가뭄(2003년)으로 인해 드레스덴의 엘베강 수위가 대단히 낮아져 항해가 금지된 엘베강 유람선

17.6 마이센 도자기

마이센[Meissen]은 독일황제 하인리히 1세가 서기 929년에 마이센의 산등성에 건설한 성곽 도시[사진 17-28]이다. 이 도시에서 18세기에 '백금[白金]'이라고 불려진 흰색의 도자기를 발명해서, 전 세계에서 유명한 마이센 도자기공장[사진 17-28]이 서기 1710년에 설립되었다. 이 회사에서 생산된 도자기에는 특허품으로 인정된 푸른색의 '교호[交互]대생[對生]의 대검[大劍] 마크' 상표[사진 17-29]를 그려 전 세계에 수출하고 있다. 이 공장에 들러서 도자기를 구입할 때, 고객이 희망하는 도안[圖案]에 따라 꽃과 식물 또는 이름을 쟁반[錚盤]에 그려주는 서비스를 제공하고 있다[사진 17-29].

사진 17-28 마이센 대성당과 Albrechtsburg 성곽이 높은 언덕 위에 세워진 마이센 도시 모습(왼쪽)과 유명한 마이센 도자기공장(오른쪽)

사진 17-29 마이센 도자기공장에서 생활용품(왼쪽)과 고객이 희망하는 꽃/식물을 쟁반(錚盤)에 그리고 있는 광경(중간)과 1720년부터 1972년까지 250년 동안에 마이센 도자기에 사용한 상표(오른쪽)

그림 17-6 경제공항기에 마이센 시청에서 직원들에게 봉급을 지불하고, 마이센 도자기 공장에서 노동자들에게 임금을 지불하기 위해서 1923년에 발행한 5천만 마르크(왼쪽)와 1억 마르크(오른쪽)짜리의 대용지폐(저자 소장)

독일제국에서는 1914~1923년의 경제공항기에 물가와 임금이 폭등하고 화폐의 금액이 폭락해서 중앙은행이 1923년에 매월 고액의 지폐를 발행했으나, 물가상승에 맞추어 필요한 지폐를 재빨리 발행해서 전국에 배달할 수가 없었다. 그래서 독일의 각 도시에서는 도시/마을 안에서 사용할 수 있는 긴급대용화폐를 인쇄하게 되었다. 마이센 시청에서는 1923년에 직원들에게 봉급을 지불하고, 마이센 도자기공장에서는 노동자들에게 임금을 주기 위해서 5천만 마르크와 1억 마르크짜리의 대용화폐[그림 17-6]를 발행했다. 마이센에 갔을 때 1923년에 마이센 시청과 마이센 도자기공장에서 발행한 대용지폐를 수집하기 위해서 1매씩 구입했다.

17.7 예나

예나[Jena]에 있는 유명한 카를 차이스[Carl Zeiss]회사는 차이스 렌즈, 광학기[光學器]와 의학도구를 생산해서 전 세계에 수출하고 있다. 카를 차이스[1816~1888]는 1872년에 처음으로 현미경을 발명해서 생물학과 의학부문을 연구하는 데 크게 도움을 주었다.

사진 17-30 카를 차이스(Carl Zeiss)회사에서 유명한 차이스 렌즈, 광학기와 각종 의학도구를 생산하는 예나(Jena)의 모습

17.8 바이마르

바이마르[Weimar]는 1410년에 도시권을 소지한 작센-와이마르 대공국[大公國]의 수도였다. 윌헬름 에른스트 공작[公爵]은 독일에서 처음으로 1696년에 바이마르에 오페라극장을 건설해서, 바흐를 1708~1717년까지 궁정[宮廷] 오르간 연주자로 그리고 음악회의 지휘자로 초빙했다.

괴테는 카를 아우구스트 공작[公爵]의 추밀[樞密] 고문관으로 초청을 받고, 1776년에 바이마르에 와서 1782년까지 6년 동안 살았던 작은 정자[亭子, Gartenhaus]와 괴테가 1782년에서 1832년에 사망할 때까지 거주했던 집[Goethe-Haus]에서 파우스트 등 유명한 작품들을 집필했다. 이 괴테 하우스에는 그의 서재[書齋], 많은 서적을 보관한 도서관과 예술품을 보관한 방 등이 아직까지 잘 보관되어 있다.

괴테는 1791~1817년까지 그 당시 궁정극장[Hoftheater]의 관장[館長]직을 맡고 있었다. 여기서 괴테는 실러[Schiller]와 같이 위대한 작품을 창작하게 되었다. 이를 기념하기 위해서 이 극장의 입구에는 괴테와 실러동상[사진 17-31]이 세워져 있다. 요즈음 이 극장은 국민극장[Nationaltheater]으로 이름이 개칭[改稱]되었다.

사진 17-31 바이마르의 국민극장(Nationaltheater) 입구에 세워진 괴테와 실러동상 앞에서

사진 17-32 괴테가 바이마르에 있을 때 거주한 집(왼쪽)과 자주 들러서 술을 마신 주점(오른쪽)

사진 17-33 실러(Schiller)가 바이마르에서 거주한 집

괴테가 주최한 도시 지식층의 모임인 금요일학회가 공작부인 안나 아말리아의 저택[邸宅]인 비툼궁전에서 개최되었으며, 바이마르는 독일에서 18세기와 19세기에 문화의 중심지로 널리 알려졌다. 괴테가 바이마르에 있을 때, 거주한 집과 자주 들러서 술을 마신 주점[사진 17-32]에서는 요즈음도 손님을 유도하는 선전광고판이 걸려 있다.

실러[1759~1805]가 1799년에 바이마르에 와서 사망할 때까지 1802~1805년에 거주한 집[사진 17-33]도 제2차대전 후에 깨끗하게 수리되었다.

17.9 아이제나흐

아이제나흐[Eisenach]는 12세기에 건설된 도시로서, 요한 세바스티안 바흐[1685~1750]가 이 도시에서 태어나서 성 · 게오르그 성당[사진 17-34]에서 영세를 받았다. 그 후 바흐[그림 17-7]는 바이마르의 궁중 오르간 연주자[1708년], 1723년~1750년까지 라이프치히에서 토마스학교의 음악 선생으로 그리고 토마스교회 합창단의 지휘자로서 바로크 음악의 거장[巨匠]이었다.

사진 17-34 아이제나흐의 성·게오르그 성당의 외부(왼쪽)와 내부(오른쪽) 모습. 바흐가 성당에서 영세를 받은 영세통(중간)

아이제나흐에서 바흐[사진 17-35]가 태어나서 거주한 집에는 음악도서와 각종 문서가 잘 보관되어 있다. 그리고 종교개혁자 루터[사진 17-36]가 1498~1501년까지 3년간 거주한 집에는 종교개혁 당시의 문서가 아직까지 보관되어 있다.

그림 17-7 독일화가 하우스만(Haussmann)이 1746년에 그린 바흐의 초상화(肖像畫)

사진 17-35 아이제나흐의 구시가(왼쪽)와 아이제나흐에 있는 바흐 생가(오른쪽)

사진 17-36 아이제나흐에서 1498~1501년까지 루터가 거주한 집에는 종교개혁 당시의 문서가 보관되어 있다.

17.10 밀라우

독일의 라이프치히와 호프Hof 사이에 놓인 밀라우Mylau에 있는 괼츠탈Göltzschtal 교량사진 17-37은 1846년에 착공, 1851년에 완공되어 이제 170년이나 되었다. 이 교량은 길이가 574m, 높이가 78m, 98개의 4층 아치로 모두 벽돌로 쌓은 전 세계에서 제일 큰 벽돌 교량이다. 이 교량의 특이점은 2천6백만 개의 벽돌을 쌓아서 올린 교각과 스팬span을 맞붙일 때 약제사/화학자化學者가 세밀하게 혼합한 모르터mortar를 사용했다는 것이다. 공사에 종사한 인부는 약 1740명이었으며, 공사 도중에 30명이 사망했다고 한다. 사망률이 1.7%로 그 당시 대단히 높았던 것으로 알려지고 있다.

밀라우에 있는 성 · 벤절교회사진 17-38는 13세기에 건설, 19세기에 신新고딕식式으로 재건되었으며, 뾰족한 종탑으로 유명하다. 성 · 벤절St. Wenzel은 체코 뵈멘Böhmen의 호수성인Schutzpatron이었다.

사진 17-37 라이프치히와 호프 사이의 밀라우에 있는 괼츠탈 교량(길이 574m, 높이 78m, 98개의 아치)의 교각과 스팬은 모두 벽돌로 쌓은 전 세계에서 제일 큰 벽돌 교량이다.

사진 17-38 뾰족한 종탑으로 유명한 밀라우에 있는 성·벤절교회(13세기 건설)

신혼부부들이 결혼하려고 줄을 서서 몇 년간 기다리는 바바리아주에 있는 유명한 비스키르헤

제18장 로맨틱 가도

18.1 독일의 유명한 가도

독일에는 유명한 가도[街道]가 많다. 예컨대, 로맨틱 가도, 동화[童話] 가도, 프랑켄지방의 성모[聖母] 가도, 종교개혁자인 루터 가도, 목골[木骨]가옥 가도, 포도주 가도, 성곽[城廓] 가도[사진 18-1], 시토수도원 가도[사진 18-2], 웨스트파렌 지방의 방앗간/풍차 가도[사진 18-3], 중세기의 소금 가도[Salzstrasse], 가로수[街路樹]가 늘어선 가도, 시계 가도, 바로크 가도, 흑림[黑林]의 고지[高地]도로/파노라마 가도, 황제와 왕의 가도 등등 그 종류가 대단히 많다.

그 외에도 로마제국이 게르만족과의 경계선에 설치한 장벽[Limes]을 따라 자전거로 갈 수 있는 독일의 리메스 자전거 가도[Deutscher Limes-Radweg, 사진 18-4]도 있다. 여기서는 저자가 독일에서 동서남북으로 여행하면서 구경한 다수의 가도 가운데서 몇 개만 다루기로 한다.

사진 18-1 독일 성곽 가도의 표시판

사진 18-3 독일 웨스트파렌 지방의 방앗간/풍차(風車) 가도의 표시판

사진 18-2 독일 시토수도원 가도의 표시판

사진 18-4 독일의 바이센부르크(Weissenburg)에 있는 로마제국과 게르만족의 경계선 장벽인 리메스(Limes) 자전거 가도

18.2 로맨틱 가도의 약도

로맨틱 가도[街道, Romantische Strasse, 사진 18-5]는 길이가 약 300km로 중부독일의 뷔르츠부르크에서 마인강, 타우버강 그리고 레히강을 따라 중세기의 상업도로에 놓인 도이취제국의 직속도시[Reichsstadt], 평민도시[Bürgerstadt], 각종 색깔의 목골[木骨]가옥이 많은 예쁜 옛날 마을, 다수의 성과 성곽도시를 지나 남부독일의 알프스산 저부에 놓인 퓌센까지 모두 28개의 도시와 마을이 연결된다[그림 18-1]. 이 낭만적 도로는 1950년에 설정되었으며, 코비드-19 때문에 오랫동안 준비한 70주년 행사를 2020년 6월 21일날 거행할 수 없게 되었다.

이 로맨틱 가도를 상세하게 보려면, 자동차로 여행하는 데 약 1주일간 걸린다. 제일 좋은 여행시절은 봄 또는 가을[9월말경]이다.

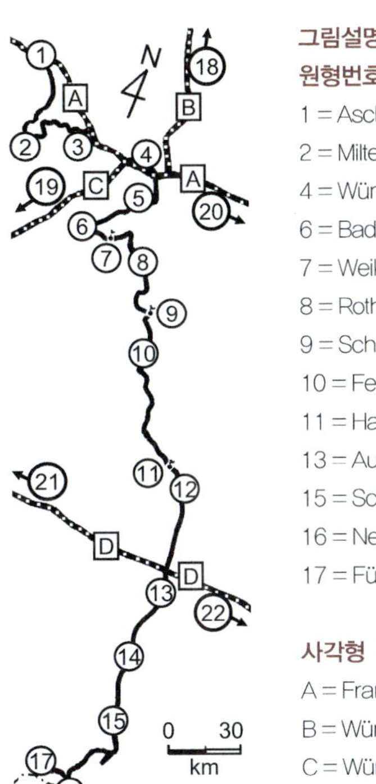

그림설명

원형번호: 도시이름

1 = Aschaffenburg
2 = Miltenberg 3 = Wertheim
4 = Würzburg 5 = Ochsenfurt
6 = Bad Mergentheim
7 = Weikersheim (성곽)
8 = Rothenburg o.d.T.
9 = Schillingsfürst (성곽)
10 = Feuchtwangen
11 = Harburg 12 = Donauwörth
13 = Augsburg 14 = Landsberg
15 = Schongau
16 = Neuschwanstein성(城)
17 = Füssen

사각형 알파벳: 고속도로

A = Frankfurt–Nürnberg(20)
B = Würzburg–Kassel(18)
C = Würzburg–Stuttgart(19)
D = Stuttgart(21)–München(22)

그림 18-1 뷔르츠부르크(번호 4번)에서 로텐부르크(번호 8번)를 통과해서 노이슈반슈타인 성(城, 그림 16번)까지 가는 길이가 약 300km인 독일의 로맨틱 가도(街道)

사진 18-5 독일의 로맨틱 가도에 설치된 표시판

18.3 뷔르츠부르크

교회와 고적건물

길이가 약 300km나 되는 로맨틱 가도는 바로크식과 로코코식 건물로 아름답게 건설된 중부독일의 중형도시인 뷔르츠부르크Würzburg, 인구 13만 명에서 시작한다. 뷔르츠부르크는 기원전 1천 년경에 켈트족이 설립했으나, 이 도시는 서류상으로는 처음으로 서기 704년에 설립된 것으로 기록되어 있어 2004년에 도시설립 1300주년을 기념했다. 저자는 지난 60년 동안 독일에서 동서남북으로 여행하면서 2천 년 이상의 역사를 갖인 제일 오래된 9개의 도시표 18-1를 모두 방문했다.

표 18-1 독일에서 제일 오래된 주요 도시

순서	도시이름	설립년도	설립자
1	보름스(Worms)	기원전 5천 년	켈트족
2	뷔르츠부르크(Würzburg)	기원전 1천 년	켈트족
3	마인츠(Mainz)	기원전 38년	켈트족
4	본(Bonn)	기원전 20년	켈트족
5	쾰른(Köln)	기원전 19년	로마제국
6	트리어(Trier)	기원전 17년	로마제국
7	슈파이어(Speyer)	기원전 10년	로마제국
8	코블렌츠(Koblenz)	기원전 9년	로마제국
9	아욱스부르크(Augsburg)	기원전 8년	로마제국

아일랜드에서 독일로 선교宣敎하러 온 보니파티우스 성인聖人이 732년에 뷔르츠부르크에 가톨릭교회의 주교좌主教座를 설치했다. 뷔르츠부르크를 지나가는 마인강의 왼쪽 언덕 위에 1천여 년 전에 오각형 요새要塞, Festung가 건설되었으며, 후작주교侯爵主教들이 13~18세기까지 5백여 년 동안 거주한 마리엔베르크Marienberg 성곽사진 18-6은 뷔르츠부르크의 상징으로 널리 알려져 있다.

사진 18-6 뷔르츠부르크의 후작주교들이 13~18세기까지 5백여 년 동안 거주한 마인강 언덕에 오각형으로 건설된 마리엔베르크 성곽

사진 18-7 뷔르츠부르크 시내에 많은 성당의 뾰쪽한 종탑(왼쪽)과 마인강을 지나가는 옛날 교량(1543년 건설)의 교각 위에 세워진 12명의 성인(聖人) 석상(石像)(오른쪽)

서기 8세기에 뷔르츠부르크의 부르크호프^Burghof^에 건설된 둥근 모양의 성모성당^Marienkirche^은 전술한 트리어의 대성당^사진 10-23 참조^같이 독일에 건설된 제일 오래된 교회의 하나이다. 뷔르츠부르크에는 그 후에 멀리서도 뾰쪽한 종탑이 보이는 성 · 킬리안 대성당, 노이뮌스터 성당, 마리아 소성당, 케펠레 순례성당 등 유명한 교회건물이 많이 건설되었으며, 프랑켄지방의 성모 가도^제19장 참조^가 이 교회들을 모두 지나간다.

뷔르츠부르크에는 1473~1543년에 마인강을 건너가는 옛날 교량^Alte Brücke, 사진 18-7^을 건설했으며, 신앙심이 강한 뷔르츠부르크 시민들이 교량의 난간^欄干^에 사암^砂巖^으로 12명의 성인상^聖人像^을 세웠다. 저자가 1964년에 처음으로 이 도시를 방문해서 이 교량의 교각 위에 세워진 12명의 성인상^聖人像^을 보았을 때 대단히 인상적이었다.

사진 18-8 유네스코가 세계문화유산으로 인정한 300여 개의 방이 비치된 아름다운 바로크식 궁전인 뷔르츠부르크의 레지덴츠(18세기 건설) 외부/내부 모습

뷔르츠부르크에는 후작侯爵 주교主敎가 거주하기 위해서 300여 개의 방이 비치된 레지덴츠Residenz, 사진 18-8가 1720~1744년에 건설되었으며, 이 궁전은 독일에서 제일 크고 아름다운 바로크식 궁전의 하나이다. 외부 벽을 피복被覆한 금색의 사암砂巖 벽돌에는 황갈색黃褐色, ochre을 칠해서 황색을 더 진하게 만들었으며, 천연 점판암粘板岩, slate으로 지붕을 덮어서 건설한 웅장한 후작주교의 궁전은 1981년에 유네스코가 세계문화유산으로 인정했다. 1922년부터 이 레지덴츠의 정원과 황제홀에서 매년 6월 중순에 모차르트 축제가 개최되고 있으며, 이 축제는 이제 1백 년의 역사를 갖고 있다.

서기 1582년에 뷔르츠부르크대학교가 설립되었으며, 이 대학교에서 교수로 물리학 연구소의 소장직을 역임한 뢴트겐1845~1923은 1895년에 X-선線을 발견해서 1901년에 노벨물리학상을 받게 되었다. 뢴트겐은 취리히대학교에서 공부하고, 스트라스부르대학교에서 연구하면서 1870~1895년까지 58개의 주요한 연구업적을 학술잡지에 발표해서 전 세계에 널리 알려진 물리학자였다.

뷔르츠부르크는 프랑크푸르트와 같이 독일에서 철도와 고속도로교통의 중심지이였으므로 제2차대전 때 연합군의 폭격으로 뷔르츠부르크의 대성당과 중심가 등 도시의 90%가 파괴/소실되었다. 그러나 마인강에 다닌 화물선의 짐을 하역荷役하기 위해서 1773년에 강변에 설치한 목재木材 기중기사진 18-9는 다행히 부서지지 않았다. 이 목재 기중기는 많은 사람들이 밟아 돌리는 수레바퀴로 가동하는 보기 드문 고적물로, 요즈음 뷔르츠부르크의 상징이 되고 있다.

제2차대전 때 연합군의 폭격으로 대성당 내부에 설치된 예술품/미술품은 완전히 파괴/소실되고 주택, 하수시설, 가스와 전기시설도 많이 파괴되어 전후[戰後]에 부녀자들이 길거리에 깔린 부서진 돌조각을 모두 제거[사진 18-9]한 후, 보수 또는 재건해야만 했다. 제2차대전 때 뷔르츠부르크의 레지덴츠도 상당히 파괴되었으나 원본대로 완전히 재건되었다.

사진 18-9 마인강에 짐을 실고 다닌 화물선을 하역(荷役)하기 위해서 1773년에 뷔르츠부르크에 설치한 목재 기중기(왼쪽)와 제2차대전 때 도시건물의 90%가 파괴되어 부녀자들이 길거리에 깔린 부서진 돌조각을 모두 제거할 때 사용한 궤도차(軌道車)를 전시해 둔 광경(오른쪽)

사진 18-10 지난 100여 년간 여러 번 2m 이상 범람한 마인강의 수위표시(오른쪽)와 강이 범람할 때, 뷔르츠부르크 도심지가 수장되는 것을 방지하기 위해서 닫을 수 있도록 강변에 설치한 높이가 2~3m나 되는 철문(왼쪽)

뷔르츠부르크를 지나가는 마인강은 지난 100여 년 동안 여러 번 2m 이상 범람해서 도심지의 일부가 수장되었다. 앞으로 도시중심가에 홍수피해를 방지하기 위해서 마인강을 따라 높이가 2~3m인 벽을 쌓고 철문[사진 18-10]을 설치해서 홍수가 나면 철문을 잠글 수 있도록 만들었다.

프랑켄 포도주

사진 18-11 프랑켄 포도주는 복스보이텔(Bocksbeutel)이라고 부르는 염소불알 모양의 전통적인 포도주병에 담는다.

뷔르츠부르크는 분지에 포도밭으로 둘러싸인 프랑켄Franken 포도주산지의 중심지이다. 1200년대부터 뷔르츠부르크의 슈타인Stein 포도밭에서 수확한 포도로 만든 리슬링Riesling 포도주는 대단히 유명했다. 이 프랑켄 포도주는 복스보이텔Bocksbeutel, 사진 18-11이라고 부르는 염소불알 모양의 전통적인 포도주병에 담았다. 포도주 애호가인 괴테가 1806년에 자기 부인에게 쓴 편지에서 독일의 다른 지방에서 생산된 포도주는 맛이 없으니 뷔르츠부르크의 프랑켄 포도주를 보내달라고 부탁했다고 할 정도로 옛날부터 유명했다.

마인강지대에서 생산된 프랑켄 포도주는 건강에 좋다고 옛날부터 널리 알려져, 뷔르츠부르크에서 부유한 시민들이 노령에 입주入住한 양로원으로 유명했던 14세기에 설립된 시민병원/양로원Bürgerspital, 사진 18-12와 사진 18-13과 16세기에 설립된 율리우스 병원/양로원Juliusspital, 사진 18-14에서 병을 치료할 때 포도주를 많이 먹였다. 양로원의 역사에 따르면 16세기에 병원/양로원에서 환자들과 노인들에게 매일 5리터의 포도주를 약藥, 보신제, 영양제로 주었다고 한다. 의학이

사진 18-12 뷔르츠부르크에 있는 1316년에 설립된 유명한 시민병원/양로원(왼쪽)과 요즈음에도 영업하고 있는 시민병원/양로원의 음식점(오른쪽)

발달하지 않은 16~17세기에 포도주가 진정제, 진통제로 아주 치료가 힘든 환자들에게는 하루에 7리터까지 먹였으니 환자들이 완전히 술에 취해서 아픈 줄도 몰랐을 것으로 사려思慮된다.

16세기에 독일시민들의 식사는 아주 검소했으며, 빵과 육류에 항상 포도주가 빠지지 않았다. 그 이유는 식수가 불결했기 때문에 포도주를 음료수, 영양제, 강장제로 낮과 밤에 수시로 마셨다고 한다. 그 당시 독일에서 포도주 소비량은 1년에 1인당 120리터로, 저자가 유학을 왔을 때 독일에서 평균 포도주 소비량이 40~45리터1964년 통계였으며 2000년 초기에 20리터2002년 통계 와 비교하면 어마어마한 양이었다. 따라서 병원, 양로원, 수도원이 소유所有한 포도밭사진 18-15에서 포도주를 대량 생산하여 아주 상당한 수익을 올렸다.

사진 18-13 뷔르츠부르크에 있는 14세기에 설립된 시민병원/양로원의 음식점 간판(왼쪽)과 음식점의 메뉴카드(오른쪽)

사진 18-14 뷔르츠부르크에 있는 유명한 유리우스 병원/양로원(16세기 설립)과 양로원의 음식점(1576년 개원) 간판

그림 18-2 뷔르츠부르크에 있는 유명한 율리우스 병원/양로원의 포도주산지 마크(오른쪽)와 0.1/0.3리터짜리의 전통적인 프랑켄 포도주잔(왼쪽)

독일사람들은 옛날부터 술을 많이 마시는 습관이 있었다. 저자의 이웃집에 살았던 제2차대전 때 부상을 당해서 다리 하나를 잃어버린 92세의 상이군인傷痍軍人의 이야기를 들어보면 독일탱크부대의 베테랑veteran으로 대단히 치열하게 싸웠던 소련의 쿠르스크Kursk 탱크전투에서 부상 당한 독일군인들의 숫자가 너무 많아 야전병원에서 군의관軍醫官과 의료시설 부족으로 모두 치료를 받을 수 없어 '진정제/진통제'로 독주毒酒를 한 병 받아서 마신 후 그 다음날 살아났다고 웃으면서 경험담을 이야기해 주었다.

요즈음도 매년 6월달에는 뷔르츠부르크의 시민슈피탈Bürgerspital의 정원에서 포도주를 시판市販, Ausschank하므로 식사를 하면서 각종 포도주를 시음할 수 있는 좋은 기회가 많다. 이 시민슈피탈은 뷔르츠부르크 대성당에서 동북쪽으로 약 500미터 떨어져 있다. 그리고 옛날에 후작侯爵 주교主教들이 거주한 아름다운 바로크식 궁전인 레지덴츠사진 18-8 참조의 지하실에는 포도주를 시음할 수 있는 유명한 포도주 저장고와 음식점이 있어, 저자는 한국과 외국에서 방문한 손님들을 모시고 자주 이 레지덴츠의 지하실사진 18-16과 시민슈피탈의 정원에 가서 프랑켄Franken 포도주를 시음했다.

사진 18-16 뷔르츠부르크의 궁전 지하실에 있는 옛날 포도압축기 앞에서 프랑켄 포도주를 제조하는 방법을 경청하고 있는 포도주 애호가들

사진 18-17 뷔르츠부르크의 궁전 지하실에 있는 포도주시음 음식점(왼쪽)과 포도주 지하저장고(오른쪽)

저자가 2012년 3월 달에 1백만여 리터의 포도주가 저장된 레지덴츠의 궁전 지하저장고[사진 18-17]를 방문했을 때, 가이드의 설명에 따르면 그 당시 저장된 포도주 종류는 주로

- 실바너[Silvaner]가 40%
- 뮐러-투르가우[Mueller-Thurgau]가 20%이었으며
- 유명한 리슬링[Riesling] 포도주는 약 4% 정도였다.

매년 9월~10월달에 포도 수확제[收穫祭, Winzerfest]가 개최되면, 프랑켄 포도주 애호가들이 많이 와서 전체도시가 대단히 북작거린다.

18.4 바드 메르겐트하임

바드 메르겐트하임[Bad Mergentheim]은 1340년에 도시권을 획득한 인구가 2만 명의 소도시로, 16세기에 구시가에 도이취 기사단[騎士團]의 성곽[城廓]과 궁전[사진 18-18]이 건설되었다. 도이취 기사단이 동프러시아를 떠난 후, 이 궁전을 본부로 만들어서 역대 기사단장들이 1527~1809년까지 280여 년 동안 거주했다.

사진 18-18 바드 메르겐트하임에 16세기에 도이취 기사단(騎士團)이 본부를 건설해서 기사단장들이 1527~1809년까지 280여 년 동안 거주한 궁전

베토벤이 나이 21살이었던 1791년에 바드 메르겐트하임의 관현악단orchestra에서 비올라viola를 연주했을 때, 이 도시에서 거주한 집사진 18-19이 아직까지 잘 보관되어 있다.

바드 메르겐트하임 시청사사진 18-20는 1564년에 설립되었으며, 그 주위에 천사天使 약방사진 18-21과 다수의 목골木骨가옥이 아름답게 건설되었다. 1826년에 양을 몰고 바드 메르겐트하임을 지나가던 목자牧者가 온천을 발견한 이후부터 온천장이 크게 발달하게 되었다. 지하에서 고미수苦味水가 흘러나와서 소화기관, 간肝과 담낭膽囊을 치료/요양할 수 있는 휴양지이므로 요양객들이 많이 방문한다.

사진 18-19 바드 메르겐트하임의 관현악단(orchestra)에서 베토벤이 나이 21살이었던 1791년에 비올라(viola)를 연주했을 때, 거주한 집이 아직까지 잘 보관되어 있다.

사진 18-20 바드 메르겐트하임 시청사(왼쪽)와 그 옆에 아름답게 목골(木骨)구조로 건설된 시의회위원/시청직원의 음식점(오른쪽)

사진 18-21 중세기에 바드 메르겐트하임에 건설된 천사(天使)약방(왼쪽)과 약방간판(오른쪽)

18.5 봐이커스하임

봐이커스하임Weikersheim은 중세기에 설립된 인구가 약 7천 명 되는 조그마한 마을이다. 여기에 봐이커스하임 지대를 다스린 호헨로헤 후작侯爵의 궁전사진 18-22이 16세기에 건설되었다. 마을의 중심가에는 교회, 시청과 음식점이 모여 있다사진 18-23.

사진 18-22 봐이커스하임에 16세기에 건설된 호헨로헤 후작(侯爵)의 궁전

사진 18-23 봐이커스하임의 중심지에 있는 교회(왼쪽)와 여관/음식점(오른쪽)

18.6 로텐부르크

뷔르츠부르크에서 로텐부르크Rottenburg까지는 거리가 약 100km 정도 된다. 로맨틱 가도와 성곽城廓 가도Burgenstrasse가 서로 교차하는 로텐부르크현재인구 1만3천 명는 8세기에 설립되었다.

1250년에 건설된 시청건물은 소실되어 그 옆에 1578년에 시청사사진 18-24가 새로 건설되었으며, 시청 탑은 높이가 60m나 된다. 16세기부터 도시가 전혀 변형되지 않았으며 받침돌 위에 단단하게 세운 전형적 중세기의 목골木骨건물, 목재로 아름답게 조각한 가옥들과 편석片石

으로 포장한 좁은 길목이 모두 그대로 남아있는 8백여 년이 된 옛날 도시이다. 이 도시에는 르네상스와 바로크시대에 축조된 아름다운 건물들이 아직까지 많이 남아 있다. 도시를 둘러싸고 있는 길이가 2.5km나 되는 성벽과 13~14세기에 건설된 30여 개의 두꺼운 성문과 성탑 사진 18-25이 모두 남아있어, 옛날 도시주민들의 생활상을 볼 수 있다.

사진 18-24 로텐부르크의 시청사(1578년 설립, 오른쪽)와 그 옆에 있는 아이젠후트 호텔 (1773년 설립, 왼쪽)

사진 18-25 로텐부르크를 둘러싸고 있는 길이가 2.5km나 되는 성벽(왼쪽)과 13~14세기에 건설된 두꺼운 성문과 성탑(중간/오른쪽)

저자는 외국에서 손님이 올 때 여러 번 로텐부르크를 방문했다. 2000년대 초반에 한국에서 여동생이 왔을 때에는 로텐부르크 중심가에 있는 450년 이상 된 틸만 · 리멘슈나이더 호텔 1559년 설립, 사진 18-26에서 투숙했다. 이 호텔에서 좁은 계단을 올라가면, 작은 방에 놓인 침대가 옛날 사람들의 작은 몸에 맞춰 만들어서 대단히 작으므로, 요즈음 키가 큰 젊은 사람들은 편한 취침이 어려울 것으로 생각되었다. 이 호텔 옆에는 12세기에 건설된 흰탑/성문Weisser Turm도 보였다.

사진 18-26 로텐부르크 중심가에서 투숙한 450년 이상 된 틸만·리멘슈나이더 호텔(1559년 설립, 왼쪽), 그 옆에 있는 흰탑/성문(12세기 설립, 중간)과 호텔간판(오른쪽)

사진 18-27 로텐부르크를 둘러 싼 성벽(왼쪽)과 방문한 외국여행자들에게 13~14세기에 창, 등불과 소뿔로 만든 각적(角笛, Horn)으로 무장한 야경원(夜警員) 가이드(중간/오른쪽)가 저녁에 그 당시 야경/순찰하는 풍습을 설명하고 있는 광경

옛날에 로텐부르크에서는 저녁에 성문을 잠그고 야경夜警하는 여러 명의 순찰병들이 성문의 탑 위에서 보초를 서고, 길거리를 돌아다니면서 가옥을 감시해서 도둑이 들어가지 못하도록 했다고 한다. 요즈음도 3월~12월까지 이 도시를 방문하는 여행객들에게 매일 저녁 9시반에 야경원夜警員, 사진 18-27이 옛날 복장을 입고서 창槍, 등불과 소뿔로 만든 각적角笛, Horn으로 무장하고서 한시간 동안 중심가를 돌아다니면서 옛날에 일어난 특이한/흥미진진한 사건들을 설명하는 가이드가 있다.

로텐부르크에서 매년 개최되는 주요 행사는

- 부활절 때 목자[牧者]의 춤
- 이 도시에서 옛날에 일어난 주요한 일로서 30년 전쟁[1618~1648년]때, 로텐부르크가 적군에 의해 포위되었을 때, 시장[市長]이 3.5리터의 포도주가 들은 큰 잔을 한꺼번에 마시는 경쟁에서 성공해서 적군의 공격을 방지했다고 한다. 그래서 1881년부터 매년 성신강림절 날, 17세기 30년전쟁 때의 역사적인 장인[匠人]복장, 시장[市長]복장, 용병[傭兵]복장을 입은 배우들이 참여한 가운데서 3.5리터의 큰 잔으로 포도주를 '한꺼번에 마신 거장'[巨匠 Meistertrunk]을 축하하는 연극을 4일간 개최하고 있다.
- 6월~7월달에 하기 국민축제[Sommervolksfest]가 개최되며
- 9월초에 제국 직속도시[Reichsstadt] 축제 때에도 3일간 역사적인 옷을 입은 배우들이 길거리에 나와서 쇼를 보여준다.
- 12월에 크리스마스 시장[Weihnachtsmarkt]이 열리면 많은 여행자들이 들리며, 매년 수백만 명의 여행자들이 이 도시를 방문한다. 특히 여름에는 관광객이 대단히 많으므로 좀 조용하게 이 도시를 구경하려면 가을과 겨울에 방문하는 것이 좋다.

사진 18-28 로텐부르크에서 맛있는 갈비구이를 먹을 수 있는 지옥(Zur Höll)이란 음식점에서

이 도시에 있는 '지옥으로 가는[Zur Höll] 음식점'에서는 옛날에 숯불에 구어서 만든 고전적인 갈비구이[사진 18-28]도 주문할 수 있어, 저자도 한번 들려서 시식해 보았다. 고기 맛이 아주 좋았던 것으로 아직까지 기억된다.

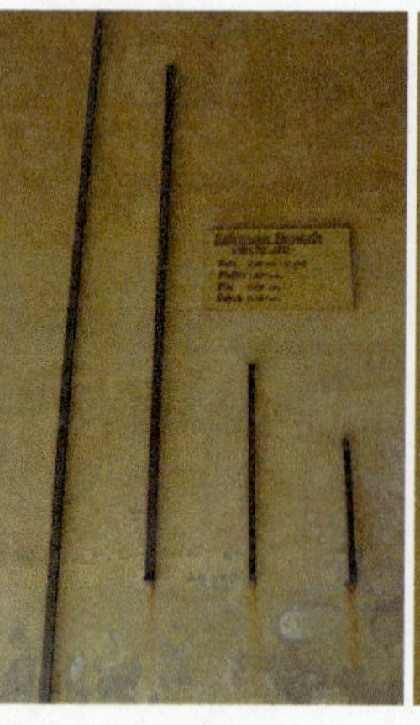

사진 18-29 중세기에 로텐부르크에서 문앞에 설치한 초인종(招人鐘, 왼쪽)과 1811년까지 도시 내에서 사용한 4종류의 척도(尺度, 중간/오른쪽)

사진 18-30 중세기에 로마의 페르디난드 왕과 독일황제 카를 5세가 각각 1540년/1546년에 로텐베르크를 방문했을 때 투숙한 수도원

외래 방문객이 로텐부르크에 왔을 때, 친지들이 거주하고 있는 건물의 각층에 신호를 보낼 수 있도록 중세기에 벌써 문앞에 기계식 초인종[招人鐘, 사진 18-29]이 설치되었다고 한다. 그리고 로텐부르크에서는 중세기부터 1811년까지 4종류의 척도[尺度]를 사용했다고 한다. 예컨대 1 슈[Schuh, 신발]는 30cm, 1 엘레[Elle]는 59cm이었다[사진 18-29].

중세기에 귀족들이 로텐베르크를 자주 들렀으며, 예컨대 로마의 페르디난드 왕은 1540년에 그리고 독일황제 카를 5세는 1546년에 각각 방문했으며, 이때 수도원[사진 18-30]에서 투숙했다고 수도원 벽에 기록되어 있다.

로텐부르크에 있는 범죄박물관[사진 18-31]은 3천m^2의 넓은 면적에 중세기에서 19세기까지 처벌한 법정서류와 형법의 변천을 보여주고 있다. 그리고 사용한 각종 고문도구, 머리에 채우는 각종 목갑[木匣], 죄수를 운반하는 우리/마차가 전시되어 있다. 그리고 도시 역사관[사진 18-32]에는 고문한 방법 등 중세기 역사를 소장하고 있다.

사진 18-31 로텐부르크의 범죄박물관(왼쪽)에 전시된 중세기의 죄수 운반 우리(중간)와 죄수를 운반한 마차(오른쪽)

사진 18-32 로텐부르크에서 고문한 방법 등 중세기 역사를 소장하고 있는 도시 역사관

독일의 풀다에서 알프스산과 피레네산을 넘어서 약 2,300km 떨어진 스페인의 산티아고데 콤포스텔라[Santiago de Compostela]까지 성 · 야곱 성지순례를 갈 때, 뷔르츠부르크 대성당을 들린 다음, 로텐부르크의 성 · 야곱 성당[1311년 설립]도 방문했다. 이 성당 앞에는 성 · 야곱 순례자[사진 18-33]의 동상이 세워져 있다. 이 성당에서 기도를 드린 다음

• 슈파이어 대성당[사진 16-9 참조]을 경유해서 튀빙겐[사진 16-39 참조]으로 또는

• 울름을 지나서 콘스탄츠로 갔다.

사진 18-33 독일의 풀다에서 알프스산과 피레네산을 넘어서 약 2,300km 떨어진 스페인의 캄포스 데 콤포스텔라까지 성·야곱 성지순례를 갈 때 통과한 로텐부르크의 성·야곱 성당(1311년 설립, 왼쪽)과 그 앞에 세워진 순례자 동상(중간/오른쪽)

18.7 실링스퓌르스트

사진 18-34 로맨틱 가도에 놓인 실링스퓌르스트의 성·킬리안 교회

실링스퓌르스트Schillingsfürst는 인구가 약 3,000명으로 약 1천 년 전에 설립된 조그마한 마을[사진 18-34와 사진 18-35]이다. 옛날에 후작侯爵이 거주한 바로크식으로 건설된 실링스퓌르스트 성[1723~1750년 건설]에서는 아름답게 꾸민 식장式場을 대절해서 결혼식을 거행할 수 있다. 여름에는 이 성에서 사육한 송골매 쇼falcon show가 개최되므로 여행객들이 많이 방문한다.

사진 18-35 유럽에서 우편배달의 역사가 500년 된 1990년에 발행된 독일우표(오른쪽, 저자 소장)와 정기적으로 승객과 우편을 배달한 역마차가 도착한 여인숙(왼쪽)

옛날에 헝가리의 피아노 연주가/작곡가 프란츠 리스트Liszt, 1811~1886가 실링스퓌르스트 성에 자주 와서 귀족들과 모인 좌석에서 피아노를 연주했으므로, 요즈음 리스트 학원學院, academy에서 젊은 피아노 연주가들을 양성하고 있다.

18.8 포이히트방겐

포이히트방겐Feuchtwangen은 인구가 1만2천 명으로 그 역사가 1천2백 년이나 된 옛날 도이취제국의 직속 도시였으며, 로맨틱 가도사진 18-36에 놓여 있다. 포이히트방겐처럼 중세기 독일의 소도시에는 제일 중심지인 시장市場광장Marktplatz에 성당과 맥주공장사진 18-37, 민속극장이 한 개씩 있었으며, 여인숙, 술집, 음식점과 커피숍사진 18-38은 여러 개 있었다.

사진 18-36 로맨틱 가도에 놓인 포이히트방겐으로 가는 도로표시판

사진 18-37 포이히트방겐처럼 중세기 독일의 소도시 중심가에는 성당과 여인숙(왼쪽) 그리고 음식점과 맥주공장(오른쪽)이 최소 한개씩 있었다.

사진 18-38 포이히트방겐에 1616년에 처음으로 열려 이제 400여 년이 된 커피숍

사진 18-39 포이히트방겐에 기록된 역사에 따르면, 시내에 공공(公共)화장실이 없었기 때문에 중세기에는 물론 1950년대 초반까지 남녀들이 소변을 보았다는 참사회(參事會) 성당(Stiftkirche) 옆 소(小)골목길(왼쪽)과 골목길 끝에 1960년대에 설치된 공공 화장실의 표시판(오른쪽)

포이히트방겐 시청에 기록된 역사에 따르면, 옛날에 시내에 공공公共화장실이 없었기 때문에 중세기에는 물론 제2차대전 후 1950년대 초반까지 성당/술집 옆 소小골목길Gässchen, 사진 18-39에서 남녀들이 소변을 보았다고 한다. 이 소小골목길에 악취惡臭가 코를 찔렀기 때문에 1960년대에 골목 끝에 공공公共화장실이 설치되었다.

요즈음 포이히트방겐은 축제祝祭도시로 널리 알려져 있으며, 옛날 분도수도원의 안뜰을 둘러 쌓은 회랑廻廊에서 지난 60여 년 동안 매년 여름에 괴테, 실러, 레싱, 몰리에, 클라이트, 셰익스피어 연극이 개최되고 있으며, 지금까지 160만 명의 관람객이 방문했다고 한다.

18.9 딘켈스뷜

800여 년 전에 설립된 딘켈스뷜Dinkelsbühl에서는 로텐부르크처럼 얼마전까지 밤에 야경원夜警員이 순찰巡察하면서 다녔다고 한다. 이 마을인구 1만 명은 지난 400년 동안 전혀 변화되지 않았으며, 제2차대전 때도 파괴되지 않아 가옥들이 지금까지 잘 보존되어 있어 독일에서 제일 아름다운 중세기 마을의 하나라고 야경夜警안내원이 방문한 여행객들에게 성명해 주었다.

저자가 이 마을에서 상세하게 구경한 바에 의하면, 전체 마을이 튼튼한 성벽城壁으로 완전히 둘러싸여 있고, 그 중간 중간에 성문城門과 성탑城塔, 사진 18-40이 세워져 있으며, 능보稜堡, bastion 그리고 전통적인 목골가옥木骨家屋, Fachwerkhaus, half-timbered house, 사진 18-41이 아직까지 그대로 남아 있어 정말 중세기에 온 기분이었다.

사진 18-40 중세기에 전체 마을에 돌담을 둘러 쌓고 중간 중간에 전망탑과 성문을 설치해서 보호한 800여 년이 된 딘켈스뷜 모습

사진 18-41 중세기의 전통적인 목골가옥(木骨家屋)이 아름답게 세워진 딘켈스뷜 마을

사진 18-42 괴테가 1797년 11월달에 스위스의 취리히에서 남부독일의 튀빙겐을 경유해서 뉘른베르크로 여행하는 도중에 들러서 점심식사를 했다는 딘켈스뷜의 음식점

사진 18-43 딘켈스뷜 마을에 있는 술집/음식점에 걸린 아름다운 간판

중세기의 마을을 산책할 때 한 음식점의 벽[사진 18-42]에 자랑스럽게 괴테가 여기서 점심식사를 했다는 글씨가 새겨져 있는 것이 보였다. 관심을 갖고 문의해 보니 괴테가 스위스의 취리히에서 남부독일의 튀빙겐을 경유해서 뉘른베르크로 여행하는 도중에 1797년 11월 2일날 딘켈스뷜에 들러서 점심식사를 했다고 한다. 이 마을에는 여인숙, 음식점과 술집이 많으며, 술집 앞에 아름다운 간판[사진 18-43]을 달아서 고객을 유도하고 있다. 옛날에 주정뱅이들이 딘켈스뷜의 술집에서 술을 너무 많이 퍼 먹고 돈이 부족해서 술값을 모두 지불하지 못했을 때, 며칠간 감금한 감옥소[사진 18-44]는 아직까지 남아있어 여행객들에게 보여주고 있다.

사진 18-44 주정뱅이들이 딘켈스뷜의 술집에서 술을 퍼 먹고 돈이 없어 술값을 지불하지 못했을 때, 감금한 감옥소

사진 18-45 스웨덴왕이 30년전쟁 때 딘켈스뷜 마을에서 투숙한 숙영지(宿營地)는 요즈음 음식점/여인숙(왼쪽)으로 사용되고 있으며, 야외극장(오른쪽)에서는 요즈음도 중세기의 민속극이 공연(公演)되고 있다.

17세기의 30년전쟁 때 스웨덴왕이 딘켈스뷜 마을에서 투숙한 숙영지사진 18-45는 아직까지 남아 있어 요즈음 음식점/여인숙으로 사용되고 있다. 이 마을의 역사를 읽어보면, 어린애들이 관대한 처분을 소원해서 전승한 스웨덴 왕이 딘켈스뷜을 파괴하지 않았다고 한다. 이를 기념하기 위해서 1897년부터 매년 7월달에 10일 동안 야외극장사진 18-45에서 민속극, 민속춤, 음악회 등 각종 경축행사가 실시되고 있다.

18.10 아욱스부르크

아욱스부르크Augsburg는 로마제국의 황제 아우구스투스 시절에 건설된 로마군인들의 주둔지로서 이제 2천년사진 18-46의 역사를 자랑하고 있다. 아욱스부르크는 전술한 트리어사진 10-19 참조와 쾰른사진 6-45 참조과 같이 독일에서 제일 오래된 도시의 하나이다. 로마제국의 타키투스Tacitus황제는 아욱스부르크가 호화찬란한 식민지라고 불렀으며, 고대에 풍요豐饒의 상징인 솔방울Pinienzapfen이 도시의 문장紋章, Wappen이었다. 아욱스부르크를 통과해서 로맨틱 가도의 종점인 퓌센Füssen까지는 비아 클라우디아 아우구스타Via Claudia Augusta라고 불려진 옛날 로마도로가 지나간다.

아욱스부르크는 15~16세기에 북쪽에서 이탈리아로 가는 통상도로에 놓인 주요한 상업중심지이었다. 여기서 푸거Fugger, 1459~1525는 면직재품과 조미료를 이탈리아와 통상했으며, 유럽에서 제일 부유한 은행가로서 유럽경제를 장악하게 되어 아욱스부르크의 발달에 크게 기여하게 되었다. 1530년에 제국국회Reichstag가 개최되어 카를 5세가 왔었을 때, 부유한 아욱스부르크인구 3만5천 명에서 1만 명의 손님을 대접했다고 한다.

사진 18-46 아욱스부르크의 시청사(왼쪽, Kunth 출판사, 2006)와 독일 체신부가 1985년에 발행한 아욱스부르크의 설립 2천 년을 기념하는 기념우표(오른쪽, 저자 소장)

이 도시에서 17~18세기에 은[銀] 단련술[鍛鍊術]이 크게 발달했으며, 옛날[15세기]에 황제 프리드리히 3세가 아욱스부르크에 운하를 설치해서 도시 내로 유도한 레히강의 강물로서 소수력발전소, 목욕탕, 방앗간, 대장간, 옷감염색공업, 면직공업, 모피[毛皮]공업, 제혁[製革]공업, 종이공업 등이 크게 발달하게 되어, 아욱스부르크는 19세기에 유럽에서 제일 주요한 공업도시의 하나였다. 현재 인구가 약 26만 명인 아욱스부르크는 유네스코가 세계문화유산으로 인정했다.

아욱스부르크의 관광지는 다음과 같다.

- 르네상스 궁전인 시청사[1615~1620년 건설, 사진 18-46]는 7층 건물로 아욱스부르크의 문장[紋章]인 솔방울을 궁전 위에 달아서 옛날부터 풍요[豐饒]했던 도시를 과시하고 있다. 막시밀리안가[街]에는 부유한 옛날 부자집들이 많이 건설되어 있다.
- 4~15세기까지 건설/개조/증축한 대성당
- 푸거 집[1512~1515년]과 큰 연회장이 있는 로코코식 푸거궁전[1765~1767년]
- 푸거가 1519년에 건설해서 나이 많은 빈민자들에게 기부[寄附]한 53개의 후생[厚生]주택[Fuggerei]은 전 세계에서 복지주택의 효시[嚆矢]이며, 돌담에 있는 3개의 문을 통해 들어갈 수 있었으며, 노인들의 안전을 위해 밤 10시부터는 문을 닫고 야경원[夜警員]들이 보초를 서 있었다고 한다.
- 홍색[紅色]대문[Rotes Tor]과 보루[堡壘]의 탑은 30년전쟁[1621~1622년] 초기에 벽돌로 건설되었으며 대포와 총으로 사격할 수 있도록 구멍이 사방으로 배치되었다.

루돌프 디젤[1858~1913]은 프랑스 파리에서 태어나 아욱스부르크에서 공업학교를 다닌 후 뮌헨공대에서 공부했다. 디젤은 엔진을 발명해서 특허권을 낸 후 1897년에 디젤엔진을 제작했으며, 아욱스부르크 주위에는 디젤화물자동차와 부속품 공장들이 많이 흩어져 있다.

18.11 비스키르헤

알프스산의 전면前面에 있는 비스키르헤Wieskirche, 1745년~1765년 건설는 가톨릭교의 성지순례 교회이다. 바바리아주에서 제일 아름다운 교회이며, 교회건축물 가운데서 하나의 보배로 널리 알려져, 1983년에 유네스코의 세계문화유산으로 인정되었다.

저자가 1965년, 1985년 그리고 2006년 3번 방문했을 때에는 방문객이 드물었으며 주위에 자동차의 나쁜 공기와 소음이 없고, 새소리만 들리는 아주 조용한 곳이었다. 그러나 요즈음은 관람객이 1년에 1백만 명 이상이나 된다고 한다.

로맨틱 가도의 출발점인 뷔르츠부르크에서 남쪽으로 400km 이상 떨어진 로코코 양식으로 건설된 비스키르헤사진 18-47는 외부와 내부가 아주 깨끗하고, 300년 전에 조각/화가 형제가 내부를 아름답게 장식해서, 그림과 같이 아주 예쁜 교회이다. 이 성당에서 결혼할 수 있으나 많은 신혼부부들이 결혼식을 신청하므로 줄을 서서 몇 년 동안 기다려야 하는 단점이 있다.

사진 18-47 신혼부부들이 결혼하려고 줄을 서서 몇 년간 기다리는 바바리아주에 있는 유명한 비스키르헤(왼쪽, 저자 촬영)와 내부 모습(오른쪽, 1965년에 구입한 슬라이드 인용)

전설에 따르면 북부 유럽의 아일랜드에서 예루살렘으로 성지순례를 갈 때, 콜로마누스가 피곤해서 쉰 비스키르헤 주위에 있는 성 · 콜로만St. Koloman에 바로크 교회가 1673년에 건설되었다. 이 교회에는 바바리아주의 전형적인 양파모양의 지붕이 설치되었다. 이 성 · 콜로만 교회사진 18-48에서 약 4km 떨어진 곳에 바바리아 왕 루드비히 2세가 1869년에 건설한 꿈의 궁전Traumschloss인 노이슈반슈타인 성城이 있다.

사진 18-48 독일 바바리아주의 전형적인 양파모양의 지붕을 갖인 성·콜로만 성지순례 교회(멀리 알프스산 밑에 노이슈반슈타인 성이 보인다.)

18.12 노이슈반슈타인

독일 바바리아왕 루드비히 2세1845~1886년가 150여 년 전 1869년에 즐겨 산책했던 알프스산 주위에 있는 슈반가우현재인구: 3천 명의 단단한 돌산의 봉우리에 노이슈반슈타인 성Schloss Neuschwanstein, 사진 18-49을 착공했다. 루드비히 2세는 이 성城의 각 방에 수도와 난방시설을 설치했으며, 화장실에는 수세식 시설을 만들었다. 나이가 15살부터 리차드 바거너의 오페라를 무척 좋아했던 루드비히 2세는 불행히 나이 40세에 1886년에 슈타른베르크Starnberg 호수에서 사망하게 되어, 그 후 1892년에 노이슈반슈타인 성이 완공되었다.

알프스산의 전면前面에 놓인 이 성은 주위에 4개의 호수가 있어, 공기가 아주 깨끗한 공기요양지Luftkurort로 알려져 있다. 이 성은 바바리아왕 루드비히 2세의 꿈의 궁전Traumschloss, 사진 18-50이라고 전 세계에 널리 알려져 있으며, 독일에서 외국여행객이 제일 많이 방문하는 명승지이다. 2018년에는 방문객이 약 150만 명으로 지금까지 모두 6천만 명 이상의 방문객이 들린 곳으로 기록되어 있다.

사진 18-49 바바리아 왕 루드비히 2세가 경치가 좋고, 4개의 호수가 있는 알프스산 전면(前面)에 1869년에 착공, 1892년에 완공된 노이슈반슈타인 성(왼쪽)과 독일 체신부가 발행한 노이슈반슈타인 성 우표(저자 소장)

사진 18-50 바바리아왕 루드비히 2세가 건설한 노이슈반슈타인 성(城)의 내부마당에서

데텔바흐에 있는 모래밭의 마리아 성당으로 가는 길에 설치된 십자가의 길(Kreuzweg)

제19장 성모 가도

독일에는 성지순례교회가 많다. 예컨대, 네델란드의 국경선 근처에 있는 독일의 카벨레르Kavelaer의 성모성당Marienbasilika에는 2021년 성지순례해에 약 1백만 명의 순례자가 예상되었다. 그러나 코비드-19 때문에 참가한 순례자가 훨씬 적었다고 한다.

2002년부터 독일의 프랑켄지방에서 시작된 성모聖母 가도Fränkisher Marienweg는 길이가 약 2천km나 되며, 뷔르츠부르크 교구敎區와 밤베르크 교구에서 4개 구역으로 약 90개의 순례지를 지나간다그림 19-1. 저자는 이 프랑켄지방의 성모 가도를 따라 여러 번 순례하면서 견문한 것을 여기에 간단히 다루기로 한다.

그림 19-1 프랑켄지방에 있는 성모(聖母) 가도를 따라 순례할 때, 순례길에 붙어 있는 표시판

19.1 뷔르츠부르크

케펠레 순례성당

뷔르츠부르크Würzburg는 프랑크푸르트에서 뮌헨으로 가는 고속도로에 놓여 있으며, 프랑크푸르트에서 약 130km 떨어져 있다. 뷔르츠부르크는 옛날부터 성당과 가정집에 '아기예수를 안고 있는 성모상聖母像, Madonnen'이 독일에서 제일 많이 설치된 신앙심이 강한 도시의 하나로 알려져 있다.

사진 19-1 뷔르츠부르크의 케펠레 순례성당의 내부모습(왼쪽)과 순례한 환자(患者)가 기도한 후 완치(完治) 되어 성모마리아에게 감사하는 다수의 감사장(중간/오른쪽)이 교회안 벽에 걸려 있는 광경

독일에서 30년 전쟁1618~1648년 때 1640년에 어부가 뷔르츠부르크의 마인강 언덕에 있는 자기 포도밭에 나무로 만든 그리스도의 죽음을 애도하면서 슬픔에 잠긴 성모상pieta을 세운 후부터 동네의 병자病者들이 이 피에타에 와서 완치完治되기를 기도했다. 불치병不治炳 환자들이 완치된 기적이 여러 번 생겨, 이 자리에 작은 성당이 1653년에 세워졌다. 점차 순례자가 증가함에 따라, 그 옆에 더 큰 바로크식 케펠레Käppele 순례성당이 1750년에 건설되었다.

지난 250여 년 동안 케펠레 순례성당을 순례한 환자患者가 기도한 후 병이 완전히 완치完治되어서 성모마리아에게 증정贈呈한 감사장사진 19-1이 교회 안의 벽에 많이 걸려 있는 것을 볼 수 있었다. 저자는 케펠레 순례성당을 방문한 후 성모 가도의 도장사진 19-2을 받았다.

케펠레 순례성당은 높은 니콜라우스 언덕에 건설되었으며, 올라가는 다수의 계단階段에 5개의 토대土臺를 만들어 십자가의 길Kreuzweg, 사진 19-3이 설치되어 있다. 순례자들이 성당으로 올라가는 도중에 이 십자가의 길을 따라 가면서 14개의 성로聖路선공을 바치고 있는 병자病者들도 여기저기에 보였다.

사진 19-2 뷔르츠부르크의 케펠레 순례성당(왼쪽)을 방문한 후, 받은 프랑켄지방의 성모 가도 도장(오른쪽)

사진 19-3 뷔르츠부르크의 케펠레(Käppele) 순례성당으로 올라가는 높은 언덕에 5개의 토대(土臺)에 설치된 십자가의 길(Kreuzweg)

뷔르츠부르크 대성당

아일랜드에서 온 킬리안 선교사와 2명의 동행자가 프랑켄지방에서 선교宣教하다가, 689년에 순교殉教하게 되었다. 그 후에 킬리안과 동행자의 유골遺骨이 발견된 자리에 뷔르츠부르크 대성당Dom St. Kilian이 787년과 855년에 건설되었다. 그러나 매번 화재로 파괴되어 1075년에 길이가 105m로 큰 로마네스크romanesque식 교회사진 19-4를 새로 건설하게 되었다.

이 성 · 킬리안 대성당의 입구에 유대인의 제식 때 사용하는 일곱 가지 촛대Menorah, 사진 19-5가 세워져 있었다.

아일랜드에서 온 보니파티우스 선교사는 교황 그레고르 3세의 위탁을 받고 게르만족을 선교하면서 732년에 뷔르츠부르크 주교좌를 설립했다. 순교한 킬리안과 보니파티우스 선교사는 카를 대왕 시절에 유일한 성인으로 카를 대왕의 축제달력에 기록되어 축일행사가 항상 거행되었다고 한다. 성인 킬리안과 동반자의 해골은 대성당의 재대에 매장되어 있다. 킬리안은 이 주교좌의 호수성인으로 중세기에 그의 묘지를 방문하는 순례자가 점차 증가했다. 대성당에 있는 예술작품 가운데서 1279년에 설치한 세례통筒, 1495년에 만든 주교묘석墓石과 1968년에 제작한 풍금이 유명하므로 관심있게 구경했다.

사진 19-4 서기 787년/855년에 건설되어 화재로 소실된 후 1075년에 재건된 뷔르츠부르크 대성당의 외부/내부 모습

사진 19-5 뷔르츠부르크 대성당의 입구에 설치된 유대인의 일곱 가지 촛대(Menorah, 왼쪽)와 내부정원을 둘러 싼 회랑(回廊, 오른쪽)

사진 19-6 뷔르츠부르크에 있는 노이뮌스터 성당(9세기 건설)의 외부/내부 모습

노이뮌스터 성당

뷔르츠부르크 대성당의 옆에 있는 노이뮌스터[Neumünster] 성당[사진 19-6]은 9세기에 서기 689년에 프랑켄지방의 성인 킬리안과 2명의 동반자가 순교한 자리에 처음에 순교기념관으로 건설되었다. 그 후 18세기에 둥근지붕의 웅장한 성당으로 개조[改造]되었다.

사진 19-7 노이뮌스터 성당의 지하동굴(Kryptha)에 있는 성인 킬리안과 동반자의 성골(聖骨)이 보관된 관(棺)

뷔르츠부르크의 초대주교인 부르카르트 성인이 순교한 킬리안과 동반자의 성골[聖骨]을 석관[石棺]에 안장[安葬]했으며, 그 후에 이 성당의 지하동굴[Kryptha, 사진 19-7] 안에 성인 킬리안과 동반자의 성골관[聖骨棺]이 비치되어 있어 매년 수천 명의 순례자들이 방문하고 있다.

마리아 소성당

뷔르츠부르크의 마리아 소성당[Marienkapelle]은 14세기의 유대인 학살과 직접 연관되었다고 한다. 1349년에 뷔르츠부르크에 흑사병이 전염되었을 때, 유대인들이 마을의 우물에 독[毒]을 넣었기 때문에 흑사병이 발생했다는 소문이 나서 유대인들을 몰살시키고, 유대인 주택과 회당[會堂, synagogue]을 모두 파괴했다. 이 유대교 회당 자리에 14세기에 목조[木造]성당이 건설되었다.

사진 19-8 서기 14~15세기에 건설된 뷔르츠부르크의 마리아 소성당 외부/내부 모습

그 후 뷔르츠부르크 주민들의 헌금으로 1377년에 지금의 마리아 소성당(사진 19-8)을 착공해서 1441년에 완공했으며, 그 옆에 1479년에 높이가 70m인 종탑을 세웠다. 종탑의 꼭지에는 높이가 3.45m나 되는 큰 금맥기한 성모상이 설치되었다. 제2차대전 때 이 마리아 소성당은 폭격을 받아 심하게 파괴되어 1948~1961년에 재건/보수되었다.

19.2 데텔바흐

데텔바흐(Dettelbach)는 15세기에 설립된 조그마한 마을로 두꺼운 성벽으로 둘러싸여 있으며, 중세기에 밤에 보초병을 세워 감시한 36개의 성벽/성탑(사진 19-9) 가운데 아직까지 여러 개가 남아 있다. 이 마을에서는 매년 6월과 10월달에 프랑켄 포도주의 축제가 개최되며, 이때 포도주 애호가들이 많이 와서 초만원이 되므로 조그마한 마을 안에 들어갈 수 없을 정도이다. 이 마을에 있는 어떤 음식점에서는 주문할 수 있는 술과 음식이 그려진 간판(사진 19-10)이 걸려 있어 대단히 인상적이었다.

사진 19-9 데텔바흐에 15세기에 건설한 두꺼운 성벽과 성탑/성문(왼쪽)과 15/16세기에 중심가에 건설한 3층짜리 시청건물(오른쪽)

사진 19-10 주문할 수 있는 술과 음식이 그려진 간판(왼쪽)이 걸려있는 시골 음식점의 내부 모습(오른쪽)

사진 19-11 데텔바흐에 있는 성지 순례지인 모래밭의 마리아 성당(1613년 건설)

프랑켄지방의 성모 가도가 지나가는 데텔바흐에 있는 순례지인 모래밭의 마리아Maria im Sand 성당사진 19-11은 1613년에 건설되었다. 이 성당이 세워지기 전부터 순례지로 시작된 이유는, 1505년에 부상을 당한 환자가 꿈에서 들은 대로 데텔바흐의 모래밭에 서 있는 나무로 만든 그리스도의 죽음을 애도하면서 슬픔에 잠긴 성모상Schmerzensmutter, 사진 19-12에 촛불을 들고 가서 기도한 후에 병이 완치되었다고 한다. 그 후 1506년부터 순례자들이 많이 방문하기 시작해서 성모상pieta이 있는 자리에 소성당이 세워졌으며, 지금까지 500여 년 동안 순례자들이 끝임없이 와서 기도하고 봉원奉願미사를 바치고 있다.

저자는 데텔바흐를 1964년에 처음으로 들린 이래 2022년까지 여러 번 방문했다. 사순절四旬節기간에 순례자들이 데텔바흐에 있는 모래밭의 마리아 성당에 많이 순례와서 그 앞에 설치된 십자가의 길Kreuzweg, 사진 19-13을 따라 가면서 엄숙하게 성로聖路선공을 하는 광경을 자주 보았다.

사진 19-12 데텔바흐에서 성지 순례가 5백여 년 전에 처음으로 시작된 그리스도의 죽음을 애도하면서 슬픔에 잠긴 성모상

사진 19-13 데텔바흐에 있는 모래밭의 마리아 성당으로 가는 길에 설치된 십자가의 길(Kreuzweg)

19.3 볼카흐

볼카흐[Volkach]는 뷔르츠부르크에서 동북쪽으로 약 30km 떨어진 그림처럼 아름다운 조그마한 도시[인구 약 1만 명]로 중심가에는 폴카흐 성당[15~16세기 건설, 사진 19-14], 시청사[1544년 건설, 사진 19-15]와 중세기에 목골구조로 아름답게 건설된 호텔[사진 19-16]들이 모여있다.

중세기에 농부들이 교외에 있는 농토에서 생산한 농산물을 갖고 마을을 둘러싼 성탑/성문[사진 19-17]을 통과해서 시장[市場]광장에 들어와서 팔고 있는 장면이 그려진 1504년의 판화도 길거리에 걸려있다. 13세기에 건설된 성탑[사진 19-17]의 일부는 필요할 때, 하이델베르크의 마녀 탑[사진 15-22 참조]처럼 감옥으로도 사용되었다.

사진 19-14 폴카흐 성당(15~16세기 건설)과 도시 모습

사진 19-15 시장(市場)광장에 1544년에 건설된 시청사(왼쪽)와 그 앞에 있는 1480년에 만든 성모 우물(Madonnenbrunnen, 오른쪽)

사진 19-16 중세기에 목골구조로 아름답게 건설된 투흐하우스 호텔(왼쪽)과 호텔/레스토랑 광고판(오른쪽)

사진 19-17 마을을 둘러싼 성벽/성탑(13세기 건설, 왼쪽)과 중세기에 농부들이 농산물을 갖고 와서 팔고 있는 장면(1504년의 판화)

포도밭의 마리아 성당

볼카흐Volkach를 지나가는 마인강의 강변에 있는 포도밭 동산에 13세기에 작은 성당이 세워졌으며, 그 옆에 피에타pieta 동상이 설치되었다. 이 포도밭의 마리아Maria im Weinberg 성당사진 19-18은 15세기부터 성지순례지로 유명해졌다. 이 고딕식 성당 안에는 5백 년 전 1524년에 유명한

사진 19-18 성모 가도에 있는 폴카흐의 성지순례지(巡禮地)인 포도밭의 마리아 성당과 성당 안에 있는 5백년 된 큰 묵주(默珠, Rosario) 조각품을 관람할 때 필요한 입장권(오른쪽)

틸만 리멘슈나이더 조각가가 나무로 조각한 큰 묵주[默珠, Rosario/Maria im Rosenkranz] 조각품[사진 19-19]이 제대[祭臺] 위에 걸려있어 순례 오는 가톨릭신자가 많다. 이 묵주는 1962년에 도난[盜難]되어서 독일의 큰 잡지출판사가 10만 마르크의 보상금[報償金]을 지불한 후 다시 찾게 되었다.

저자는 유학생으로 1964년에 주위에 있는 뮌스터슈바르츠아흐 분도수도원을 방문했을 때, 수도원의 수사신부들과 같이 처음으로 이 성지순례지에 잠깐 들린 이후 지금까지 여러 번 방문했다.

포도밭의 마리아 성당은 바이에른 주의 고적물로 인정되었으며, 8월과 10월달에 폴카흐[사진 19-20]에서 프랑켄 포도주의 축제가 개최되면 포도주 애호가들이 이 마을에 온 기회에 순례하려 이 성당을 많이 방문한다.

사진 19-19 폴카흐에 있는 성지순례지인 포도밭의 마리아 성당(왼쪽) 안에 걸려있는 1524년에 나무로 조각한 큰 묵주(默珠, Rosario, 오른쪽)

사진 19-20 매년 가을에 프랑켄 포도주의 축제가 개최되면 포도주 애호가들이 많이 찾아오는 폴카흐 마을

딤바흐 성당

딤바흐Dimbach는 폴카흐 옆에 있는 조그마한 마을로 이곳에 있는 묵주默珠의 성모마리아St. Maria de Rosario 성당사진 19-21은 주위에 있는 뮌스터슈바르츠아흐 수도원의 수사들이 1325년에 착공해서 1334년에 완공했으며, 그 후 이 성당은 약 500년 동안 뮌스터슈바르츠아흐 수도원에 속했다. 수도원에서 정년퇴직한 수도원장과 수사들이 이 성당에서 노년기老年期를 보냈다고 한다.

마을사람들이 이야기하는 전설에 따르면 서기 1312년에 농부農婦가 기저귀를 찬 아기를 풀위에 놓고 집에서 취사炊事할 때 필요한 나무를 짜르고 있는 동안에 늑대가 소리도 없이 조용하게 와서 아기를 훔쳐갔다고 한다. 성이 무척 난 엄마가 마을교회로 뛰어가서 성모마리아의 왼쪽 팔에 안은 아기예수를 잡아 챈 후 내 아기를 돌려주면 아기예수도 돌려주겠다고 고함을 쳤다고 한다. 그리고 농부가 다시 벌목伐木하러 숲에 되돌아 왔을 때 늑대가 아기를 돌려주었다고 한다. 무사히 자기 아기를 돌려 받고서, 너무나 기뻐서 농부가 교회로 뛰어가서 아기예수를 마리아에게 돌려주는데 오른쪽 팔에 잘못 앉혔다고 한다. 그래서 마을사람들이 왜 아기예수가 성모마리아의 오른쪽 팔사진 19-22에 잘못 안겨있는지를 설명하고 있다.

사진 19-21 농부(農婦)가 성모 마리아가 안고 있는 아기예수를 빼앗아 간 전설이 17세기에 널리 알려져 순례자가 많이 방문하는 딤바흐 성당(1334년 건설)

사진 19-22 전설에 따르면 1312년에 농부(農婦)가 딤바흐 성당(왼쪽)에 있는 마리아의 왼쪽 팔(중간)에 안은 아기예수를 빼앗아 갔다가 돌려줄 때, 마리아의 오른쪽 팔(오른쪽)에 잘못 아기예수를 앉혔다고 한다.

1312년에 생긴 농부農婦와 늑대에 관한 흥미진진한 전설이 17세기에 널리 알려져, 딤바흐 성당으로 순례자들이 많이 오기 시작했다고 한다. 이 성당은 바이에른 주의 고적물로 인정되었으며, 프랑켄지방의 성모 가도 길에 놓여 있다.

19.4 하스푸르트 기사 성당

하스푸르트Hassfurt는 인구가 약 1만 명인 소도시로 16세기에 건설한 성벽과 성탑 가운데서 3개의 성탑사진 19-23이 아직까지 남아 있다. 중세기에 후작侯爵주교가 세금으로 받은 곡물을 보관하기 위해서 1519년에 건설한 곡물창고사진 19-24는 그 후에 개조해서 1988년부터 음악

사진 19-23 아직 남아 있는 3개의 성탑(16세기 건설, 왼쪽)과 고딕식 시청사(오른쪽)

회 등 각종 행사를 거행할 때 시청 홀로 사용하고 있으며, 그 앞에는 음악연주가의 동상이 세워져있다.

사진 19-24 중세기에 후작(侯爵)주교가 세금으로 받은 곡물을 보관한 곡물창고(1519년 건설, 왼쪽)를 개조해서 1988년부터 시청 홀로 사용하고 있으며, 그 앞에 세워진 음악연주가의 동상(오른쪽)

사진 19-25 뷔르츠부르크 주교좌에서 제일 오래된 순례지인 하스푸르트의 기사(騎士) 성당(15세기 건설)

중세기에 하스푸르트Hassfurt의 주위 넓은 지역에 기사들과 부유한 귀족들이 거주하고 있었으며, 기사騎士 성당Ritterkapelle, 19-25은 성벽바깥에 있는 기사들의 공동묘지에 14세기에 착공해서 15세기에 완공했다. 이 성당에는 345개의 문장紋章, Wappen이 그려진 기사들의 방패防牌가 걸려 있다. 16세기에 이 성당에서 다수의 기적이 생겨 순례가 시작되었으며 뷔르츠부르크 주교좌에서 제일 오래된 순례지이다.

19.5 차일의 소성당

마인강변에 놓인 차일Zeil am Main은 서기 1018년에 설립된 작은 마을인구 6천 명로 목골가옥木骨家屋, 사진 19-26이 아름답게 건설되어 있다. 17세기에 이 마을에서 인구숫자에 비해 대단히 자주 마녀魔女 소동이 일어나서, 처음에 마녀 탑에 구금拘禁했다가 400명 이상의 마녀들을 불로 처형處刑했다고 한다.

18세기 초에 차일의 마리아 소성당Käppele, 사진 19-27이 건설되었으며, 이때부터 순례자가 방문하기 시작했다. 이 성당 안에 프랑스의 루르드 성모 발현지처럼 조그마한 동굴을 만들어서 프랑켄지방의 '루르드'라고 불리고 있다.

사진 19-26 목골가옥(木骨家屋)이 아름답게 건설된 차일 마을의 모습

사진 19-27 차일의 마리아 소성당(왼쪽)과 성당 안에 프랑스의 루르드 성모 발현지처럼 만든 동굴(오른쪽)

19.6 뉘른베르크 성모성당

뉘른베르크의 성모성당사진 19-28은 14세기에 황제 카를 4세의 지구의地球儀, 왕홀王笏, 제관帝冠등 표장標章, Reichskleinodien을 보관하는 성당으로 건설되었다. 이 성모성당은 프랑켄지방의 성모 가도에 놓여 있다. 이 성모성당의 앞광장에서 1628년부터 매년 크리스마스 때, 전통적인 아기예수시장이 열려 수백만 명이 방문한다.

사진 19-28 성모 가도에 있는 순례지인 뉘른베르크의 성모성당의 외부/내부 모습

19.7 밤베르크 대성당

밤베르크 대성당사진 19-29은 1225~1237년에 건설되었으며, 교황 클레멘스Klemens 2세가 안장安葬되어 있으며, 성당벽에 있는 1230년경에 제조된 말馬을 탄 기사騎士의 동상사진 13-12 참조은 독일국보로 알려져 있다. 밤베르크 대성당은 성모 가도에 있는 순례지이다.

사진 19-29 성모 가도에 있는 순례지인 밤베르크 대성당(왼쪽)과 1237년에 건설된 대성당의 모형(오른쪽)

19.8 피정과 묵상회

한국에서는 옛날부터 복잡한 사회생활을 떠나서 얼마동안 수도修道하기 위해서 절 또는 수도원에 가는 경우가 많았다. 저자는 한국에서 1960년에 대구 개산동성당의 합창대회원으로 왜관 분도수도원에 가서 피정避靜과 묵상회默想會에 참석한 것을 60여 년이 지난 지금까지 생생하게 기억하고 있다.

사진 19-30 약 5년마다 한번씩 가서 며칠 동안 피정을 하면서 자신의 앞길을 계획한 뮌스터슈바르차흐 분도수도원(서기 816년에 설립)

저자는 1964년에 독일에 유학온 이후부터 약 5~10년마다 한번씩 뮌스터슈바르차흐 분도수도원사진 19-30과 마리아 라흐 분도수도원사진 19-31에 가서 며칠 동안 피정을 하면서 자신의 앞길을 계획했다.

사진 19-31 약 10년마다 한번씩 가서 며칠 동안 피정을 한 마리아 라흐 분도수도원(1156년 설립)과 고해(告解)를 받는 작은 별실(오른쪽)

비텐베르크의 요즘 모습

제20장 루터 가도

20.1 비텐베르크

종교개혁가인 마르틴 루터1483~1546는 아이스레벤Eisleben에서 태어났다. 하르츠 산山의 동쪽에 있는 아이스레벤은 994년에 설립된 아주 오래된 도시로서, 13세기에 동銅광산으로 부유하게 되었다. 루터는 아이세나흐, 만스펠드Mansfeld, 막데부르크에서 초/중/고등학교를 다닌 후, 에르푸르트Erfurt대학교에서 1501~1505년까지 신학을 공부했다. 루터는 에르푸르트에 있는 아우구스틴수도원에 들어가서, 1507년에 가톨릭교의 신부로 서품식을 받게 되었다. 루터는 1508년부터 비텐베르크Wittenberg의 수도원에 있을 때, 1510년에 로마로 60일 동안 걸어서 순례여행을 떠났다고 한다. 1512년에 박사학위를 획득한 후 1513년부터 비텐베르크의 성경교수로 교직을 맡게 되었다.

루터는 1517년에 그 당시 도발적挑發的인 95개의 논제論題, Thesen를 모든 사람들이 읽을 수 있도록 비텐베르크의 성城 성당Schlosskirche 문門에 붙였다사진 20-1. 루터의 논제는 독일의 뉘른베르크와 라이프치히에서 그리고 스위스의 바젤에서 인쇄되었다. 그래서 루터는 1521년에 보름스의 국회에 불려갔으며, 카를 5세 황제와 교황의 사절 앞에서 자기의 의론이 정당하다고 주장했다.

사진 20-1 비텐베르크 교회의 문(門)에 적혀진 루터의 95개 논제(오른쪽)와 시청 앞에 세워진 마르틴 루터 동상(왼쪽)

독일황제 카를 5세가 종교개혁이 일어난 30년 후인 1547년에, 러시아의 표트르Pyotr 대제大帝가 1711년에, 그 외 다수의 유럽 왕과 귀족들이 종교개혁의 발상지인 이 도시를 방문했다고 옛날 사무국Alte Kanzlei의 건물벽에 적혀있는 것을 볼 수 있다사진 20-2.

사진 20-2 비텐베르크의 요즈음 모습과 독일황제 카를 5세가 종교개혁이 일어난 30년 후인 1547년에 그리고 러시아의 표트르(Pyotr) 대제(大帝)가 1711년에 방문했다는 표시판(오른쪽)

20.2 루터 가도의 약도

루터는 보름스의 제국의회에 불렸기 때문에 1521년에 21명의 수행자와 같이 짐을 89마리의 말馬에 실고 비텐베르크에서 니벨룽겐Nibelungen 도시인 보름스Worms까지 장거리를 여행했다. 1521년 4월 17~18일날 교황의 사절이 참석한 제국의회그림 20-1에서 황제 카를 5세는 루터가 그의 95개 논제를 철회撤回하도록 권유勸誘했으나 루터는 그의 논제가 올바르다고 주장하면서 끝까지 철회撤回를 거절했다. 그 결과 루터는 국외로 추방Reichsacht을 당했으며, 4월 26일날 보름스를 떠나서 아이세나흐Eisenach로 귀환해서 근처에 있는 바트부르크Wartburg 성城으로 피신했다. 여기서 루터는 1521년 5월 4일부터 10개월간 체류하면서, 신약성경을 독일어로 번역했다. 독일의 많은 지방 영주領主들은 루터의 종교개혁에 적극 찬동했다.

그림 20-1 마르틴 루터가 1521년 4월 17~18일 날 황제 카를 5세가 참석한 보름스의 제국의회에서 자기의 논제(論題)를 변호(辯護)하고 있는 광경(1557년의 판화)

그림 20-2 루터가 1521년에 아이세나흐를 떠나 보름스까지 간 길의 약도(Lutherweg in Hessen e.V. 제공)

독일에서는 2017년에 마르틴 루터의 종교개혁 500주년을 축하하는 행사[사진 20-3]를 거행했다. 루터가 1517년에 95개의 논제를 비텐베르크 성당의 문에 붙여 종교개혁을 시작한 것을 기념하는 행사였다. 루터가 말을 타고 1521년에 비텐베르크에서 보름스까지 왕복한 길을 따라서 2017년에 루터 가도가 만들어졌다.

루터가 1521년에 비텐베르크에서 아이세나흐, 바드 헤르스펠드[Bad Hersfeld], 알스펠트[Alsfeld], 그륀베르크[Grünberg], 리히[Lich], 바드 나우하임[Bad Nauheim], 프리드베르크[Friedberg], 프랑크푸르트,

사진 20-3 독일에서 2017년에 루터의 종교개혁 500주년을 기념한 행사광고(왼쪽), 루터가 1521년에 비텐베르크에서 보름스까지 여행한 후, 바르트부르크 성으로 피신한 길의 안내판(중간)과 루터 가도에 세워진 표시판(오른쪽)

트레부르[Trebur]를 지나서 보름스의 제국의회[Reichstag]까지 여행한 루터 가도[Lutherweg]는 길이가 약 360km 정도 된다. 제국의회에서 루터가 해외로 추방되어, 보름스에서 프랑크푸르트와 훙겐[Hungen]을 경유해서 아이세나흐로 귀환해서, 그 근처에 있는 바르트부르크 성에 피신했다.

요즈음 이 루터 가도를 따라 여행하는 순례자가 많으며, 곳곳에 각 지방의 특산품을 판매하는 시장이 있고, 독일의 지방음식을 시식할 수 있는 각종 음식점, 목로주점 그리고 호텔과 여인숙이 많으며, 숙박료가 저렴한 유스호스텔도 있다. 저자도 이 루터 가도[그림 20-2]를 따라 여행하면서, 옛날에 루터가 방문한 곳에 가서 상세하게 구경했다.

사진 20-4 아이제나흐에서 루터가 거주한 집

저자는 5일간 시간을 내어서 루터가 성경교수로 교직을 맡은 비텐베르크[사진 20-2 참조]를 떠나서 루터가 거주한 아이제나흐의 집[사진 20-4]을 경유해서 보름스로 출발했다.

20.3 알스펠트

1069년에 처음으로 문서에 기록된 알스펠트[Alsfeld]는 14~19세기에 목골건물이 많이 건설되어, 고적물을 잘 보호한 유럽의 모형도시이다. 알스펠트는 독일에서 제일 아름다운 목골가옥 도시의 하나로 알려져 있다.

시장광장에 있는 시청사는 1512~1516년에 목골건물로 건설되었으며, 그 옆에는 옛날에 포도주 저장고로 사용된 3층짜리 석조[石造]건물, 결혼식이 거행된 예식장[1564~1571년 건설] 등이 모여 있다.

루터가 1521년 4월달에 보름스로 가는 길에 알스펠트에 와서 21명의 수행자와 같이 여장을 풀었다. 그 당시 어느 집에서 투숙했는지는 후세[後世]에 알려져 있지 않았다.

20.4 그륀베르크

사진 20-5 목골구조(木骨構造)로 아름답게 건설된 그륀베르르크 시청사(왼쪽)와 루터의 가도를 따라 순례할 때 이 도시를 들리면 각자 순례책에 '순례도장'(오른쪽)을 받을 수 있다.

그륀베르크Grünberg는 1222년에 도시권을 획득한 소도시인구 1만2천 명로서, 시청사사진 20-5는 1587년에 목골구조木骨構造로 아름답게 건설되었다. 루터가 1521년에 보름스에서 바르트부르크로 귀환할 때, 4월말에 이 도시에 들러 하룻저녁을 투숙했다. 루터가 왔을 때에는 이 시청건물은 아직 건설되지 않았다.

사진 20-6 루터가 1521년에 보름스에서 바르트부르크로 귀환 할 때, 들린 그륀베르크 교회 앞에 세워진 루터 동상

독일에서 2017년에 루터의 종교개혁 500주년을 기념할 때 그륀베르크의 교회 앞에 루터동상사진 20-6이 세워졌다. 루터의 가도를 따라 순례할 때 그륀베르르크에 들리면 각자 순례책에 '순례도장'사진 20-5을 받을 수 있다.

20.5 리히

루터와 수행인들이 보름스로 가는 길에 여장을 푼 리히Lich는 프랑크푸르트에서 북쪽으로 약 70km 떨어져 있다. 이 조그마한 도시현재 인구 1만2천 명는 790년에 설립되어, 1300년에 도시권을 획득했다. 이 소도시에 있는 성모수도원 교회사진 20-7는 1316년에 건설, 1511년에 확장되어 루터가 왔을 때 제일 큰 건물이었다.

이 도시는 옛날에 성곽으로 완전히 둘러싸여 있었으며, 성곽에 설치된 높이가 50m인 주主탑은 15세기에 건설, 16세기에는 성모수도원 교회의 종탑으로 사용되었으며, 19~20세기까지 성곽의 관망대로 사용되었다고 한다.

성모수도원 교회의 주위에는 중세기에 목골木骨건물이 많이 건설되었으며, 루터와 수행인들이 투숙한 목골가옥사진 20-8이 아직까지 잘 보관되어 있다. 제2차대전 때 전혀 파괴되지 않아 오래된 아름다운 목골건물을 요즈음도 많이 볼 수 있다사진 20-8.

사진 20-7 마르틴 루터가 1521년에 비텐베르크에서 보름스로 여행하는 도중에 들린 리히의 성모수도원 교회(1316년 건설)의 외부/내부 모습

사진 20-8 루터가 1521년에 비텐베르크에서 보름스로 말을 타고 여행하는 도중에 들린 리히 마을에서 투숙한 집(왼쪽)과 요즈음도 거의 변하지 않은 목골건물이 많은 1천2백 년이나 된 리히의 모습(오른쪽, 2019년 촬영)

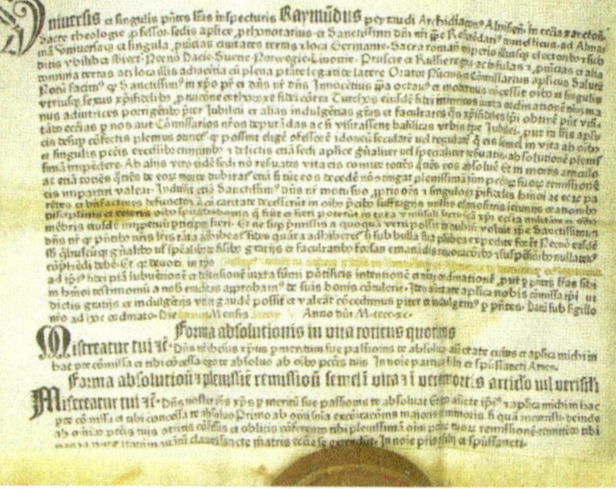

그림 20-3 독일 리히마을의 부자가 교회에 헌금하고 지은 대죄(大罪)를 사죄 받은 대사증(大赦證)

바티칸에서 대성당의 신축공사가 1506년에 착공되었을 때, 막대한 건설자금이 소요되었다. 고액의 자금을 조달하기 위해서 유럽에서 부유한 가톨릭신자들로부터 대사[大赦] 헌금[獻金]을 받고 지금까지 지은 큰 죄[罪]가 모두 사죄[赦罪]되는 대사증[大赦證, Ablassbrief]을 발행한 적이 있었다. 중세기에 독일의 리히 마을에서 대사헌금을 접수한 후, 발행한 이런 대사증[그림 20-3]을 이 소도시에 가서 볼 수 있었다.

20.6 뮌첸베르크

인구가 약 5천 명인 작은 뮌첸베르크[Münzenberg] 마을에 세워진 성곽[사진 20-9]은 독일황제 바르바로사 시절[12세기]에 건설되었으며, 중세기에 루터가 피신한 바르트부르크처럼 주요한 성곽이 였다. 그러나 이 성곽은 17세기에 일어난 30년전쟁 때 파괴되어 재건하지 않아서 지금까지 300여 년 동안 폐허[廢墟]된 상태로 남아 있다.

사진 20-9 독일황제 바르바로사 시절(12세기)에 건설된 뮌첸베르크 성곽은 17세기의 30년전쟁 때 파괴되어 현재 폐허(廢墟)된 상태로 남아 있다.

사진 20-10 루터가 1521년에 들린 뮌첸베르크 성당(12세기 건설)은 종교개혁 이후 1558년에 기독교 교회로 바뀌졌다.

루터가 1521년에 보름스로 가는 길에 들린 뮌첸베르크 성당[12세기 건설, 사진 20-10]은 종교개혁 이후 1558년에 기독교 교회로 바뀌졌다. 루터가 이 마을을 지나갈 때 바라본 파괴되기 이전의 웅장한 뮌첸베르크 성곽은 그림 20-4과 같다.

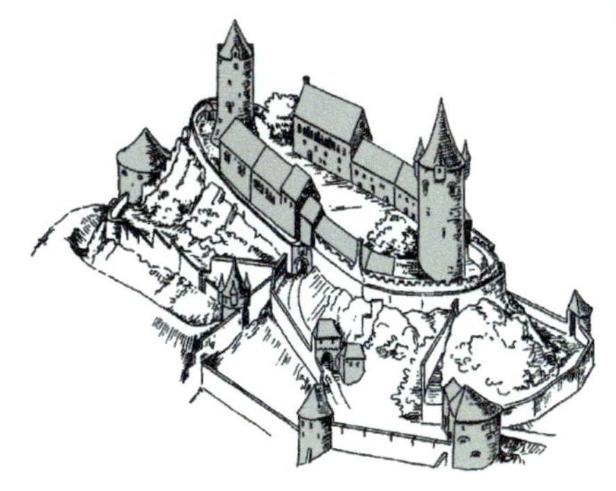

그림 20-4 중세기의 30년전쟁 때 파괴되기 이전의 웅장한 뮌첸베르크 성곽의 모습

루터 가도를 따라 여행할 때 뮌첸베르크 교회에서 또는 뮌첸베르크에 있는 여인숙[사진 20-11]에서 투숙하고 순례[巡禮] 증명서[Pilgerpass]에 순례지의 도장[사진 20-12]을 받을 수 있다.

사진 20-11 루터 가도를 따라 여행할 때 뮌첸베르크에서 투숙하고 순례(巡禮) 증명서(Pilgerpass)에 순례지의 도장을 받을 수 있는 여인숙

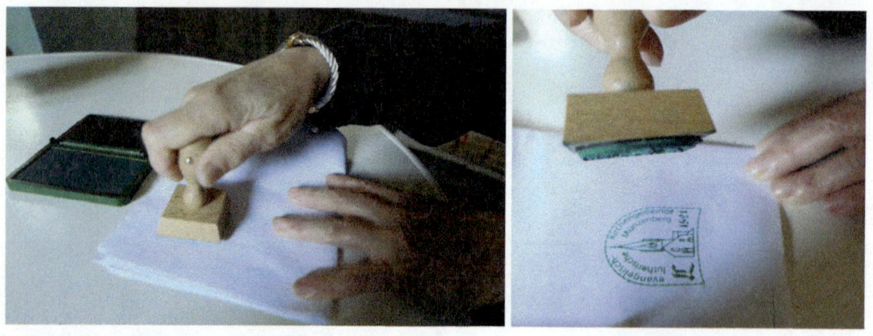

사진 20-12 루터 가도를 따라 여행할 때 방문한 순례지에서 순례 증명서에 받은 도장

사진 20-13 뮌첸베르크를 지나가는 루터 가도(왼쪽)와 독일의 뮌첸베르크에서 스페인의 산티아고 데 콤포스텔라까지 가는 야곱 가도의 표시판(중간/오른쪽)

독일의 풀다[Fulda]에서 약 2,300km 떨어진 스페인의 산티아고 데 콤포스텔라까지 성·야곱 성지순례를 갈 때 야곱 가도[사진 20-13]는 뮌첸베르크 마을[사진 20-14]을 지나간다.

사진 20-14 루터 가도에 있는 뮌첸베르크 마을(인구 약 5천 명)의 모습

20.7 부츠바흐

부츠바흐[Butzbach]는 1321년에 도시권을 획득한 헤센 주[州]의 소도시[인구 약 2만 명]이다. 전술한 고대 로마제국 시절에 건설한 장벽[Limes, 사진 8-8 참조]이 이 마을을 지나갔다. 루터가 1521년에 보름스로 가는 도중에 부츠바흐에 들렀을 때 15세기에 건설된 솔름 성[사진 20-15]을 지나갔다. 그러나 시장[市場]광장에 있는 아름다운 목골건축물로 축조한 시청사[16세기], Alte Post여인숙[17세기]과 Goldene Löwe[18세기]여인숙[사진 20-16]은 루터가 왔을 때에 아직 건설되지 않았기 때문에 루터가 어디서 숙박했는지 기록이 되어 있지 않다.

그 후 괴테가 'Hermann und Dorothea'를 집필할 때 19세기 초반에 부츠바흐에 와서 많은 영감[靈感]을 얻었다고 한다.

사진 20-15 루터가 1521년에 보름스로 가는 도중에 부츠바흐에 들렀을 때 지나간 솔름 성(15세기 건설)

제1차대전 때 독일제국에서 유통되는 동전을 모두 수집해서 무기와 포탄을 제조하는 데 사용했다. 그래서 독일이 패전한 후 부츠바흐의 도시권 획득 600주년을 기념하는 1921년에 노동자들에게 임금을 줄 때 부족한 동전을 보충하기 위해서 시청에서 25페니히짜리 대용지폐[그림 20–5]를 발행했다.

그림 20–5 제1차대전에서 패전한 후, 1921년에 부츠바흐에서 도시권 획득 600주년을 기념할 때 부족한 동전을 보충하기 위해서 발행한 25페니히짜리의 대용지폐(저자 소장)

사진 20–16 부츠바흐의 시장광장에 아름답게 목골건물로 지은 시청사(왼쪽, 16세기), Alte Post여인숙(중간, 17세기)과 Goldene Löwe여인숙(18세기 건설)

20.8 바드 나우하암

바드 나우하암[Bad Nauheim]은 대단히 오래된 도시[사진 20–17]로 기원전 1~4세기부터 켈트 족[族]들이 유럽에서 제일 큰 염천[鹽泉]에서 흘러 나오는 함수[鹹水]로 소금을 제조해서 조미료로 사용했다. 1521년에 루터가 보름스로 가는 길에 이 도시에 들렀을 때, 어디서 투숙했는지 기록되어 있지 않다.

사진 20-17 루터가 1521년에 보름스로 가는 길에 들린 바드 나우하암의 요즘 도시 모습(왼쪽)과 18세기초반에 설치된 가조식(架條式) 정렴(精鹽)시설(오른쪽)

사진 20-18 바드 나우하임에 설치된 각종 요양원 시설

이 도시의 지하에서 흘러나오는 함수鹹水의 염분함량이 3%로 미소해서 18세기 초반에 높이가 약 10m, 길이가 수백 미터나 되는 가조식架條式 정렴精鹽시설사진 20-17을 설치해서 이 시설에서 소금물을 증발시켜 염분을 16%까지 농축濃縮할 수 있어 소금의 생산비용을 크게 줄일 수 있었다. 여기서 농축한 소금물로 매년 5천 톤의 소금을 생산했으나, 1950년대부터 남부독일의 암염巖鹽, rock salt에서 더 염가로 소금을 생산할 수 있어, 이제 이런 정렴방법의 소금생산은 독일에서 중단되었다.

이 도시의 온천수온도 34° 는 심장병, 장병, 간병, 신장병, 루마치스, 천식을 치료하는 데 양호해서 1835~1909년까지 요양소사진 20-18가 여러 개 설치되어 세계 유명인사들사진 20-19 이 많이 와서 요양했다. 예컨대 미국의 32대 루즈벨트 대통령, 제2차대전 때 탱크부대를 지휘한 패턴장군, 오스트리아의 '시시' 황후, 리차드 슈트라우스, 네델란드의 베른하르드 왕자, 사우디아라비아의 사우드 1세, 독일에서는 비스마르크 철혈鐵血재상宰相, 아인슈타인, 복서 슈멜링

등 유명인사가 와서 요양했다. 동시에 가조식[架條式] 정렴[精鹽]시설[사진 20-17] 옆을 산책하면서 염분의 공기를 호흡해서 기관지병을 치료하는 데 대단히 양호했으므로, 요즈음도 휴양객들이 많이 방문하고 있다.

사진 20-19 바드 나우하임에서 요양한 세계 유명인사들이 Walk of Fame에 적혀 있다.

20.9 프리드베르크

프랑크푸르트에서 북쪽으로 약 40km 떨어진 프리드베르크[Friedberg]는 독일에서 빨간 수염이 난 황제로 알려진 바르바로사[Barbarossa]가 12세기에 축조한 성곽 도시[사진 20-20]이다. 보루[堡壘]의 탑은 높이가 50m나 되며, 멀리까지 망[望]을 볼 수 있도록 사방으로 4개의 돌출[突出]창문[사진 20-20]이 달려 있다.

사진 20-20 루터가 보름스의 제국의회에 참석한 후, 아이세나흐로 귀환하는 길에 여장(旅裝)을 푼 프리드베르크 성곽 도시(왼쪽)와 높이가 50m나 되는 보루(堡壘)의 탑(오른쪽)

사진 20-21 루터가 보름스에서 귀환할 때 프리드베르크에 있는 여관(왼쪽)에서 1521년 4월 28~29일에 2박했다고 옛날 여관의 벽(오른쪽)에 문패(門牌)가 붙어있다.

루터가 보름스에서 아이세나흐로 귀환할 때 프리드베르크에 있는 여관에서 1521년 4월달에 2박하면서 피로^疲勞^를 풀었다고 한다. 루터가 투숙한 옛날 'Zum Grünberg' 여관^사진 20-21^의 벽에는 루터가 숙박했다는 플라크^plaque^가 지금도 붙어있다.

20.10 프랑크푸르트

사진 20-22 루터가 1521년에 보름스로 갈 때 들린 프랑크푸르트의 뢰머

프랑크푸르트는 독일에서 5번째 큰 도시로 제6장에서 상세하게 다루었다. 루터가 1521년에 아이제나흐에서 보름스로 갈 때 그리고 귀환길에 1405년에 건설된 프랑크푸르트의 시청사사진 20-22인 뢰머Römer를 들렀다고 기록되어 있으나, 어느 여관에서 투숙했는지는 알려지지 않고 있다.

20.11 보름스

그림 20-6 보름스에서 1495년에 독일제국의 의회가 개최된 500주년을 기념하는 독일 우표가 1995년에 발행되었다(저자 소장)

라인강변에 놓인 보름스Worms는 켈트족이 기원전 5천 년 전에 건설한 독일에서 제일 오래된 도시로, 여기서 마인츠와 슈파이어와 같이 독일 황제가 거주했다. 보름스에는 서기 1118년에 대성당사진 20-23이 건설되었으며, 1122년에 교황과 황제가 조약Konkordat을 맺어 오래된 교회와 국가간의 분쟁을 해결했다. 8~16세기까지 이 도시에서 100번 이상 독일제국의 의회議會, 그림 20-6가 개최되었다.

사진 20-23 보름스에 12세기에 건설된 대성당의 외부와 내부 모습

사진 20-24 루터가 1521년에 보름스에 왔을 때 통과한 성벽/성문

루터는 1521년에 말을 타고 아이세나흐에서 보름스사진 20-24로 약 360km를 여행했다. 루터는 1521년에 보름스 대성당에서 황제와 교황의 사절이 참석한 좌석에서 자기의 95개 논제를 취소하는 것을 거절했다. 그래서 황제는 독일제국의 의회에서 루터를 국외로 추방하는 칙유勅諭를 발표하게 되었다.

사진 20-25 보름스의 공원에 1868년에 세워진 루터 동상

그림 20-7 루터가 보름스를 1521년에 방문한 500주년을 기념하는 2021년 행사의 광고판

루터의 종교개혁을 기념하기 위해서 1868년에 보름스의 공원에 루터 동상사진 20-25이 세워졌다. 2021년에는 루터가 보름스를 1521년에 방문한 500주년을 기념하는 행사그림 20-7를 준비했으나, COVID-19 때문에 취소되었다.

20.12 바르트부르크

아이제나흐의 남쪽에 위치한 바르트부르크Wartburg 성곽사진 20-26은 1067년에 건설되었다. 루터는 보름스에서 개최된 독일제국의 의회에서 황제 카를 5세로부터 해외로 추방을 당해서

1521년부터 1522년까지 10개월동안 바르트부르크 성곽에서 피신했다. 루터가 피신하고 있을 동안에 신약성경을 그리스말에서 독일말로 번역했으며, 이 변역판[사진 20-26]은 1534년에 출판되었다. 바르트부르크 성곽에 있는 옛날에 루터가 사용한 거실은 지금까지 그대로 보관되어 있다.

괴테는 1777년에 바르트부르크 성곽을 방문했으며, 이 성곽은 1999년에 유네스코의 세계문화유산으로 인정되었다. 동독 체신부는 1967년에 바트부르크의 설립 900주년을 축하할 때, 기념우표[사진 20-26]를 발행했다.

사진 20-26 루터가 1521년의 종교개혁 때 피신한 바르트부르크 성곽(왼쪽, 2003년 저자 촬영)과 여기서 루터가 독일말로 번역한 신약성경(중간)과 동독 체신부가 1967년에 발행한 바르트부르크의 설립 900주년 기념우표(오른쪽, 저자 소장)

그림형제의 동화에 나오는 '쥐를 잡는 사람'의 하멜른(현재인구 6만 명)

제21장 동화 가도

21.1 하나우
21.2 마르부르크
21.3 하멜른
21.4 렘고
21.5 브레멘

21.1 하나우

독일에서 동화작가로 유명한 그림형제Brüder Grimm는 프랑크푸르트에서 동쪽으로 약 30km 떨어진 하나우Hanau에서 1785년과 1786년에 태어났으며, 그림형제의 생가生家는 제2차대전 때 연합군의 폭격으로 완전히 파괴되었다.

그림형제는 어린시절을 슈타이나우Steinau에서 보내고, 카셀Kassel에서 고등학교를 졸업한 후, 1802년에 독일에서 제일 오래된 기독교대학인 마르부르크Marburg 대학교1527년 설립에 입학했다. 졸업한 후 괴팅겐Göttingen 대학교에서 교수직을 맡게 되었다. 그 후 베를린 대학교의 교수시절에는 1859~1863년에 퇴직할 때까지 크게 존경을 받았다고 한다.

동화는 유럽에서 8~9세기부터 구두口頭로만 전해 왔다고 한다. 어떤 동화는, 예컨대 '눈아가씨설희, 雪姬와 7명의 난쟁이'는 16세기에 실제로 있었던 사례라고 한다. 그림형제는 13년 동안 독일의 각 지방을 여행하면서, 600km나 되는 거리를 걸어 다니면서 70여 개의 마을을 방문해서 동네노인들과 할머니들과 대화를 나누면서 오래전부터 구두로만 전해 온 동화를 수집해서 'Kinder und Hausmärchen'이란 동화책제1권을 1812년에, 그리고 제2권을 1815년에 출판했다. 1812~1822년에 발행된 이 동화책은 독일에서 성경 다음으로 많이 읽은 책이라고 한다. 그림형제와 비슷한 시대에 살았던 덴마크의 안데르센1805~1875년의 동화책도 같은 시절에 출판되었다. 이 그림형제와 안데르센 동화책들은 전 세계에서 제일 널리 알려져 있다.

하나우의 필립스루헤Phillipsruhe 궁전에 설치된 그림형제박물관사진 21-1에는 350m^2의 넓은 방에 어린이들이 좋아하는 각종 장난감이 많이 비치되어 교육용으로 읽고, 듣고, 만져서 배울 수 있도록 설치되어 있다.

그림형제가 태어난 하나우Hanau에서는 매년 5월~7월 달에 그림형제축제가 개최되며, 야외 반월형극장의 그림형제의 동화를 소재로 한 각종 연극을 관람하기 위해서 3개월 동안 독일전국에서 초등~고등학교학생들이 부모/조부모들과 같이 방문한다.

사진 21-1 어린이들이 장난감으로 놀고, 듣고, 만지면서 배울 수 있는 교육용 그림형제박물관이 있는 하나우의 필립스루헤 궁전(왼쪽)과 박물관 내부에 비치된 그림형제의 흉상(오른쪽)

사진 21-2 매년 5월~7월 달에 개최되는 그림형제축제 때, 하나우의 야외 반월형 극장에서 그림동화를 소재로 한 각종 연극이 공연되어 초등~고등학교 학생들이 부모/조부모들과 같이 경청하고 있는 광경

저자도 2019년 여름에 손녀를 대리고 이 야외반월형극장에서 그림형제의 동화 가운데서 설희[Schneewittchen]와 브레멘의 도시음악사[Bremer Stadtmusikanten]의 연극[사진 21-2]을 관람했다.

하나우 시청 앞에는 1896년에 건설한 그림형제의 동상[사진 21-3]이 있으며, 여기서 길이가 600km나 되는 독일의 동화 가도[Märchenstrasse, 그림 21-1]가 시작되어 북쪽으로 마르부르크, 카셀, 괴팅겐, 하메른을 지나 북부독일의 브레멘까지 간다. 저자는 휴가 때 하나우에서 시작해서 그림형제가 쓴 독일의 동화 가도를 따라 브레멘까지 2주일간 여행하면서 구경한 것을 여기에 간단히 다루기로 한다.

사진 21-3 독일 하나우에 있는 그림형제의 동상에서 독일 동화의 가도가 시작되어 북부독일의 브레멘까지 간다.

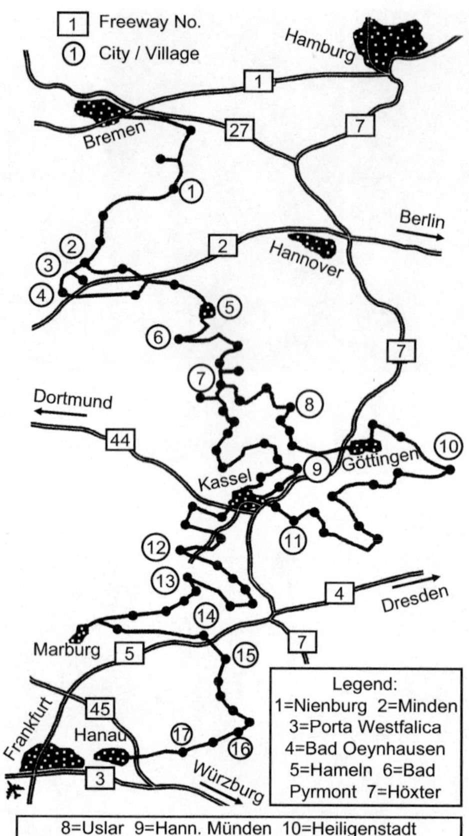

그림 21-1 독일의 동화 가도는 하나우에서 시작해서 마르부르크, 카셀, 괴팅겐, 하멜른을 지나서 북부독일의 브레멘까지 간다(Plasdzior/Reinhard, 1996).

21.2 마르부르크

마르부르크 대학교

마르부르크Marburg는 1222년에 설립되었으며, 2022년에 800주년을 기념했다. 이 도시는 급경사진 좁은 길과 급경사로 올라가는 좁은 계단으로 유명하며, 자동차가 들어갈 수 없는 좁은 길도 많다. 그러나 도시중심지의 구시가舊市街는 500여년이나 된 목골건축사진 21-4으로 건설되어 아주 아름답다.

그림 21-2 독일 체신부가 1977년에 발행한 마르부르크 대학교의 설립 450주년 기념 우표(저자 소장)

종교개혁 후 독일에서 기독교회가 최초로 1527년에 설립한 마르부르크 대학교[사진 21-5]에는 초기에 학생수가 약 150명이었으며, 초기에는 대학생 식당[mensa]이 없어서 대학교 건너편에 있는 대학교수 집[사진 21-5]에서 식사를 했다고 한다. 그림형제는 1802년에 독일에서 제일 오래된 기독교대학인 마르부르크 대학교의 법학과에 입학했다. 그 당시 마르부르크대학교의 학생수는 약 200명으로 교수와 학생 사이에 관계가 아주 밀접했다고 한다. 독일체신부에서는 1977년에 대학설립 450주년 기념우표[그림 21-2]를 발행했다.

사진 21-4 마르부르크의 구시가(舊市街)에 있는 5백여 년 된 목골가옥

사진 21-5 종교개혁 후 독일에서 기독교회가 1527년에 최초로 설립한 마르부르크 대학교의 옛날 대학건물(왼쪽)과 대학교 건너편에 있는 옛날 교수 집(오른쪽)

사진 21-6 마르부르크 대학교 교회(왼쪽)와 건물 내부의 모습(오른쪽)

사진 21-7 마르부르크 대학교(왼쪽)의 본관 건물 내에 1527년에 설립될 때부터 교직을 맡은 교수들의 명단(오른쪽)이 적혀 있다.

사진 21-8 마르틴 루터가 1529년에 마르부르크를 방문했을 때 거주한 집

마르부르크 대학교와 대학교회[사진 21-6]에 가보면 본관 건물 내에 1527년에 설립될 때부터 교직을 맡은 교수들의 명단[사진 21-7]이 적혀 있어 아주 인상적이었다. 종교개혁자 마르틴 루터가 대학교가 설립된지 2년 후인 1529년에 마르부르크를 방문했을 때 거주한 집[사진 21-8]은 지금까지 잘 보존되어 있다.

그림형제가 2백여 년 전 1802~1803년에 마르부르크의 대학생 시절에 '맨발가[街, Barfüsserstrasse]'에서 기숙[寄宿]한 집[사진 21-9]도 지금까지 잘 보존되어 있다.

사진 21-9 그림형제가 대학생시절(1802~1803년)에 기숙(寄宿)한 마르부르크의 '맨발가(街)'에 있는 집

마르부르크에 설치된 그림형제의 길

마르부르크의 시청[1526년 건설]에서는 그림형제가 남긴 위대한 업적을 기념하기 위해서 그림동화에 나오는 주인공들과 그 소지품들을 '그림형제의 길'[Grimm-Dich-Pfad]에 설치해서 어린이들이 이 길을 따라 걸어가면서 실감있게 볼 수 있도록 만들었다. 예컨대,

- 시청광장에 있는 집벽에 걸려 있는 'Das tapfere Schneiderlein'[사진 21-10]
- 마르부르크 성[城]밑에 있는 벽[壁] 위에 놓인 '신데렐라의 신발'[사진 21-11]
- 마르부르크의 구시가에서 성[城]으로 올라가는 길목에 걸려 있는 '눈아가씨[설희, 雪姬, Schneewittchen]의 거울'[사진 21-12]
- 마르부르크의 예수교회 옆에 설치된 'Rotkäppchen'과 'Hänsel und Gretel'[사진 21-13]
- 마르부르크의 중심가 벽에 걸려 있는 'Der Wolf und die 7 jungen Geisslein'[사진 21-14]

- 마르부르크의 대학가[大學街]에 놓여 있는 'Emil und die Detektive'[사진 21-15]
- 마르부르크의 대학가[大學街]에 그리고 교회벽에 걸려 있는 'Die Sterntaler'[사진 21-16].

사진 21-10 마르부르크의 시청(왼쪽, 1526년 건설)과 시청광장에 있는 집의 벽에 걸려 있는 그림동화에 나오는 Das tapfere Schneiderlein(오른쪽)

사진 21-11 마르부르크 성(城) 밑의 벽(壁) 위에 놓인 그림동화에 나오는 신데렐라의 신발

사진 21-12 마르부르크의 구시가에서 성(城, 왼쪽)으로 올라가는 길목에 걸려 있는 그림동화에 나오는 눈아가씨(雪姬, Schneewittchen)의 거울(오른쪽)

사진 21-13 마르부르크의 예수교회 옆에 설치된 그림동화에 나오는 Rotkäppchen과 Hänsel und Gretel

사진 21-14 마르부르크의 중심가 벽(壁)에 걸려 있는 그림동화에 나오는 Der Wolf und die 7 jungen Geisslein

사진 21-15 마르부르크의 대학가(大學街)에 놓여 있는 Erich Kästner의 동화에 나오는 Emil und die Detektive

주말에 그리고 여름방학 동안에 다른 도시에서 부모/조부모들이 어린이들을 데리고 이 도시를 방문해서 그림형제의 길을 따라 가면서 재미있게 설명하면, 어린이들이 경청하고 있는 광경을 자주 볼 수 있었다. 저자는 옛날에 아내가 마르부르크 대학교에서 공부할 때 이 도시를 자주 방문했다.

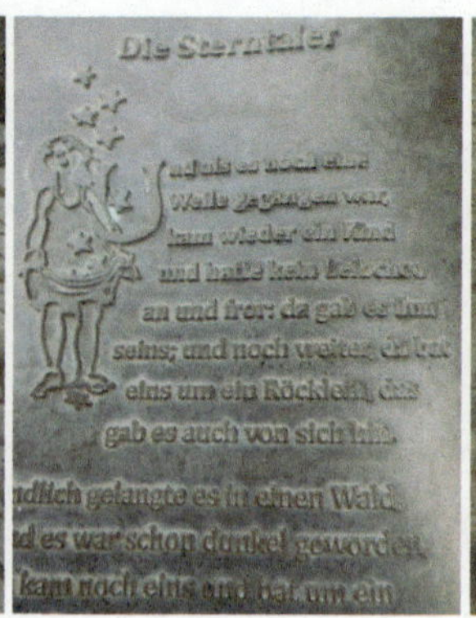

사진 21-16 마르부르크의 대학가(大學街)(왼쪽/중간)에 그리고 교회 벽(오른쪽)에 설치된 그림동화에 나오는 Die Sterntaler

그림 21-3 마르부르크 시청에서 1918년에 부족한 동전을 보충하기 위해서 발행한 50페니히짜리의 대용지폐(저자 소장)

제1차대전 때 대량의 금속재료가 필요했기 때문에 독일제국에서 유통되는 동전을 모두 수집해서 무기와 포탄을 제조하는 데 사용했다. 패전한 후 1918년 7월에 부족한 동전을 보충하기 위해서 마르부르크 시청에서 직원들에게 봉급을 주기 위해서 50페니히짜리의 대용지폐그림 21-3를 발행했다.

21.3 하멜른

그림형제의 동화에 나오는 '쥐를 잡는 사람'의 하멜른Hameln, 사진 21-17은 13세기에 풀다 수도원에 속한 조그마한 마을이었다. 이 마을은 이제 약 6만 명의 인구를 가진 도시로 발달했다. 하멜른의 중심가에는 쥐를 잡는 사람의 동상사진 21-17이 세워져 있다.

사진 21-17 그림형제의 동화에 나오는 '쥐를 잡는 사람'의 하멜른(현재인구 6만 명)과 중심가에 세워진 쥐를 잡는 사람의 동상(오른쪽)

사진 21-18 그림형제의 동화에 나오는 하멜른에 1603년에 건설된 쥐를 잡는 사람의 집(오른쪽/중간)과 쥐 잡는 광경을 묘사한 조각(왼쪽)

그림동화를 읽어 보면 1284년 6월달에 피리부는 사람이 하멜른에 와서 피리를 불면서 동네에 있는 쥐를 모두 동네바깥으로 몰고 갔다는 전설이 있다. 하멜른에 1603년에 건설된 쥐를 잡는 사람의 집Rattenfängerhaus, 사진 21-18은 요즈음 음식점으로 사용되고 있다.

사진 21-19 그림형제의 동화에 나오는 쥐를 잡는 사람의 연극을 하멜른 시청사 앞에서 공연하기 위해서 준비하고 있는 야외극장(왼쪽)

그림 21-4 하멜른에서 쥐를 잡는 사람의 그림형제 동화를 기념하기 위해서 1978년에 발행된 독일우표(저자 소장)

그림동화의 연극은 매년 5~10월달까지 정오 12시에 시청건물사진 21-19 앞 야외극장에서 개최되며, 외부에서 많은 관광객들과 부모/조부모들이 어린애들을 데리고 와서 관람한다. 쥐를 잡는 사람의 그림형제 동화를 기념하기 위해서 1978년에 독일 체신부에서 기념우표그림 21-4를 발행했다. 이 그림형제의 동화는 전 세계에서 30여 개 국어로 번역되어 널리 알려져 있다.

하멜른에 가서 구경한 바에 의하면 16세기에 아름답게 건설된 4백여 년이나 된 목골가옥木骨家屋, 사진 21-20이 대단히 많았다. 그리고 정오 12시에 하멜른의 중심가에 있는 건물에서 창문이 열리면서 쥐를 잡는 사람이 피리를 불면서 쥐를 동네 밖으로 유도하고 있는 인형극 장면사진 21-21과 어린이들과 동네사람들이 뒤따라가는 장면이 나타나서 대단히 인상적이었다.

사진 21-20 하멜른에 1560년에 건설되어 아름답게 장식된 목골가옥(木骨家屋)

사진 21-21 하멜른에서 매일 정오 12시에 그림동화에 나오는 쥐잡는 사람의 인형극 장면이 나타나면 어린이들이 관심있게 구경했다.

21.4 렘고

그림형제가 수집한 동화의 소재지인 렘고Lemgo는 12세기에 건설된 도시인구 4만 명로 16세기에 목골木骨건물이 많이 건설되었다. 렘고에 부유한 상인이 1587년에 지은 목골가옥사진 21-22의 외부장식이 대단히 아름다웠다. 북부독일에서는 점판암粘板岩, slate으로 뜬 판석板石으로 덮은 뾰족한 교회의 지붕사진 21-21이 특징이라고 하겠다.

사진 21-22 북부독일에 많이 건설된 교회에 점판암 판석으로 덮은 뾰족한 지붕(왼쪽)과 렘고에 1587년에 아름답게 장식해서 건설한 목골가옥(오른쪽)

렘고에서 목골가옥木骨家屋으로 건설된 제과점사진 21-23에서 브레첼Bretzel 등 건강식 빵을 제조한다는 광고판이 걸린 것이 인상적이었다. 옛날16세기에 건설된 시청 건물사진 21-24의 1층은 시장市場으로 2층은 시청으로 사용되었다.

렘고 근처에 13세기에 설립된 데트몰드인구 7만5천 명에는 16~17세기에 건설된 목골건물이 도시중심지에 많았으며, 이 목골건물에는 출창出窓이 아름답게 조각되어 있었다.

사진 21-23 렘고에 있는 목골가옥의 음식점(왼쪽), 건강식 빵을 제조하는 제과점의 광고판(중간)과 1569년에 지은 목골가옥을 아름답게 장식한 모습(오른쪽)

사진 21-24 옛날에 1층은 시장(市場), 2층은 시청으로 사용된 렘고의 시청 건물(16세기 건설)

제1차대전 때 금속재료가 많이 필요해서 독일제국에서 유통되는 동전을 모두 수집해서 대포와 포탄을 제조하는 데 사용했다. 패전한 후 1920년부터 부족한 동전을 보충하기 위해서 데트몰드에서 게르만족의 헤르만 기념비사진 11-32 참조, 그림 21-5가 인쇄된 25페니히짜리의 대용지폐를 발행했다.

그림 21-5 독일에서 경제공황 때 데트몰드 시청에서 1920년에 직원들에게 봉급을 주기 위해 발행한 대용지폐(저자 소장)

21.5 브레멘

브레멘[Bremen]은 북해에 연한 주요한 항구도시로서 1186년에 도시권을 획득했으며, 성·페트리 대성당[사진 21-25]은 1042년에 착공해서 13~19세기까지 공사가 계속되었다. 이 대성당 옆에 있는 시청사[사진 21-26]는 구운 빨간 벽돌을 사용해 1405~1409년에 건설했으며, 독일에서 제일 아름다운 시청건물의 하나로 알려졌다. 브레멘의 시청사 광장에 높이가 5.4m인 롤런드[Roland] 동상[사진 21-26]이 1404년에 세워졌다. 중세기에 북부 도이취 도시의 독립을 상징한 롤런드 주상[柱像]은 지금까지 독일에 26개의 도시에 세워졌으며, 그 가운데서 브레멘에 서 있는 주상이 제일 크다.

그림형제는 '브레멘의 도시음악사들'[Bremer Stadtmusikanten]에서 당나귀, 사냥개, 고양이와 닭이 추방되어 브레멘으로 여행하는 동화를 재미있게 묘사[描寫]했다. 이 동화에 나오는 동물을 동[銅]으로 만든 유명한 조각품[사진 21-25]은 1951년에 시청사 옆에 세워졌다. 그림형제가 쓴 동화 가운데서 브레멘의 도시음악사들은 하멜른의 '쥐를 잡는 사람'[그림 21-4 참조]과 같이 제일 유명하므로, 독일 체신부에서 기념우표[그림 21-6]를 발행했다.

사진 21-25 브레멘의 고딕식 성·페트리 대성당(오른쪽) 광장에 세워진 그림동화에 나오는 브레멘의 도시음악사들(왼쪽/중간)

사진 21-26 독일에서 제일 아름다운 브레멘의 시청 건물(1409년 건설)과 그 앞에 서 있는 높이가 5.4m인 롤런드(Roland) 동상

그림 21-6 그림형제가 당나귀, 사냥개, 고양이와 닭으로 묘사한 브레멘의 도시음악사들(왼쪽, 독일우표, 저자 소장)

한자동맹의 뤼베크에 1535년에 건설된 선장회 집회소[사진 12-20 참조]에서 개최되는 '선장회 식사'처럼 브레멘에서는 1545년에 항해사재단이 설립되어 매년 2월에 남자들만 참석하는'항해사 식사'[Schaffermahl]가 베풀어지면 정치, 경제, 선박, 상공업계에서 300여 명이 모였다. 옛날에 항해사들이 장기간 항해할 때 괴혈병[壞血病]을 방지하기 위해서 먹은 말린 대구[大口], 양배추와 양념용 겨자 등 검소한 식사가 나오면 전통적인 브레멘 맥주를 마시면서 옛날에 고생한 선박생활을 추억하는 대화를 나누었다고 한다.

브레멘의 항해사재단은 전 세계에서 제일 오래된 자선사업재단의 하나로서 실종당한 상선[商船]항해사의 가족을 후원하고 있었다.

브레멘에 있는 유명한 시의회[市議會] 음식점[Ratskeller, 사진 21-27]은 15세기에 건설되어 시의회 의원, 선장, 시청의 고위관리들이 모여 식사한 이제 6백 년이나 된 고전적인 음식점이다. 이 음식점에는 황제[皇帝]방, 시의회 의장방 등 귀빈용 별실도 있었다. 지하실에는 그 당시에 독일 전국 포도주산지에서 구입한 12만 병의 독일 포도주가 저장되어 있었다고 한다.

이 음식점에서는 옛날에 괴테, 하인리히 하이네, 브람스, 리차드 슈트라우스, 리차드 바그너 등 문학가, 음악가, 작곡가들도 자주 들러 식사했다고 한다. 그리고 독일제국의 황제 빌헬름 2세도 제1차대전이 시작되기 전 1914년까지 황제[皇帝]방에서 귀빈들을 '황제 조식[朝食]'에 초청했다고 한다.

사진 21-27 브레멘에 있는 유명한 시의회(市議會) 음식점(Ratskeller)

사진 21-28 브레멘에서 6백여 년 된 유명한 시의회(市議會) 음식점에서

포도주애호가인 괴테는 독일의 다른 포도주산지에서 고급포도주가 매진賣盡되었을 때, 이 음식점의 지하실에 남아 있는 귀한 포도주를 구입했다고 저자가 즐겨히 구독한 프랑크푸르트 알게마이네 차이퉁2003년 4월이 보고하고 있다. 브레멘 시청에서는 공로가 많은 사람들에게 훈장을 수여하는 대신에 이 지하실에 저장된 술 가운데 아주 오래된 포도주병을 선물했다는 여담도 있다.

브레멘의 시의회 의원과 시청의 고급관리들이 옛날에 즐겨 들린 이 음식점에서는 맛있는 요리를 준비하므로 요즈음도 항상 만원이다. 저자가 북부독일로 여행 중에 브레멘을 방문할 때마다 이 음식점사진 21-28을 들러서 식사한 적이 있다. 포도주 카드에는 수백 종류의 비싼 고급포도주가 나열된 것을 보고 감탄했다.

내가 본 세계 Ⅰ 독일편

1판 1쇄 인쇄 2022년 10월 20일
1판 1쇄 발행 2022년 10월 25일

저　　자 최 형 식
발 행 인 강 해 작
발 행 처 기 문 당
주　　소 서울시 성동구 무학봉28길 4-1
전　　화 02)2295-6171(代)~5
팩　　스 02)2296-8188
출판등록 1976.10.7(1-44)
홈페이지 www.kimoondang.com
I S B N 978-89-6225-868-4 03040